拉丁美洲经济展望
（2017）
青年、技能和创业

Latin American Economic Outlook 2017:
Youth, Skills and Entrepreneurship

经济合作与发展组织发展中心
联合国拉丁美洲和加勒比经济委员会 / 主编
CAF - 拉 丁 美 洲 开 发 银 行
浙江外国语学院拉丁美洲研究所　唐俊 等 / 译

中译本翻译质量及其与原著的一致性由译者负责。
中译本与原著若有不一致，以原著为准。

本报告在经济合作与发展组织（OECD）秘书长领导下出版，报告所表达的观点和使用的论据不一定反映 OECD、OECD 发展中心及其成员国政府、联合国拉丁美洲和加勒比经济委员会（UN-ECLAC），或拉丁美洲开发银行（CAF）的官方观点。

本报告及其所包含的任何一张地图，无论是对任何领土现状或主权、疆界和国际边界划分，还是对任何领土、城市或地区的名称而言，都不存在任何偏见。

关于以色列的统计数据由以色列政府负责提供。OECD 在使用这些数据时遵循国际权利条款，对戈兰高地、东耶路撒冷、约旦河西岸的以色列定居点的现状不存在任何偏见。

封面说明：OECD 发展中心根据© sattva78、katarinka、phipatbig、justone、Zilu8、Bokica、maverick_infanta、007NATALIIA、ashva、Ellegant、phipatbig、Aha-Soft、TCmakephoto、PODIS、Yafeto、mariakraynova、BestGirl、PictureStudio、okart、JKI14/Shutterstock.com 提供的图片设计。

本报告最初由经济合作与发展组织（OECD）以英文和西班牙文发布，题为：
Latin American Economic Outlook 2017: Youth, Skills and Entrepreneurship/
Perspectivas económicas de América Latina 2017: Juventud, competencias y emprendimiento
© OECD/UNITED NATIONS/CAF 2016
All rights reserved.

版权所有© 社会科学文献出版社 2017 年中文版

目 录

前 言 …………………………………………………………………… 001
致 谢 …………………………………………………………………… 001
缩略语 …………………………………………………………………… 001
编者序 …………………………………………………………………… 001
内容概要 ………………………………………………………………… 001

第一章 引言：以更好的技能和创业机会提升青年的融入度 ………… 001

第二章 拉丁美洲和加勒比地区的宏观经济前景 ……………………… 026
  导 言 ……………………………………………………………… 026
  短期低迷的全球背景 ……………………………………………… 027
  拉丁美洲的宏观经济趋势：仍在寻找潜力 ……………………… 036
  拉丁美洲恢复包容性增长的政策选项 …………………………… 058
  结 论 ……………………………………………………………… 069
  附录 2 - A1 超越增长：拉美地区的福利测量 ………………… 073

第三章 拉丁美洲青年的社会融入及其主要挑战 ……………………… 080
  引 言 ……………………………………………………………… 080
  为什么关注青年？ ………………………………………………… 081

001

拉美青年的劳动力市场结果 086

青年除工作外的社会融入 112

结论和政策建议 140

附录 3-A1 进一步结论 144

第四章 拉丁美洲和加勒比地区的教育、技能和青年问题 151

引 言 151

拉美青年的教育全景 153

拉美青年技能全景 168

教育水平和劳动力市场 178

拉美地区针对低学历青年的技能培训 190

结论和政策建议 212

第五章 拉美地区的青年创业 222

导 言 222

拉美和 OECD 的青年创业者概况 223

拉美和 OECD 对待创业的态度相似 228

青年创业政策需要更好的定位 230

促进青年创业的公共政策 233

拉美青年创业项目的融资与目标 240

拉美青年创业项目的评估 249

结论和政策建议 254

附录 5-A1 拉美青年与成年创办的企业所有权和岗位创造 261

附录 5-A2 全球创业观察数据库 262

第六章 工作、政治与城市的未来 267

引 言 267

未来的工作：对技能、岗位和工作形态的影响 268

未来的政策：重新对接新兴社会需求和政治体系 ············· 274
城市的未来：面向青年人的城市政策维度 ··············· 278
结　论 ································· 287

国别信息 ······························· 291
阿根廷 ································· 291
巴　西 ································· 297
智　利 ································· 304
哥伦比亚 ······························· 311
哥斯达黎加 ····························· 317
多米尼加共和国 ························· 325
墨西哥 ································· 331
巴拿马 ································· 339
巴拉圭 ································· 345
秘　鲁 ································· 351
乌拉圭 ································· 357
方法论栏目 ····························· 364

译后记 ································· 366

图表目录

图1-1　部分拉美经济体、OECD国家和中国的人均GDP …………………… 004
图1-2　拉美地区的青年人口 ………………………………………………… 006
图1-3　2014年按照性别划分的拉美青年的活动状态
　　　　（15~29岁青年所占比例）………………………………………… 007
图1-4　2014年按照年龄和社会经济状况来划分的拉美
　　　　青年的活动状态 …………………………………………………… 008
图1-5　2005~2015年部分拉美国家青年从学校到劳动力
　　　　市场的转换 ………………………………………………………… 009
图1-6　2014年拉美地区获得最高教育水平的青年人口
　　　　（占25~29岁青年人口比例）……………………………………… 011
图1-7　2014年拉美、中国和OECD国家报告雇工困难的企业 …………… 012
图1-8　2015年拉美地区和OECD经济体的创业动机 ……………………… 016
图1-9　拉美国家和OECD国家的创业障碍 ………………………………… 018
图1-10　2014年拉美和OECD国家中表示对选举有信心的青年和成年人 ………… 021
图2-1　不同类别的经济体经济增长展望 …………………………………… 028
图2-2　对全球GDP增长贡献的部分地区对比 ……………………………… 030
图2-3　新兴市场资本流入与风险规避情绪 ………………………………… 032
图2-4　2015~2016年拉美国家的波动性指数和风险规避 ………………… 033
图2-5　2015~2016年选定拉美国家的金融波动 …………………………… 034
图2-6　大宗商品价格展望（指数，2005年=100）………………………… 035
图2-7　中国经济不同情境下的拉美GDP增长 ……………………………… 037

001

图2-8	选定的拉美地区国家的周期性状态展示（2016年使用HP滤波法的趋势偏差）	038
图2-9	选定的拉美国家货币对美元的汇率	039
图2-10	选定的拉美经济体的经常账户余额和外国直接投资（占GDP的比重）	040
图2-11	拉丁美洲总体财政余额和基本财政结余（中央政府，GDP的比重）	042
图2-12	拉丁美洲的总体公共债务（中央政府和非金融公共部门，占GDP的比重）	043
图2-13	拉美国家的总体财政结余和公共债务水平（占GDP的比重）	044
图2-14	选定的拉美国家在不同的通货膨胀目标机制下的通货膨胀率	045
图2-15	拉美货币政策的扩散指数	046
图2-16	拉丁美洲国家、澳大利亚、中国和韩国的劳动生产率（占美国劳动生产率的比重，五年移动平均值，PPP）	049
图2-17	选定的拉丁美洲经济体真实经济周期模型中的GDP趋势和GDP趋势增长率（对数形式）	052
图2-18	选定的拉美国家生产基本函数的GDP趋势	053
图2-19	拉美、亚洲和OECD选定国家的人均GDP	055
图2-20	拉美地区的GDP增长率和贫困率	056
图2-21	拉美人口的社会经济分群（占总人口的比重）	057
图2-22	拉美地区公共基本支出的变化（2014年、2015年比较）	059
图2-23	拉美地区层面的公共支出乘数	060
图2-24	拉美公共支出乘数和商业周期（经济扩张或者萎缩，政府支出的减少或者增加）	062
图2-25	拉美的税收乘数	063
图2-26	拉美政府消费性支出和投资性支出的财政乘数	063
图2-27	2014年选定拉美地区国家的税收和债务（占GDP的比重）	067
图2-28	不同基本结余的情境下拉美2025年的公共债务	069
图2-A1.1	OECD推出的发展中国家福利测量框架	075
图2-A1.2	在拉美经济发展水平前提下，福利产出的实际和预期之间的比较	076
图3-1	拉美地区：各时间段各年龄段的人口数量变化	082
图3-2	拉美地区：人口红利的持续时间	084

图3-3	拉美青年及其社会经济地位	085
图3-4	拉美地区不同国家劳动力市场的参与率和就业率现状（15~29岁）	088
图3-5	拉美国家和OECD国家的青年和成年人失业率	090
图3-6	拉美地区和OECD国家（15~29岁）青年的经济活动率	093
图3-7	2014年拉美地区的男女"三无青年"比重	096
图3-8	2014年按照年龄划分的拉美青年的活动状态	101
图3-9	2005~2015年阿根廷、巴西、墨西哥、巴拉圭4国青年（15~29岁）离开学校的年转变率	102
图3-10	2005~2015年拉美四国的青年（15~29岁）"三无状态"的流动	103
图3-11	拉丁美洲的工作质量和不同社会经济群体的质量结果	105
图3-12	根据年龄和社会经济特征划分的拉美非正规就业情况	107
图3-13	2005~2015年青年（15~29岁）正规就业和非正规就业年度转换率	109
图3-14	2013年拉美就业人口月均劳动收入	110
图3-15	拉美地区非正规和正规就业的成本	112
图3-16	2010年拉美地区按年龄和性别划分的特定死亡率	114
图3-17	2010年拉美地区按年龄和性别的特定死亡原因	115
图3-18	拉美7国的青少年（15~19岁）母亲所占比重	117
图3-19	拉美（15国）：调查前30天内至少吸过一次烟的学生所占比重	118
图3-20	拉美（18国）：调查前30天内至少喝过一次酒的学生所占比重	119
图3-21	拉美地区至少使用过一次药物的学生所占比重	120
图3-22	拉美（17国）：2000~2013年在最近总统选举中青年和成年人投票率	122
图3-23	拉美（17国）：2000~2013年至少参与了一次游行的青年和成年人比重	123
图3-24	拉美（17国）：2000~2013年至少一次在最近选举中投票且参与游行的青年和成年人比重	124
图3-25	拉美（17国）：2013年支持政府民主的16~29岁人群和30及以上人群占比	125
图3-26	拉美（18国）：2013年16~29岁人群和30岁及以上人群中认为国家政府由权力集团而非人民管理的比重	126

图 3-27 萨尔瓦多、秘鲁和拉美地区对国家体制不信任的
青年（18~29 岁）比重 ………………………………………… 127
图 3-28 2013 年拉美人民对生活满意程度 …………………………… 129
图 3-29 2013 年在拉美地区按照国家和年龄群体划分的受访者中相信
个人和家庭经济状况在未来 12 个月好转或稍微好转的比重 …… 130
图 3-30 拉美（17 国简单平均）：2000 年、2013 年对国家经济形势的评价 …… 130
图 3-31 2012 年拉美地区根据年龄划分的过去 12 个月犯罪人口比重 …… 132
图 3-32 萨尔瓦多、危地马拉和洪都拉斯：1990~2010 年根据
年龄划分的人际间暴力引发的死亡率 ………………………… 134
图 3-A1.1 2014 年拉美青年的社会经济状态 ………………………… 145
图 3-A1.2 2004 年和 2014 年拉美青年的劳动力市场状况 …………… 146
图 4-1 2014 年拉美地区青年达到的最高教育水平
（25~29 岁青年所占的比例）…………………………………… 153
图 4-2 2004~2014 年拉美地区人口接受的最高教育水平
（15~64 岁人口所占比例）……………………………………… 155
图 4-3 2004 年、2009 年、2014 年 25~29 岁的青年受教育程度 …… 156
图 4-4 2004~2014 年拉美地区 17 个国家平均受教育年限的变更 …… 156
图 4-5 2004~2014 年拉美地区平均受教育年限随社会经济和年龄的变化 …… 157
图 4-6 2013 年拉美地区 16 个国家的高等教育毛入学率 …………… 159
图 4-7 2004 年、2014 年完成高等教育的青年（25~29 岁青年所占的比例）…… 160
图 4-8 2013 年中学生参与 EFTP 的比例 ……………………………… 163
图 4-9 2012 年拉丁美洲学生在阅读、数学和科学方面的技能
水平（各个技能水平学生所占比例）…………………………… 170
图 4-10 年轻学生在数学和平等性方面的表现 ………………………… 171
图 4-11 PISA 年度变化 …………………………………………………… 172
图 4-12 2012 年成人技能调查和 PISA（2000 年和 2003 年）平均值 …… 173
图 4-13 玻利维亚、哥伦比亚和秘鲁技能措施与劳动收入之间的
相关联系（可信度为 95%）……………………………………… 180
图 4-14 哥伦比亚关于技能措施和劳动结果之间相互关系的影响
（可信度 95%）…………………………………………………… 181
图 4-15 2014 年不同教育水平的员工达到的相对收入
（成年人的劳动收入；高中教育 = 100）………………………… 182

图表目录

图 4-16	一段时间内工资溢价和高等教育及相对供给的联系	184
图 4-17	2015 年各国填补职位空缺有困难的公司（正规公司百分比）	186
图 4-18	2012 年世界各地填补岗位空缺所需的时间	187
图 4-19	2012 年拉美特定国家的公司填补岗位空缺所需平均时间	188
图 4-20	拉美和加勒比国家用于培训计划的公共支出（占 GDP 的百分比）	191
图 5-1	拉美和 OECD 国家按照职业分类的就业人口分布（15~29 岁）	225
图 5-2	按照教育和社会经济背景分类的创业者分布	227
图 5-3	同意国内成功的创业者获得崇高地位这一说法的人口比例	229
图 5-4	2015 年拉美国家和 OECD 的创业动机	229
图 5-5	小型企业和中型企业的相对生产率和企业规模	230
图 5-6	2001~2011 年幸存的年轻企业和老企业的就业净增长率	232
图 5-7	至少有 25% 的收入来自国际客户的企业比重	236
图 5-8	2013 年创业障碍指数	239
图 5-9	2010~2014 年拉美创业项目的支出估计（占 GDP 的百分比）	241
图 5-10	2016 年新兴企业支持工具的分类	243
图 5-11	iNNpulsa 的融资工具和外部杠杆资本（2011~2015 年）	246
图 5-A1.1	当前拥有一家企业的人员（按照年龄段划分）占比（拉美和 OECD）	261
图 5-A1.2	拉美与 OECD 的青年和成年创业者创造的工作岗位	262
图 6-1	到 2030 年拉美各行业预计的岗位创造和岗位破坏	270
图 6-2	拉美青年对民主和政府态度的比例	275
图 6-3	拉美和世界其他地区的城市化（占人口的百分比）	279
图 6-4	到 2030 年以规模来划分的城市人口分布（城市人口的比重）	280
图 6-5	城市运动指数（2015）	286
2014 年阿根廷青年单个年龄段的经济活动状态		292
2014 年巴西青年单个年龄段的经济活动状态		298
2014 年智利青年单个年龄段的经济活动状态		305
2014 年哥伦比亚青年单个年龄段的经济活动状态		312
2014 年哥斯达黎加青年单个年龄段的经济活动状态		318
2014 年多米尼加共和国青年单个年龄段的经济活动状态		326
2014 年墨西哥青年单个年龄段的经济活动状态		332
2014 年巴拿马青年单个年龄段的经济活动状态		340

2014年巴拉圭青年单个年龄段的经济活动状态 …………………………… 346
2014年秘鲁青年单个年龄段的经济活动状态 …………………………… 352
2014年乌拉圭青年单个年龄段的经济活动状态 ………………………… 358
表1-1　拉美地区青年培训项目的构成与产出 …………………………… 014
表1-2　拉美地区青年创业项目的要素和结果 …………………………… 019
表2-1　4G公路基础设施项目 …………………………………………… 064
表2-2　公共债务情境中的初始变量 ……………………………………… 068
表3-1　2014年拉美地区无教育和无就业的相对概率（特定的
　　　　特征对无教育、无就业的可能性的边际效应）………………… 094
表3-2　拉美"无教育、无就业"青年（15~29岁）不同
　　　　经济活动类型 …………………………………………………… 097
表3-3　"三无青年"对阿根廷经济的贡献 ……………………………… 100
表3-4　2010年的拉美地区（33个国家）：按性别和年龄
　　　　划分的致死性主要疾病 ………………………………………… 116
表3-5　2012年拉美居民根据国家和年龄来划分的对于当地
　　　　帮派影响的看法 ………………………………………………… 135
表3-A1.1　2014年拉美青年工作类型的平均水平 ……………………… 147
表4-1　2014年未完成中学教育而辍学的青年（15~29岁）…………… 154
表4-2　2013年拉美地区各专业高等教育入学率 ……………………… 161
表4-3　拉美地区2015年学员参与IFP课程情况 ………………………… 164
表4-4　2014年乌拉圭和秘鲁的教育回报率 …………………………… 185
表4-5　拉美地区"青年计划"技能培训种类 …………………………… 192
表4-6　拉美地区特定青年培训计划特色 ………………………………… 194
表4-7　拉美地区青年培训计划影响相关证据 …………………………… 200
表4-8　拉美地区特定方案中青年技能培训效果证据 …………………… 203
表4-9　拉美地区青年计划的构成和结果 ………………………………… 207
表5-1　创业项目的政策干预领域（工具）……………………………… 251
表5-2　青年创业项目中的要素和最终产出 ……………………………… 253
表5-A2.1　青年创业项目及其评估 ……………………………………… 263
表5-A2.2　青年创业项目和产出 ………………………………………… 264
表5-A2.3　未评估的青年创业项目 ……………………………………… 266
阿根廷的关键指标 …………………………………………………………… 294

巴西的关键指标 …………………………………………………… 301

智利的关键指标 …………………………………………………… 308

哥伦比亚的关键指标 ……………………………………………… 314

哥斯达黎加的关键指标 …………………………………………… 321

多米尼加共和国的关键指标 ……………………………………… 328

墨西哥的关键指标 ………………………………………………… 335

巴拿马的关键指标 ………………………………………………… 342

巴拉圭的关键指标 ………………………………………………… 348

秘鲁的关键指标 …………………………………………………… 354

乌拉圭的关键指标 ………………………………………………… 361

前　言

《拉丁美洲经济展望》系列报告分析了与拉丁美洲经济和社会发展相关的问题。自从 2007 年 11 月第一版问世以来，该报告一直致力于提供拉丁美洲与世界其他国家和地区分享经验和实践的比较研究成果。

从 2011 年开始，该报告与联合国拉丁美洲和加勒比经济委员会（以下简称拉美经委会，UN－ECLAC）合作出版，并对接每年由伊比利亚美洲国家政府和伊比利亚美洲大会秘书处举办的伊比利亚美洲首脑会议的经济主题。2013 年，拉丁美洲开发银行（CAF）也加入了该报告的作者团队。到 2016 年，这份报告已连续出版 10 年，并在 2016 年 10 月第 25 届伊比利亚美洲首脑峰会上成功发布（在哥伦比亚的卡塔赫纳举办）。

2017 年版报告关注青年、技能和创业，旨在促进拉美地区更具包容性和可持续发展。通过检验青年在劳动力市场的角色、获得的技能以及创业活动，本报告深入分析了拉美青年的社会参与和生产活动。本报告还进行了宏观经济分析，探讨了全球背景下拉美经济受到的影响。各章依次分析了拉美青年在社会、政治和经济方面的融入，以及他们在教育、技能和创业方面面临的机遇和障碍。最后，本报告还描述了未来的工作、政治和城市将带给拉美青年怎样的挑战和机遇，并提出改善公共政策的建议。

致　谢

本报告由联合国拉丁美洲和加勒比经济委员会（UN－ECLAC）、拉丁美洲开发银行（CAF）和经济合作与发展组织（OECD）发展中心联合完成。

对于本年度的报告，OECD发展中心团队在主任Mario Pezzini的指导下，由拉丁美洲和加勒比处处长Ángel Melguizo领导，并得到Juan Vazquez Zamora、Paula Cerutti和Elena Crivellaro的帮助。拉美经委会团队由经济事务司官员Sebastián Rovira和Daniela Trucco领导。拉丁美洲开发银行的团队由宏观经济研究部部长Adriana Arreaza领导。全书的写作由Paula Cerutti、Elena Crivellaro和Juan Vazquez Zamora进行统筹协调。

本报告得益于来自各大机构不同作者的研究、文字起草和卓有成效的合作，这些人包括：Adriana Arreaza（CAF）、Rolando Avendaño（OECD）、Juan Carlos Benitez Molina（OECD）、Paula Cerutti（OECD）、Elena Crivellaro（OECD）、Santiago Guerrero Archila（OECD）、Rebecca Lavinson（OECD）、Ricardo Martner（ECLAC）、Ángel Melguizo（OECD）、Sebastián Nieto－Parra（OECD）、Alejandro Nuñez（OECD）、José René Orozco（OECD）、Daniel Titelman（ECLAC）、Daniela Trucco（ECLAC）、Heidi Ulhmann（ECLAC）和Juan Vazquez Zamora（OECD）。Romina Boarini（OECD）和Katherine Scrivens（OECD）撰写了有关福利的那一节内容。特别感谢下列专家提供的一系列主题有趣的专栏，这些人包括Ian Brand-Weiner（OECD）、Carolina Camacho（CAF）、Marta Encinas－Martin（OECD）、Alejandro Franco（Ruta N Medellín）、Andrés Mariño（Universidad del Rosario）、Claudio Alberto Moreno（iNNpulsa Colombia）、Noel Müller（World Bank）、Pauline Musset（OECD）、Daniel Riera-Crichton（Bates College）、Emilie Romon（OECD）、María Ruiz

（Ruta N Medellín）、Manuel Toledo（CAF）、Fernando Vargas（ILO-CINTERFOR）、Carlos Vegh（Johns Hopkins University）、Luisa Vergel（iNNpulsa Colombia）、Elkin Velasquez（UN Habitat）和 Guillermo Vuletin（Inter-American Development Bank）。本团队同样要感谢 Francis Carmona（Global Entrepreneurship Monitor）、Lucía Perez Villar（OECD）、Annalisa Primi（OECD）、Mike Herrignton（Global Entrepreneurship Monitor）、Pascal Marianna（OECD）和 Sebastian Martin（OECD）等人分享他们的数据和观点。

OECD 发展中心要特别感谢来自世界银行全球贫困实践项目（World Bank Poverty Global Practice）的 Oscar Calvo-Gonzalez、Gabriel Facchini、German Jeremias Reyes 和 Liliana Sousa 等人慷慨地分享他们的数据和观点，以及为准备本报告所提供的密切协作。

2016 年 5 月 30 日在巴黎举办的专家会议提供了许多建设性的反馈，使本报告的内容得以充实。我们要感谢参与这次精彩讨论的专家们：Roberto Angulo（Oxford Poverty & Human Development Initiative）、Lucila Berniell（CAF）、Matias Bianchi（Asuntos del Sur）、Lucia Cusmano（OECD）、Carl Dahlman（OECD）、Marcelo Díaz（InverSur Capital）、Ariel Fiszbein（Inter-American Dialogue）、Robert Ford（OECD）、Ulrich Frei（FUNDES）、Ignacio Hernando（Bank of Spain）、Martin Hopenhayn（Consejo Iberoamericano de Investigación en Juventud）、Miriam Koreen（OECD）、Ramón Moreno（BIS）、Hugo Ñopo Aguilar（GRADE）、Markus Pilgrim（ILO）、Juan Rebolledo（Secretary of Economy and Public Credit, Mexico）、Javier Roca（Ministry of Economy and Finance, Peru）、Stefano Scarpetta（OECD）、Andreas Schleicher（OECD）和 Juan Yermo（OECD）。Adriana Suarez（Endeavor）、Guillermo Dema（ILO）和 Susana García-Robles（IDB）等人也给了我们许多有益的建议。

我们还要感谢给予本报告建议的所有 OECD 的同事，包括 Aimee Aguilar、Nadim Ahmad、Aziza Akhmouch、Jose-Luis Alvarez-Galvan、Sonia Araujo、José Antonio Ardavin、Jens Arnold、Bert Brys、Thomas Dannequin、

致　谢

Christian Daude、Martine Durand、Balázs Egert、Marta Encinas、Montserrat Gomendio、David Halabisky、David Khoudour、Humberto Lopez、Adrien Lorenceau、Maria Rosa Lunati、Carlo Menon、Eduardo Olaberría、Mauro Pisu、Anne-Lise Prigent、Jonathan Potter、Julien Reynaud、Lynn Robertson、Oriana Romano、Ji-Yeun Rim、Angelica Salvi、Alain de Serres、Pablo Suárez Robles、Monika Sztajerowska 和 Anna Wiersma。

智利和墨西哥驻 OECD 代表团，以及阿根廷、巴西、哥伦比亚、哥斯达黎加、多米尼加共和国、巴拿马、巴拉圭、秘鲁和乌拉圭等驻英国大使馆分别对其国别附录内容进行了建设性的审定与核实。

2016 年 10 月 28 日，在卡塔赫纳（哥伦比亚）举行的第 25 届伊比利亚美洲首脑峰会上，Rita Da Costa 和 Agustina Vierheller 协调和组织了本报告的发布。他们还与 Ana Gonzalez 一起为本报告的精心制作提供了管理支持。特别感谢哥伦比亚外交部合作与一体化机制司司长 Adriana Mendoza 及其团队贯穿全程的支持。

OECD 发展中心要感谢西班牙外交与合作部西班牙语国际发展和合作局、哥伦比亚国际合作总局、瑞士发展部、国际劳工组织拉美地区办公室、拉丁美洲开发银行、罗萨里奥大学（哥伦比亚）和桑坦德集团为本书提供的经济资助。

最后，衷心感谢 OECD 发展中心的出版和联络部，尤其是 Aida Buendía、Delphine Grandrieux 和 Vanda Legrandgérard 等人在本报告和相关材料研创过程中无比的耐心和有益的工作。我们同样要感谢 OECD 公共事务和联络部 Anne－Lise Prigent 和 Laurence Gerrer－Thomas 等人的支持。作者还要向担任编辑工作的 Mark Foss 和 Jane Marshall 以及翻译服务的 Yolanda Bravo Vergel、Lidia García de Vicuña 和 Gerardo Noriega 等人表示诚挚的感谢。

缩略语

4G	Fourth generation	第四代
ALMPs	Active Labour Market Policies	积极的劳动力市场政策
ASELA	Latin American Association of Entrepreneurs	拉美创业协会
BoJ	Bank of Japan	日本银行
BDE	Bank of Spain	西班牙银行
BIS	Bank for International Settlements	国际清算银行
Brexit	British exit	英国退出欧盟
CAF	Banco de Desarrollo de América Latina	拉丁美洲开发银行
CCT	Conditional cash transfer	有条件的现金转移支付
CEDLAS	Centre for Distributive, Labour and Social Studies	分配、劳动和社会研究中心
CIAT	Inter-American Centre of Tax Administrations	泛美税收管理中心
CPI	City Prosperity Initiative	城市繁荣倡议
ECB	European Central Bank	欧洲中央银行
ECLAC	Economic Commission for Latin America and the Caribbean	拉丁美洲和加勒比经济委员会
EMBI	Emerging Markets Bond Index	新兴市场债券指数
EU	European Union	欧洲联盟
FDI	Foreign direct investment	外国直接投资
FED	Federal Reserve System	联邦储备系统
GDP	Gross domestic product	国内生产总值
GEM	Global Entrepreneurship Monitor	全球创业观察
GHG	Greenhouse gas	温室气体
GNI	Gross national income	国民总收入
ICTs	Information and Communications Technologies	信息和通信技术
IDB	Inter-American Development Bank	美洲开发银行

IEA	International Energy Agency	国际能源署
IIF	Institute of International Finance	国际金融协会
ILO	International Labour Organization	国际劳工组织
IMF	International Monetary Fund	国际货币基金组织
IoT	Internet of Things	物联网
ITF	International Transport Forum	国际运输论坛
KBC	Knowledge-based capital	知识资本
KILM	Key Indicators of the Labour Market	劳动力市场关键指数
LABLAC	Labour Database for Latin America and the Caribbean	拉丁美洲和加勒比劳动力数据库
LAC	Latin America and the Caribbean	拉丁美洲和加勒比地区
LAPOP	Latin American Public Opinion Project	拉丁美洲公共舆论计划
MIT	Middle Income Trap	中等收入陷阱
NEET	Not in Education, Employment or Training	非教育、就业或培训
OIJ	Iberoamerican Organization for Youth	伊比利亚美洲青年组织
OECD	Organisation for Economic Co-operation and Development	经济合作与发展组织
OPEC	Organization of Petroleum Exporting Countries	石油输出国组织
PIAAC	Programme for the International Assessment of Adult Competencies	成人能力国际评估项目
PISA	Programme for International Student Assessment	国际学生评估项目
PMR	Indicators of Product Market Regulation	产品市场法律指标
PPP	Purchasing Power Parity	购买力平价
PPP	Public-Private Partnership	政府和社会资本合作
SDGs	Sustainable Development Goals	可持续发展目标
SEDLAC	Socio-Economic Database for Latin America and the Caribbean	拉丁美洲和加勒比地区社会经济数据库
SMEs	Small medium enterprises	中小企业
STEM	Science, Technology, Engineering and Mathematics	科学、技术、工程和数学
STEP	Skills Towards Employability and Productivity Programme	就业能力和生产力项目
TEA	Total Entrepreneurial Activity	总体创业活动

TFP	Total Factor Productivity	全要素生产率
TVET	Technical and Vocational Education and Training	技术和职业教育与培训
UIS	UNESCO Institute for Statistics	联合国教科文组织统计署
UNDP	United Nations Development Programme	联合国开发计划署
UNESCO	United Nations Educational, Scientific and Organization	联合国教科文组织
UNICEF	United Nations International Children's Emergency Fund	联合国儿童基金会
UNODC	United Nations Office on Drugs and Crime	联合国毒品和犯罪问题办公室
WB	World Bank	世界银行
WEF	World Economic Forum	世界经济论坛
WHO	World Health Organization	世界卫生组织
USD	United States Dollar	美元
VAT	Value Added Tax	增值税
VTI	Vocational Training Institutions	职业培训机构

编者序

2016年，拉丁美洲的GDP连续第二年为负增长（介于-1%和-0.5%之间），该地区自20世纪80年代早期以来还从未有过这样的经济收缩。这一变化正在考验着拉丁美洲的社会经济进程，尤其是在减少贫穷和不平等，以及中产阶级扩张等领域。2015年，拉丁美洲大约新增700万贫困人口，致使该地区的贫困率上升到29.2%（1.75亿人）。此外，2500万到3000万脆弱的拉美中产阶级，即在最近的经济增长期内实现脱贫的人口中的1/3，将在不远的未来面临着返贫的风险。

经济预测显示，整个拉美地区短期内将持续不平衡性增长。比起南美洲那些尤其受到世界经济现状和国际商品价格较低影响的商品净出口国，这一现象更加有利于墨西哥、中美洲和加勒比地区，因为它们与美国关系紧密。总体而言，那些政策框架较弱的国家将面临更大的挑战。

从2017开始，拉美地区的经济增长应该会得到恢复，人均收入也会趋近OECD国家。但是这种追赶将会出现在增长率过于温和（年增长在2%至3%的范围内）的情形下，这种追赶也决定了拉丁美洲经济增长的长期疲弱，各国之间存在显著的差异性。这也凸显了提升该地区经济增长潜力的重要性。

尽管如此，拉丁美洲尚有许多未开发的潜力。该地区人口年轻，面临独一无二的人口机遇。拉丁美洲人口中有1/4（1.63亿）公民的年龄在15岁至29岁之间。这一人口红利为该地区的包容性增长开启了窗口机遇期，成为国内增长支撑未来发展的潜在驱动力，但前提是青年人渴望工作的供给与劳动力市场需求相匹配，再配以更加多元化的产业结构升级和更加一体化的产业发展政策。以上这些也必须有更高质量的全民教育相配套。

事实上，在过去的几十年里，社会和经济的进步显著增加了拉美地区人民（尤其是青年人）的教育机会，提高了期望值。然而，64%的拉丁美洲青年（超过1亿人）仍然生活在贫困或脆弱的家庭之中。这意味着大多数青年只能获得质量不高的公共服务，储蓄不多且收入不正规，社会流动性差。拉美1.63亿青年人中有1/5工作在非正规岗位上，在就业、教育或者培训方面面临机会不平等的挑战，青年女性的状况还要更糟。一方面，社会期望与需求之间严重脱节；另一方面，实际状况助长了社会不满，削弱了拉丁美洲青年对民主制度的信任。只有36%的拉美青年表示对选举结果透明度有信心，远低于OECD国家的平均水平（62%）。对于在民主制度下出生和成长的第一代人来说，其新需求、新期望与社会经济现实结果之间的差距正在拉大社会与政府之间的距离，引发最近在拉美地区发生的抗议和社会运动。

2017年版的《拉丁美洲经济展望》主要关注拉丁美洲青年，分析其社会、经济和政治行为以及其面临的挑战和机遇。

促进青年融入社会首先需要弄清是什么排斥了他们。有限的就业机会、教育、卫生服务和公民参与都是阻碍青年人充分发挥社会作用的因素。总体而言，拉美青年，尤其是穷人和脆弱的中产阶级，拥有更好的工作和技能是必要的。在这一过程中有两种途径可以引导青年开展有意义的经济活动。

一种是，技能已成为21世纪经济体的全球性通货，在拉丁美洲更是如此。正如在2015年版和2016年版《拉丁美洲经济展望》中指出的那样，该地区的可用技能池与经济和企业的需求之间存在的差距在世界范围内居于首位。因此，该地区需要进一步加强教育体系建设，促进终身学习。教育课程和技能提升项目应为拉丁美洲青年提供更多的技术上的基础培训，这对于提升他们的流动性和适应外部环境改变的能力来说至关重要。课堂学习和工作场所学习要相互结合起来以便更好地学习技术和软技能（如创意、团队协作、责任感、领导、沟通等），并与求职服务配套，从而提高青年就业前景的质量。

另一种是，青年创业是提高拉丁美洲就业能力和增加社会流动的另一个关键工具。就像OECD国家的青年创业者一样，拉美的创业者同样具有相当的创造性思维、管理技能、明确目标和冒险精神。青年创业者需要多维度的支持政策，如门槛较低的补充小额信贷、简化的融资工具，以方便他们融入商业网络，获得业务拓展培训。

有鉴于此，拉丁美洲针对青年人的技能和创业政策在应对未来变化时需要具有灵活性。除全球化外，技术和人口的变化是经济、政治和社会变革的主要驱动力，这一变革将会影响拉美青年的工作领域、城市生活和政治参与方式。政策制定者需要系统地收集信息、评估青年项目、确定更好的方式以提高青年人技能和增加青年人创业机会，使他们在不断变化的环境中适应未来的需求。同时，这些投资计划应处在一个可接受的、可持续的财政框架内。

我们希望，这份由拉丁美洲开发银行、联合国拉丁美洲和加勒比经济委员会以及经济合作与发展组织发展中心合作完成的成果，将有助于有关拉美青年的技能和创业政策的讨论，从而使该地区的机遇最优化。寻找到促进青年人在经济、社会和政治方面融入的途径，将是该地区今后在经济、社会和政治上通过考验的关键。

Alicia Bárcena
联合国拉丁美洲和加勒比经济委员会执行秘书
L. Enrique García
拉丁美洲开发银行执行主席
Angel Gurría
经济合作与发展组织秘书长

内容概要

《拉丁美洲经济展望（2017）：青年、技能和创业》主要分析拉丁美洲青年的态度、挑战和机遇。拉丁美洲和加勒比地区（拉美地区）年龄在 15 岁到 29 岁之间的青年数量已经超过 1.63 亿，约占该地区总人口的 1/4。该地区曾经欣欣向荣的经济如今正在放缓，对过去 10 年取得的社会、政治和经济进步构成了挑战。因此，年轻人正处于十字路口，见证着该地区的希望和危险。

过去几十年里的社会和经济进步增加了人们的预期，而这些预期并没有真正实现。过去几十年来，公共政策变得更具包容性，长期被忽视的部门也开始参与社会。中产阶级数量已经达到拉丁美洲人口的 35%，在过去 10 年里增长了 14 个百分点。然而，该地区青年的融入还未完成。有 64% 的拉美青年生活在贫困或者脆弱家庭，不能进入稳定的中产阶级。在理想的情况下，青年人可以获得优质的教育、卫生服务以及公民参与，所有这些都为青年人参与劳动市场和生产性活动搭建了舞台。然而，在实践中，这些机会却将许多拉美青年拒之门外。期望和需求之间存在严重的脱节，实际结果助长了拉美青年对社会的不满，削弱了拉美青年对民主制度的信任，因而只有 1/3 的青年对选举表示有信心。

大多数青年离开学校后，沦入经济非活跃状态或从事非正式工作。在 1.63 亿拉美青年中，有 1/5 从事非正规工作，另外有 1/5 无工作、无教育、无培训（"三无青年"）。这种情况在最弱势的群体中极为普遍。出身贫困或者脆弱家庭的青年会比那些家境良好的同龄人更早地离开学校，在就业时，他们也只能在非正规岗位上工作。在 15 岁这个年龄段，家境贫困的青年中有 7/10 在学校；但到了 29 岁这个年龄段，将近 3/10 的青年成为"三无青年"，另外 2/5 的青年工作在非正规部门，只有 1/5 在正规部门，余下部分要么是半工半读，要么还是学生。

最近，教育覆盖面的扩大已经加强了青年与劳动力市场的联系。 尽管受教育状况在过去10年里取得了显著的进步，但是拉美25~29岁的青年中接受过大专、大学或者高级技工学校教育的比例不到1/3。许多拉美青年过早地离开学校，因此，1/3的青年——4300万人——没有念完中学或者没有入学。此外，技术和职业教育很少培养与年轻人相关的、高层次贸易的、技术的、专业的和管理的技能。事实上，拉美地区在可用技能池与企业需求之间的差距上居全世界之最。这给该地区向知识型经济的转型带来挑战。在知识经济中，公民需要创新、适应和利用先进的人力资本。

对青年技能的投资是激发内生性增长引擎以及为未来的进步奠定坚实基础的关键。 加大对拉丁美洲青年技能教育的投入包括加强教育体制建设和制定促进终身的、综合技能学习的政策。教育课程和技能提升计划应为青年提供充分的社会融入以及基础技能方面的技术培训。这些对个人生活至关重要，使他们能够更好地换工作，并适应不断变化的外部条件。对拉美青年技能提升项目的评估显示，课堂学习与工作场所的软技能和技术技能学习相结合，再加上求职服务，提高了年轻人获得优质工作的可能。此外，国家需要有效的途径来收集个人拥有技能和企业需求技能的信息。这将有助于确认技能短缺和差距，允许国家规划未来的技能需求。这样，国家能够变得更有生产力和竞争力。为青年在准备工作和创建有竞争力的企业等方面提供健康的供给，就必须使其技能需求和创业活动相匹配。

为高成长型创业者打造的创业生态正在快速发展，但只能为少数人提供就业能力和增加社会流动性。 拉美地区高成长型的青年创业者很少，更多的是勉强维持型创业者。青年中个体户的比例（16%）几乎是OECD国家（6%）的3倍。拉美地区青年创业者中只有13%接受过高等教育，相比之下，OECD国家这一比例为33%。对拉丁美洲创业的支持正从试点转向巩固对他们的体制支持。私营部门的参与，不仅从融资和投资的角度，而且还作为新参与者支持创新创业的萌芽活动，这两方面的支持都有所增加。然而，青年创业者在获得融资工具、提升能力建设、发展商业网络和创业文化、进入新市场以及跨越法律障碍等方面都面临挑战，难度甚至甚于成年创业者。

培育创业可以促进拉美青年从学校向工作和成年人生活的转型。包容性的创业方法包含不同的工具，能提高生产力和公平度。勉强维持型创业者为应对劳动力市场之外的脆弱性需要范围更广、更多维的支持，而不仅是小额信贷。这包括量身定制融资工具以适应青年创业者需求且在信贷历史、抵押品和风险方面的要求更为灵活。公共金融机构也能够在为青年设计更具灵活性的金融工具中发挥作用，包括通过信贷和新工具等形式。天使投资和风险资本仍处于萌芽状态。公共政策可以为投资者参与企业后期发展提供更多的激励。

要把握未来，就必须增强拉美青年的技能，增加他们的创业机会。技术和人口的变化，伴随着全球化，正在推动着经济、政治和社会的重大转型，影响到工作领域、拉美青年生活的城市以及其参与政治的方式。新工作的出现，将会导致技能需求的升级。自动化将会取代半熟练工作，而复杂的任务将需要真正的人类技能，因此，技能和培训政策应预见和适应新的需求。拉美青年具有潜力和技术的可能性，从而成为拉美地区城市更加智慧、更可持续的主要驱动力。他们也正在使用新的技术手段以宣传和组织他们的需求，塑造新兴的政治发展。

在这样一个经济和政治充满挑战的时代，帮助青年是迈向包容性增长的智慧投资。技能和创业能够帮助青年发展知识密集型经济活动，使青年成功实现从学校到工作的转型。这将会创造他们所追求的未来，提高拉美地区的生产力。人口结构年轻的机遇期即将到来，加上未来两年内18个国家的总统选举，将会创造一个激发变革的时代，实现青年的融入，技能和创业将会被置于政策议程的优先级。

第一章
引言：以更好的技能和创业机会提升青年的融入度

本章是整本报告的序幕，首先概述拉丁美洲近期的经济发展趋势以及青年面临的机遇和挑战。其次探讨了更好的技能和创业机会如何能为青年人在当前和未来的融入提供更为光明的前景。最后总结了一系列的政策目标，以及后面各章中分析得出的建议。

以色列的统计数据由以色列有关部门提供并负责。OECD 在使用这些数据时遵循国际权利条款，对戈兰高地、东耶路撒冷以及约旦西岸的以色列定居点的现状不存在任何偏见。

《拉丁美洲经济展望（2017）》关注青年人，分析他们的行为、挑战和机遇。拉美地区 15~29 岁青年的规模已经超过了 1.63 亿，约占该地区总人口的 1/4。曾经欣欣向荣的拉美经济目前正在放缓，对社会、政治和经济近 10 年来的进步构成挑战。正因为如此，青年正处于十字路口，印证着该地区的希望和危险。

本章通过总结核心结论，作为整本报告的开场：

- 宏观经济现状正在考验着拉丁美洲近年的社会经济进步。投资于青年正是超越这些现状、为增长引擎注入内生性动力从而绘制未来更具包容性的社会和经济的途径之一。
- 当前，拉美地区的青年缺乏良好的就业前景。要改变这个现实，需要投资于技能和创业,以促进青年从学校到工作和成年人生活的转型。
- 投资技能和创业也意味着把握这些领域的趋势,动员青年去引领——并且不被抛弃——社会、政治和经济的变迁。

在这些结论的基础上,该报告将青年视为经济行为者,提出了下列有关技能和创业政策的建议:

- 加强教育体系,促进终身技能提升计划;
- 将课堂教学与在职实践培训相结合,更好地为青年的工作领域做准备;
- 开发更能适应市场需求的技能计划;
- 收集有关人口技能和企业需求的信息,以建立更加完善的国家技能提升战略;
- 通过指导和供应链发展计划,建立青年创业者与商业网络之间的联系;
- 支持青年人的创业培训,以提高管理和财务技能;
- 引入适合青年创业者需求的分期融资工具,包括早期补贴、种子资本、资产性基础融资、天使投资者与风险投资网络;
- 通过简化企业创设、许可证方面的法规来减少对青年创业者的法律壁垒,设立激励措施(如税收和社会保障缴费上的临时豁免)来支持青年创业者;
- 系统评估青年培训和创业项目,确定需要重新设计的工作和需求;
- 支持宽带接入服务,改善基础设施和服务能力来帮助青年充分利用数字经济带来的机遇。

为那些将要走上工作岗位和创立竞争性企业的青年创造一个健康的供给侧,这个供给侧必须与他们的技能和创业活动的需求侧相匹配。拉丁美洲经济体必须实现多元化,升级其产业结构,以便充分利用技能熟练的青年和青年创业者,回应他们的愿望。拉美地区经济过分依赖自然资源和附加值相对低的活动。该地区需要探索创新性的产业发展政策,以更好地参与全球价值链,提高经济多元化及增强竞争力(OECD/CAF/ECLAC,2015)。这将创造

第一章 引言：以更好的技能和创业机会提升青年的融入度

更多的优质工作来应对人口变化带来的机遇，同时也能利用技能熟练的青年和青年创业者。

青年拥有更加熟练的技能、更加完善的创业机会将推动经济的包容性增长。在经济困难时期，该地区应该寻找可持续发展的内生性源泉。技能和创业可以促使青年发展知识密集型的经济活动，实现从学校到工作的成功转型，创造他们梦想的未来，提高拉美地区的生产性产出。投资于最弱势的群体将有助于缩小技能和创业机遇的差距，提供更好的就业市场环境，最终减少收入的不平等（OECD，2016a）。拉美地区正处于独一无二的时刻。人口结构年轻化的机遇期还在延续，接下来的两年里将有18个国家举行总统选举，将为激发变革提供舞台，实现青年的融入以及提升技能和创业将会被置于政策议程的优先级。

拉丁美洲宏观经济状况面临的挑战和生产力增长停滞将考验社会经济进步及实现民众期望的能力……

拉美地区过去10年一帆风顺的经济增长已经一去不复返。该地区正经历着一个长期的经济放缓，各国情况大同小异。经过5年的经济放缓之后，2015年增长率为负值。2016年，拉美地区的国内生产总值（GDP）增长预计为-1%~-0.5%，2017年将会略微回升。全球经济增长前景疲软、大宗商品价格走低、融资环境紧张等因素削弱了该地区的增长潜力（OECD，2016b）。短期经济预测显示南美的净商品出口国，尤其是政策框架较弱的国家，面临的挑战比墨西哥、中美洲和加勒比国家更严峻。然而，越来越多的证据表明，绝大多数的拉美国家的生产能力和增长潜力趋于恶化（Pagés，2010；OECD/CAF/ECLAC，2015；Cavallo and Serebrisky，2016；IMF，2016；Powell，2016）。

潜在增长低于此前预期，表明该地区面临着如何跨越中等收入陷阱的挑战。中等收入陷阱指的是许多国家在人均收入达到中等水平后，会经历一段经济增长长期放缓的过程。这与国家向创新型和知识密集型的生产转型不力密切相关。到目前为止，拉丁美洲只有智利和乌拉圭成功摆脱了中等收入陷阱（见图1-1）。由于法治欠完善、寻租行为以及生产结构无法集中于知识密集型活动，这种陷阱在拉丁美洲经济体中尤为普遍（OECD/CAF/ECLAC，2015）。

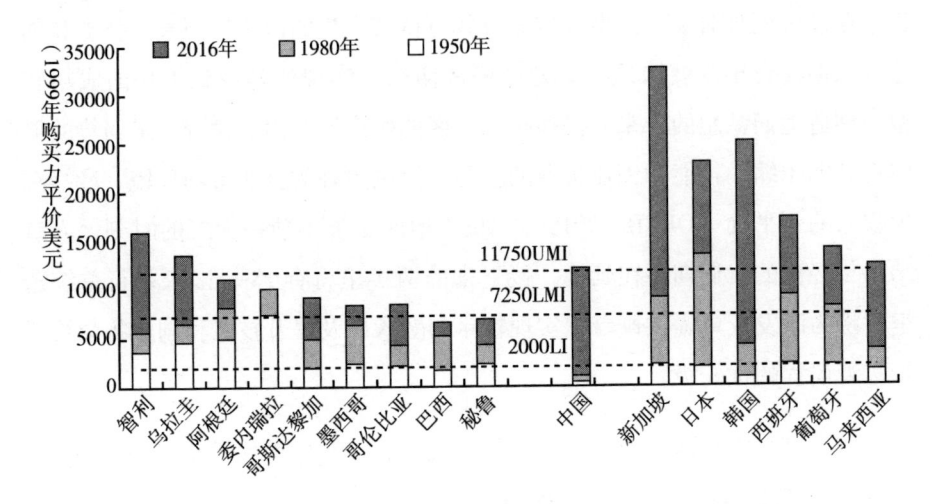

图1-1 部分拉美经济体、OECD国家和中国的人均GDP

注：UMI＝中等偏上收入；LMI＝中等偏下收入；LI＝低收入。
资料来源：OECD/CAF/ECLAC计算。

当前，经济放缓正在减少可用的关键长期投资资源，尤其是在物质资本和人力资本方面。经济低速增长，加上与商品相关的收入减少，导致拉美经济的财政收支恶化，债务水平上升。财政部门必须谨慎行事，避免大幅度地削减开支，特别是在基础设施和技能培训领域。尽管如此，各国财政行为的范围不尽相同。该地区的一些经济体尽管在许多情形下仍然受到结构性财政规则的约束，但它们已积累了一定的公共储蓄，维持着适度的债务水平，财政具有一定的回旋余地（Alberola et al.，2016）。其他国家已经在进行某种形式的财政整顿，包括削减开支和税制改革。最后，鉴于一些经济体的财政压力较低，债务水平适度，增加税收仍然具备一定的空间。总体来说，所有国家都需要在提升国家调配货物和服务能力的基础上，更加有效地、更加集中地配置可用的资源。

拉丁美洲持续走弱的宏观经济环境正在考验着社会经济进步，特别是减少贫困和不平等，以及中产阶级的兴起。在过去的 10 年中，拉美地区取得了重要的进步，促进了收入增长，贫困率在 2000~2014 年也从 42.8% 减少到 23.3%（CEDLAS and World Bank，2016）。贫困率下降主要归功于就业率和人均工资提高，以及现金转移支付的推广而带来的劳动收入增多（World Bank，2013）。然而，拉丁美洲在 2015 年仍有大约 700 万人返贫，致使该地区的总贫困率回升至 29.2%，贫困总人口规模达到 1.75 亿（ECLAC，2016）。同样，2010 年以来，除哥伦比亚、厄瓜多尔和乌拉圭外，拉美经济体的收入不平等的下降速度减弱（Gasparini，Cruces and Tornarrolli，2016）。在当前经济环境下，拉美有 2500 万到 3000 万的脆弱人口可能会重返贫困（UNDP，2016）。

……但是，投资于青年可以激发增长的内生引擎，为经济增长和未来发展奠定坚实的基础

拉美仍然是一个年轻的地区，面临着可以通过投资于青年而为未来做好准备的独特人口机遇。拉美有 1/4 的人口年龄在 15 到 29 岁之间。年轻人口所占的比例高于其他年龄层次，为该地区开启了机遇窗口期。这一人口红利在当前拉美地区大多数国家都在充分发挥着作用，但不会持续太久（见图 1-2）。OECD 国家的人口状况将逐渐转向不太有利的结构，最近 30 年里，生产性人口比例将面临更大的压力。

过去几十年的社会和经济进步使数百万人摆脱贫困，减少了不平等，提高了人们的预期，特别是在青年人中。然而，这还远远不够。公共政策变得更加具有包容性，长期被忽视的部门也开始参与到社会中来。过去 10 年里，稳定的中产阶级人数占拉美总人口的比重增长了 14 个百分点，达到拉美总人口的 35%。然而，64% 的拉美青年——超过 1 亿——仍然生活在贫困或脆弱的家庭（相当于 2014 年成年人口的 57%），一直无法进入中产阶层。与此同时，大多数青年，尤其那些来自收入分配底层的家庭，只能获得低质量的公共服务、不够稳定的工作，储蓄稀少且收入不正规，社会流动性也很差。一方面，社会预期和需求与社会经济实际成果之间严重脱节，助长了社会不满，削

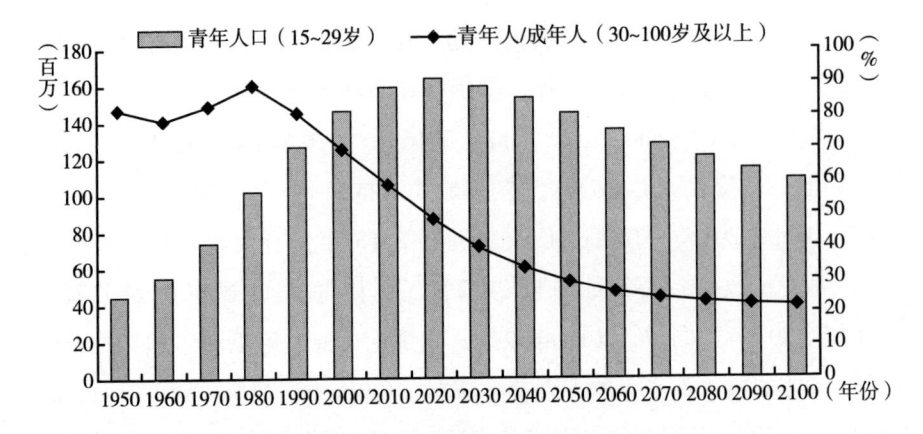

图 1-2 拉美地区的青年人口

资料来源：OECD/CAF/ECLAC，根据联合国人口司《世界人口预测》2015 年版绘制。

弱了对民主制度的信任水平。对于出生和成长在民主制度下的第一代人来说，这一差距拉大了社会和政府之间的距离，加剧了该地区的抗议和社会不满。

拉美地区青年的经济、政治和社会融入问题仍然没有妥善解决，阻碍了他们走上社会后充分施展才能并提升社会地位。年轻人被置于大量的隐患和威胁之中——从获得劣质的教育和卫生服务到低程度的公民参与——所有这些本应成为他们参与劳动力市场和生产活动而搭建的舞台。培养青年融入需要重新认识社会排斥的多重维度。青年人在获得体面的工作、教育、卫生服务等方面受到的所有限制，妨碍了其在社会中施展才能。这在人口众多、不平等程度高的国家尤其危险，如在拉丁美洲，新生一代对经济和社会发展带来了压力（OECD，forthcoming）。良好的健康和安全的生活环境是学习、工作、参与政治生活从而最终融入社会的先决条件。尽管拉美青年在人口中是健康良好的群体，但是也面临着与外生因素相关的健康风险，如心理健康、药物滥用和过早怀孕等影响他们过渡到成年的问题。同样，一些青年群体经常被斥为具有暴力倾向和参与城市暴力，这两大因素都是导致社会孤立和经济排斥的原因。

当今的拉美青年缺乏良好的就业前景

缺乏良好的就业机会是阻碍青年融入社会最重要的因素之一。与 OECD

国家相比，拉丁美洲青年拥有的工作通常生产效率更低、安全性更差、回报更低。比起该地区的成年人，青年的就业机会更少，工作更差。如图1-3所示，在1.63亿拉美青年中，有1/5从事非正规工作，还有1/5的"三无青年"（NEET），相比之下，这一比重在OECD国家为15%。另一方面，只有23%的青年在正规部门就业，还有约40%是学生。在所有拉美地区国家中，青年（11.2%）的失业率几乎是成年人（3.7%）的三倍。这种状况在最弱势的青年中普遍存在。女性青年的状况更糟糕。这些可怜的就业机会使拉美青年的幸福感更低，沦入自我强化愿望陷阱的模式。

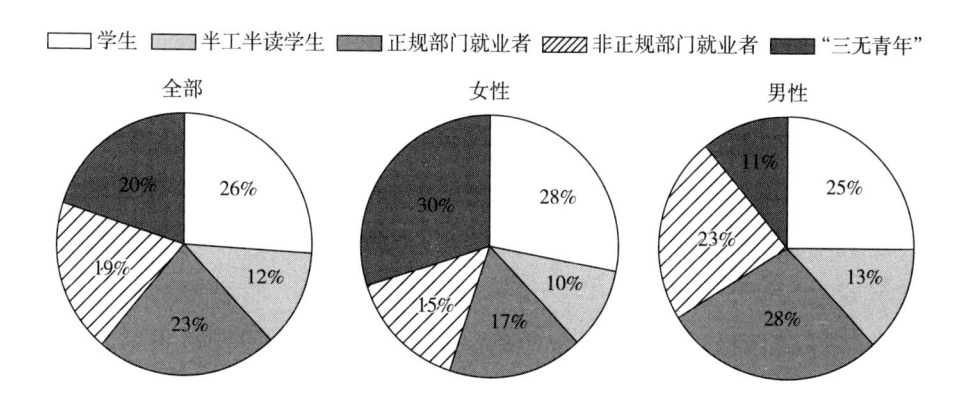

图1-3 2014年按照性别划分的拉美青年的活动状态（15~29岁青年所占比例）

注：来自拉美17国的加权平均：阿根廷、玻利维亚多民族国家（以下简称玻利维亚）、巴西、智利、哥伦比亚、哥斯达黎加、多米尼加共和国、厄瓜多尔、萨尔瓦多、危地马拉、洪都拉斯、墨西哥、尼加拉瓜、巴拿马、巴拉圭、秘鲁和乌拉圭。

资料来源：OECD和世界银行的拉美社会数据表（CEDLAS and World Bank）。

拉丁美洲青年在工作道路上面临着严峻的挑战，尤其是那些出身于社会经济弱势背景的青年。从学校到工作的这一转变导致了拉美青年在劳动力市场上的产出低下，尤其是那些来自贫困和弱势家庭的青年，他们要比家境良好的同龄人更早地走出学校，就业时主要从事非正式工作（见图1-4）。在15岁的年龄层次，来自中下层家庭的青年中有将近70%还在学校中，但到了29岁的年龄层次，"三无青年"比重占到将近30%，另有差不多40%在非正规部门工作，只有20%在正规部门工作，剩下10%是半工半读的学生或还在学校读书的学生。在脆弱的家庭中，超过一半的 29 岁青年在非正规部门工作，或者沦为"三无青年"。这与稳定的中产阶级家庭比较起来差异显著：在 15 岁的年龄层次大约有 85% 的青年人还在上学，而 29 岁的年龄层次，超过 56% 的青年人在正规部门工作。

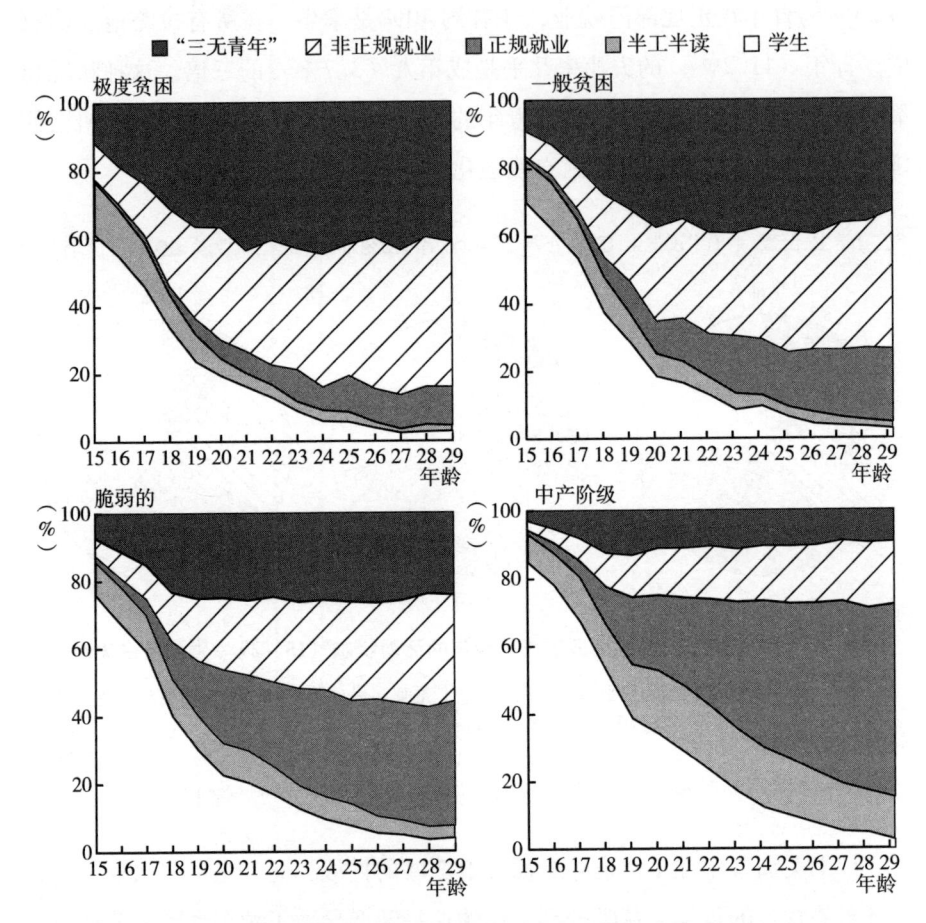

图 1-4 2014 年按照年龄和社会经济状况来划分的拉美青年的活动状态

注：利用世界银行的标准来定义社会经济阶层：极度贫困 = 青年属于每天人均收入低于 2.5 美元的家庭；一般贫困 = 青年属于每天人均收入在 2.5~4.0 美元的家庭；脆弱的 = 青年属于每天人均收入在 4.0~10.0 美元的家庭；中产阶级 = 青年属于每天人均收入超过 10.0 美元的家庭。贫困线和收入根据 2005 年购买力平价美元来计算。来自拉美 16 国的加权平均：阿根廷、玻利维亚、巴西、智利、哥伦比亚、哥斯达黎加、多米尼加共和国、厄瓜多尔、萨尔瓦多、危地马拉、洪都拉斯、墨西哥、巴拿马、巴拉圭、秘鲁和乌拉圭。

资料来源：OECD 和世界银行的拉美社会数据表（CEDLAS and World Bank）。

第一章 引言：以更好的技能和创业机会提升青年的融入度

在拉丁美洲，大多数离开学校的青年从事非活跃的或非正规的、低质量的工作（见图1-5）。近一半（47%）的青年从事非正规工作。来自贫困家庭和脆弱家庭的青年比来自中产阶级家庭的青年更多地进入到非正规部门。对阿根廷、巴西、墨西哥和巴拉圭的分析显示，在非正规部门就业者，一年后大约有60%仍然会继续从事一份非正规工作，而转入到正规工作岗位的不到30%。同样，在正规部门就业者，一年后大约有70%仍然会继续从事一份正规工作，只有5%左右会去从事一份非正规工作。因此，一开始进入非正规部门比进入正规部门会导致劳动力市场结果的差异非常大。这表明，拉美劳动力市场存在一定程度的割裂，从学校到工作的转换攸关青年的职业和未来。

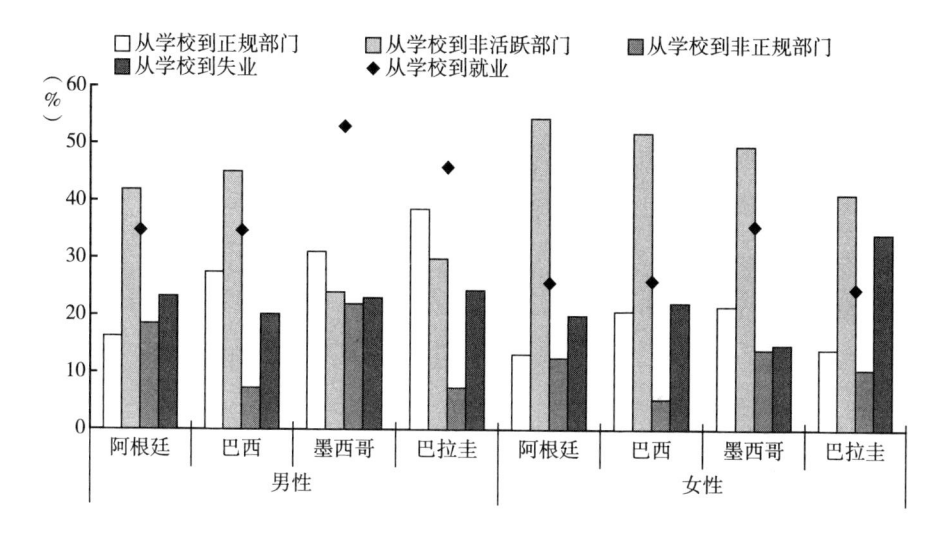

图1-5 2005~2015年部分拉美国家青年从学校到劳动力市场的转换

注：图中所示的是2005~2015年合并计算的年均离开学校后的转换率；转换率的计算方法是，在时间点0到时间点1之间，从状态1（学校）转换到状态2的流动人数占时间点0时、状态1下（如在学校分为仅在校和半工半读）的人口存量；转变是一年接着一年的；考虑到数据可获性，这一分析只关注城镇人口。

资料来源：OECD和世界银行的拉美劳动力数据表LABLAC（CEDLAS and World Bank）。

拉美青年中约1/5是"三无青年"——将近3000万人。这意味着他们没有被纳入社会和经济融入的任何一种主要渠道：教育体系或劳动力市场。"三无青年"比例最大的是洪都拉斯、萨尔瓦多、危地马拉和墨西哥，超过

25%。"三无青年"现象与社会经济背景密切相关:"三无青年"中,有83%的女性和76%的男性来自贫困或脆弱家庭。这种状况导致持久的代际不平等,妨碍了拉美地区利用人口窗口期,甚至关系到危险的行为,如犯罪和暴力(De Hoyos et al., 2016)。

在拉美,"三无青年"是一种主要的女性现象,因为76%的"三无青年"是女性,但是这些女性中许多人从事无报酬工作,对经济也有所贡献。女性中的"三无青年"比率大约为30%,远高于男性(11%)。然而,一些"三无青年",尤其是女性青年从事家务工作,也是具有生产性的,对总经济有所贡献。实际上,女"三无青年"有70%从事无报酬的家务工作或者照料工作,相比之下,这一比例在男"三无青年"中只有10%。

超过2/3的拉美青年技能低下,没有接受过大专、大学或高级技校教育,这对结构性转型构成了挑战(见图1-6)。许多拉美青年发现自己过早地离开学校,该地区辍学率高,教育完成率低。实际上,15~29岁的拉美青年中有4300万人没有完成中学教育,没有上过大学,占青年总人口的31%。即便大学毕业,他们接受的教育质量也很差,踏入成年生活后所具备的技能在国际评估[①]中排名很低(OECD, 2015a; OECD/CAF/ECLAC, 2014)。

拉美地区的技能水平低下,这要归咎于小学和中学的教育质量差,以及结构性的障碍。与OECD国家的同龄人相比,拉美青年人在阅读、数学和科学方面的能力很差。根据PISA的评估结果,上过学的拉美青年中,超过一半以上没有达到阅读、数学和科学的基础水平(OECD, 2015a)。达到数学、阅读或科学最高水平的拉美学生不足1%(OECD, 2016c)。这构成了进一步发展具体技能的障碍。同时,PISA得分最高的学生数量占比小,可能会妨碍创新和创业。还会对拉美国家向知识经济的转型构成主要的挑战。在知识经济的时代,公民必须创新、适应和利用先进的人力资本。

在拉丁美洲,可用的技能池与经济和企业的需求之间存在着巨大的差距。在拉丁美洲,大约有50%的正规公司找不到具备它们所需技能的劳动

---

① 如OECD的国际学生评价项目,即众所周知的PISA。

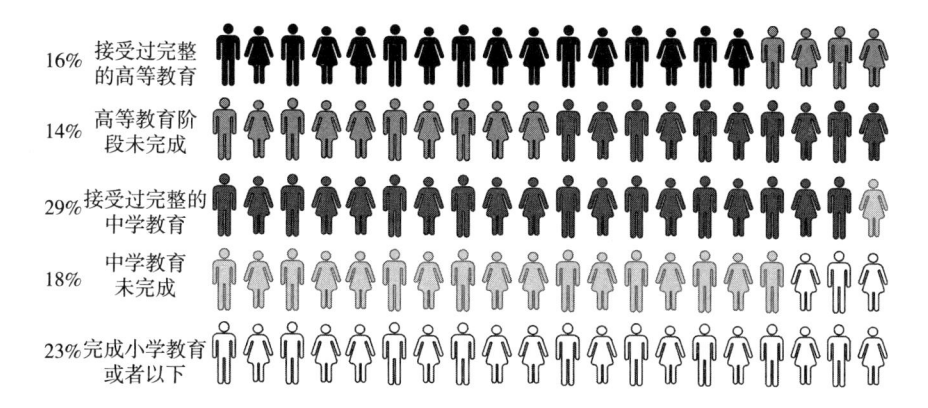

第一章 引言：以更好的技能和创业机会提升青年的融入度

16% 接受过完整的高等教育
14% 高等教育阶段未完成
29% 接受过完整的中学教育
18% 中学教育未完成
23% 完成小学教育或者以下

图 1-6　2014 年拉美地区获得最高教育水平的青年人口
（占 25~29 岁青年人口比例）

资料来源：OECD 和世界银行拉美社会经济数据表（CEDLAS and World Bank）。

力，相比之下，在 OECD 国家这一比例只有 36%（Manpower Group，2015）。这一问题在秘鲁、巴西和墨西哥（见图 1-7）尤为紧迫。因此，1/3 的雇主需要利用境外人才来解决技能短缺问题，企业需要花费比其他地区的同行更长的时间来填补职位空缺（Aedo and Walker，2012）。在各个部门中，汽车和机械行业的技能缺口最为严重，凸显经济活动多元化会更加有利于发展和产业升级（OECD/CAF/ECLAC，2014；Melguizo and Perea，2016）。

投资于技能能够促进青年从学校到职场的转换……

教育和技能被广泛认为是支持青年从学校到职场的转换以及包容性发展的关键因素。教育是提高拉美地区目前低下的生产率、寻找长期增长的新引擎、减少贫困、缩小不平等以及构建社会稳定与凝聚力的核心。事实上，对教育和技能领域的投资能够同时提高生产率和包容性，加强二者之间的协同效应（OECD，2016a；OECD/CAF/ECLAC，2014）。

高等教育入学率在拉美地区过去的 10 年里得到了提升，但仍然低于 OECD 国家的水平。2004 年到 2014 年间，15~64 岁的人口中的高等教育入学率从 29% 上升到了 44%。然而，高等教育完成率仍然是拉美地区的一

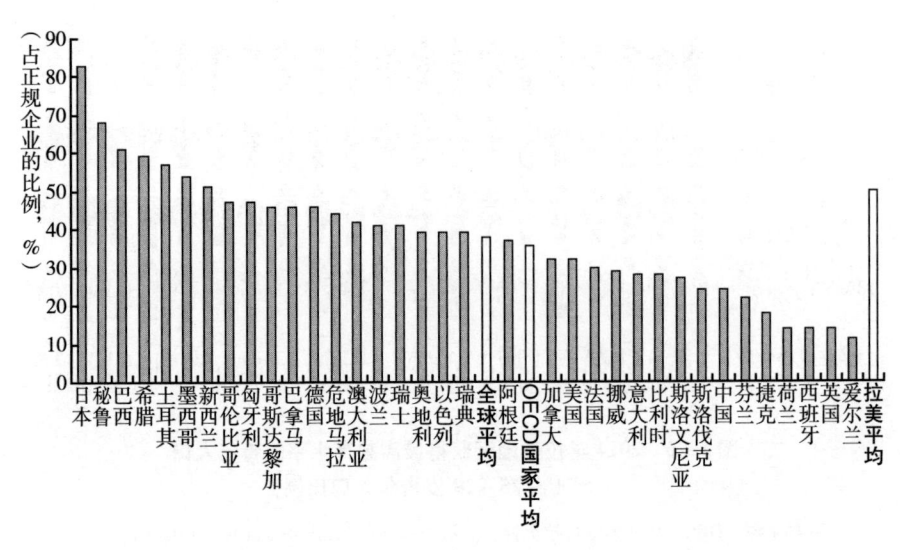

图1-7 2014年拉美、中国和OECD国家报告雇工困难的企业

注：拉美平均包括阿根廷、巴西、哥伦比亚、哥斯达黎加、危地马拉、墨西哥和秘鲁；OECD国家平均平均包括澳大利亚、奥地利、比利时、加拿大、捷克、芬兰、法国、德国、希腊、匈牙利、爱尔兰、以色列、意大利、荷兰、新西兰、波兰、斯洛伐克、斯洛文尼亚、西班牙、瑞典、瑞士、土耳其、英国和美国；全球平均包括2015年人才短缺调查（2015 Talent Shortage Survey）的42个国家。

资料来源：Manpower Group (2015)。

个主要问题，高等教育的潜力依然没有释放出来。在拉美国家15~64岁的人口中，接受高等教育的学生刚开始平均有41%，而最后只有14%的学生完成学业。这个比例比起OECD国家来说特别低，后者有39%的青年人完成高等教育。

拉美地区的技术和职业教育与培训（TVET）很少能够为青年人提供中高级的贸易、技术、专业和管理技能方面的培训。国家职业培训机构已经扩大，并且发展了与私营部门的需求之间的对接。它们在为高中辍学者和弱势青年提供基础技术性技能方面发挥了重要作用。但是，除个别外，这些机构的项目规模非常有限。在拉美，用于培训项目的公共开支占GDP的比重从秘鲁的0.02%到哥伦比亚和哥斯达黎加的0.30%以上不等，相比之下，OECD国家则平均达到了0.14%。阿根廷、巴西、智利、哥伦比亚、哥斯达黎加、墨西哥和秘鲁等国在中学和高等教育的覆盖面、质量以及项目充分满足私营部门的需求等方面遥遥领先。不过，技术学校的质量就各有千秋了。高质量学校备受尊重又能为学生和雇员带来积极的回报，但又不得不与低质量学校共存。这些高品质的学校是创新的重要来源，设置技术教育的试点将有利于整个行业。然后在一些国家，它们太过稀少而难以推动变革。

教育的针对性差是拉美地区面临的另一个关键性的挑战。该地区的高校学生几乎不重视科学、技术、工程、数学（理工科）等能够带来更高收入的学科。在拉美的高校中，平均有39%的学生就读社会科学、商业和法律等专业。理工科领域的研究较为落后，尤其是在科学领域，其就读率只有2%~7%，相比之下，OECD国家的平均水平是10%，这一比例在像德国、法国、爱尔兰、英国乃至中国等研究和创新强劲的经济体中为13%~18%。在乌拉圭、秘鲁和巴拿马，理工科毕业证书和收入存在着正相关性。按平均水平来算，秘鲁的理工科毕业生的收入要比非理工科毕业生高20%，在乌拉圭是10%（Cerutti, Crivellaro and De Sousa, forthcoming）。这种差距源自劳动力市场对某类技能的估价要高于其他，比如那些生产率更高的任务所需的技能。尤其是技术偏重于技能的这一变化会更加青睐熟练的工人。在市场对技能需求侧的驱动下，技术和数字化日益重要，理工科学位可能与拉美经济体之间存在特别的相关性。

青年人缺乏技能，引发各国发展各种项目，为那些辍学的或难以融入劳动力市场和成年人生活的青年人提供技能培训。这些项目在拉美地区遍地开花，为青年的经济和社会排斥这一老大难问题提供了新的解决方案。虽然这些项目为弱势青年提供了培训和服务，帮助他们找到了更多更好的工作，但还是无法满足大多数国家庞大的高中辍学大军。因此，针对青年人甚至更广泛的人群的终身学习政策和产业融入性项目，可以弥补那些小而精的项目的不足，并提供长期的解决方案。

青年技能提升项目可以将课堂教学与工作场所学习结合起来，再配套以求职服务，有助于拉美青年走上工作岗位。拉美地区的培训干预措施，如阿根廷的"青年有更多更好的工作"（Jovenes con más y mejor trabajo）项目、巴西的"青年职业"（ProJovem）项目、哥伦比亚的"青年行动"（Jovenes en Acción）项目，秘鲁的"青年职业"（ProJoven）项目，证明了全面干预对于青年就业能力、收入特别是工作质量都具有积极的效果（ILO，2016）（见表1-1）。同时，方案的构成与项目实施之间的互动对其有效性也很重要。

表1-1 拉美地区青年培训项目的构成与产出

		就业能力	正规性	收入
要素	劳动力中介服务				
	信息/咨询	●	●	●
	支持寻找工作	●	●	●
	工作安排	●	●	●
	公共部门工作	●	●	●
	培训失业者				
	在校培训	●	●	●
	在校+工作体验	●	●	●
	职场培训	●	●	●
	针对自雇者	●	●	●
	软技能培训	●	●	●
	为活跃工人培训	●	●	●
机制	提供服务				
	双重培训和劳动中介	●	●	●
	双重培训	●	●	●
	单一培训项目	◐	◐	◐
	需求驱动	●	●	●
	需求与供给驱动	●	●	●
	供给驱动	◐	◐	◐
	给参与者发放补贴				
	交通/午餐/医疗保险	●	●	●
	收入支持	●	●	●
	公共基金资助培训	●	●	●
	提供培训课程				
	公共的	●	●	●
	私人的	●	●	●
	培训提供者安排的实习	●	●	●

注：● =有效；◐ =中性，结果不一；○ =无效。
资料来源：OECD/CAF/ECLAC，2016，根据项目评估（见表4-8）。

第一章 引言：以更好的技能和创业机会提升青年的融入度

私营部门参与到培训项目的设计和实施中，使其能够对接市场的需求，有助于青年获得更好的工作和更高的收入。拉美那些综合项目早期经验的影响评估，显示出私营部门参与到课程内容的协调中，既能满足青年的需求，又能为参与者提供一定的津贴，是项目运行良好的核心。尽管基础技能很重要，个人接受的培训应该以参与知识型和技能型经济为目标。普通教育和职业教育都应加强与本地区的生产部门的联系，构建在职培训系统，这是终身教育和培训的基石。

通过促进正规教育、培训项目与"干中学"来提升人力资本极其重要，必须与促进组织变革和转变生产结构相互配合，使生产技术的效益最大化。将技术变革转化为生产力的提高，要求通过一系列企业层面的组织变革来增加灵活性，特别是有关工作安排、网络和劳动力的多项技能方面的灵活性。

……扩大了创业机会，改善了青年从学校到职场的转换

青年创业是拉美地区提高就业能力和社会流动性的工具。通过创业，青年可以提高其融入劳动力市场的能力，积累技能，增进自身与社会的福祉。与此同时，培育创业是创新的基础，而创新正是产业转型急需的驱动力，并有助于跨越中等收入陷阱。

就创业能力和态度而言，拉美地区和OECD国家比较相似。拉美青年展现出了与工业化经济体中的同龄人相当的素质，诸如创造性思维、管理技能、目标导向和冒险精神等（CAF，2013）。拉美地区和OECD国家都高度重视创业活动：近七成的青年人相信创业成功能在国内获得很高的地位（GEM，2016）。

拉美青年创业的特点是高成长型创业稀少，而大量勉强维持型创业并存。除了创业的动机类似之外，拉美地区的创业积极性要高于OECD国家，拉美青年的创业行为与劳动力市场结构和该地区的企业机构有着本质上的联系。拉美青年创业者更多的是个体户，他们受教育程度不高，社会经济背景更加弱势。的确，拉美勉强维持型的创业在拉美青年工作者中占比很高。青年个体户的比例（16%）几乎是OECD国家平均水平的3倍（6%）。拉美地区的青年创业者只有13%受过高等教育，相比之下，这一比例在OECD

国家中为33%。此外，拉美地区的创业动机也有别于OECD国家，在青年创业者中，必要型创业（如没有更好的工作选择）的平均水平为26%，高于OECD国家（16%），拉美各国之间的差异也较为显著（见图1-8）。

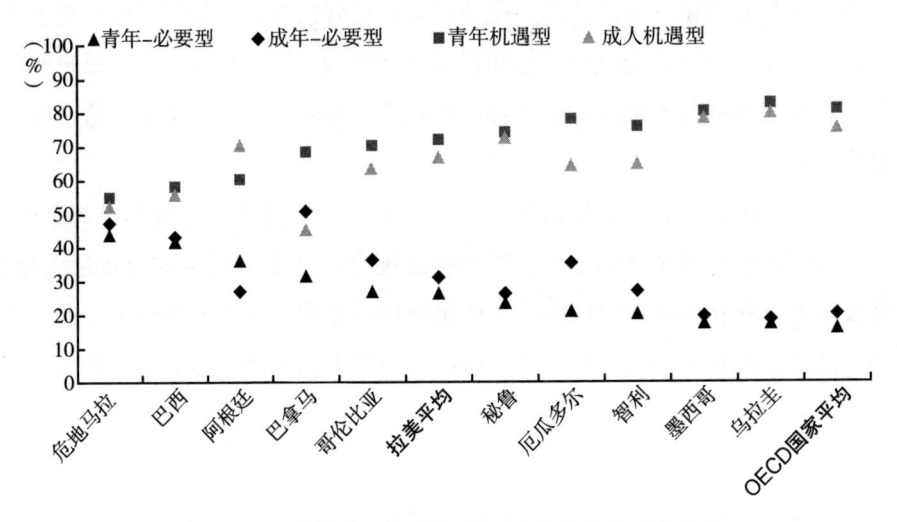

图1-8　2015年拉美地区和OECD经济体的创业动机

注：拉美平均包括阿根廷、巴西、哥伦比亚、哥斯达黎加、厄瓜多尔、萨尔瓦多、墨西哥、巴拿马、秘鲁和乌拉圭。

资料来源：OECD/ECLAC/CAF，基于全球创业观察2015年个人数据。

在拉丁美洲，为高成长型创业者打造的创业生态系统发展迅速，但仍处于萌芽阶段。拉美用于创业项目的公共支出仍然很低（占GDP的0.04%），甚至比OECD国家用在激励开办企业和创造就业方面的支出（占GDP的0.07%）还要低。然而，尽管拉美地区经济低迷，创业的前景仍然令人鼓舞（OECD，2016a）。该地区的许多国家加强了创业支持制度，新的角色也已经登场。地方政府和城市与中央政府和学术界一起，在提升创业生态系统中的作用更加清晰，如麦德林（Medellín）的"新路线"（Ruta N）、瓦尔帕莱索（Valparaíso）和康塞普西翁（Concepción）的"智利创业"项目。同时，私营部门不仅在融资和投资方面，而且还在支持创新创业活动早期资本（种子资本）中发挥新作用，其参与度也在上升。商业协会正在建立支持创业的合作与交流的新形式。巴西坎皮纳斯创业协会（Association of Start-ups of Campinas）、

第一章 引言：以更好的技能和创业机会提升青年的融入度

哥伦比亚的几家创业中心（创业园区，Parques de Emprendimiento）、哥斯达黎加的伊比利亚美洲创业创新中心就是很好的例子。该地区大型企业的业务共享实践和开放式创新也日益普遍。

尽管近期情况有所改进，但拉美地区青年创业面临的障碍，其平均水平要高于其他新兴经济体和OECD国家。不管是勉强维持型创业，还是高成长型创业，都面临着在获得融资工具、能力建设、商业网络和发展创业文化、进入新市场、跨越法制障碍等方面的挑战，甚至要比成年创业者要严重得多。拉美国家试图解决这些方面的问题，为青年创业者调整政策。

高成长型创业者可以在早期阶段获得融资工具，但这些工具会随着企业的成长逐渐消失，严重影响其做大做强的能力。获得资金一直是限制拉丁美洲青年创业者发展企业的一个重要因素，在OECD国家也是如此。尽管信贷和早期资本一直是相关的融资渠道，但是拉美地区创业者的不同需求，要求可用工具的范围更广。这些工具包括以资产为基础融资（即保理业务）、选择性债务（即众筹）、混合融资工具与股权融资。在拉丁美洲创业环境下，创业初期的融资支持得到迅速发展（如智利的"技术合作服务"基金、乌拉圭的"在线筹资"）。除了融资工具之外，带有金融教育功能的青年创业项目已被证明是成功的。

拉美青年创业者对国际全球价值变革的融入仍然十分有限，行政负担造成了额外的障碍。拉美青年创业者融入全球生产网络的程度低于OECD国家的同行。根据报告，拉美地区年轻的、初期的创业者单季度来自国际客户的收入比重（10%）还不到OECD国家平均水平的一半（21%）。此外，创业的行政管理负担（如程序的数量和注册公司需要联系的机构数量）是42%，高于OECD国家的平均水平（见图1-9）。事实上，推进这方面的结构性改革对经济绩效具有相当大的影响：创业障碍指数上每提高10%，可能会带来生产率增长0.3个百分点（OECD，2015b）。像智利和墨西哥等国通过"一日注册公司"法案（Ley de Empresas en un dia）简化了程序，取得了重大进展。同样，在大多数国家中，为青年创业者获得更多可用的工具提供便利化的空间仍然存在。提供这些工具的内部障碍（如因创业中的不良贷款份额较高而限制早期资本和担保）可以得到改变。

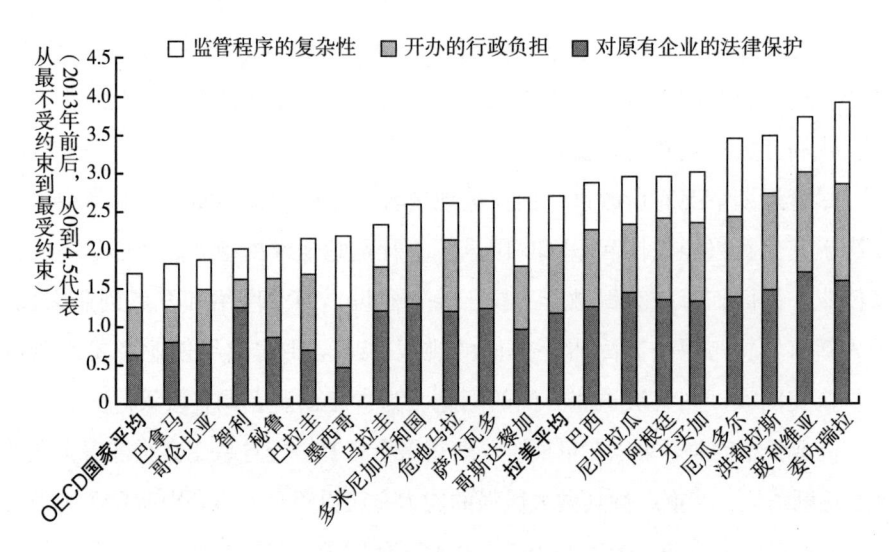

图1-9　拉美国家和OECD国家的创业障碍

注：玻利维亚、厄瓜多尔、危地马拉、巴拿马、巴拉圭和委内瑞拉玻利维亚共和国（以下简称委内瑞拉）为初步结果；指标反映2013年所有国家的法律状态，除乌拉圭（2014）、玻利维亚、厄瓜多尔、危地马拉、巴拿马、巴拉圭和委内瑞拉（2015）之外。

资料来源：OECD-WBG中除巴西、智利和墨西哥之外的所有国家的产品市场法规数据库；OECD产品市场法规数据库。

拉美地区的创业项目为青年提供企业和管理培训，以及指导和咨询服务，显示出极佳的效果。现有的影响评估还表明，金融支持机制取得的成功较为有限（见表1-2）。此外，拉美地区的公共基金资助项目有一定效果，其结果是提供独立于公共或私人的服务。全面支持创业的途径，包括培训—融资—指导，产生的结果更加有效。增强这些要素，在执行中赋予足够的灵活性，可以显著增强项目的有效性，产生长期的效果。

对技能和创业活动的投资同时也意味着要把握这些领域的趋势，促进青年引领和紧跟社会、政治和经济的变革

技术和人口的变化，伴随着全球化，是影响工作状态、青年所居住的城市以及拉美青年经济、政治和社会转型及政治参与方式的主要驱动因素。日益普及的信息和通信技术、人工智能、大数据、计算能力的拓展或物联网的

表1–2 拉美地区青年创业项目的要素和结果

<table>
<tr><th colspan="2"></th><th colspan="3">主要结果</th><th colspan="3">次要结果</th></tr>
<tr><th colspan="2"></th><th>自我雇用</th><th>正规化</th><th>收入</th><th>开办企业</th><th>社会心理福利</th><th>地域不平等</th></tr>
<tr><td rowspan="15">要素</td><td>创业培训</td><td></td><td></td><td></td><td></td><td></td><td></td></tr>
<tr><td>技术和职业</td><td>●</td><td>●</td><td>◐</td><td>○</td><td></td><td>●</td></tr>
<tr><td>企业和管理培训</td><td>●</td><td>●</td><td>◐</td><td>●</td><td>●</td><td>●</td></tr>
<tr><td>财务培训</td><td></td><td></td><td>◐</td><td>●</td><td></td><td>◐</td></tr>
<tr><td>融资</td><td></td><td></td><td></td><td></td><td></td><td></td></tr>
<tr><td>企业信贷或消费者借贷</td><td></td><td></td><td>◐</td><td>●</td><td></td><td>◐</td></tr>
<tr><td>现金和实物津贴</td><td></td><td></td><td></td><td>●</td><td></td><td>●</td></tr>
<tr><td>金融产品可获性</td><td></td><td></td><td>◐</td><td>●</td><td></td><td></td></tr>
<tr><td>指导</td><td></td><td></td><td></td><td></td><td></td><td></td></tr>
<tr><td>企业观察</td><td>●</td><td>◐</td><td>●</td><td>●</td><td>●</td><td></td></tr>
<tr><td>社会心理支持</td><td>●</td><td>◐</td><td>◐</td><td></td><td></td><td>●</td></tr>
<tr><td>安排现场指导/咨询</td><td></td><td>◐</td><td>●</td><td>●</td><td>◐</td><td>●</td></tr>
<tr><td>其他</td><td></td><td></td><td></td><td></td><td></td><td></td></tr>
<tr><td>求职支持</td><td>●</td><td></td><td>◐</td><td>●</td><td>●</td><td></td></tr>
<tr><td>学校+工作体验</td><td>●</td><td></td><td></td><td>●</td><td>●</td><td>●</td></tr>
<tr><td>自我雇用</td><td></td><td>●</td><td>◐</td><td>●</td><td></td><td></td></tr>
<tr><td rowspan="6">机制</td><td>需求驱动</td><td>◐</td><td>●</td><td>◐</td><td></td><td></td><td></td></tr>
<tr><td>供给驱动</td><td>●</td><td>◐</td><td>◐</td><td>●</td><td></td><td>●</td></tr>
<tr><td>公共基金</td><td>●</td><td></td><td>●</td><td>●</td><td></td><td>●</td></tr>
<tr><td>提供服务</td><td></td><td></td><td></td><td></td><td></td><td></td></tr>
<tr><td>公共的</td><td>●</td><td></td><td>●</td><td>●</td><td>●</td><td>◐</td></tr>
<tr><td>私人的</td><td>◐</td><td></td><td>●</td><td>●</td><td></td><td></td></tr>
</table>

注：● = 有效；◐ = 中性，结果各异； ○ = 无效。
资料来源：OECD/CAF/ECLAC，根据项目评估（见表5 – A2.3）。

大量渗透，使得青年人的生活有别于他们的父母，进一步改变从青年到成年的生活方式。

在成长过程中，拉美地区的青年面临的工作环境，将有别于今天的成年人，即就业从制造业和建筑业升级到贸易、批发，以及信息和通信等服务业（WEF, 2016）。技术变革，即这些趋势的主要驱动力，正在创造一波破坏性的变革，被称为第四次工业革命。技术变革带来的就业岗位创造和就业岗位消失的净影响还远远无法确定。OECD 国家中约 9% 的就业机会已经被自动化取代（Arntzet et al.，2016）。在拉丁美洲，到 2030 年可能会消失的工作不到 2%（340 万个职位），但制造业和建筑业等传统行业将会急剧转变为创新型服务行业（WEF，2016）。拉丁美洲必须为这种变革做好准备。该地区存在高度的不平等，中档技能（更容易被自动化）相对丰富，可能会出现大量的工作岗位消失，而不平等可能会扩大。由于青年能从数字经济机遇中受益，因而扩大宽带网络的接入必不可少。这包括国家层面的数字战略规划、提高基础设施的配置以及加强宽带服务可访问性和负担能力（OECD/IDB，2016）。

新的工作机会可能出现在任务复杂、需要真正人类技能的领域，因此，培训政策应预见并适应新的需求。由于人与机器之间任务分配的变化（人类执行更特殊、更高级的任务），公司将需要工人具有从事新信息工作、解决非结构化问题的技能。全面的认知技能、系统性的技能和解决复杂问题的技能将变得更有价值，而体力任务和日常认知任务的相对重要性下降。未来对工作的影响将在很大程度上取决于国家和地区的具体特点，以及规划和实施教育和技能政策以适应即将发生变化的能力。为青年提供更强的基础能力和全面能力以支持劳动力流动和适应变革的政策，以及通用技能和预见技能需求的机制，将是充分利用新兴机遇的关键。

拉美青年具有潜在的、技术上的可能性，成为城市更加智慧、可持续的驱动力。青年能在城市转型中发挥关键作用，使城市遵循绿色发展道路，生活环境更具可持续性和包容性。到 2050 年，拉美青年所在的这个地区，将有 9/10 的人口生活在城市（United Nations，2014）。青年代表一个特殊的机遇，因为比起任何一代人，他们的联系更加紧密、技术更为高超；进一步发展青年技能和技术水平，同时培养他们的创新能力，将有助于创造更高效、更智慧的城市。这些双赢关系在拉美的几个城市中已经开始出现，特别是通过使用新技术，如移动地图、用户分析软件，这些用户分析软件包括：厄瓜多尔和秘鲁使用分析可行性和需求来改善运输业基础设施的软件；墨西哥使用提高市民安全性的软件；哥伦比亚使用简化公共采购的软件；智利使用促进可持续旅游的软件。

年轻人也在使用新的技术手段来表达和组织他们的要求，塑造新兴的政治发展。这是由于当前政治机构无法对社会需求做出满意回应。2014年，只有36%的拉美青年表示对选举结果的透明度有信心，这一比例低于成年人（39%），更远低于OECD国家平均（62%）（见图1-10）。而且，拉美公民社会的成熟和巩固也支持社会运动，通过社交媒体催生和扩大抗议活动，聚焦于反对不平等和城市暴力，倡导性别权利。这些平台代替了传统政治，吸引许多对现行政治制度失去信心的青年人。

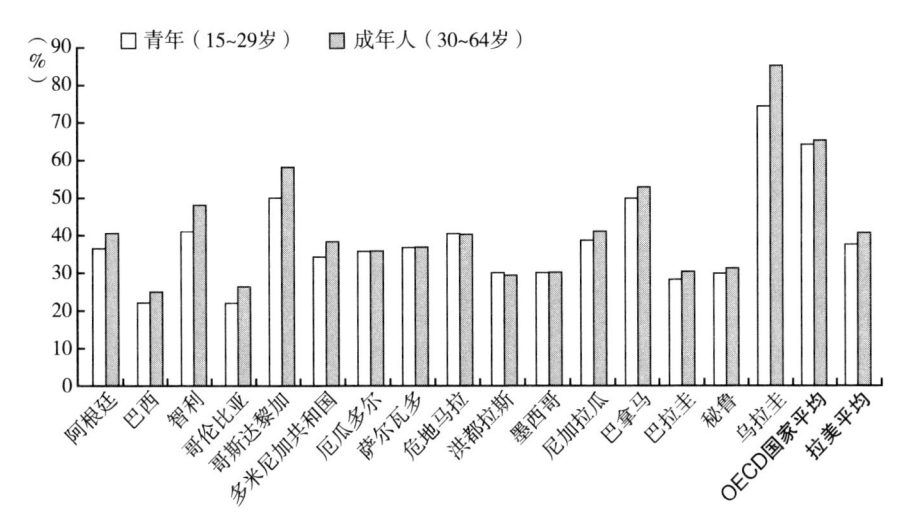

图1-10 2014年拉美和OECD国家中表示对选举有信心的青年和成年人

资料来源：OECD/CAF/ECLAC，根据盖洛普全球观察，2015。

技能和创业可以赋予青年在社会、政治和经济中的参与者角色

由于社会、政治和生产环境不断变化，技能和创业政策必须灵活地、坚定地、主动地迎接未来的趋势。同时，政策应该为青年量身定制能够塑造他们特定生活环境的工具。国家或地区的经济结构、可用的技能池、制度框架，以及执行适应即将发生的变化的政策，将对就业、城市和政治产生影响。

对技能和创业的投资必须在一个可靠的财政框架内进行。由于当前的经济放缓和前几年的财政刺激，大多数拉丁美洲经济体的财政状况已经大为恶化。在这种复杂的环境下，拉美地区的经济必须重塑财政空间，同时保护能

够促进长期增长（包括增加物质、人力和技术资本）与短期增长的重点投资。税收收入低的经济体应当进行结构性税制改革，以增加收入。那些债务和税收水平高的经济体应该向公共投资和技能领域重新配置支出，负债低的经济体应该转向市场融资。

提高拉丁美洲青年的技能包括提高教育体系的覆盖面和质量，促进终身提升综合技能的政策。更广泛的教育体制改革有望提高小学、中学和高等教育的可获性、质量与针对性。如果得以实现，替代性的人力资本政策，如现有的培训和生产性融入计划，应支持当前一代低技能的青年，并为所有未来的成年人提供培训选择。教育课程与技能提升项目应为青年提供生产融入和基础技能等方面的技术培训，这对个人终身的流动性及其对外部的适应性都至关重要。这些都是个人奠定学习新事物、适应新任务基础的关键性技能。与此同时，传统和职业教育（包括针对高中辍学者的技能培训项目）都应该对市场需求更加敏锐，为企业部门参与课程内容建设提供更为广泛的渠道。努力加强当前工作和未来所需的技能培训，化繁为简，并与私营部门的需求相协调。

将课堂教学与实践训练以及其他积极的劳动力市场服务相结合，有助于学生更好地为将来就业做好准备。这关系到超越短期职业课程的设计。应当指出，所有从中学到大学的职业教育项目设计，以及学术教育，都是基于为学生提供更好的就业前景。

各国需要更有效的方法来收集有关个人技能和企业所需技能的信息，以便规划国家提升技能的战略。这些信息有助于国家确认技能缺口，对未来技能的规划需要变得更具生产力和竞争力。国家层面缺乏可比数据，阻碍了政府制定解决当前技能错配的政策能力。

拉美国家需要超越当前的技能错配问题，确定旨在识别和促进新知识的长期战略，这关系到数字经济的发展。要做到这一点，鼓励公私合作以确定未来的知识领域和长期需要的而必须在当前提升的技能，显得必不可少。

通过不同的工具来实施包容性创业途径，将提高生产力和公平。广泛的、多维的支持，而不仅是小额信贷，对于勉强维持型创业企业克服劳动力市场之外的脆弱性来说，是非常急需的。这包括引进量身定制的融资工具来满足青年创业者的需求，以及对信用记录、抵押品和风险的要求更为灵活。公共金融机构可以通过信贷和新工具，在发挥融资的作用时对年轻人的要求更加灵活。拉美创业中的天使投资和风险资本仍然比较稚嫩，公共政策可以更多地激励投资者参与企业发展的后期阶段。

减少法律障碍，加强青年创业者和商业网络之间的联系，可以帮助高成长型创业。加入商业网络与企业绩效密切相关。它会减少信息不对称，提供进入新市场的可能性，同时对接更有经验的青年创业者。加强辅导和指导项目，正如最近的评估所显示，可能具有一定的效果。适应新出现的措施，对接青年创业者与国际商业网络，也可以为青年创业群体带来协同效应。区域性的创业协会和融资平台可以帮助青年创业者整合全球生产网络。

加强那些支持企业和管理培训的项目，能够帮助青年创业者发展高成长型企业所需的技能。整合了培训、融资及辅导的创业计划会产生更有效的结果。在创业活动中融入青年视角，将确保这些工具为这些群体所精确定制。

将性别视角融入青年政策中非常必要。这些政策可以尽量使男女青年在同一起跑线上，确保他们有相同的机会充分发挥全部潜能。防止青年女性辍学的奖学金能够鼓励她们开展学术领域的研究，如在理工科领域，显得至关重要，这笔钱将由未来的收入来偿还。价格实惠的儿童照料、金融支持以及不带性别偏见的教育方法，可以帮助年轻的女"三无青年"获得更好的教育和就业。推动青年女性创业包括在她们缺乏经验或抵押品时的金融支持以及在女性更为集中、就业率较低的行业中（如制造业）扩大商业上的支持。

拉美地区需要对青年培训和创业计划进行技术性评估，以确定其中最有效的要素。现在是即使项目取得了进展，也几乎没有得到适当的评估。评估应在方案设计阶段就有效地启动。此外，目前对创业项目的评估既不考虑其社会影响，也不根据企业生存状况或者国际覆盖面评价其绩效。根据分类建立系统的结果评估，特别是有关性格和种族，也同样重要。不仅要评价项目的检验效率和方案的成本效益，还要考虑重负效应（即支持一个即使没有得到支持也会以同样的方式行事的创业者）和替代效应（如支持一个创业者可能会挤出另一个创业者）。

参考文献

Aedo, C. and I. Walker (2012), *Skills for the 21st Century in Latin America and the Caribbean*, Directions in Development, Human Development, World Bank Group, Washington, DC, https://openknowledge.worldbank.org/handle/10986/2236 License: CC BY 3.0 IGO.

Arntz, M., T. Gregory and U. Zierahn (2016), "The risk of automation for jobs in OECD countries: A comparative analysis", *OECD Social, Employment and Migration Working Papers*, No. 189, OECD Publishing, Paris, http://dx.doi.org/10.1787/5jlz9h56dvq7-en.

Alberola, E. et al. (2016), "Fiscal policy and the cycle in Latin America: The role of financing conditions and fiscal rules", *BIS Working Papers*, No. 543, Bank for International Settlements, Basel, http://www.bis.org/publ/work543.pdf.

CAF (2013), *Emprendimientos en América Latina. Desde la subsistencia hacia la transformación productiva.* [Entrepreneurship in Latin America. From Subsistence to Productive Transformation], Development Bank of Latin America, Caracas Reporte de Economía y Desarrollo RED 2013, Bogota.

Cavallo, E. and T. Serebrisky (2016), *Saving for Development: How Latin America and the Caribbean Can Save More and Better*, Development in the Americas Series, Inter-American Development Bank, Washington, DC and Palgrave Macmillan, New York.

CEDLAS and World Bank (2016), *Socio-Economic Database for Latin America and the Caribbean* (http://sedlac.econo.unlp.edu.ar/eng/), (accessed 30 August 2016).

Cerutti P., E. Crivellaro and L. De Sousa (forthcoming), "Returns to STEM education in Latin America", *OECD Development Centre Working Paper*, OECD Publishing, Paris.

de Hoyos, R. et al. (2016), *Out of School and Out of Work: Risks and Opportunities for Latin America's Ninis*, World Bank, Washington, DC.

ECLAC (2016), *Economic Survey of Latin America and the Caribbean 2016: The 2030 Agenda for Sustainable Development and the Challenges of Financing for Development*, Economic Commission for Africa and the Caribbean, Santiago.

Gasparini, L., G. Cruces and L. Tornarrolli (2016), "Chronicle of a deceleration foretold: Income inequality in Latin America in the 2010s", *CEDLAS Working Paper*, No. 198, Center for Distributive, Labor and Social Studies, Universidad Nacional de La Plata, Argentina.

GEM (2016), *Global Entrepreneurship Monitor* (database), www.gemconsortium.org/data (accessed 20 August 2016).

ILO (2016), *Soluciones eficaces: Políticas activas del mercado de trabajo en América Latina y el Caribe* [Efficient Solutions: Active Labour Market Policies in Latin America and the Caribbean], International Labour Organization, Geneva.

IMF (2016), *World Economic Outlook. Too Slow for Too Long*, April, International Monetary Fund, Washington, DC.

Manpower Group (2015), *Talent Shortage Survey Research Results*, Milwaukee.

Melguizo, A. and J.R. Perea (2016), "Mind the skills gap! Regional and industry patterns in emerging economies", *OECD Development Centre Working Papers*, No. 329, Éditions OCDE, Paris, http://dx.doi.org/10.1787/5jm5hkp7v145-en.

OECD (forthcoming), *Youth Well-Being: Towards an Inclusive Agenda. A Toolkit for Evidence-based Policy Making*, OECD Development Centre, OECD Publishing, Paris and European Commission, Brussels.

OECD (2016a), *The Productivity-Inclusiveness Nexus: Preliminary version*, OECD Publishing, Paris, http://dx.doi.org/10.1787/9789264025303-en.

OECD (2016b), *OECD Economic Outlook*, Volume 2016/1, OECD Publishing, Paris, http://dx.doi.org/10.1787/eco_outlook-v2016-1-en.

OECD (2016c), *A Skills Beyond School Review of Peru*, OECD Reviews of Vocational Education and Training, OECD Publishing, Paris, http://dx.doi.org/10.1787/9789264265400-en.

OECD (2015a), *Education at a Glance 2015: OECD Indicators*, OECD Publishing, Paris, http://dx.doi.org/10.1787/eag-2015-en.

OECD (2015b), *Economic Policy Reforms 2015: Going for Growth*, OECD Publishing, Paris, http://dx.doi.org/10.1787/growth-2015-en.

OECD/CAF/ECLAC (2015), *Latin American Economic Outlook 2016: Towards A New Partnership with China*, OECD Publishing, Paris, http://dx.doi.org/10.1787/9789264246218-en.

OECD/CAF/ECLAC (2014), *Latin American Economic Outlook 2015: Education, Skills and Innovation for Development*, OECD Publishing, Paris, http://dx.doi.org/10.1787/leo-2015-en.

OECD/IDB (2016), Broadband Policies for Latin America and the Caribbean: A Digital EconomyToolkit, OECD Publishing, Paris, http://dx.doi.org/10.1787/9789264251823-en.

Pagés, C. (2010), The Age of Productivity: Transforming Economies from the Bottom Up, Development in the Americas Series, Palgrave Macmillan, New York and Inter-American Development Bank, Washington, DC.

Powell, A. (2016), "Time to act: Latin America and the Caribbean facing strong challenges", *2016 Latin American and Caribbean Macroeconomic Report,* Inter-American Development Bank, Washington, DC.

UNDP (2016), *Regional Human Development Report for Latin America and the Caribbean Multidimensional Progress: Well-being Beyond Income,* United Nations Development Programme, Santiago.

United Nations (2014), *World Urbanization Prospects, 2014 Revision,* Department of Economic and Social Affairs, Population Division, New York.

WEF (2016), "The future of jobs: Employment, skills and workforce strategy for the fourth industrial revolution", *Global Challenge Insight Report,* World Economic Forum, Geneva.

World Bank (2013). *Shifting gears to accelerate shared prosperity in Latin America and Caribbean.* Latin America and the Caribbean poverty and labor brief, World Bank, Washington DC.

第二章
拉丁美洲和加勒比地区的宏观经济前景

  拉美必须回归到包容性强的经济增长路径。该地区经济持续趋缓，证实了其潜在的增长弱于之前的预期。这种演变将考验前10年社会经济进步的稳健性，尤其是贫困人口数量的大幅减少与中产阶级的快速兴起。本章评估拉美地区在更具挑战性的国际环境中的增长前景，探讨其对该地区劳动力市场及包括贫困、不平等等关键指标的影响。此外，本章还分析了经济政策选项，认为应将经济政策选项重点放在基础设施和技能的投资上，以便在可持续、可靠的财政框架下推动包容性增长。

导　言

  拉美地区一帆风顺的经济增长已成过去式。全球需求增长乏力，融资成本节节升高，波动性大，贸易从2007年以来显著放缓，大宗商品价格也低于过去10年曾达到的高水平。预计全球增长只能维持平缓的势头，短期之内尚无逆转的机会。

  经历了5年的经济放缓，2015年，拉美地区的经济活动已陷入负增长的境地。2016年的产出预计再次萎缩（根据不同的预测，在-1%到-0.5%之间），预计到2017年才能适度恢复。巴西和委内瑞拉玻利瓦尔共和国（以下简称委内瑞拉）出现深度萎缩，两国GDP加起来相当于拉美地区GDP总量的45%，这很大程度上反映出该地区经济的总体表现。

  拉丁美洲（Latin America，在《拉丁美洲经济展望》的以前版本中被称为"Americas Latinas"）国家之间的周期性状态存在鲜明的对比，但长期来看，差异会变小。短期经济预测显示，南美洲的净商品出口国面临着比墨西哥、中美洲和加勒比国家更具挑战性的局面，尤其是那些政策框架较弱的国家。然而，越来越多的证据表明大多数拉美国家潜在的产出增长正在恶化（OECD/CAF/ECLAC，2015；Aravena, López and Pineda，2016；IMF，2016；专栏2.3）。

经济疲软已经开始影响劳动力市场，进而会对公平和福利产生一个持久的影响（见附录2-A1）。就平均情况而言，失业率正在攀升，工作质量正在下降，工资增长和正规性就业停滞不前，青年和妇女受2011年以来经济放缓的影响尤甚。

国家之间情况各异，因而没有放之四海而皆准的方法，但所有国家都将受益于促进生产率和潜在增长的政策，这种政策被称为长期视角下的包容性增长积极政策。诸如强化物质和人力资本、改善财政状况和融资环境等政策行动，是必不可少的。

短期低迷的全球背景

全球经济增长缓慢，长期的低速增长已经陷入一个自我强化的"低增长陷阱"（OECD，2016a）。金融市场风声鹤唳，在风险追逐与风险规避之间反复折腾，增加了资本流向新兴市场的波动性，极大地影响到了货币和股票的估值。这其中，大宗商品市场就受到全球增长低迷和市场过度供应的冲击——比如说石油。

全球增长稳定在一个过于温和的范围

全球经济温和增长，似乎一直稳定在3%左右（IMF，2016；OECD，2016a），但各地区之间有所差异。发达经济体的复苏仍然十分缓慢和脆弱，而大多数发展中经济体也正在放缓。尽管如此，新兴市场仍然占了全球增长的大部分（见图2-1）。

美国经济受到劳动力市场增强、房地产部门回暖以及私营部门信贷等因素支持，继续以温和的速度扩张。美元在 2015 年的升值给制造行业和工业出口造成损失，但还不足以损害经济增长。2016 年第一季度的经济活动减弱，主要是由于制造业及钻探和矿业投资下降，不过服务业保持了更为强劲的势头。能源部门投资进一步下滑，也拖累了产出增长。美元在第二季度的贬值缓解了制造业一定的压力，而服务行业的增强应该会支撑接下来几个季度的经济活动。石油价格反弹应能遏制能源部门投资的进一步下滑，尤其是页岩气生产商的投资；即便如此，消费不会受到削弱，因为预计价格不会飙升，而在以前低价时代有了一定的储备结余。由于闲置产能下降，经济接近充分就业，实际工资回升，核心通胀率接近美联储（FED）的目标。2016 年和 2017 年的增长预计将在 2% 左右。尽管近期市场动荡，美联储预计将在未来两年内，通过增加其基准利率继续逐步收紧周期，不过如果增长放缓，这一方法可能会适度得到调整。

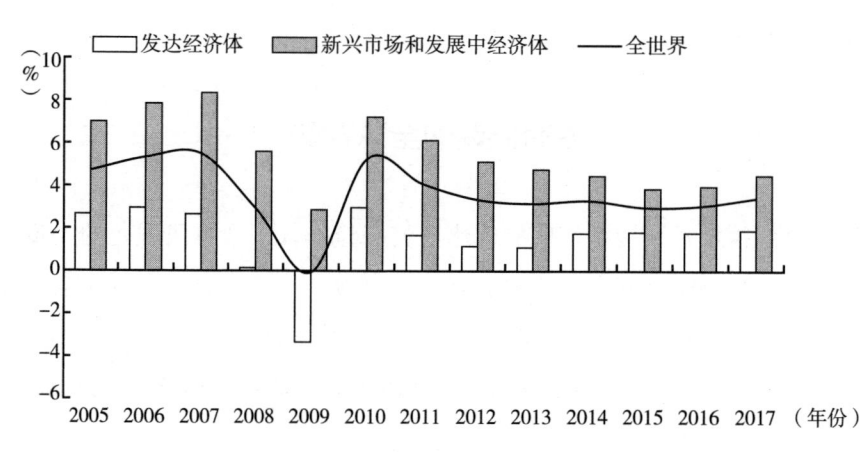

图 2-1　不同类别的经济体经济增长展望

资料来源：IMF（2016），《世界经济展望》，4 月。

欧盟和日本的经济活动仍然弱于美国。欧洲央行（ECB）和日本央行（BOJ）都被寄予刺激各自经济的厚望，但财政支持力度十分有限。经过过去几年的财政整顿，短期内进一步削减财政的必要性大为降低。随着信贷状况的持续缓和，以及一级劳动力市场对国内需求的强力支撑，欧盟的经济活动预计将会继续温和复苏，这会部分弥补外需的不足。能源价格较低对欧盟消费的推动程度要远远大于美国。往坏处说，由英国决定退出欧盟造成的不确定性（"Brexit"）增加了市场波动，抑制了英国和欧盟的增长前景，也助长了全球市场的风险厌恶情绪。在日本，日元最近的升值加上出口疲软，意味着增长前景受到抑制。相反，由于货币和财政刺激，以及较低的能源价格，国内需求将支撑经济活动。

2015年，中国的经济活动也出现放缓，应验了之前的预期。刺激政策很可能防止了中国经济短期内硬着陆，但也付出了一定的代价（这种预期参见OECD/CAF/ECLAC，2015；OECD，2015c）。2016年初，中国经济能否健康发展曾经颇受质疑，出现资本外流、人民币和其他新兴经济体的汇率压力上升等问题。尽管如此，宽松的货币政策和财政刺激措施开始对经济活动给予一些支持。工业生产和零售业恢复增长势头，2016年第二季度出现了下半年会继续保持稳定增长的迹象。在经济好转的影响下，资本外流的步伐在第二季度开始放缓。中国的房地产行业的反弹已经在国家振兴中发挥了重要的作用。从2015年底以来，由于按揭成本较低，一些限购措施放开，房地产销售量出现上升。需求上升推动了化解库存，尽管供应过剩仍然存在。在国有部门强劲的投资驱动下，总投资保持稳定，但民间投资继续下降。短期内保持高增长率的努力可能受到可持续发展目标的掣肘，也会增添中期风险。城市房地产价格的飙升也引发关注。此外，信贷主要分配给国有企业（已经产能过剩，但较易获得信贷），而不是更有活力的民营企业（获得贷款有限），一旦信贷刺激受挫，则很可能会阻碍生产力和中期增长。因此，转型之路注定崎岖不平。长远来看，中国是其他新兴地区的一个关键合作伙伴，特别是拉丁美洲（见专栏2.1）。

其他新兴市场的情况各有千秋。印度的上升势头正在恢复，而俄罗斯联邦和巴西正经历着严重而持久的衰退，分别拖累了欧洲新兴地区和拉丁美洲的增长前景。大宗商品净出口国的总体表现相比制造业出口国要差。中国经济的稳定为商品价格托底。但在最近的趋势下，大宗商品价格从峰值水平滑落下来造成的收入损失将持续削弱公共和私人支出，并有破坏全球强劲复苏的可能性。

专栏 2.1　发展中拉新型伙伴关系

中国经济放缓，并伴随着从投资到消费、从以工业为基础到以服务驱动的经济再平衡过程，对拉美意味着机遇和挑战。

这些转型挑战可能会引发某些地区性和国际性金融市场的波动。不过，拉美经济仍然可以从深化和改善与中国的伙伴关系中受益良多。中国的转型不仅可以刺激处于放缓期的拉美经济的增长，也可以帮助拉美应对传统的挑战。

2016~2021年，中国对世界的贡献预计将会达到30%，相比之下拉丁美洲只有5%（见图2-2）。拉丁美洲和中国之间的贸易关系发展迅猛，中国已成为巴西、智利和秘鲁最大的贸易伙伴。金融关系也已经上升：中国向拉丁美洲的贷款已成为该地区最重要的外部融资来源（2005~2015年达1250亿美元），超过了在拉美的其他国际金融机构。基础设施（主要是能源和交通）与采矿业的直接投资也得以增加。

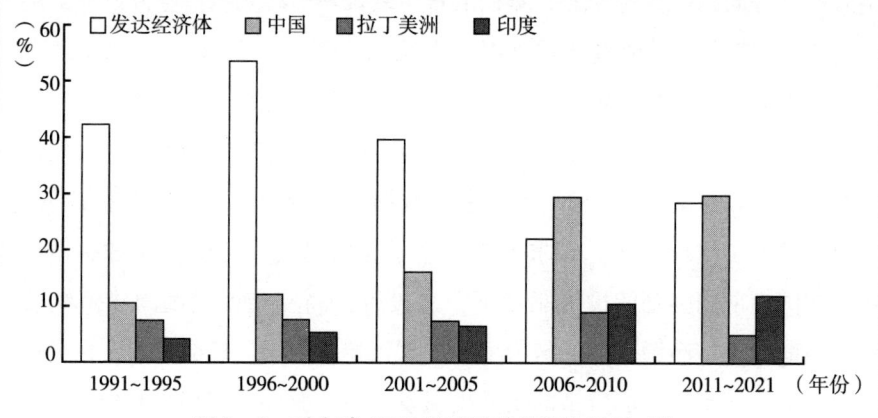

图2-2　对全球GDP增长贡献的部分地区对比

注：拉丁美洲包含了拉美地区32个经济体，"发达经济体"分类中包含了37个国家。
资料来源：OECD/CAF/ECLAC，根据IMF（2016），《世界经济展望》数据库计算，www.imf.org/external/pubs/ft/weo/2016/01/weodata/weoselgr.aspx。

为了从这些趋势中获益，并有效地迎接所面临的挑战，拉丁美洲应注重多元化和升级其产业结构，推进一体化。中国向消费导向的转变，以及城市化和中产阶级稳固发展等带来的变化，将会减少大量的商品需求（特别是某些金属和能源）。不过，这种变化也为拉丁美洲出口农产品和服务业创造了机遇。为了充分抓住这些机会，拉丁美洲的公司应努力定位在附加值更高的位置，整合各类服务业。金融（投资及贷款）业将会继续推动拉美与中国超越贸易的联系，但发展有利可图的地区性项目、维护可持续性的环境以及更加透明的民主承诺需要更好的法治和更强大的治理能力。最后，中拉之间的技术交流，如中国与阿根廷、巴西、智利和墨西哥之间的科学技术项目，可以实现互利共赢。

在基本面不变的情境下,全球经济将继续缓慢向前发展,但仍存在下行的风险。中国增长放缓,以及世界政治事件和地缘政治事件的不确定性是全球增长和金融市场最大的风险。全球经济另一个主要负面因素可能来自美国的增长停滞。但是,美国的基本面似乎相对稳固,美联储也将谨慎行事,使加息速度不会超出必要的程度,以免破坏经济复苏。

金融市场变得越来越波动

新兴市场的资本流入已经退潮,变得越来越具波动性。2015年,新兴市场的资本净流入创多年来的新低。市场平静地消化了美联储2015年12月份的加息预期。然而,2016年初,中国金融震荡赶上其他新兴经济体的基本面恶化,这阵余波使得投资者变得谨慎起来。

在2015年和2016年新兴市场的资本流出中,中国占了很大一部分。这在一定程度上是由于外部债务去杠杆化,而不是外商撤出资源。然而,其余新兴经济体并没有幸免于风险规避情绪的影响。图2-3显示了风险规避情绪上升后,新兴市场资本流入的投资组合下跌的情况。2016年第一季度,新兴市场的资本流入再度反弹,这是对中国经济活动会进一步恶化的担心逐渐消退的缘故。

金融波动在第二季度的英国脱欧风波之后再次出现。在公投效果出来后的数小时内,英镑暴跌至31年来新低,全球股市创纪录地下跌3万亿美元。信贷市场反应则比较平静,因为偿付能力和交易对手风险并不是危机的根源,比如说在"雷曼事件"中。全球金融市场的波动对拉丁美洲经济有一定影响,债券利差、货币和股票市场反映了全球风险规避的变动(专栏2.2)。大多数市场的波动逐渐减弱,损失也得以挽回,只有欧洲银行的股票仍深陷熊市。不过余波在短期内不会彻底消散。这是一个未知领域,英国和欧盟之间的谈判结果将至关重要。

英国脱欧的长期经济和政治影响还无法确定,从而增加了风险规避情绪。这种背景使全球货币政策立场更加宽松:欧洲央行和日本央行开闸引入资本,美联储在2016年进一步收紧银根的动力受到削弱。在这种不确定性下，低利率可能给新兴市场资产留有喘息之机，但是资本流入的环境将会更加黯淡。

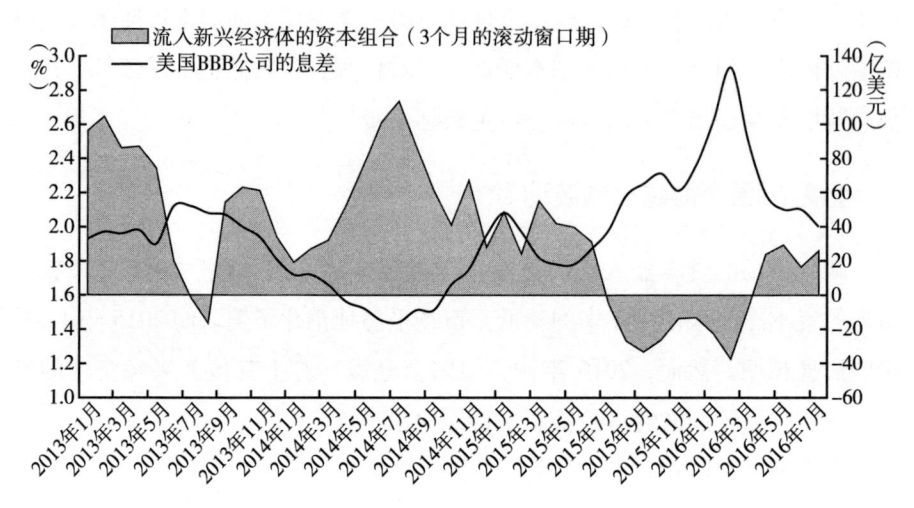

图 2-3　新兴市场资本流入与风险规避情绪

资料来源：OECD/ECLAC/CAF，根据 IIF（2016 年 4 月）和美国美林银行有关资料绘制。

专栏 2.2　全球金融市场和拉美地区的波动性

自 2015 年夏季以来，一些外部和国内的事件激起了拉丁美洲金融市场的波动性。国内事件主要与巴西有关。巴西在 2015 年 9 月遭遇信贷评级降级，2016 年上半年又因总统弹劾事件引发了政治动荡（在巴西经济的深度萎缩和拉美的普遍放缓背景下）。单是信用评级下降就导致机构投资者认定巴西资产的状况已不再能满足他们的投资需求，引发大量的资本外流。在外部事件中，2015 年夏季中国金融市场的剧烈波动，加上 2015 年 12 月中旬发生的人民币跟随美联储加息而发生贬值。另外的外部事件包括 2016 年 7 月 23 日英国脱欧公投结果揭晓，即英国公民投票决定脱离欧盟。

本专栏简要报告 2015 年夏季以来几个特定的财务指标的变化情况，并与之前的两大事件对拉美的影响进行比较：2013 年美联储宣布退出量化宽松政策（后量化宽松时期，tapering episode）；2008 年雷曼金融危机。

自 2015 年 6 月以来，世界市场的波动已经超出后量化宽松时期最高水平好几倍，但仍然低于金融危机（雷曼事件）时期达到的最高水平。图 2-4，a 使用了波动性指数（VIX 指数）——标准市波动率代理——来显示世界市场从 2015 年以来的波动深度，（在某些情况下）高于 2013 年时的水平，但要低于 2008 年。当中国地方财政市场出现动荡时，VIX 指数的点数急剧上升。同样，在英国脱欧的第一天，这一指数

第二章 拉丁美洲和加勒比地区的宏观经济前景

的水平明显高于2013年的退出量化宽松时期。不过,波动性不管是从水平还是变动来看,仍然低于雷曼经济危机时期。

因弹劾巴西罗塞夫总统而引发的政治动荡也是地区市场波动的重要原因。2016年拉丁美洲新兴市场债券息差飙升至雷曼金融危机峰值以来的最高水平。图2-4中,b将新兴市场债券指数(EMBI)用于拉丁美洲,显示了债券利差或国家风险感知的变动。拉丁美洲新兴市场债券指数在弹劾期间达到了697基准点的最大值,2013年退出量化宽松时的最大值只有506基准点(见图2-4)。同样,波动性仍然低于2008年雷曼金融危机时的水平(最大值895基准点)。

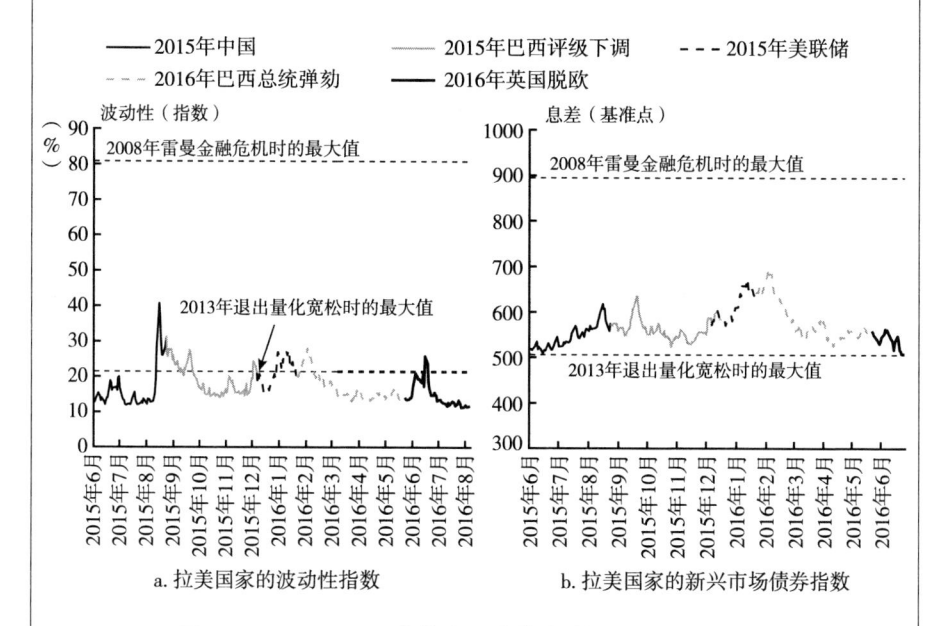

图2-4 2015~2016年拉美国家的波动性指数和风险规避

资料来源:OECD/CAF/ECLAC利用数据流。

巴西的弹劾事件对拉美地区的股票和债券利差有明显的传染效应(见图2-5)。自从2015年初以来,拉美的货币出现了贬值,特别是在巴西和哥伦比亚。英国脱欧事件对这一趋势似乎也有推波助澜之嫌。以哥伦比亚为例,石油价格大幅下跌和经常项目赤字扩大给货币增加了巨大的压力;在巴西,政治动荡挫伤了投资者对巴西资产的偏好。巴西新任临时总统上台以后,市场逐渐平静下来,而经济措施将经济拉上正轨后,不确定性逐渐减弱。然而,某些股票市场在英国脱欧事件中经历了轻微的挫折。自2016年初,货币已不再快速贬值;中央银行对外汇市场不同的干预可能有助于抑制波动。

图 2-5 2015~2016 年选定拉美国家的金融波动

资料来源：OECD/CAF/ECLAC 利用数据流。

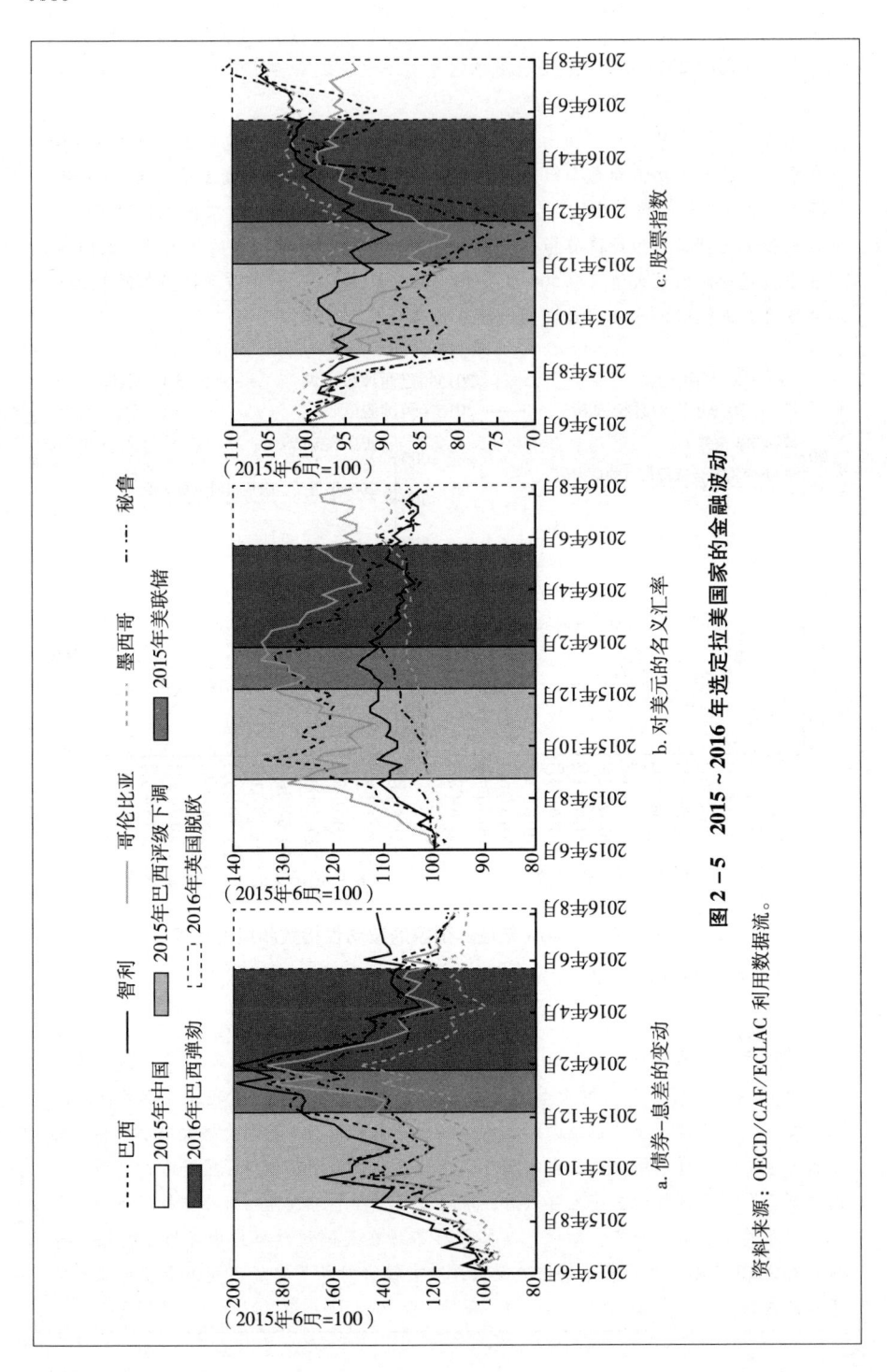

第二章 拉丁美洲和加勒比地区的宏观经济前景

大宗商品市场正在企稳，但高价格可能已经相距遥远

供求关系的发展，以及对中国经济的担忧，是2016年初商品价格暴跌的背后因素。在经济增长脆弱的背景下，大宗商品价格下降的原因要归咎于2015年美国页岩油产量增加，伊朗和伊拉克石油额外增加产量，以及石油输出国组织（OPEC）不支持油价上涨。根据国际能源署（IEA）的统计，生产增加但需求不振，造成石油2015年日均过剩约350万桶（MBD），带动2016年第一季度的石油价格跌至12年来的最低点。

石油价格在第二季度触底反弹，这要归功于供给因素。提炼技术的升级和去年的投资锐减导致美国非常规原油价格的下降。此外，加拿大和尼日利亚供应的中断也导致油价上涨。然而，由于一些供应中断是短暂的，第三季度的价格再次回落。从基本面看，大宗商品在期货市场（包括其衍生物）的地位越来越高，使得市场中的价格变动以及期货与股市的同步性越来越高，这可能会加剧商品价格的波动性。随着供应过剩，商品价格可能开始企稳。不过，一段时期内都没法恢复到过往的高价格。全球需求预计不会出现大的反弹。2016年底，石油价格每桶在42美元至45美元之间，在2017年有可能会攀升至每桶45美元到55美元（见图2-6）。

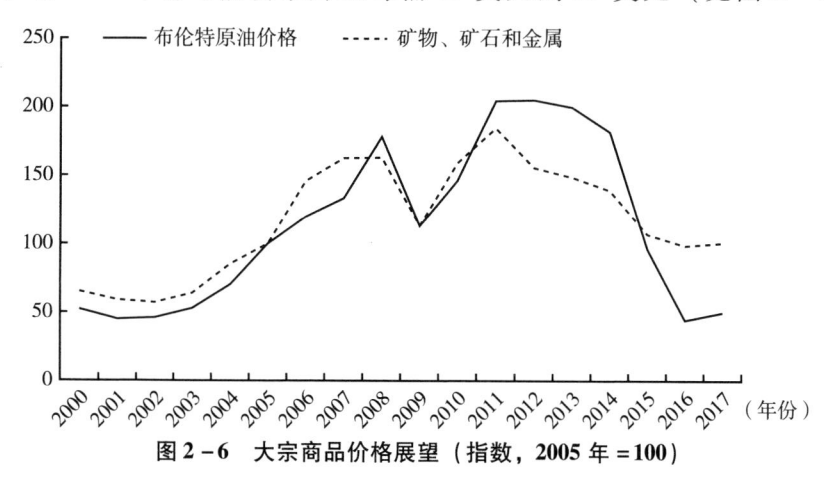

图2-6 大宗商品价格展望（指数，2005年=100）

注：预测基于《OECD经济展望》1999年数据库。
资料来源：《OECD经济展望》1999年数据库；国际能源署《石油市场报告》。

价格升高应该会再次为非传统的生产者铺平道路，而 OPEC 国家的产量预计将增加。

2016 年，非能源商品的价格继续下跌，虽然下跌的幅度比能源价格要温和得多。金属价格也因供应过剩（新产能进入生产领域）和新兴经济体需求下降而出现下降，特别是工业用途的金属。农业丰收及厄尔尼诺的影响低于预期，压低了农产品价格。另外，之前贵金属价格的上升主要来自金融市场波动期间对避险品的强劲需求。

拉丁美洲的宏观经济趋势：仍在寻找潜力

在全球增长率适度企稳之时，拉丁美洲的主要经济活动正在放缓。尽管 2016 年只有四个国家的 GDP 出现负增长（阿根廷、巴西、厄瓜多尔和委内瑞拉），但该地区的经济活动普遍放缓。这不仅揭示了该地区经济活动遭受外部的冲击，同时也显示了结构的脆弱阻碍了潜在产出的增长。在基准情境中，2016 年的产出再次萎缩 0.5%～1%，2017 年才会出现适度反弹。拉丁美洲的风险平衡仍然偏向下行，主要风险来自中国经济增长的大幅下挫，即所谓的"硬着陆"（见图 2-7）。美国复苏不给力也会阻碍拉美地区的经济增长。

然而，拉美地区所表现出的重大差异性，需要予以考虑。与往年一样，拉丁美洲经济体在 2016 年与美国的联系更加紧密，融入全球价值链的程度更高，预计随时间推移这一特点会越发突出地表现在南美洲的净商品出口国上。2016 年，墨西哥和中美洲经济体的增长在 2.3%～6%。加勒比经济体的增长在 0.5%～4.4%，圣基茨和尼维斯的经济增长还要略高于这一区间，苏里南、特立尼达和多巴哥的经济增长将经历衰退。同时，安第斯国家的经济增长在 0.5%～4.5%，厄瓜多尔（将经历衰退）和委内瑞拉（其经济仍急剧萎缩）除外。阿根廷 2016 年的经济活动将萎缩，而巴西仍深陷其三年之中最严重的衰退。预计大多数经济体 2017 年将出现反弹，而委内瑞拉仍继续萎缩。

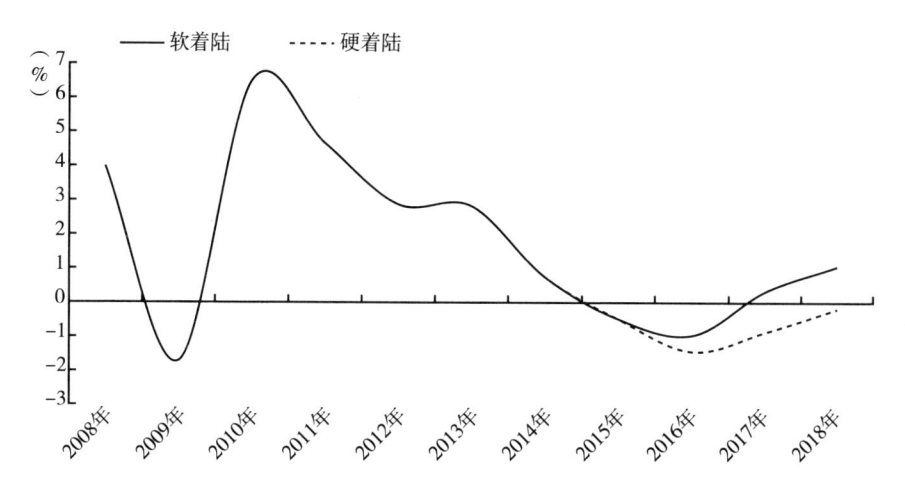

图2-7 中国经济不同情境下的拉美GDP增长

注：对阿根廷、巴西、智利、哥伦比亚、墨西哥、秘鲁、乌拉圭和委内瑞拉的加权平均；软着陆是指2016年、2017年、2018年中国的GDP增长率分别为6.6%、6.4%和6.0%；硬着陆是指2016年、2017年、2018年中国的GDP增长率分别为5.6%、4.3%和3.6%；根据贝叶斯全球向量自回归模型（Bayesian Global VAR）对所有国家进行的模拟，委内瑞拉除外，对它的预测使用的是一个单独的模型。

资料来源：OECD/CAF/ECLAC根据贝叶斯全球向量自回归模型所做的模拟。

这种差异性表明不同国家处在一个典型的经济周期的周期性状态中。图2-8显示了根据OECD、拉丁美洲开发银行和国际货币基金组织预测的2016年拉美国家的产出缺口。不同国家位于谷底的左边或右边的槽取决于2016年和2017年的预测变动。大多数南美国家的产出缺口为负，特别是阿根廷、巴西、乌拉圭和委内瑞拉，而且智利、哥伦比亚和厄瓜多尔也不例外。这些经济体在达到周期的谷底之前，产出仍然较弱，尽管强度各有不同。例如，2016年巴西的萎缩比2015年要略微温和一些，2017年底经济可能非常温和地增长。阿根廷经济在2016年因为财政和有关价格的调整，遭受轻微的下挫，但预计2017年会出现反弹。秘鲁经济增长开始加速，产出缺口缩小。智利的反弹仍然遥遥无期。相比之下，在美国复苏和能源低价格的支持下，中美洲和加勒比国家接近于其经济增长趋势率。讲英语的加勒比经济体由于与美国和英国的关系，潜在产出有望上升，但财政可持续性是它们未来的主要风险。

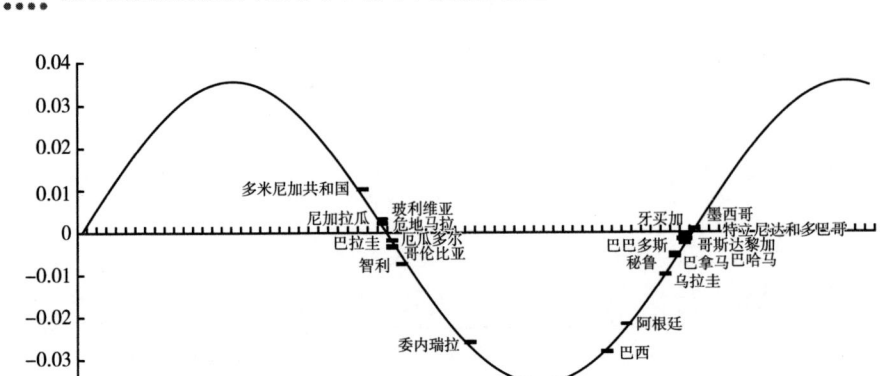

图2-8 选定的拉美地区国家的周期性状态展示
（2016年使用HP滤波法的趋势偏差）

注：产出缺口是利用Hodrick-Prescott（HP）滤波法计算的趋势偏差；国家的位置由2016年产出缺口和预计的变化决定；本图描述的典型周期仅作为演示之用，不应理解成对国家的预测。

资料来源：OECD/CAF/ECLAC 根据 IMF（2016），World Economic Outlook 数据库（www.imf.org/external/pubs/ft/weo/2016/01/weodata/weoselgr.aspx）和OECD Economic Outlook 2016年卷第1期关于智利和墨西哥的内容所进行的计算。

经济放缓主要影响私人投资；公共投资也不会增加来弥补私人投资的减少量。这对于生产力和竞争力有负面影响（OECD/CAF/ECLAC，2015）。长期来看，将新投资嵌入最新的创新和技术进步是通过资本积累提高生产率的关键渠道。此外，在短期内，投资通过乘数效应对总需求的其他要素具有积极的影响（见专栏2.4）。

政策空间和宏观经济状况

当前的经济放缓已经压缩了拉丁美洲需求侧政策的空间。在许多情况下，财政政策（高财政赤字和债务水平）和货币政策（通胀压力）的空间已经被相对压缩。然而，不同的增长表现和不同的政策框架也意味着拉美地区的政策空间存在着显著的差异性。

次区域的外部环境各有不同，但仍在变化之中

得益于燃料成本的下降、汇款增多以及美国游客的涌入，中美洲和加勒比地区净能源进口商的经常账户盈余得以提升。南美洲的净商品出口国的经常账户赤字大幅扩大,在一些国家已经超过GDP的5%。尽管如此,中美洲和加勒比地区国家的赤字仍高于南美经济体和墨西哥。作为应对,实行浮动汇率制的国家已经采用汇率来吸收部分贸易冲击。

与商品挂钩的货币在商品价格走低和美元升值中经历了巨大的打击(见图2-9)。哥伦比亚比索、巴西雷亚尔和墨西哥比索的贬值最为严重,而阿根廷比索在2015年底被允许浮动。中央银行的干预抑制了一些货币的贬值,其中秘鲁索尔最为明显,但同时也限制了一些实行固定汇率制的国家进行调整的可能性,如玻利维亚多民族国家(以下简称玻利维亚)。大多数货币疲软的国家没有取得竞争优势。一方面,由于存在贸易关系,其他货币经济体的货币也遭到了削弱,这些国家的竞争力收益可能不如与美元保持双边汇率的国家(Powell,2016)。另一方面,即使具有竞争优势,出口增长也会受到疲软的全球需求的限制。在其他地区,调整经常账户赤字一般是由于国内疲软需求抑制了进口,而非出口强劲增长。

图2-9 选定的拉美国家货币对美元的汇率

资料来源:OECD/CAF/ECLAC 利用数据流。

在这种经常账户恶化的情形下,智利迄今是个例外。2015年,智利的进口降至最低点,此后由于铜出口的稳定和非铜出口回升而开始上升。巴西由于经济持续衰退,进口急剧下降,贸易反而出现顺差。面对大宗商品价格的急剧下跌,巴西的工业出口仍然疲软,尽管在2016年上半年出现了一些明显的改善。

在南美洲其他经济体中,经常账户赤字预计会在2016年或2017年达到峰值,之后逐步降低至较为温和的水平(见图2-10)。在一些国家,外国直接投资(FDI)不足以弥补财政赤字,需要重新平衡以避免外部不稳定。非能源出口国的调整似乎更为得力,这些国家早些时候饱受商品价格下降之苦,与大宗商品相关的出口和外国直接投资的双重恶化,已经影响到国际收支平衡。例如,在哥伦比亚,最近的证据表明进口出现了替代,但出口仍在下降——尽管速度较慢。中美洲的贸易差额也在缩小;能源价格的走低使得净能源出口国和加勒比国家涌入了大量的游客。墨西哥的贸易差额保持稳定,在经历了2016年第一季度的疲弱之后,出口随着美国经济增长和油价回升而重获增长。

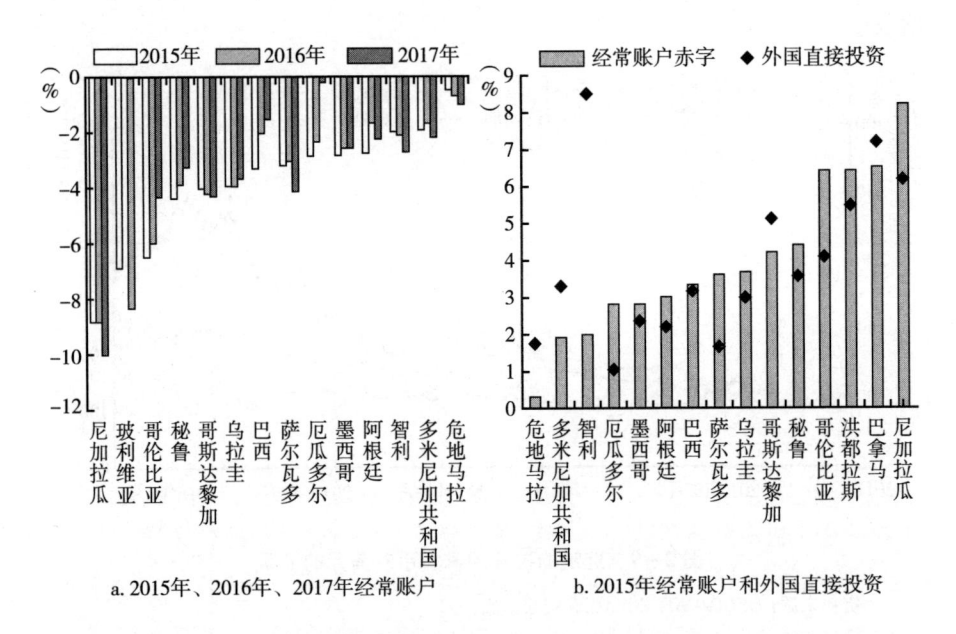

a. 2015年、2016年、2017年经常账户　　b. 2015年经常账户和外国直接投资

图2-10　选定的拉美经济体的经常账户余额和外国直接投资(占GDP的比重)

资料来源:OECD/CAF/ECLAC 根据 IMF (2016),《世界经济展望》,4月;《OECD经济展望》关于智利和墨西哥的数据库;以及 CAF 的预测。

第二章 拉丁美洲和加勒比地区的宏观经济前景

私营融资环境和外债值得关注

在当前宏观经济背景下，拉美非金融公司债务的强势增长可能使企业容易陷入资产负债风险。从2008年以来，国内信贷强劲增长加上全球低利率，已经助长公司大幅提高债务水平（特别是国际债务），然而，GDP低速增长，加上商品价格低廉以及美元强劲的贬值，可能会给公司的财务状况带来很大的压力（Powell，2016）。

大宗商品价格下跌正影响着非金融企业部门。自从全球金融危机以来，新兴经济体的企业部门，包括巴西、中国、墨西哥，增加了借贷，能源部门的杠杆率特别高。2006~2014年，全球企业部门的债券存量从4550亿美元上升到14000亿美元（BIS，2015a，2015b）。在债务上升的背景下，大宗商品价格下跌增加了以这些产品为主营业务的企业融资成本。如果各国为商品的生产和出口担保了外债的话，状况可能进一步恶化。成本升高和收入减少会降低利润，再加上资产贬值，可能会增加违约风险。如果各国通过削减产量和投资于生产结构中其他有较大影响力的部门加以应对的话，可能会损害宏观经济。

自2008年金融危机以来，尤其是在2011~2012年，拉美地区大型碳氢化合物生产企业的财务状况已经恶化。资产回报率下降，而杠杆率升高。发行外债总额，包括私营企业部门和非金融公共部门的债务，从2009年开始上升；同其他新兴经济体一样，拉美新兴经济体对外负债总额与企业债务也在增长。发行债务总额在2009年中期为200亿美元，2015年10月已经超过800亿美元，到2014年第三季度已经达到峰值1500亿美元（相当于拉美地区GDP的2.8%）。2010~2013年，智利、秘鲁和墨西哥的发行外债总额对GDP的比重最高（分别为3.3%、2.8%和2.5%）。而这个比重在阿根廷、委内瑞拉和玻利维亚都低于1%。

前面提到的本币贬值也会影响企业的财务状况。贬值不仅提高了企业还本付息的成本，从而使现金流出，而且也会增加偿还债务的本币价值，从而增加债务。如果债务的抵押品同样以本币计价，贬值将会损失资产的价值。这可能会导致一种不匹配，公司不得不购买货币以平衡其账户。购买货币会给名义汇率的贬值造成更大的压力,这取决于企业的规模和在市场中的重要性以及采用这种方法的企业数量,最终,会增加非贸易商品部门的外债。

财政状况进一步恶化

经济低速增长,与大宗商品相关收入的锐减,使得拉美经济体的基本财政结余恶化,债务水平上升。2015年,拉美地区各国中央政府的财政赤字平均在GDP的3%,基本财政结余下滑至1%。这已经是两大指标连续恶化的第四个年度(见图2-11)。

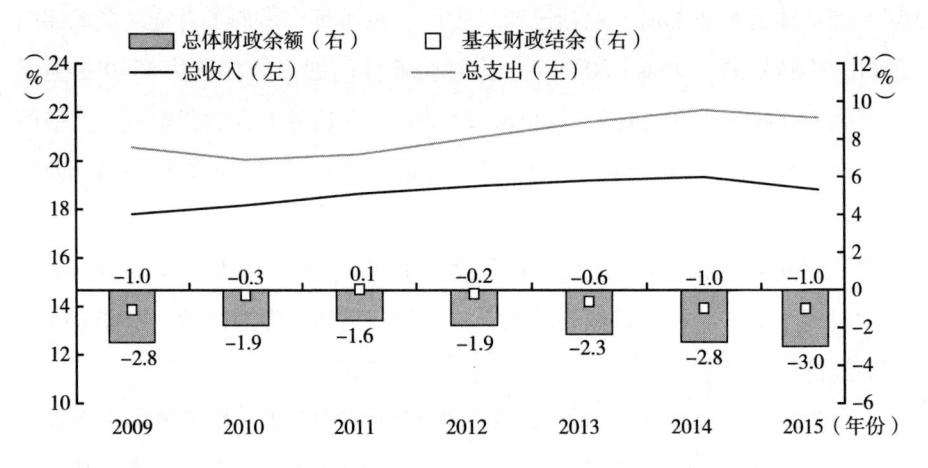

图2-11 拉丁美洲总体财政余额和基本财政结余(中央政府,GDP的比重)

资料来源:OECD/CAF/ECLAC,利用CEPALSTAT和官方信息。

2008~2015年,非金融类公共部门的债务占GDP的比重上升7.9个百分点——从占GDP的30.8%扩大到占GDP的38.7%(见图2-12)。越来越多的拉美国家发现,为公共赤字筹集资金不但困难大,而且成本高。投资者对新兴市场资产的青睐降低,使公共部门借贷的条件恶化,这种状况在一个相当长的时期内都不太可能改善。因此,尽管公共债务上升在经济衰退中是自然而然的事情,并且仍低于历史水平,但是当前的动态值得关注和采取行动。从积极的方面来看,公共债务的构成已经升级。在过去几十年中,外债的权重意味着财政可持续性直接依赖于外部环境("双赤字")。近年来,国内融资占公共债务的比重较大,缓解了财政账户的压力。

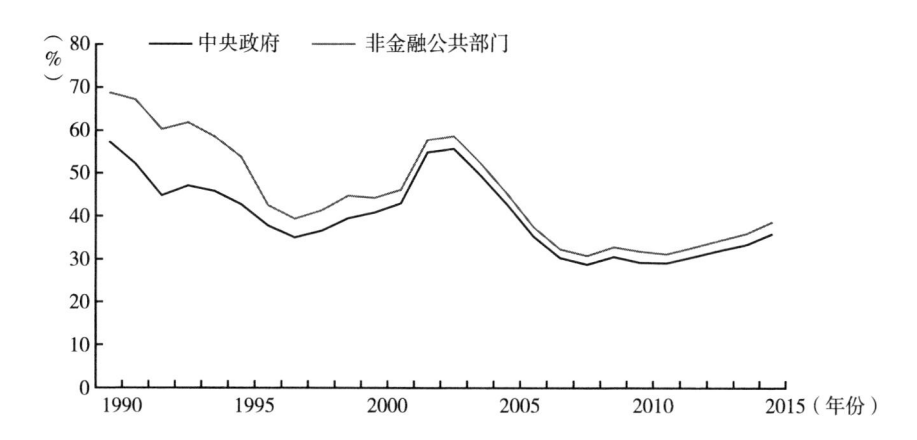

图 2 – 12　拉丁美洲的总体公共债务（中央政府和非金融公共部门，占 GDP 的比重）

资料来源：OECD/CAF/ECLAC，利用官方信息。

拉丁美洲经济体的财政状况存在显著的差异。加勒比地区经济的平均债务水平很高，约占 GDP 的 70%。巴巴多斯和牙买加的债务水平超过了 GDP 的 100%，而秘鲁、智利和巴拉圭的债务水平低于 GDP 的 20%。尽管如此，该地区大部分经济体的债务水平占国内生产总值的比重在 26% 到 45% 之间（ECLAC，2016a）。同样，2015 年，巴西和委内瑞拉的总体财政赤字接近或超过两位数，而智利和巴拉圭的赤字大约占 GDP 的 2%（见图 2 – 13）。

10 多年前，强大的财政指标允许拉丁美洲经济体在 2009 年全球金融危机之后实施反周期的刺激措施。这种情况在财政规制的国家最为盛行（Alberola et al.，2016）。然而，天有不测风云，财政状况恶化压缩了该地区财政刺激的范围。政府面临着在产出缺口为负的情形下保持或恢复财政空间的挑战。正如在"拉美恢复包容性增长的政策选项"一节中所提出的，财政当局必须谨慎行事，避免大规模削减支出，特别是在实物和人力资本方面的投资。所有国家需要更加有效率，在改善国家交付货物和服务能力的基础上，专注于可用资源的配置。这对于像巴西这样的赤字、债务和财政压力高企迫使削减支出的国家尤为重要。一些政府正在恢复资助基础设施的项目，允许私营部门参与其中（哥伦比亚、秘鲁，最近还包括巴西和厄瓜多尔）。

不同国家的财政行动空间有所不同。智利和秘鲁积累了一定的公共储

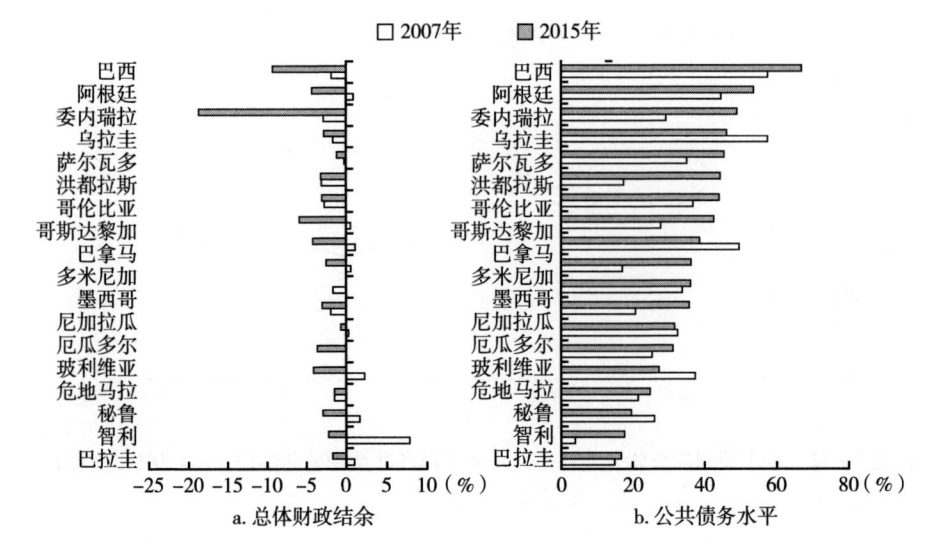

图 2-13 拉美国家的总体财政结余和公共债务水平（占 GDP 的比重）

资料来源：OECD/CAF/ECLAC，根据官方数据；委内瑞拉的数据来自 IMF（2016），《世界经济展望》，4 月。

蓄，债务水平适中，具有一定的机动空间，尽管它们仍然受到结构性财政规则的约束。玻利维亚同样如此，尽管其财政状况恶化得更厉害，债务水平也不低。其他国家已经在进行某种形式的财政整顿，包括削减开支和税制改革。最后，像哥伦比亚和厄瓜多尔这样财政压力较低、债务水平适度的经济体，也具有加税的空间。

货币政策空间似乎有限

2015 年，货币贬值带给一些拉美国家价格管理机制的冲击和改变，推高了大部分经济体的物价，货币政策空间也随之缩小（见图 2-14）。随着美国的货币政策走向"正常化"——提高了联邦基金基准的目标范围，拉美国家将面临额外的挑战，尽管一些国家将比其他国家能够更好地应对这些挑战。

特别是，贬值的持续性和规模的扩大加重了通货膨胀，即使在货币机制高度可靠的国家。有证据表明，由于强政策的关系，穿越效应在过去几十年里正在下降（Amador et al.，2015；BDE，2016；IMF，2016）。然而，在一些

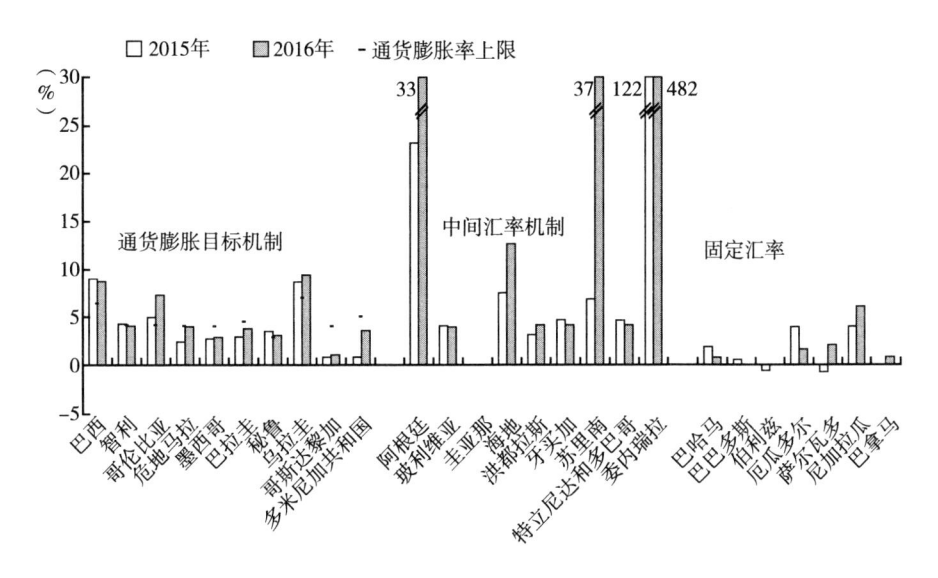

图2-14 选定的拉美国家在不同的通货膨胀目标机制下的通货膨胀率

注：2016年的预测基于IMF的WEO数据库。
资料来源：OECD/CAF/ECLAC，结合Powell（2016）利用IMF WEO数据库的研究成果。

实行通货膨胀目标机制的国家里，通货膨胀率仍然高于目标。同样，不同国家和政策机制的情况各不同。固定汇率机制的国家的通货膨胀率较低，需求走弱吸引了对较弱的外部环境的调整。不过，以上两种机制的国家通货膨胀率要低于混合机制的国家。后者由于财政占主导地位，通货膨胀率已被推高至两位数以上。部分中美洲国家和所有加勒比经济体都受益于石油价格的下降，物价保持稳定。财务体系中使用美元的国家面临着要防止受到外部冲击而导致美元不稳定的大幅贬值的额外困境。

在此背景下，各国央行面临着产出缺口为负和通胀压力（在某些情况下高于目标）的两难困境。起初，央行仍处于一个"观望"模式，等待第一轮贬值（相对价格变化）消退后的影响。但随着2015年中期通胀上升和失控的预期，大多数中央银行变得更加严格，特别是南美洲国家。自2015以来，越来越多的国家收紧了货币政策，而非放松货币政策或者保持中立（见图2-15）。

大部分国家已经进行了货币调整，特别是在商品出口国。因此，物价压

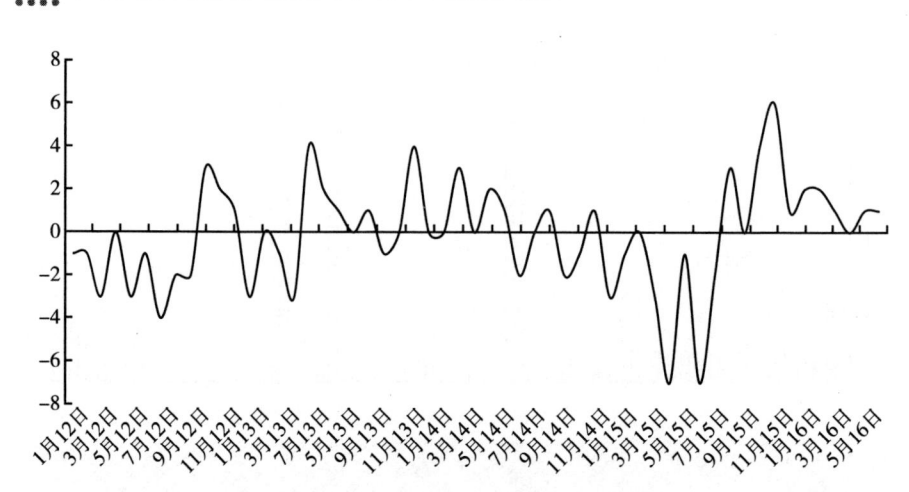

图 2−15　拉美货币政策的扩散指数

注：图中包括阿根廷、玻利维亚、巴西、智利、哥伦比亚、哥斯达黎加、多米尼加共和国、萨尔瓦多、危地马拉、洪都拉斯、墨西哥、尼加拉瓜、秘鲁、乌拉圭和委内瑞拉；该指数是计算每一个时期加息国家的数量减去降息国家的数量之后的总和。

资料来源：OECD/CAF/ECLAC 根据中央银行数据计算。

力在 2016 年下半年和 2017 年可能开始减弱——也得益于软需求的推动——在大多数国家物价应该继续向低利率趋同。这应该有助于抑制预期，缓解中央银行释放政策立场的压力。而那些已经累积了大量的实际汇率失调问题的国家并非如此，其货币仍然可能下滑并加剧通胀。美国利率正常化的过程也可能限制各国政策宽松的能力，特别是那些面临着更大贬值风险的国家，其资产负债表可能会受到影响。

劳动力市场映射出经济增长放缓

经济增长放缓，以及自 2015 年以来的经济萎缩，已经损害了拉美的劳动力市场，改变了过去 10 年的一些积极趋势。在大宗商品繁荣时期，高水平的经济增长改善了劳动力市场，降低了失业率，提高了劳动参与率，造成妇女和青年更高水平的正规就业和就业水平（Alaimo et al., 2015）。然而，由于经济增长开始放缓，劳动力市场的进步戛然而止，部分情况有所逆转。

失业率自金融危机以来首次上升，尽管仍处于较低水平。2015 年，城镇失业人口占劳动力总人口的 6.5%，这一数据比 2014 年高出 0.5 个百分点（ECLAC/ILO，2016）。尽管如此，城镇失业率仍然低于 20 世纪前 10 年中期时的水平，即 2005～2008 年平均失业率达到 8.2%。拉美地区平均失业率掩盖了各国之间巨大的差异性。2015 年，加勒比地区经济体之间的失业率变化最大——从牙买加（13.5%）到特立尼达和多巴哥（3.4%）。在拉丁美洲，差异范围较小——从哥伦比亚（9.8%）到墨西哥（4.3%）。同样，2015 年经济受挫的影响在该地区各个国家之间各不相同，巴西、哥斯达黎加、厄瓜多尔、洪都拉斯、秘鲁、巴拿马和乌拉圭的失业率上升；而像加勒比国家、墨西哥和智利等经济增长率高于地区平均水平的经济体，失业率反而下降（ECLAC/ILO，2016；OECD，2016a）。

劳动力参与率保持相对稳定，无论是在商品繁荣时期还是萧条期，但各国之间的差异还是相当大。2005～2012 年，拉美地区的平均劳动参与率从 59.7% 攀升至 60.9%。从那以后，劳动参与率就变得相对稳定，2015 年接近 60%。迄今为止，劳动力参与率这种轻微的下降阻止了失业率的急剧上升。拉美地区各国的参与率差异相当大，从阿根廷、巴西、多米尼加共和国和洪都拉斯低于 58%，到巴哈马、哥伦比亚和秘鲁超过 68%（ECLAC/ILO，2016）。

高通货膨胀率和经济表现疲软拉低了实际工资的增长，各国情况也有所不一样。2015 年，由于通货膨胀率高而 GDP 增长低的缘故，南美洲中依赖大宗商品的经济体的工资增长速度要慢于中美洲中非依赖大宗商品的经济体和墨西哥。特别是那些南美洲经济体的实际工资增长率的范围在 -3.2% 到 1.8% 之间，巴西则出现了实际上的萎缩，而中美洲和墨西哥的实际工资增长率的范围在 1.5% 到 4% 之间。

拉丁美洲的一大挑战仍然是提升工作正规性。2013 年，尽管大宗商品繁荣时期经济增长率很高，但只有 45.2% 的工人在正规部门，也就是向社会保障缴费。当然，国家之间的差别也很大。2013 年，洪都拉斯、尼加拉瓜和危地马拉的正规经济提供的工作岗位低于 20%，相比之下，这一比例在智利、哥斯达黎加和乌拉圭则超过了 70%（Alaimo et al.，2015）。

长期增长虚弱

拉美的潜在增长要比之前版本的《拉丁美洲经济展望》中认为的还要虚弱。在这10年中的前半部分，大多数国家的潜在增长都上升了，但有证据表明，自2011年以来潜在增长一直在下降之中。这一效果，接受过真实经济周期模型和生产基本函数等不同方法论的检验（见专栏2.3），强调了提高生产率的必要性。

劳动生产率是以1个小时的劳动所创造的GDP来衡量。在过去的10年中，拉美的劳动生产率相对于更发达的经济体而言，一直处于下降状态。平均来看，在2016年，拉美的劳动生产率只相当于美国的1/3，这一比例比60年前还要低。这一表现与亚洲高增长的国家形成了鲜明对比，如韩国或者最近的中国，抑或像澳大利亚这样的大宗商品出口国，它们的相对生产率保持稳定（见图2-16）。同样，该地区的各个国家间存在很大的差异性。例如，智利在20世纪90年代时相对生产率有所进步，但是在过去10年停滞不前。而哥伦比亚尽管在过去10年里其相对劳动生产率的下滑得到了抑制，但也没有出现进步。

生产力聚敛的缺失源于多种因素的组合：从储蓄率低及低利用率，到动态资本积累少，要素使用效率低下和劳动力对增长贡献有限（Pagés，2010；IMF，2013；Powell，2015；Carvallo and Serebrisky，2016）。同样，基础设施质量低下也削弱了区域一体化。结合加强竞争力的措施，一体化程度更高的地区市场能够提供机遇，以满足更多的消费需求，实现规模经济，吸引更多的外国直接投资。改善基础设施和物流性能需要加强结构性变革，加强区域一体化（OECD/CAF/ECLAC，2013）。在知识资本等无形资产上的投资不足（Daude and Fernández-Arias，2010），加上实物资本和完成的回报率差，同样也是生产率增长水平低下的根源（OECD，2016b）。技能与创新至关重要，拉丁美洲由于人力资本短缺而面临严重运营困难的企业数量，是南亚地区的3倍以上，是亚太地区的13倍以上（OECD/CAF/ECLAC，2014；Melguizo and Perea，2016）。近年来，大宗商品价格下

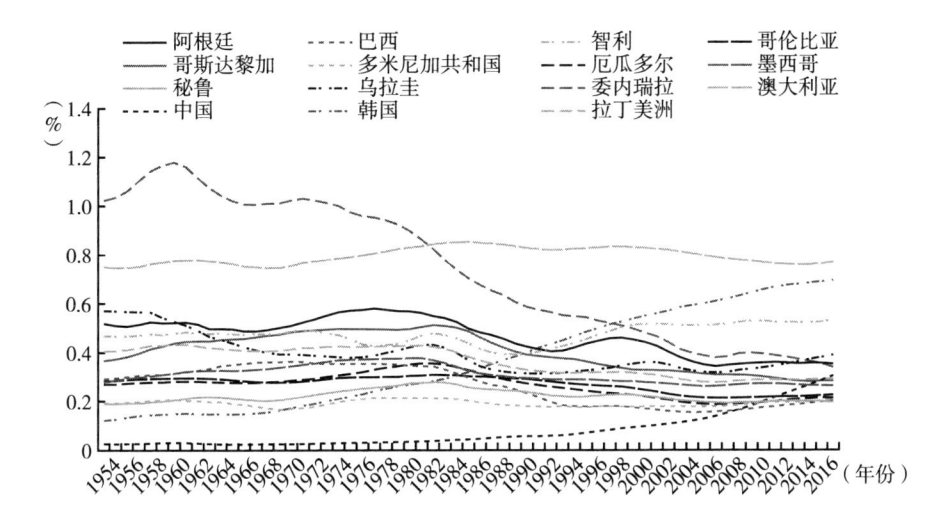

第二章 拉丁美洲和加勒比地区的宏观经济前景

图 2-16 拉丁美洲国家、澳大利亚、中国和韩国的劳动生产率
（占美国劳动生产率的比重，五年移动平均值，PPP）

注："拉丁美洲"是指阿根廷、巴西、智利、哥伦比亚、哥斯达黎加、多米尼加共和国、厄瓜多尔、墨西哥、秘鲁、乌拉圭和委内瑞拉等国的一个简单平均；"PPP"是指购买力平价。
资料来源：OECD/CAF/ECLAC 根据"世界大型企业联合会"（2016），*The Conference Board Total Economy Database*^{TM}，5 月。

降挫伤了投资者进一步增加投资的积极性，特别是在能源和矿业部门。增长放缓也减少了其他部门的投资积极性。与此同时，财政紧缩使得投资成本总体较高，而货币贬值增加了进口资本的成本。这可以部分解释为需求疲软和产能过剩使得企业几乎失去了投资积极性，再加上政府为了应对日益恶化的公共财政状况而对公众投资的削减（Ollivaud, Guillemette and Turner, 2016）。

拉美地区潜在增长放缓的前景也要归咎于全要素生产率（TFP）长期存在的不足。事实上，过去 10 年拉丁美洲与亚洲新兴经济体之间的增长差距很大程度上要归因于拉丁美洲新兴经济体全要素生产率的增长过低。拉丁美洲健全的宏观经济管理还没有跟上重大的结构性变革。一个有效的分配保证要素应该用于能够获得高回报的地方，但几乎很少实现，尤其是在发展中国家。在工业方面，拉丁美洲的全要素生产率离差要大于发达国家（Hsieh and Klenow, 2010）。该地区要解决供给侧瓶颈,将资源从生产率低的部门向生产率高的部门转移,提升行业内和行业间的活跃性。减少资源分配不当能产生巨大的收益。对拉丁美洲的估计表明,纠正在工业内工厂之间的要素错配,能够将全要素生产率的增量提高到45%至127%,具体情况根据国家而定(Busso,Madrigal and Pagés, 2013)。其他因素也会影响拉美地区的潜在增长。法律会提高聘用正式员工的成本、造成信贷障碍、提高信贷成本,(特别是长期内)制约中小企业的成长(OECD/ECLAC, 2012)。同样,也要提到,技能和创新水平低下,也会损害效率。

专栏2.3 测算拉美潜在的产出增长

不同的估计方法都实证性地确认了拉美地区潜在产出增长的下降。专栏2.3使用两种广为接受的方法:真实经济周期模型和生产基本函数,分别对拉美地区进行独创性的检验。

真实经济周期模型

产出趋势根据一个小型开放经济中的真实经济周期(RBC)模型,沿用Alvarez-Parra、Brandao-Marques和Toledo(2013)的方法来进行预测。这个模型整合了Aguiar和Gopinath(2007)与Garcia-Cicco、Pancrazi和Uribe(2010)等提到的随机趋势。

模型中有分别生产耐用商品和非耐用商品的两大部门。每一个部门都有一个生产函数:$Y_t = A_t K_t^a (\Gamma_t L_t)^{1-a}$,其中 $0 < a < 1$,K_t 和 L_t 分别是资本和劳动产出。变量 A_t 和 Γ_t 分别代表短暂的生产率冲击和随机趋势。而后者由一个非稳定的过程所确定:$\Gamma_t = \log \Gamma_{t-1} + g_t$,其中 g_t 是随机趋势增长率。我们假定 g_t 的演变遵循以下自回归过程:$g_t = (1 - \rho_g) \mu_g + \rho_g g_{t-1} + \varepsilon_t$,其中 μ_g 是平均趋势增长率,ε_t 是一个独立同分布的冲击,服从均值为0,标准差为 σ_g 的正态分布。短暂的生产性冲击 A_t 的特征由以下一个自回归过程来决定:$\log A_t = \rho \log A_{t-1} + v_t$。

随机趋势 Γ_t 对两个部门都一样,但是每个部门都有它自己的短暂的生产力冲击(A_{td} 和 A_{tn})。这个冲击由下列6个参数来决定:ρ_n、ρ_d、ρ_g、σ_n、σ_g 和 μ_g。前面几个参数由贝叶斯方法进行评估,μ_g 用来校准匹配每个国家GDP季度增长率的平均观测值。我们使用6个拉美国家(阿根廷、巴西、智利、哥伦比亚、墨西哥和秘鲁)GDP、总消费和净出口/GDP的季度性数据。

作为该模式的一个关键特征,各国在国际金融市场上都有借款溢价。利率所包含

第二章 拉丁美洲和加勒比地区的宏观经济前景

的国家风险构成，取决于经济的周期性状态，这点类似 Neumeyer 和 Perri（2005）的研究。用一个单一参数来定义利率对产出缺口改变的弹性。产出缺口由6个生产性参数来评估。模型中的剩余参数根据 Alvarez-Parra、Brandao-Marques 和 Toledo（2013）的方法来设定，在每个经济体中都一样。

每个国家的趋势 Γ_t（对数）和增长率 g_t 以及他们的移动平均都一一列出（见图2-17）。利用 Kalman 滤波法，在给定的被评估参数的基础上，得出隐含的生产力冲击，从而得出这些序列。

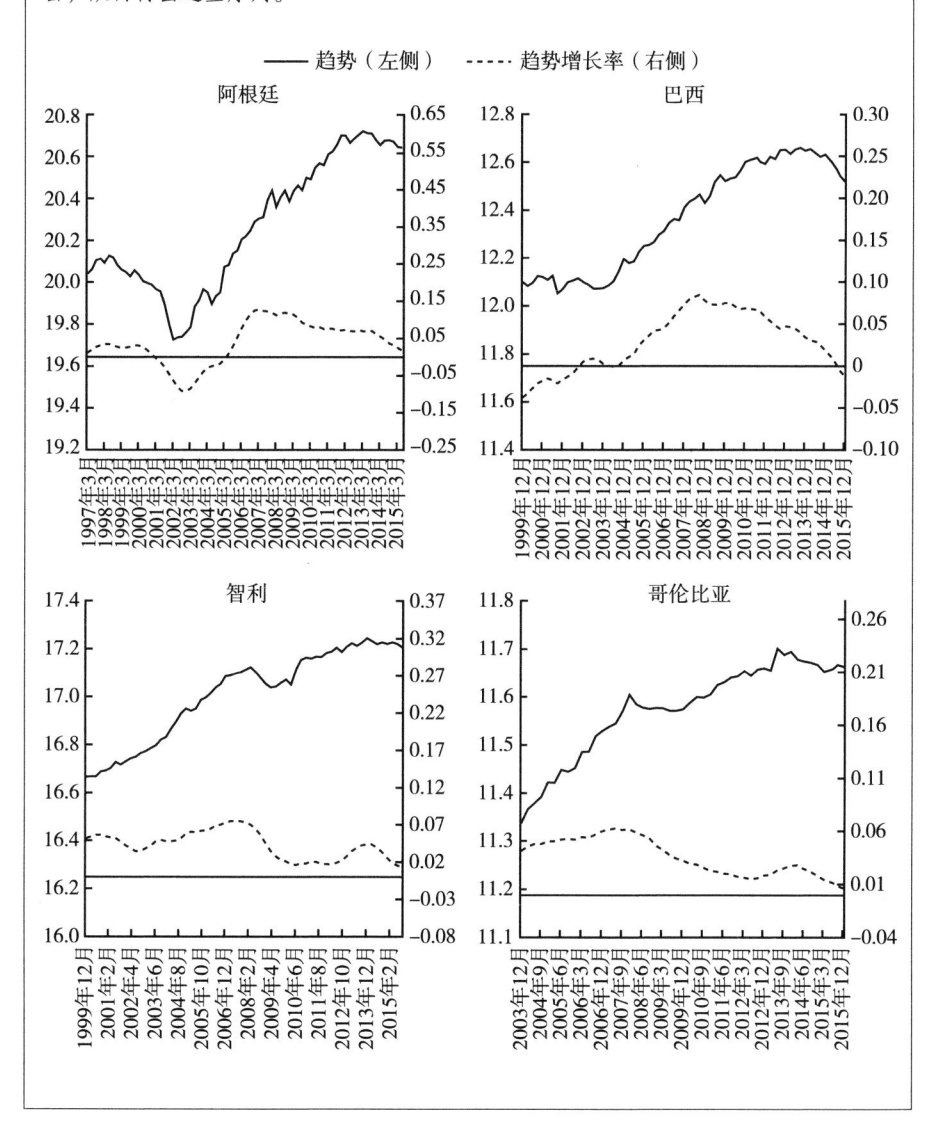

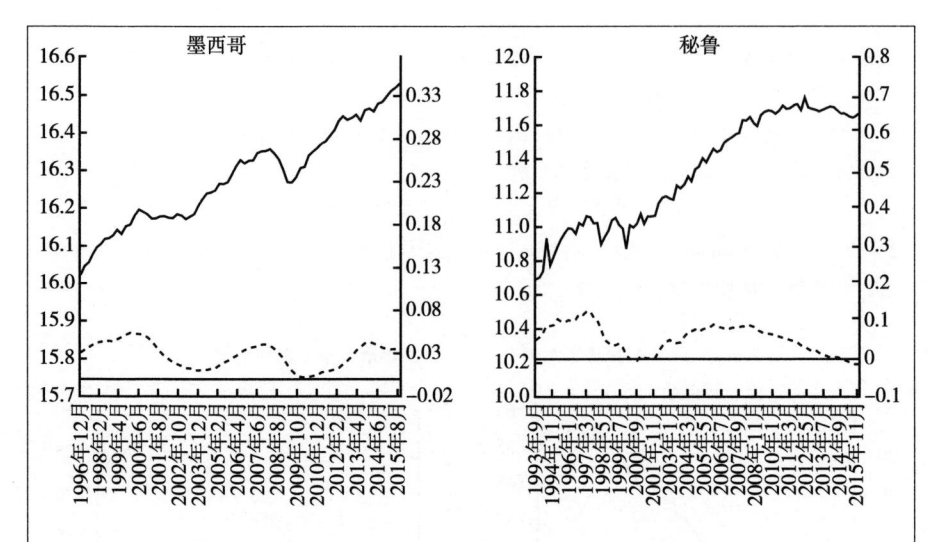

图 2-17　选定的拉丁美洲经济体真实经济周期模型中的 GDP 趋势和 GDP 趋势增长率（对数形式）

资料来源：OECD/CAF/ECLAC。

生产基本函数

这种方法是基于一个整合了资本和劳动力存量的生产函数，并根据 Jorgenson and Khuong（2010）的建议，一并纠正了资本和劳动力的质量。效果表明，平均而言，经济放缓开始于 2013 年，与资本存量下降有相关性，反过来，也反映了投资率的下降。同样，GDP 趋势下降暴露出生产率增长中的主要问题。我们也观察到，南美洲经济体和中美洲经济体、墨西哥之间存在着不同的轨迹（见图 2-18）。

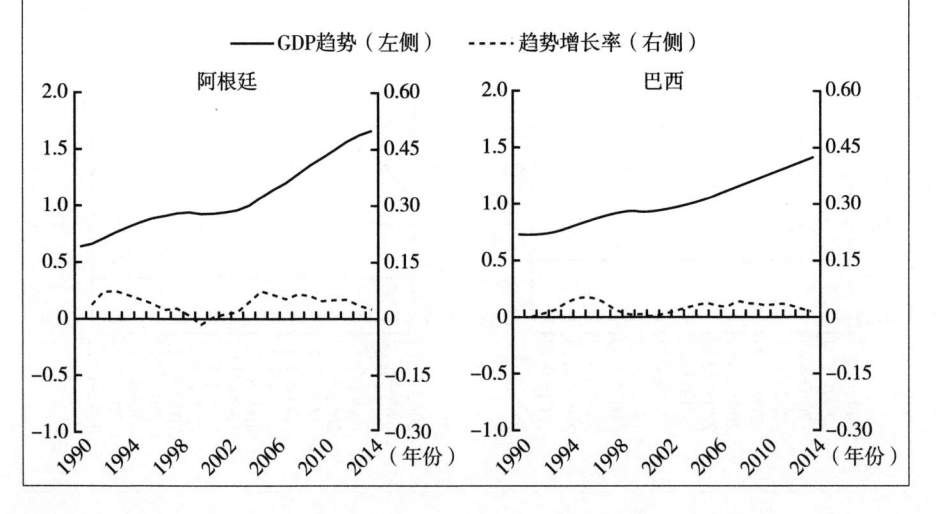

图2-18 选定的拉美国家生产基本函数的GDP趋势

资料来源：OECD/CAF/ECLAC。

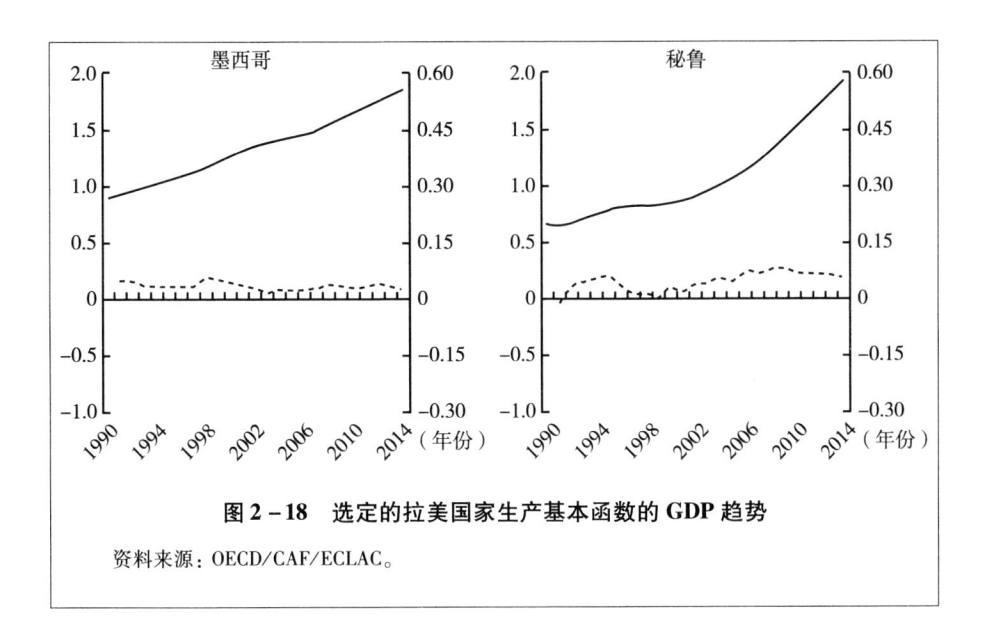

中等收入陷阱：威胁拉美地区

中等收入陷阱（MIT）是拉美经济潜在的、具有挑战性的情境。这种现象是指许多国家人均收入达到中等水平后，经历了经济增长长期放缓的过程。在这一情境中，一些国家的经济在早期快速增长，之后陷入持续的停滞（Eichengreen, Park and Shin, 2011; Felipe, Abdon and Kumar, 2012; Zhuang, Vandenberg and Huang, 2012; Aiyar et al., 2013; OECD, 2013a）。低收入国家的经济增长主要是通过将劳动力从生产率低的向生产率高的经济活动和行业进行重新分配来实现的。然而，到达中等收入水平通常需要经济增长的新引擎，即资本和技术密集型的制造业和服务业（Kharas and Kohli, 2011）。经济体实现成功转型的必要条件包括大量的熟练劳动力、有利可图的投资率、发达的国家创新体系、有利于创业的宏观经济和制度环境。即使这些基础达到了，它们也可能要努力协调所有要素来达成生产多样化的目标。

中等收入陷阱可归结为一国无力完成向创新和知识密集型生产的结构性变革。更为强大的技术能力奠定了长期的生产力和经济增长的基础，从而为面向高价值经济活动进行基础广泛的结构性变革而铺平道路。反过来，技术能力是在国家和全球特定的历史背景下，企业和社会两个层面的能力在同一时间点和跨时间点上相互作用的函数（Paus，2014）。

到目前为止，正如 OECD/CAF/ECLAC（2015）沿用 Felipe、Abdon 和 Kumar（2012）的方法得出的结论，拉美地区只有智利和乌拉圭成功逃脱了中等收入陷阱。而其他经济体则仍然深受中等收入陷阱影响，其中许多国家一直处于经常的、明显的人均收入停滞的状态，尤其是 20 世纪 80 年代以来。中等收入陷阱在拉丁美洲的盛行，要归咎到法治缺陷、寻租行为以及生产结构不够集中于知识密集型活动。

2006~2016 年，拉丁美洲经济体人均 GDP 的平均增长率为 2.5%。如果继续保持这个速度，那么拉美地区在接下来的 40 年里还要留在中等收入陷阱中，此前已经耗费了近 70 年的光阴。然而，这个平均值掩盖了各国之间的显著差异：像阿根廷、哥斯达黎加或巴拿马等经济体应该在 21 世纪 20 年代初期就逃脱陷阱，而萨尔瓦多、洪都拉斯或尼加拉瓜可能还要再等上 10 年。相比之下，在类似的假设下，中国在 2016 年可望成为一个高收入国家（在达到中等收入范围后的 25 年）。在另一种经济增长情境更为乐观的替代方案中，假设人均 GDP 年均增长保持大宗商品繁荣时期（2006~2008 年）的 3.4%，拉美还要耗费大约 20 年的时间来逃离中等收入陷阱。

虚弱的宏观经济将考验社会经济的进步

增长的重要性体现在它能推动人们生活的改善，但增长与人们的福利之间的关系并不总是那么直接，需要考察一系列的维度（见附录 2-A1，"超越增长：拉美地区福利的测量"）。总体而言，过去 20 年来，拉美取得的社会经济进步令人瞩目。从 1990 年到 2014 年，根据拉丁美洲和加勒比经济委员会的定义，拉美总人口中的贫困率从 48.4% 下降到 28.2%。6000 万人脱离贫困，但仍有 1.68 亿人处于贫困线以下［贫困和赤贫的衡量方法，见 ECLAC（2010）中的方法］。2014 年，赤贫率已经下降到 11.8%，2500 万人脱离赤贫，但仍有 7000 万人生活在极度贫困之中（ECLAC，2016a）。同

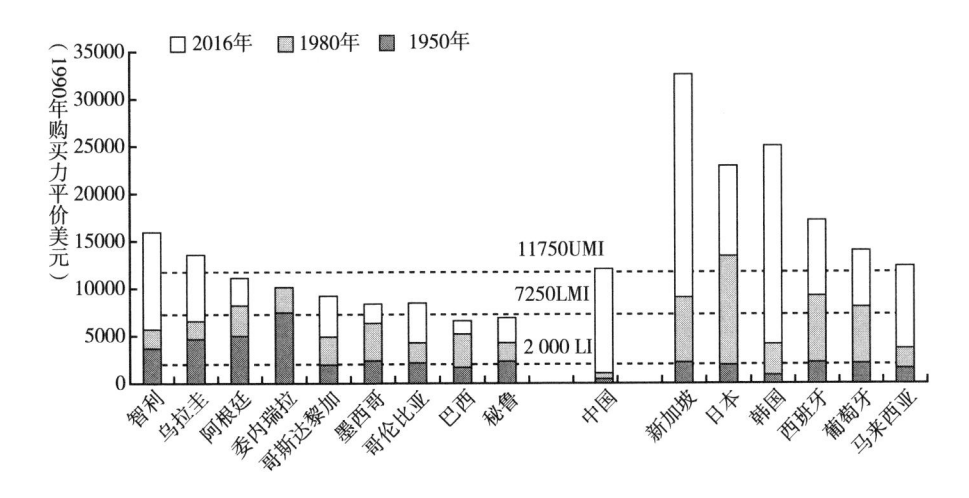

图 2-19 拉美、亚洲和 OECD 选定国家的人均 GDP

注：LI = 低收入；LMI = 中等偏下收入；UMI = 中等偏上收入。
资料来源：OECD/CAF/ECLAC 根据 Felipe, Abdon and Kumar（2012）提出的方法计算得出；数据来自 International Monetary Fund（2016），*World Economic Outlook* database, www.imf.org/external/pubs/ft/weo/2016/01/weodata/index.aspx; Bolt and van Zanden（2014），"The Maddison Project: Collaborative Research on Historical National Accounts"。

样，拉美地区的不平等也下降了，2010年基尼系数降至0.49以下，自2002年以来每年减少0.1个点。

在劳动力市场趋紧和需求政策空间受限的环境下，虚弱的宏观经济背景正考验着社会经济的进步。2015年的预测显示，拉美面临着经济萎缩和通货膨胀率上升从而导致贫困率和赤贫率上升的挑战。2016年拉美经济继续衰退，预计情况类似。2015年，大约有700万拉美人陷入贫困，将该地区的总体贫困率从2014年的28.2%推高到29.2%（1.75亿贫困人口），2015年新增赤贫人口超过500万。这是自20世纪80年代末以来贫困率最大的上升幅度。更重要的是，这反映出社会韧性的倒退，从拉美过去20多年的社会指标中可见一斑（贫困率在21世纪初的经济放缓和金融危机期间都没有上升，见图2-20）。同时，除哥伦比亚、厄瓜多尔和乌拉圭等几个经济体之外，拉美的收入不平等自2010年以来下降速度较慢（Gasparini, Cruces and Tornarrolli, 2016）。这个"减速的预言"要归咎于促进进步的要素预期影响力减弱：现金转移支付项目和提高最低工资进展不力，失业率和中低收入家庭的生育率下降变慢。

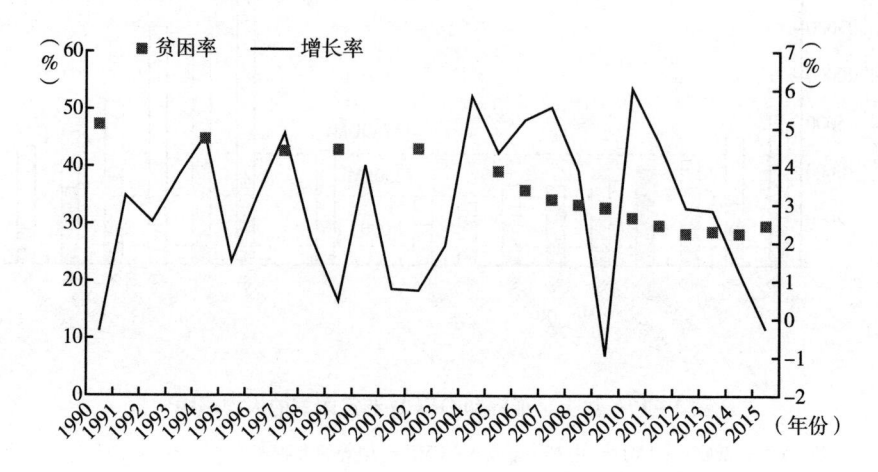

图 2-20 拉美地区的 GDP 增长率和贫困率

注：贫困率根据 ECLAC 针对拉美和年均 GDP 增长率的定义。
资料来源：OECD/CAF/ECLAC，根据 ECLAC（贫困）和 CEPALSTAT（GDP）的有关数据。

这一情境也将考验过去 10 年中拉美涌现出的中产阶级及其生活水平的稳健性（初次出现在《拉丁美洲经济展望 2011》中，OECD，2010）。日均收入在 10~50 美元（2005 年的购买力平价）的拉美人被认为是"稳固的中产阶级"——占总人口的比重在 2014 年达到了 35%，比 2001 年的 21% 有显著的提高（World Bank，2016）。同样，每天生活费在 4~10 美元（2005 年的购买力平价）的拉美人——所谓的"脆弱人群"——占总人口的比重从 2000 年稳步上升，到 2014 年已经达到 39% 的峰值（见图 2-21）。其余 23% 的人口在 2014 年每天生活费为 4 美元（2005 年的购买力平价），即低于温和贫困线。

脆弱人群和稳固的中产阶级的涌现，得益于充满活力的经济增长、蓬勃发展的劳动力市场和扩大的公共转移支付，但这些条件已不复存在。强劲的宏观经济增长和较高的商品价格提供足够的财政空间，增加向那些生活在分配最底层的人群的社会转移支付，有效地提高他们的收入层次。同一时期，

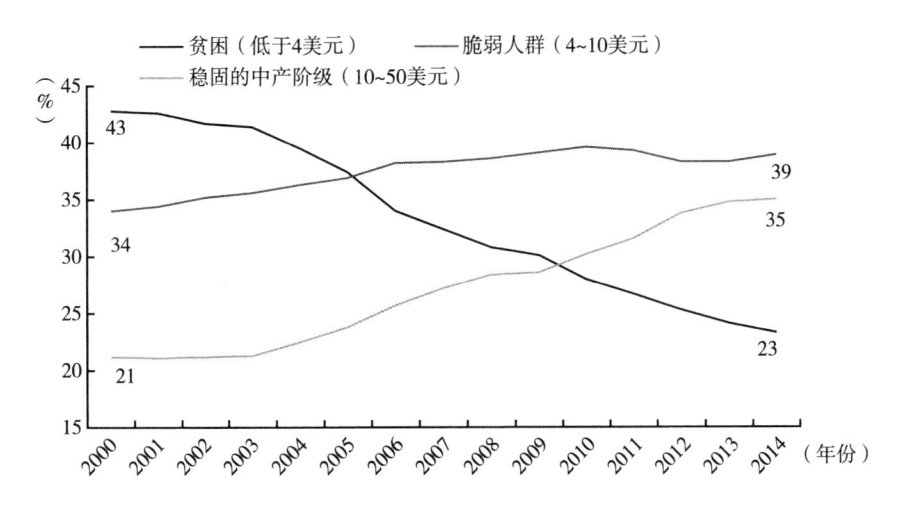

图2-21 拉美人口的社会经济分群（占总人口的比重）

注：2010年和2013年无可用数据。

资料来源：OECD和世界银行（2016）LAC Equity Lab的SEDLAC表（CEDLAS和World Bank）和世界发展指标。

每天收入在10美元以下的人们小时工资年增长3.9%~6.0%，帮助许多拉美人摆脱了贫困。但对于部分人口，这点进步还不足以进入到稳固的中产阶级行列。在目前的经济环境下，拉美的2500万~3000万脆弱人口可能会重新陷入贫困（UNDP, 2016）。

与这些社会经济的进步相关联，大宗商品繁荣期间升上来的正规率（以向社会保障缴费的工人数来衡量）可能面临当前经济环境的威胁。2003~2013年，拉美地区的平均非正规率下降了7个百分点，2013年为53.8%。然而，非正规率高企仍然是该地区的特色，尽管在各个国家情况有所差异（Bosch, Melguizo and Pagés, 2013）。2013年，像洪都拉斯、尼加拉瓜、危地马拉或者秘鲁这些经济体的非正规率仍然相对很高，超过了80%。相反，智利、哥斯达黎加和乌拉圭的非正规率低于40%。

生产力—包容性关系的相关性

有越来越多的证据表明，生产力和平等之间互为因果关系。在OECD经济体中，从生产力和包容性的角度来看，政策设定与生产法规、金融与劳动力市场、创新与技能政策，这几对关系都没有达到最优效果（OECD，2016c）。

特别是，有充足的经验证据指出，人力资本是个人收入和国家总生产率增长的关键因素。人口中的技能分配不均与工资高度不平等呈正相关性。因此，解决拉丁美洲的生产力和不平等的问题不可一勺烩。拉美地区在获得高质量教育、医疗、技术和正规工作方面的不平等，对本地区的不平等和生产力低下难辞其咎，因此，解决这些环节至关重要（参见 OECD/CAF/ECLAC 2014 年关于拉丁美洲的内容）。

拉丁美洲恢复包容性增长的政策选项

为了重新激发经济增长，拉丁美洲应将重点放在物质和人力资本投资的结构性政策上，以便提高生产力和包容性。大宗商品繁荣和短期资本流入并没有增加拉美地区的潜在产出（OECD/CAF/ECLAC, 2014）。必须进行结构性改革，以提高生产率，减少不平等，全面提高潜在产出。例如，以提高产品的市场调节和增加知识资本（KBC）投资为目标的改革可以显著提高竞争，激发生产力的增长和潜在的输出（Koske et al., 2015；ECLAC, 2015；OECD, 2013B, 2015a, 2016b, 2016d）。同样，其重点应放在激活可靠的前瞻性财政政策和投资，特别是基础设施和技能方面。

在困难时期的推动投资

拉丁美洲需要有效地保护投资项目，以解决该地区的宏观经济波动，刺激长期增长和推进社会包容性。一个结构良好且同时规定财政空间的限度、调节工具和资源的政策制度，可以扩大投资激励的影响。信贷能力是根本，私营企业应该洞察到公共投资承诺将会得到履行，政府并不会因为财务约束或者任意决定而延迟。因此，财政框架的目标是通过建设组织能力和改善法律安排来营造投资友好型的氛围（Carranza, Daude and Melguizo,

2014）。这样，公共管理的投资计划能够抑制投资率的下降，同时还能确保提高战略领域的长期竞争力和生产力，以便进行结构性变革，支撑缩小基础设施缺口的努力。投资计划可以与风险投资企业互动相结合，动员公共和私人基金资源，从战略和主权的角度为就业和增长做出贡献，促进清洁可再生能源的开发。

公共部门可以通过资本支出，在促进潜在增长和稳定总需求两个方面都发挥重要作用。来自拉丁美洲的证据（见专栏2.4）表明，财政乘数效应——财政政策对总产出的影响——能够同时促进短期和中期的增长。该效应在经济萎缩时期甚至会更加积极，尤其对税收低的经济体。因此，目标和杠杆适当的财政乘数可以帮助抵消拉美地区当前的经济减速和潜在GDP下降的趋势。不幸的是，基于财政整顿的目标，该地区大多数国家正在削减资本支出，尤其是在厄瓜多尔、玻利维亚和海地。少数几个增加支出的经济体，如智利、阿根廷和一些加勒比国家，已经通过目前的支出有所行动（见图2-22）。

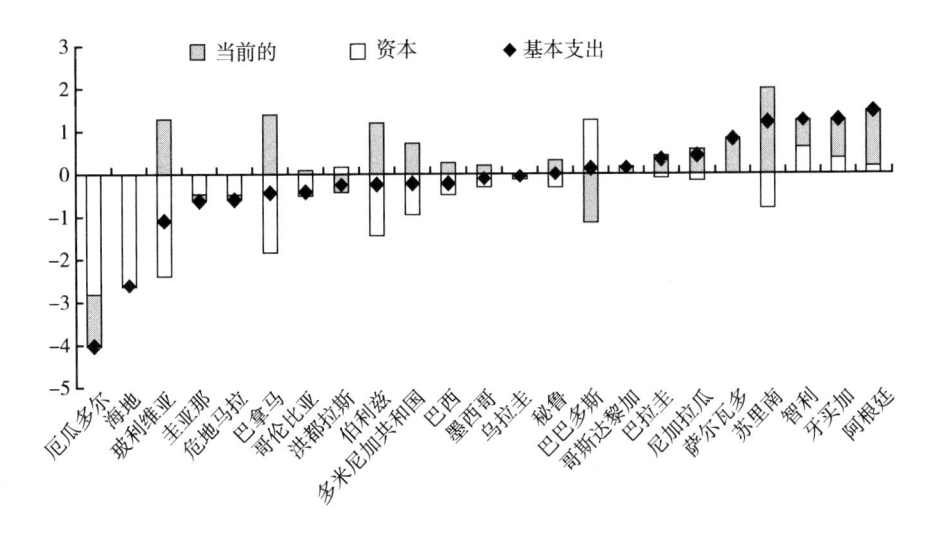

图2-22 拉美地区公共基本支出的变化（2014年、2015年比较）

资料来源：Powell, A., co-ordinator., "Time to Act: Latin America and the Caribbean Facing Strong Challenges," *2016 Latin American and Caribbean Macroeconomic Report*。

专栏 2.4　财政政策选项：财政乘数的角色

　　财政政策可以通过不同的渠道影响经济的表现，包括通过产出和收入乘数。按照传统定义，乘数是由于支出增加或税收改变而导致的产量和收入增加的贡献。全球金融危机（2007~2009 年）重新开启了有关扩张性财政政策有效性的争论，即它能否有效地减轻产出和就业方面的负面影响，更准确地说，就是铺平复苏之路。国际货币基金组织（IMF）支持一个"及时的、庞大的、持久的、多元化的、酌情的、集合的以及可持续的"占全世界 GDP 的 2% 的财政刺激一揽子方案（Spilimbergo et al.，2008）；OECD 也持类似的观点。关于财政乘数重要性的观点随着时间的推移而改变（Blanchard and Leigh, 2013）。最新的研究表明，它可以是一个促进短期和长期增长的强大工具（Riera-Crichton, Vegh and Vuletin, 2015a；Riera-Crichton, Vegh and Vuletin, 2015b）。拉美国家应该检验财政政策水平如何才能通过乘数效应而充当有效的反周期工具。

　　对拉丁美洲财政乘数的文献梳理显示，各国间的支出乘数差异很大。这反映出使用方法的不同，以及财政乘数的规模取决于开放程度、汇率、公共债务水平和财政政策类型等因素。同样，商业周期状态和潜在的"非线性"（政府支出的初始水平和税收对财政政策的影响）也可能会在不同的评估中起到一定的作用。Riera-Crichton、Vegh 和 Vuletin（2015a）对 20 世纪 90 年代中期到 2014 年之间拉美 16 个国家的评估，显示拉美地区层面的公共支出乘数在长期内（两年以后）是 1.5（见图 2-23）。

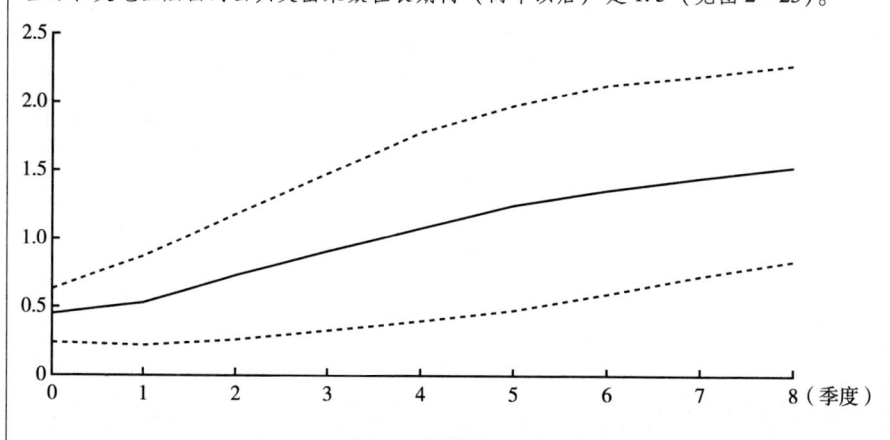

图 2-23　拉美地区层面的公共支出乘数

资料来源：Riera-Crichton, Vegh and Vuletin（2015a），*Fiscal Multipliers in Latin America*，ECLAC。

　　16 个经济体的财政乘数行为存在相当大的差异性。阿根廷的影响乘数为中性，但一年后上升到 1.5，而长期内（两年后）的系数稳定在 2 左右；然而这一系列乘数

第二章 拉丁美洲和加勒比地区的宏观经济前景

的干扰性很大,在95%的置信度下不能拒绝一个中性的乘数。巴西经济的影响乘数在0.7左右徘徊,半年以后很快跃升到1.1,之后长期稳定在2左右。与此同时,智利的影响乘数为0.5,像巴西一样,半年后迅速跃升到1.1。智利长期乘数要高于阿根廷和巴西,达到3.1。哥伦比亚的影响乘数为2,墨西哥为4,这两个经济体的长期乘数的效果非常大(5左右),该系列乘数的干扰比上述国家的评估值要小(Riera-Crichton, Vegh and Vuletin, 2015a)。

Riera-Crichton、Vegh 和 Vuletin(2015b)指出了区分不同商业周期阶段的财政政策影响的重要性。拉美经济体财政政策效果接近于工业化国家,在坏的时期比好的时期更有效率。Riera-Crichton、Vegh 和 Vuletin(2015a)显示,平均而言,萎缩时期的拉美国家政府支出每增加(减少)1美元,会导致产出在统计上显著增加(或减少)80美分。另外,经济扩张阶段的效果大概只有一半的规模(40美分),在统计上也不显著。而发达国家的预测乘数在长期内倾向于保持中性,拉美地区的乘数是正向的,在两年以后保持显著性。与此类似,Riera-Crichton、Vegh 和 Vuletin(2015b)发现在萎缩期内增加政府支出将会刺激产出(1美元的政府支出将会在两年后增加大约1.25美元的产出),而在经济扩张期内增加政府开支根本没有效果。

此外,Riera-Crichton、Vegh 和 Vuletin(2015b)还表示:在坏的时期,国家会缩减政府支出(即顺周期财政政策),而非增加政府支出(反周期财政政策)。图2-24表明,由于样本国家在增加或者减少政府支出之间出现分歧,在经济萎缩期内,产出对于增加政府支出(反周期政策)的反应会更强烈。实际上,我们观测到两年以后的乘数为2(政府支出1美元会带来总产出增加2美元)。

综合来说,这些效果表明,一方面,经济健全的国家(即没有其他约束力限制,如智利)可以通过增加公共支出来抗击任何即将到来的衰退。另一方面,最近的一些研究表明,没有财政空间的国家(即债务占GDP的比重高)可能无法从这种反周期财政政策中得到任何收益。特别是,Huidrom、Kose 和 Ohnsorge(2016)表明,债务

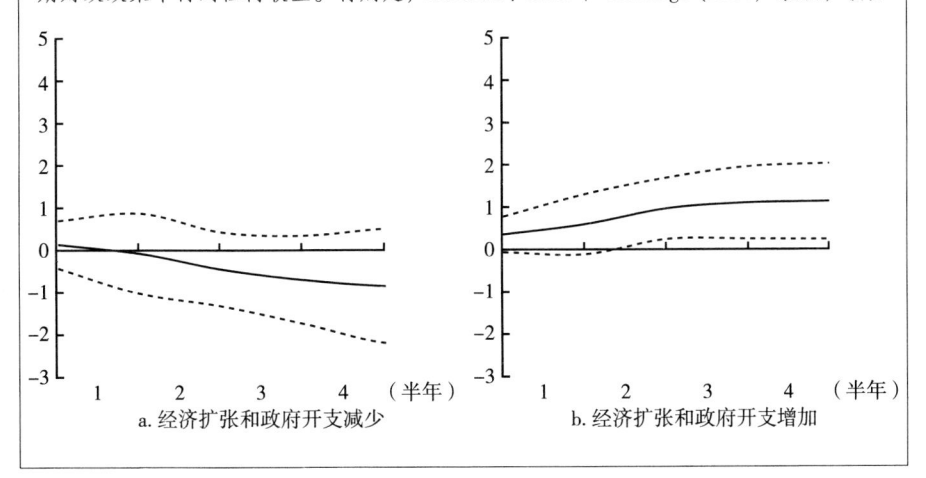

a. 经济扩张和政府开支减少

b. 经济扩张和政府开支增加

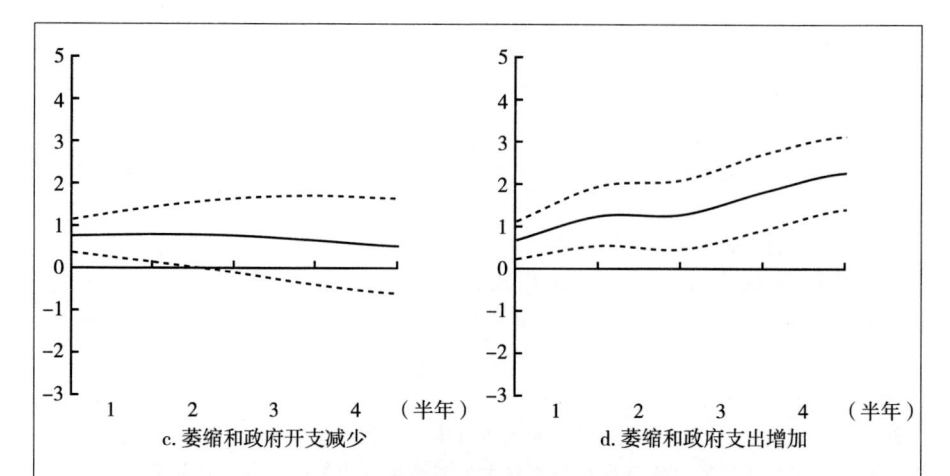

c.萎缩和政府开支减少　　　　　　　　d.萎缩和政府支出增加

图 2-24　拉美公共支出乘数和商业周期（经济扩张或者萎缩，政府支出的减少或者增加）

注：破折线代表90%的置信区间。
资料来源：Riera-Crichton, Vegh and Vuletin (2015b)。

占 GDP 比重高的国家的乘数比那些比率低的国家要小得多。

这些效果也表明，没有财政空间的国家在尝试任何反周期的支出措施之前，应该优先采用财政整顿一揽子方案——加税，削减开支或双管齐下。选择特定的组合将财政整顿对产出的负面影响减至最低至关重要。Gunter et al. 等人（2016）的研究表明，平均而言，以提高增值税率为基础的财政整顿，会产生一个相当大的负乘数（-1.5），1年之后会上升到-2。此外，政策制定者可能还需要认真考虑增值税率的初始水平（这可能被视为税收扭曲的一初始水平指标），因为增值税率的变化本质上对总产出会产生一个非线性影响；也就是说，一个给定的加税措施，在初始税率较高的国家的产出效应要高于初始税率低的国家。图2-25显示，初始税负低的国家（如哥斯达黎加）的产出减少（如果存在的话）会较小，而初始税负高的国家将会因为税收增加，产出会大幅度下降。

根据这些非线性的关系，国家被迫对初始税负已经很高的财政进行整顿，可能更加倾向于削减政府支出，而不是增加税收。那些依靠削减支出的国家仍然会将其对经济活动的影响降至最低。因此，了解不同类型的支出对经济绩效的产出影响，应当有助于选择如何削减支出。当使用年度数据，将财政总支出分解为消费性支出和投资性支出时，图2-26显示这两种类型的支出乘数差异较大。一般来说，投资乘数要大大高于消费乘数。从影响上看，政府消费性支出每增加（减少）1美元，产出将增加（减少）0.7美元。对于公共投资，影响乘数接近于1。两年以后，投资乘数将徘徊在2左右，而消费乘数将徘徊在1.3左右。同样，Izquierdo、Riera-Crichton 和 Vuletin

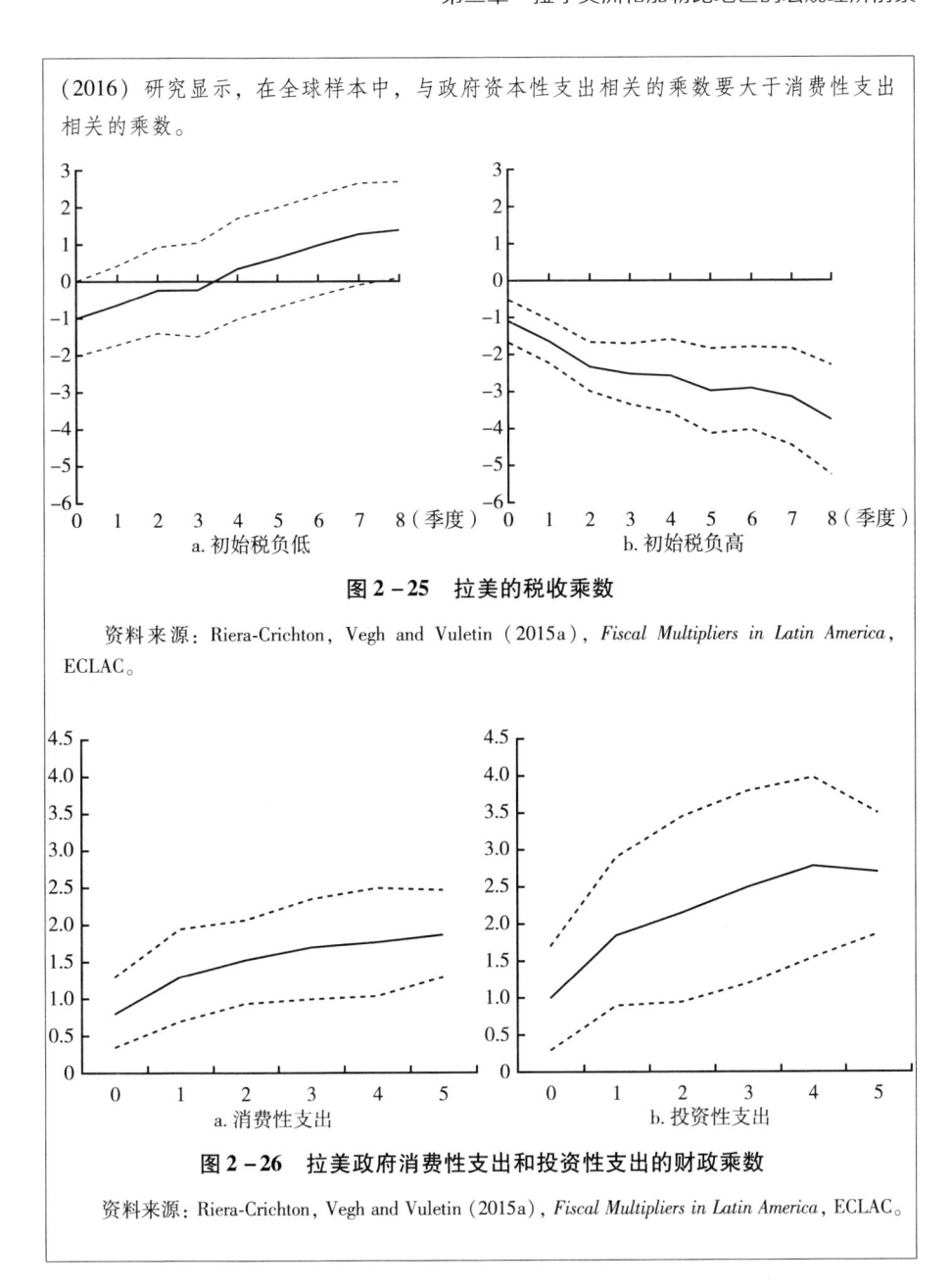

(2016)研究显示,在全球样本中,与政府资本性支出相关的乘数要大于消费性支出相关的乘数。

图 2-25　拉美的税收乘数

资料来源:Riera-Crichton, Vegh and Vuletin (2015a), *Fiscal Multipliers in Latin America*, ECLAC。

图 2-26　拉美政府消费性支出和投资性支出的财政乘数

资料来源:Riera-Crichton, Vegh and Vuletin (2015a), *Fiscal Multipliers in Latin America*, ECLAC。

拉丁美洲国家也应该继续推进基础设施投资上的政府和社会资本合作(PPP)措施。这应该有助于短期需求,但也许更重要的是,政府和社会资本合作有助于提高生产力和潜在增长。在提高财政支出效率和关注社会政策方面，都还有相当大的空间，政府可以提供公共产品，以提高生产力，更有效地保障公平（见专栏2.5中哥伦比亚的案例）。

> **专栏2.5　哥伦比亚的第四代（4G）公路特许经营权**
>
> 交通基础设施不足是哥伦比亚经济增长的主要瓶颈。该国地面运输的数量和质量都要落后于竞争对手。根据世界经济论坛的数据，哥伦比亚的整体交通基础设施质量在140个国家中排名第110位，这与基础设施投资较少且效率低下有关。2010~2015年，哥伦比亚每年平均在道路、铁路和港口上的投资占GDP的1.3%，低于缩小交通基础设施差距的建议值3.1%（Fedesarrollo，2013）。此外，交通基础设施政策方面也存在着规划、设计和实施上的严重不足（Nieto-Parra, Olivera and Tibocha，2013）。
>
> 2011年，哥伦比亚政府制定了一个增强交通法制框架和预计吸收550亿美元投资的十年规划。这些资源将加倍扩建四车道公路网，并完善机场、铁路和港口。该规划还包括创建一个国家基础设施机构来监督PPP项目的执行，出台《基础设施法》和《PPP法案》来加强项目的承包、许可和实施。
>
> 第四代（4G）公路特许经营权是政府十年规划中的一个关键要素。哥伦比亚超过80%以上的国内货物运输依赖于公路网络。4G项目投资150亿美元，包括53个子项目，新增约8千米的公路扩展了当前的高速公路网络，将主要港口和主要城市连接起来。截至2016年6月，已有26个工程通过审批，并获得正式资助。这第一批工程预计在2016年下半年开工，剩下的27个项目将在随后两年内通过审批。根据国家规划部（DPN，2016）的数据，4G项目在2016~2017年推动GDP额外0.3%~0.7%的增长。随着方案的开展，影响将会扩大，在2018~2021年将推动GDP年均1.6%的增长。根据国家规划部的测算，新的基础设施最终将会推动0.7%的潜在增长。
>
> **表2-1　4G公路基础设施项目**
>
> | | 项目数量 | 千米 | 投资（10亿美元） |
> |---|---|---|---|
> | 第一轮 | 10 | 1.628 | 4.0 |
> | 第二轮 | 9 | 1.827 | 4.0 |
> | 第三轮 | 10 | 1.500 | 3.7 |
> | 私营参与 | 24 | 3.600 | 3.3 |
> | 合计 | 53 | 8.555 | 15.0 |
>
> 资料来源：哥伦比亚副总统办公室。

> 4G项目采用PPP方法旨在吸引私人投资基础设施,通过两个阶段来保障工程的质量和时效性。在建设阶段,4G特许经营者应满足股本(20%)和债务(80%)的总体资本要求。在经营和维护阶段,主要由收费公路的收入、特许经营领域的商业活动收入,以及政府划拨的现金流(194亿美元)来偿还债务。2018~2014年平均下来,每年的财政支出将约占GDP的0.4%。PPP方法通过吸引私人投资缓解了重要的财政约束。否则,中央政府未来7年的投资支出将从目前官方估计的占GDP的1.5%上升到占GDP的2.5%,这在必须遵守减少债务的路径的财政法则规定之下是行不通的。
>
> 通过多式联运所有者规划2015~2030年(Intermodal Transportation Master Plan 2015-2030),政府从4G项目中的获益将会得到补充和增强。该计划弥补了本地区互联互通的缺口,优先投资于覆盖12700多千米的101条三级公路(160亿美元),以及国家运输走廊的物流管理(245亿美元)。此外,它还包括机场和河道上的投资(59亿美元)。

外国直接投资(FDI)也可能是刺激包容性增长和提升创新的关键。外国直接投资可以成为技术转移和知识扩散的一个重要渠道(Andrews, Criscuolo和Gal,2015)。因此,拉丁美洲需要继续改善其商业环境,以吸引和挽留更多的外国直接投资(OECD,2015b,参见OECD外国直接投资法律约束性指数)。

增强人力资本和技能

拉丁美洲似乎陷入"恶性循环":高流动率阻碍了工人的教育和培训,导致生产力低下;反过来,劳动生产力低下与正规就业成本联系在一起,又导致了该地区高水平的非正规就业。由于流动率和非正规就业率居高不下,大多数工人在为找到一份适合于自己技能和培训的工作而忍受一段时间的失业时缺乏支持,从而导致工作匹配的无效率。这些无效的匹配反过来倾向于迅速辞职,产生高流转率,最终陷入恶性循环(Alaimo et al.,2016)。

拉丁美洲的技能供给和需求之间的差距最大,这增加了劳动的非正规性:正规经济中50%的公司在努力寻找训练有素的劳动力,相比之下,全球各国的平均水平为36%,OECD国家的平均水平为15%(Manpower

Group，2015）。拉美汽车与机械行业的情况最为普遍和复杂，要找到所需的技能的难度最大，尽管这些部门可以支持该地区的结构性变革以及向知识密集型和技术密集型的发展模式转变。为了解决拉美地区稳定性、非正规性和生产力低下等问题，该地区需要投资人力资本和技能。这将对增长和公平产生重大影响。

拉丁美洲超过一半的劳动力，包括"新兴中产阶级"或"中间部门"，在非正规部门工作。这使得他们在经济增长放缓与疾病、年老等风险所导致的收入下降和失业面前特别脆弱（Melguizo，2015）。事实上，一些证据表明，在同等的工作和相同的教育水平等前提下，非正规经济中工人的报酬要低于正规经济的工人。

除了低技能工人在要求基本技能的工作中占比重高之外，教育回报也一直在下降。短期内，拉美地区必须为改善教育项目和职业教育培训进行投资。为了实现这些目标，公私部门的合作至关重要，这在本书中已经言明。

激活完善的财政政策

一个结合税收、债务和重新配置支出的"明智的财政调整"框架应该就位。这一框架将改善财政状况，同时促进实物和人力资本投资。这些行动取决于各国的初始状况和债务稳定的需求（见图2-27和专栏2.6）。

阿根廷、巴西以及特立尼达和多巴哥的债务和税收相对较高；重新调整支出的配置今后必须转向资本方面。大多数中美洲国家——尤其是哥斯达黎加（OECD，2016e），也包括哥伦比亚（OECD，2015d）和秘鲁（OECD，2015f）——的调整应该结合某些类型的结构性税制改革。秘鲁和其他安第斯经济体（玻利维亚、智利）通过提高公共债务的能力以保持或者增加投资。最后，在智利和墨西哥（OECD，2015d，2015e），税费改革对征税的全部影响预计在未来几年内会显现出来。与此同时，债务比率对税率调整的敏感度很高。例如，在委内瑞拉，2015年汇率制度的几个方面都进行了重大调整，公共部门的综合债务已超过GDP的70%，这已经是相当之高。

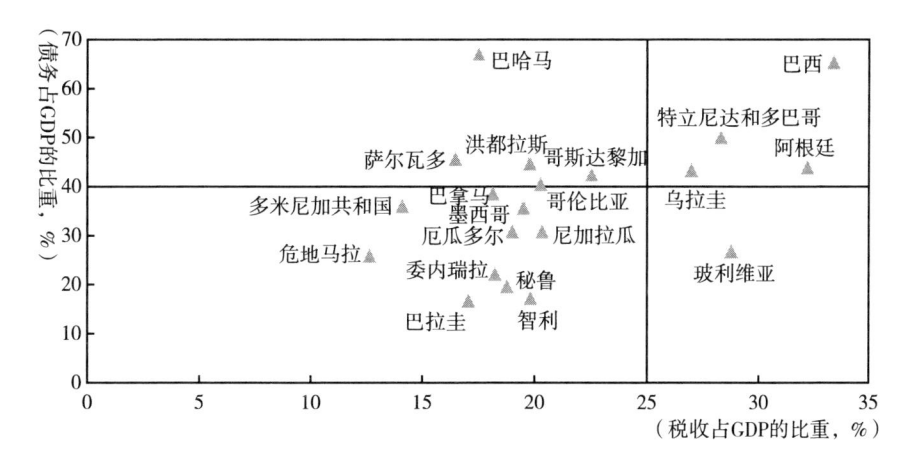

第二章　拉丁美洲和加勒比地区的宏观经济前景

图2-27　2014年选定拉美地区国家的税收和债务（占GDP的比重）

资料来源：OECD/CAF/ECLAC based on ECLAC (2016b), *Fiscal Panorama of Latin America and the Caribbean 2016: Public Finances and the Challenge of Reconciling Austerity with Growth and Equality*; OECD/ECLAC/CIAT/IDB (2016), *Revenue Statistics in Latin America and the Caribbean*。

专栏2.6　拉美的公共债务在不同情境下的演变

公共账户的偿付能力受到长期赤字的持续威胁，这种赤字不是孤立的。总体而言，公共债务变动可以使用下列表达式：

$$\Delta d_t = -sp_t + \frac{(r-n)}{(1+n)}d_{t-1} + sf_t \tag{1}$$

到2025年的建设方案显示公共债务处在一个明显的上升通道中；表2-2总结了初始条件。假设汇率或其他估值效应为零位变化（$sf=0$），公共债务每年将增加GDP的3%，隐含利率为5.5%，增长趋势为3.5%，基本赤字为GDP的1%（见方程式1）。这些平均值和情境掩盖了广泛的差异性：一些国家在大宗商品繁荣阶段巩固了稳定基金，在经济下滑时其功能能得到发挥，因而一直保持非常稳定的财政状况。

在当前的参数下，未来10年内，拉美地区中央政府的公共债务平均可能会达到GDP的54.8%（见图2-28）。虽然这种情况并不是空前的，但有关测算说明，如果想控制债务水平，则需要纠正这种发展轨道。财政收支调整1个点，将打破债务的螺旋式上升；调整2个点，债务/GDP的比率将会转向下行轨道。

缩小差距的不同路径，将会产生迥然不同的后果。例如，减少直接公共投资上的支出，必然会降低潜在的GDP，从而使得调整不够充分，导致债务上升和经济增长乏力。这是典型的"弄巧成拙的紧缩"，即财政调整恶化了宏观经济条件，增加了公共

067

表2-2 公共债务情境中的初始变量

单位：%

	潜在GDP的增长率*	隐含实际利率**	基本财政结余/GDP	公共债务/GDP
			可用的最近数据	2015年
拉丁美洲	3.5	5.5	-1.0	35.9
阿根廷	3.7	4.7	-1.1	53.3
玻利维亚（多民族国家）	6	3.0	-3.3	27.1
巴西	3	12.5	-2.0	66.5
智利	3	4.5	-1.5	17.5
哥伦比亚	3.7	6.4	-0.4	43.9
哥斯达黎加	4	7.3	-3.1	42.4
多米尼加共和国	5.6	7.9	0.5	36
厄瓜多尔	5	6.0	-1.9	31
萨尔瓦多	2	5.6	1.3	45.2
危地马拉	4	6.5	0.1	24.4
海地	3	0.6	0.3	35.9
洪都拉斯	5	6.1	-0.6	44.2
墨西哥	4	5.4	-1.3	35.5
尼加拉瓜	4	3.1	0.3	31.4
巴拿马	6	4.6	-2.4	38.4
巴拉圭	6	3.8	-1.1	16.6
秘鲁	5.8	5.7	-1.9	19.5
乌拉圭	2.8	5.7	-0.5	46

注：*拉美经委会估计的潜在增长，来源于ECLAC（2015），与本书的前面几节中列举的潜在GDP的数据有出入，但都取自ECLAC（2015）；**隐含实际利率的定义为利息支出（从GDP中分离出）与前期公共债务（从GDP中分离出）的比率。

资料来源：ECLAC（2015），*Economic Survey of Latin America and the Caribbean 2015: Challenges in Boosting the Investment Cycle to Reinvigorate Growth*。

债务。同样，减少开支本身会削弱税收，从而扩大本应缩小的差距。财政紧缩只会遏制公共资本支出，从而导致本该着手解决的状况面临进一步恶化的风险。

在目前的情况下，增长似乎还没有足够强劲到能够弥补现有的差距。此外，提高基准利率预示着融资成本低廉的时代已经结束。这些困境导致拉美地区必须加倍努力缩小公共赤字，包括通过广泛的举措来削减开支和增加收入，这些在最近的出版物中皆已提到。

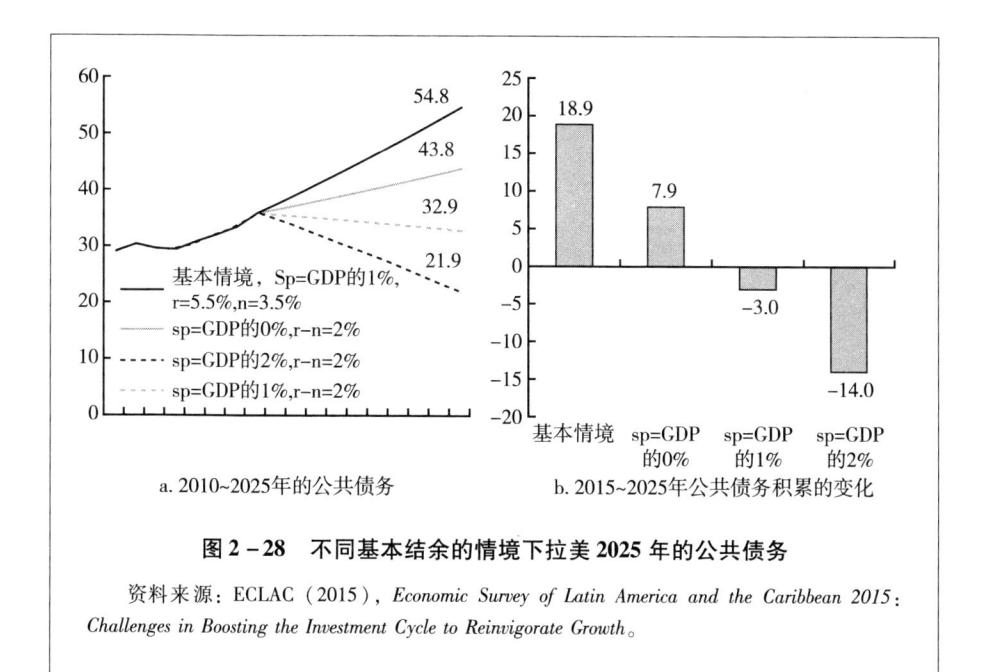

图 2-28　不同基本结余的情境下拉美 2025 年的公共债务

资料来源：ECLAC（2015），*Economic Survey of Latin America and the Caribbean 2015：Challenges in Boosting the Investment Cycle to Reinvigorate Growth*。

结　论

2016 年，拉丁美洲经济增长幅度预计将再度令人失望。该地区的增长率将介于 -1% ~ -0.5% 之间（相比较，2014 年是 1.2%，2015 年是 -0.4%），2017 年将温和地复苏。这种疲弱的表现离不开外部因素的推波助澜，包括商品价格走低（主要是因为全球经济放缓），以及外部融资成本上升和资金流入的前景越发受到限制。国家之间的增长水平差异很大，部分归因于不同的经济管理战略。不过，预测显示，拉美增长快于 OECD 国家平均水平的这十年已经要画上句号。

结构性改革必须落实到推动潜在产出和包容性方面。与 OECD 国家和其他新兴经济体相比，拉美地区的生产率增长仍然比较平庸。尽管最近有所改善，但拉丁美洲仍然是世界最不平等地区。大宗商品繁荣和短期资本巨额流入并没有提高该地区的增长潜力。为增强物质和人力资本投资而进行的改革必须培育更具包容性的增长和更高的生产力。可以通过提高工人的技能，投资基础设施，区域一体化和更高程度的多样化和生产联系，来实现这一目标。

拉丁美洲正进入一个新的选举周期，2016～2018年，拉美有18个总统选举。这将是"智能调整"财政方案下的"生产包容性"改革日程的窗口机遇期。

参考文献

Aguiar, M. and G. Gopinath (2007), "Emerging market business cycles: The cycle is the trend", *Journal of Political Economy*, Vol. 115, University of Chicago Press, pp. 69-102.

Aiyar, S. et al. (2013), "Growth slowdowns and the middle-income trap", *IMF Working Paper*, No. 13/71, http://www.imf.org/external/pubs/ft/wp/2013/wp1371.pdf .

Alberola, E., I. Kataryniuk, A. Melguizo and R. Orozco (2016), "Fiscal policy and the cycle in Latin America: The role of financing conditions and fiscal rules", *BIS Working Papers*, No. 543, http://www.bis.org/publ/work543.pdf.

Alaimo, V., M. Bosch, D. Kaplan, C. Pages and L. Ripani (2015), *Jobs for Growth*, Inter-American Development Bank, Washington, DC.

Álvarez-Parra, F., L. Brandao-Marques and M. Toledo (2013), "Durable goods, financial frictions and business cycles in emerging economies", *Journal of Monetary Economics*, Vol. 60/6, Elsevier, Amsterdam, pp. 720-736.

Amador, J. et al. (2015), "Ha aumentado el pass-through de tipo de cambio a precios en América Latina?" ["Has the exchange rate pass-through to prices increased in Latin America?"], BBVA Research, *Observatorio Económico Latam*, October 2015.

Andrews, D., C. Criscuolo and P. Gal (2015), "Frontier firms, technology diffusion and public policy: Micro evidence from OECD countries", *The Future of Productivity: Main Background Papers*, OECD Publishing, Paris, http://dx.doi.org/10.1787/5jrql2q2jj7b-en

Aravena, C., G. López and R. Pineda (2016), "Producto potencial de mediano plazo en América Latina" ["Latin America's Potential output in the medium Term"], Economic Commission for Latin America and the Caribbean (ECLAC), Santiago, Chile.

BDE (2016), "Report on the Latin American Economy: First half of 2016", *Economic Bulletin*, April 2016, Bank of Spain, Madrid.

BIS (2015a), *BIS Quarterly Review*, Bank for International Settlements, Basel, September www.bis.org/publ/qtrpdf/r_qt1509.htm (accessed February 2016).

BIS (2015b), "When the financial becomes real", *85th Annual Report: 1 April 2014 - 31 March 2015*, Bank for International Settlements, Basel.

Blanchard, O.J. and D. Leigh (2013), "Growth forecast errors and fiscal multipliers", *American Economic Review*, Vol. 103/3, American Economic Association, Pittsburgh, US, pp. 117-120.

Bolt, J. and J. L. van Zanden (2014). "The Maddison Project: Collaborative research on historical national accounts". *The Economic History Review*, 67 (3): 627–651.

Bosch, M., A. Melguizo and C. Pagés (2013), *Better Pensions, Better Jobs: Towards Universal Coverage in Latin America and the Caribbean*, Inter-American Development Bank, Washington, DC, https://publications.iadb.org/handle/11319/462?locale-attribute=en.

Busso, M., L. Madrigal and C. Pagés (2013), "Productivity and resource misallocation in Latin America", *The B.E. Journal of Macroeconomics*, Vol. 13/1, De Gruyter Online, pp. 903-932.

Carranza, L., C. Daude and A. Melguizo (2014), "Public infrastructure investment and fiscal sustainability in Latin America: Incompatible goals?", *Journal of Economic Studies*, 41(1), pp. 29-50.

Cavallo, E. and T. Serebrisky (2016), *Saving for Development: How Latin America and the Caribbean Can Save More and Better*, Development in the Americas series, Inter-American Development Bank, Washington DC, and Palgrave Macmillan, New York.

Daude C. and E. Fernández-Arias (2010), "On the role of productivity and factor accumulation in economic development in Latin America", *Inter-American Development Bank (IDB) Working Paper Series*, No. 155, Inter-American Development Bank, Washington, DC, www.iadb.org/res/publications/pubfiles/pubIDB-WP-155.pdf.

DNP (2016), *Efectos macroeconómicos de las obras de infraestructura* [Macroeconomic Effects of Infrastructure Works], Departamento Nacional de Planeación, Colombia.

ECLAC (2016a), *Social Panorama of Latin America 2015*, Economic Commission for Latin America and the Caribbean, Santiago, Chile.

ECLAC (2016b), *Fiscal Panorama of Latin America and the Caribbean 2016: Public Finances and the Challenge of Reconciling Austerity with Growth and Equality*, Economic Commission for Latin America and the Caribbean, Santiago, Chile.

ECLAC (2015), *Economic Survey of Latin America and the Caribbean 2015: Challenges in boosting the investment cycle to reinvigorate growth*, Economic Commission for Latin America and the Caribbean, Santiago, Chile.

ECLAC (2010), *Social Panorama of Latin America, 2009*, Economic Commission for Latin America and the Caribbean, Santiago, Chile.

ECLAC/ILO (2016), "Employment situation in Latin America and the Caribbean: Recent improvements and persistent gaps in rural employment", *Employment Situation in Latin America and the Caribbean*, No. 14, Economic Commission for Latin America and the Caribbean and International Labour Organization, Santiago. Chile.

Eichengreen, B., D. Park and K. Shin (2011), "When fast growing economies slow down: International evidence and implications for China", *NBER Working Paper*, No. 16919, National Bureau of Economic Research, Cambridge, US, www.nber.org/papers/w16919.pdf.

Fedesarrollo (2013), "La inversión en infraestructura en Colombia 2012-2020: Efectos fiscales y requerimientos financieros" ["Infrastructure Investment in Colombia 2012-2020: Fiscal Effects and Financial Requirements"], Fedesarrollo, Bogotá, Colombia. www.cvc.com.ve/docs/2016219124559Inversion%20en%20infraestructura%20Colombia%202013-2020.pdf.

Felipe, J., A. Abdon and U. Kumar (2012), "Tracking the middle-income trap: What is it, who is in it, and why?" *Working Paper*, No. 715, Levy Economics Institute of Bard College, Annandale-on-Hudson, US, www.levyinstitute.org/pubs/wp_715.pdf.

Garcia-Cicco, J., R. Pancrazi and M. Uribe (2010), "Real business cycles in emerging countries?", *American Economic Review*, Vol. 100/5, American Economic Association, Pittsburgh, US, December, pp. 2510-31.

Gasparini, L., G. Cruces and L. Tornarrolli (2016), "Chronicle of a deceleration foretold: Income inequality in Latin America in the 2010s", *CEDLAS Working Paper*, No. 198, Center for Distributive, Labor and Social Studies, Universidad Nacional de La Plata (UNLP), La Plata, Argentina.

Gunter, S., G. D. Riera-Crichton, C. Vegh and G. Vuletin (2016), "Non-linear effect of tax changes on output: A worldwide narrative approach", mimeo.

Hsieh, C.T. and P.J. Klenow (2009), "Misallocation and manufacturing TFP in China and India", *Quarterly Journal of Economics*, Vol. 124/4, Oxford University Press, Cambridge, US, pp. 1403-1448.

Huidrom, R., M.A. Kose and F. Ohnsorge (2016), "Do fiscal multipliers depend on fiscal positions?", *Policy Research Working Paper*, No. 7724, World Bank, Washington, DC.

IMF (2016), *World Economic Outlook*, April 2016 edition, (database), www.imf.org/external/pubs/ft/weo/2015/01/weodata/index.aspx (accessed May 2016).

IMF (2013), *Regional Economic Outlook: Western Hemisphere: Time to Rebuild Policy Space*, International Monetary Fund, Washington, DC., www.imf.org/external/pubs/ft/reo/2013/whd/eng/wreo0513.htm.

Izquierdo, A., D. Riera-Crichton and G. Vuletin (2016), "Public consumption versus public investment multipliers", in IDB Macroeconomic Report 2016, Time to Act: Latin America and the Caribbean Facing Strong Challenges, Inter-American Development Bank, Washington, DC.

Jorgenson, D.W. and M.V. Khuong (2010), "Potential growth of the world economy", Journal of Policy Modeling, Vol. 32/5, Elsevier, Amsterdam, pp. 615-631.

Kharas, H. and H. Kohli (2011), "What is the middle income trap, why do countries fall into it, and how can it be avoided?", Global Journal of Emerging Market Economies, Vol. 3/3, Sage Publications, Thousand Oaks, US, pp. 281-289.

Koske, I. et al. (2015), "The 2013 update of the OECD product market regulation indicators: Policy insights for OECD and non-OECD countries", OECD Economics Department Working Papers, No. 1200, OECD Publishing, Paris, http://dx.doi.org/10.1787/5js3f5d3n2vl-en.

Manpower Group (2015), Talent Shortage Survey Research Results, Milwaukee.

Melguizo, A. (2015), "Pensions, informality and the emerging middle class", IZA World of Labor, Institute for the Study of Labor, Bonn, Germany, pp. 1-10, http://wol.iza.org/articles/pensions-informality-and-emerging-middle-class.

Melguizo, A. and J.R. Perea (2016), "Skill gaps in emerging economies: An empirical analysis", OECD Development Centre Working Paper, No. 329, OECD Development Centre, OECD Publishing, Paris, http://dx.doi.org/10.1787/5jm5hkp7v145-en.

Neumeyer, P.A. and F. Perri (2005), "Business cycles in emerging economies: The role of interest rates", Journal of Monetary Economics, Vol. 52/2, March, Elsevier, Amsterdam, pp. 345-380.

Nieto-Parra, S., M. Olivera and A. Tibocha (2013), "The politics of transport infrastructure policies in Colombia", OECD Development Centre Working Papers, No. 316, OECD Publishing, Paris, http://dx.doi.org/10.1787/5k46n3xqh1hf-en.

OECD (2016a), OECD Economic Outlook, Vol. 2016/1, OECD Publishing, Paris, http://dx.doi.org/10.1787/eco_outlook-v2016-1-en.

OECD (2016b), Economic Policy Reforms 2016: Going for Growth Interim Report, OECD Publishing, Paris, http://dx.doi.org/10.1787/growth-2016-en.

OECD (2016c), "The productivity-inclusiveness nexus", Meeting at the OECD Council at Ministerial level, 1-2 June 2016, OECD Publishing, Paris, www.oecd.org/global-forum-productivity/library/The-Productivity-Inclusiveness-Nexus-Preliminary.pdf.

OECD (2016d), "Promoting Productivity for Inclusive Growth in Latin America", Better Policies Series, OECD Publishing, Paris, June, https://www.oecd.org/latin-america/promoting-productivity-for-inclusive-growth-in-latin-america.pdf.

OECD (2016e), OECD Economic Surveys: Costa Rica 2016: Economic Assessment, OECD Publishing, Paris, http://dx.doi.org/10.1787/eco_surveys-cri-2016-en.

OECD (2015a), OECD Economic Surveys: Brazil 2015, OECD Publishing, Paris, http://dx.doi.org/10.1787/eco_surveys-bra-2015-en.

OECD (2015b), "FDI regulatory restrictiveness index" (database), in OECD Factbook 2015-16, OECD Publishing, Paris, http://dx.doi.org/10.1787/factbook-2015-table67-en.

OECD (2015c), OECD Economic Surveys: China 2015, OECD Publishing, Paris, http://dx.doi.org/10.1787/eco_surveys-chn-2015-en.

OECD (2015d), OECD Economic Surveys: Chile 2015, OECD Publishing, Paris, http://dx.doi.org/10.1787/eco_surveys-chl-2015-en.

OECD (2015e), OECD Economic Surveys: Mexico, OECD Publishing, Paris, http://dx.doi.org/10.1787/eco_surveys-mex-2015-en.

OECD (2015f), Multi-dimensional Review of Peru: Volume I. Initial Assessment, OECD Development Pathways, OECD Publishing, Paris, http://dx.doi.org/10.1787/9789264243279-en.

OECD (2013a), "The People's Republic of China – Avoiding the middle-income trap: Policies for sustained and inclusive growth", Better Policies, OECD Publishing, Paris, http://dx.doi.org/10.1787/9789264207974-en.

OECD (2013b), OECD Economic Outlook, Vol. 2013/1, OECD Publishing, Paris, http://dx.doi.org/10.1787/eco_outlook-v2013-1-en.

OECD (2010), Latin American Economic Outlook 2011: How Middle-class is Latin America?, OECD Publishing, Paris, http://dx.doi.org/10.1787/leo-2011-en.

OECD/CAF/ECLAC (2015), *Latin American Economic Outlook 2016: Towards a New Partnership with China*, OECD Publishing, Paris, http://dx.doi.org/10.1787/9789264246218-en.

OECD/CAF/ECLAC (2014), *Latin American Economic Outlook 2015: Education, Skills and Innovation for Development*, OECD Publishing, Paris, http://dx.doi.org/10.1787/leo-2015-en.

OECD/CAF/ECLAC (2013), *Latin American Economic Outlook 2014: Logistics and Competitiveness for Development*, OECD Publishing, Paris, http://dx.doi.org/10.1787/leo-2014-en.

OECD/ECLAC (2012), *Latin American Economic Outlook 2013: SME Policies for Structural Change*, OECD Publishing, Paris, http://dx.doi.org/10.1787/leo-2013-en.

OECD/ECLAC/CIAT/IDB (2016), *Revenue Statistics in Latin America and the Caribbean*, OECD Publishing, Paris, http://dx.doi.org/10.1787/rev_lat_car-2016-en-fr.

Ollivaud, P., Y. Guillemette and D. Turner (2016), "Links between weak investment and the slowdown in productivity and potential output growth across the OECD", *OECD Economics Department Working Papers*, No. 1304, OECD Publishing, Paris, http://dx.doi.org/10.1787/5jlwvz0smq45-en.

Pagés, C. (2010), "The age of productivity: Transforming economies from the bottom up", *Development in the Americas* series, Palgrave Macmillan, New York, and Inter-American Development Bank, Washington DC.

Paus, E. (2014), "Latin America and the Middle-Income Trap", *ECLAC Financing for Development Series*, No. 250, Economic Commission for Latin America and the Caribbean, Santiago, Chile.

Powell, A. (2016), "Time to act: Latin America and the Caribbean facing strong challenges", in *2016 Latin American and Caribbean Macroeconomic Report*, Inter-American Development Bank, Washington, DC.

Powell, A. (2015), "The labyrinth: How can Latin America and the Caribbean navigate the global economy"?, *2015 Latin American and Caribbean Macroeconomic Report*, Inter-American Development Bank, Washington, DC.

Riera-Crichton, D., C. Vegh and G. Vuletin (2015a), *Fiscal Multipliers in Latin America*, Economic Commission for Latin America and the Caribbean (ECLAC), Santiago, Chile.

Riera-Crichton, D., C. Vegh and G. Vuletin (2015b), "Procyclical and countercyclical fiscal multipliers: Evidence from OECD countries", *Journal of International Money and Finance*, Vol. 52, April, Elsevier, Amsterdam, pp. 15-31.

Spilimbergo, A. et al. (2008), "Fiscal Policy for the Crisis", *IMF Staff Note* SPN/08/01, International Monetary Fund, Washington, DC.

UNDP (2016), *Multidimensional Progress: Well-being Beyond Income, Regional Human Development Report for Latin America and the Caribbean*, United Nations Development Programme, Washington, DC.

World Bank Group (2016), *LAC Equity Lab, Tabulations of SEDLAC (CEDLAS and the World Bank) and World Development Indicators, database*, World Bank, Washington, DC, http://www.worldbank.org/en/topic/poverty/lac-equity-lab1/overview (accessed 15 May 2016).

Zhuang, J., P. Vandenberg and Y. Huang (2012), *Growing Beyond the Low-Cost Advantage: How the People's Republic of China Can Avoid the Middle-Income Trap*, Asian Development Bank, Mandaluyong City, Philippines, www.adb.org/publications/growing-beyond-low-cost-advantage-how-peoples-republic-china-can-avoid-middle-income.

附录2－A1　超越增长：拉美地区的福利测量

经济增长是实现人类福利目标的手段。如果增长不能给大多数人的生活带来改善——如果带来的是不公平、不可持续或者破坏生活质量——那么就没有实现目标。

现在人们普遍认识到，必须超越宏观经济，才能更清晰地把握人们在生活的各个领域中的感受,理解一个国家或者地区的福利是否真正得到改善。2011年,OECD推出了"更好生活倡议",来改进福利的测量,并将这一概念嵌入到决策的核心①。

这项工作的基础是福利测量的框架,它是建立在各国政府的专家和代表的早期研究和合作的基础之上的②。"如何生活"框架已经应用于非OECD国家的福利测量之中,参照了有关测量发展产出和反映这些国家现实的文献(Boarini, Kolev and McGregor, 2014)。该框架从两个广义支柱来测量福利产出。第一个支柱——物质条件——包括消费可能性、工作、住房条件和基础设施等维度。第二个支柱——生活质量——包括健康状况、教育和技能、社会关系、授权和参与、脆弱性和生活评估、感情以及意义(即主观幸福感的主要方面)(见图2-A1.1)。该框架还包括从自然、人类、经济和社会资本角度来考察的长期内福利可持续性的驱动因素(OECD, 2015)。

"如何生活"框架有四个明显的特征:

首先,人(个人和家庭),他们的状况,以及他们如何与其所居住和工作的社区里的其他人之间的关系;

其次,福利效果(相对于福祉的投入或产出,因为福利效果能够最好地直接反映人们生活的信息);

再次,人口平均实现的福利分布(允许探讨在年龄、性别、社会经济地位或者其他特征之间的不平等);

最后,主观和客观方面的福利(因为个人经验和生活环境的评估能为更加客观的测量提供重要的信息)。

---

① 参见 www.oecd.org/statistics/better-life-initiative.htm。
② 该框架的关键影响包括如 Sen (1999) 和 Nussbaum (2001) 提出的能力方法,以及 Joseph Stiglitz (2009) 领导的经济绩效和社会进步测量委员会的建议。除学术和专家文献之外,该框架还以国家和地区的经验为基础,包括有关以"超越GDP"为目标的公共咨询,以及社会各个部门几百名从业者之间的互动,他们来自于2004年以来每2~3年举办的OECD"统计、知识和政策世界论坛"。更多关于该框架的背景性和原则性的基础信息,可参见OECD 2011年和2013年的报告。

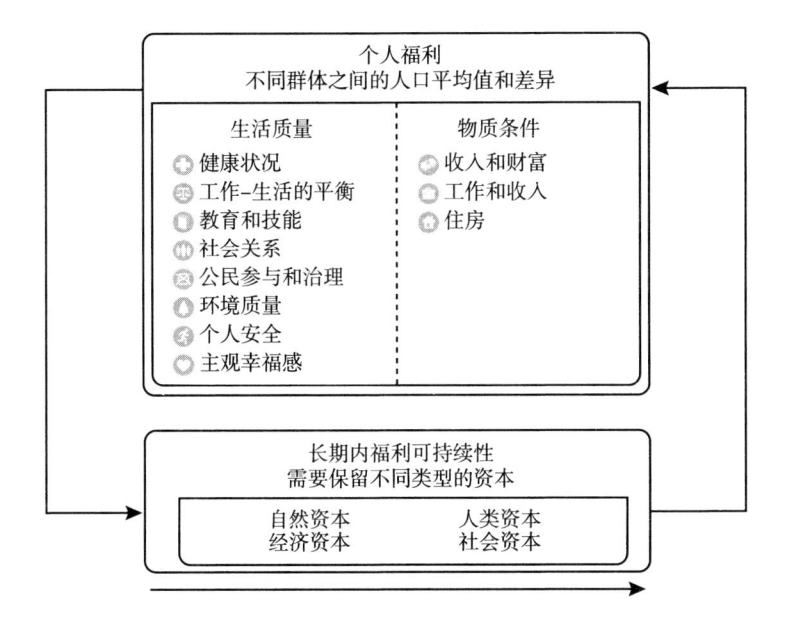

```
                    个人福利
           不同群体之间的人口平均值和差异

         生活质量              物质条件
      ⊕ 健康状况            ⊕ 收入和财富
      ⊕ 工作-生活的平衡      ⊕ 工作和收入
      ⊕ 教育和技能          ⊕ 住房
      ⊕ 社会关系
      ⊕ 公民参与和治理
      ⊕ 环境质量
      ⊕ 个人安全
      ⊕ 主观幸福感


              长期内福利可持续性
            需要保留不同类型的资本

           自然资本         人类资本
           经济资本         社会资本
```

图2 – A1.1　OECD推出的发展中国家福利测量框架

资料来源：OECD（2015b）。

拉美地区福利效果概况

OECD的"如何生活"框架强调幸福的多重维度。因此，它避免了一个简单的总结性测量，力图细致入微地描述人们的生活状况。将此框架应用于拉美地区，能够反映人们福利的优势和劣势领域。图2 – A1.2列举了从OECD框架中选取适用于拉美地区的首要指标，在拉美地区GDP水平的前提下，对实际平均效果与其可能的期望值之间进行了比较。

根据这些指标，拉美地区在卫生、社会关系与生活评估等领域表现出色，但在教育、脆弱性、授权和参与等领域存在不足。在物质条件和环境条件方面的表现则情况各异。

人均国民收入（GNI）反映个人在工资、自我雇用等方面的收入以及资本收入的总流量。根据经济发展水平，拉美地区的GNI达到10434美元，但

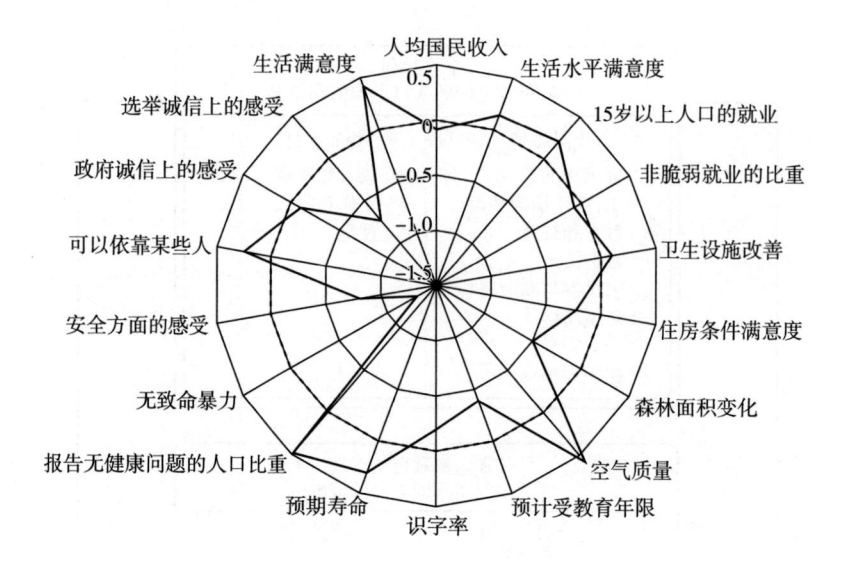

**图2–A1.2　在拉美经济发展水平前提下，福利产出的
实际和预期之间的比较**

注：本图是基于一个双变量回归分析，其中各指标都是因变量，人均GDP是自变量。拉美地区的人均GDP均值双变量回归分析的系数即各个指标的预期值。每个指标的实际值与预期值之间进行比较。利用指标的标准差对拟合值与观测值之间的差异进行标准化。对差异值的规模进行标准化显示了每个国家在这些维度上的表现。圆线显示了基于拉美人均GDP水平的预期效果，同时也计算出世界100万人口以上的所有国家的效果值。锯齿状线显示了拉美地区的实际平均表现，是根据拉美21个100万人口以上的国家的简单平均的基础上计算出来的。这21个国家是阿根廷、玻利维亚、巴西、智利、哥伦比亚、哥斯达黎加、多米尼加共和国、厄瓜多尔、萨尔瓦多、危地马拉、海地、洪都拉斯、牙买加、墨西哥、尼加拉瓜、巴拿马、巴拉圭、秘鲁、波多黎各、特立尼达和多巴哥以及乌拉圭。所有指标均已正态化，因而更高的分数表示效果的提高。特别是"无致命暴力"指标显示了谋杀罪率的正态值，"非脆弱就业的比重"指标显示了脆弱就业率信息的正态值，"空气质量"指标显示了$PM_{2.5}$集中度信息的正态值，"政府诚信上的感受"显示了腐败感知值的正态值。

资料来源：OECD 根据 Gallup Organization（2014），*Gallup World Monitor*（数据库）；UNDP（2014），*International Human Development Indicators*（数据库），http：//hdr.undp.org/en/data；UIS（2013），*UIS Data Centre*（数据库）；UNESCO，http：//data.uis.unesco.org/；United Nations Office on Drugs and Crime（UNODC 2013），www.unodc.org，World Bank（2014），*World Development Indicators*（数据库），Washington，DC，http：//data.worldbank.org/data–catalog/world–development–indicators 等计算。

是这一指标已经下降了大约1800美元。尽管如此，超过2/3的人们表示对生活水平满意。

第二章 拉丁美洲和加勒比地区的宏观经济前景

在拉美地区15岁以上的人口中，就业人口的比例达到60.5%，略高于根据经济发展水平的预期。但超过1/3的工作机会（36%）属于脆弱就业（即家庭非报酬工作和自主择业）。这凸显了拉美地区工作质量和保障的重要性。

获得体面的住房是福利的一个基本方面。拉美超过3/4（80%）家庭的卫生设施获得改善，这略高于预期值。然而，只有42%的拉美人表示对商品的可用性、住房的可负担性表示满意，这低于在该地区发展水平前提下的预期值。

在环境状况领域，选定的指标显示出结果对比，反映了在这方面的测量结果的复杂性。在1990年到2011年之间，拉美地区森林覆盖率下降了7%，明显高于那些经济发展水平相近的国家。而空气质量实际上明显优于整个地区的预期值。

教育和技能结果突出反映了拉美地区存在的问题。成人识字率为91%，低于基于GDP水平的预期值4个百分点。此外，预期受教育年限为13.1年，比预期的效果低一整年。拉美地区健康效果方面的表现与预期值相比较为突出。该地区的平均预期寿命是74.6年，75%的人表示他们没有健康问题，不妨碍去做他们所在的年龄应该去做的事情。

作为用来测量感知安全和实际安全的指标，脆弱性结果非常低。而且是拉美地区中福利表现最为显著的不足之一，2013年，拉美每10万人中就有22名杀人犯，而在同等GDP水平的国家中，每10万人中只有8名杀人犯。此外，不到一半的人（48%）表示他们夜晚在附近散步时感觉安全。另外，拉美地区的社会关系方面表现较强，84%的人表现在有需要时能够找到可以帮助的人。

通过感受政府诚信，测量出授权和参与维度存在一定的问题。超过3/4（81%）的人表示他们的政府普遍存在腐败（高于预期值）；只有32%的人认为选举是诚信的。

尽管从福利维度范围上看其表现参差不齐，但是拉美地区人们对总体生活满意度的评价相对较高。在0至10的区间内，该地区的整体满意度的平均评价值为6。而相比之下，世界平均水平为5，经济发展水平相近国家的预期值为5.5。

面向拉美地区福利的测量框架

OECD与拉美经委会（ECLAC）正在开发一套适用于拉美地区的框架和指标。这一举措旨在满足该地区的实际需要，即有意义的、可比较的指标，能够深入分析人们的福利及其可持续性，特别是在可持续发展目标（SDGs）日程的背景之下。

拉丁美洲各国的国家统计局已率先开展主观福利与生活质量的测量工作。一些项目以厄瓜多尔和玻利维亚的"美好生活"（Buen Vivir, Vivir Bien）原则为基础，证明了该地区更加关注人文关怀。为此，10个国家的统计机构将参加OECD/ECLAC的倡议：玻利维亚、智利、哥斯达黎加、哥伦比亚、多米尼加共和国、厄瓜多尔、墨西哥、巴拉圭、秘鲁和乌拉圭。通过努力加强这些国家之间的合作和相互学习，以及开发一个能为未来所用的通用框架，拉美"更好生活"倡议的目的在于：

第一，促进达成一个可持续、公平的广义福利概念，作为该地区政策制定的重点；

第二，制定能够更好地理解福利的动力、趋势和不公平以及选择的政策对于人民生活影响的测量和工具；

第三，将政策制定者传统意识上所忽视的问题（如信任和主观幸福）纳入议事日程；

第四，支持SDG监测过程。

该倡议的核心成果是提出一个绩效指标计分板，覆盖影响拉美国家人民福利的广泛领域。在咨询参与国家的基础上，计分板将OECD国家适用的框架作为起点，根据拉美国家的国情调整测量方法和维度。计分板将定期监测。未来的《拉丁美洲经济展望》将根据这些指标，发布定期分析拉美地区福利的内容。

附录参考文献

Boarini, R., A. Kolev and A. McGregor (2014), "Measuring well-being and progress in countries at different stages of development: Towards a more universal conceptual framework", OECD Development Centre Working Paper, No. 325, OECD Publishing, Paris, www.oecd-ilibrary.org/fr/economics/oecd-statistics-working-papers_18152031.

Gallup Organization (2014), *Gallup World Monitor,* https://analytics.gallup.com (database)

Nussbaum, M. (2001), *Women and Human Development: The Capabilities Approach*, Cambridge University Press, UK.

OECD (2015a), *How's Life? 2015 Measuring Well-being*, OECD Publishing, Paris, http://dx.doi.org/10.1787/how_life-2015-en

OECD (2015b), *Multi-dimensional Review of Peru: Volume 1. Initial Assessment*, OECD Publishing, Paris, http://dx.doi.org/10.1787/9789264243279-en

OECD (2013), *How's Life? 2013 Measuring Well-being*, OECD Publishing, Paris, http://dx.doi.org/10.1787/9789264201392-en

OECD (2011), *How's Life? 2011 Measuring Well-being*, OECD Publishing, Paris, http://dx.doi.org/10.1787/9789264121164-en

Sen, A. (1999), *Development as Freedom*, Oxford University Press, UK.

Stiglitz, J., A. Sen and J-P. Fitoussi (2009), *Final Report of the Commission on the Measurement of Economic Performance and Social Progress*, Paris, http://www.insee.fr/fr/publications-et-services/dossiers_web/stiglitz/doc-commission/RAPPORT_anglais.pdf.

UIS (2013), *UIS Data Centre* (database), UNESCO Institute of Statistics, Montreal, http://data.uis.unesco.org.

UNDP (2014), *International Human Development Indicators* (database), United Nations Development Programme, New York, http://hdr.undp.org/en/data.

World Bank (2014), *World Development Indicators* (database), Washington, DC, http://data.worldbank.org/data-catalog/world-development-indicators.

第三章
拉丁美洲青年的社会融入及其主要挑战

大多数拉丁美洲国家仍然有望从人口结构的青年人分布中获益。然而,要想真正实现这一点,拉美地区国家还需要加大对青年的投资力度,包括将他们纳入经济、政治、社会的进程中。本章主要分析拉美地区青年离完全融入社会尚存的差距,并提供翔实的数据说明青年的劳动力市场状况和社会融入如何随着一系列关键因素而发生变化,同时指出旨在弥补这些差异的一系列全面的政策手段。本章由三部分组成:首先通过聚焦劳动力市场和工作质量,概述过去10年里青年在市场中的表现;其次分析其他与青年融入有关的指标,如健康状况、生活满意度、未来愿景、公民社会参与度以及犯罪度和安全感,以此来完善拉美青年融入的现状;最后本章提出一系列促进拉美青年融入社会的政策和建议。

引 言

青年融入和青年排斥是两个复杂而多维度的概念。体面的正规工作、教育、医疗卫生服务以及公民参与等这些方面的资源有限性阻碍了青年在社会中充分发挥作用的机会。这在青年人口比率和不平等程度高的国家尤为明显,如拉美国家,新生代给经济社会发展带来了很大压力。

无疑,青年在社会、经济、政治过程中的参与是拉美国家面临的重要挑战之一(特鲁科和乌尔曼,2015),这一问题归结于两个原因:一方面,青年在总人口中的比重很高;另一方面,他们对本地区的发展和进步有着决定性的影响。在拉美地区,15~29岁的青年有1.63亿,大约占本地区总人口的1/4。这个群体差异性很大，有着迥异的生活境遇、需求、兴趣和背景，必须对他们重新进行认识，才能更好地找出那些遭到一个或者多个维度社会排斥的青年。在拉丁美洲，并非所有的青年都受到排挤，不同的社会经济群体面临着迥然不同的挑战。然而，还是有一大部分青年被边缘化，面临日益增多的社会漏洞和威胁[①]。实现青年融入社会经济这一目标是使青年获得经济机遇，解决政治、社会和文化广泛问题的途径。

基于以上考虑，本章有三个目标：首先，分析拉丁美洲青年男女（年龄在15~29岁）社会融入的主要障碍，着重关注他们的经济机会、健康状况、社会参与和公民参与；其次，根据地区和性别的差异以及社会经济地位来定义青年的特征；最后，提供化解这些障碍的政策导向。为了达到以上目标，本章结合定量和定性数据分析，参考一系列主观和客观指标，运用多维度研究方法分析和解决拉美和加勒比地区青年遭遇的社会、经济、政治和社会障碍。结构上，本章根据青年融入社会的不同维度分成三部分：第一部分研究劳动力市场的青年融入问题；第二部分关注除就业以外的青年其他方面的社会融入问题；第三部分提出解决多维度自然挑战的一系列政治决策和建议。

为什么关注青年？

拉美面临的重要机会

为什么政府应该致力于研究和解决青年经济、社会、政治和文化融入，其中有很多说服力强的伦理和道德观点。然而，相较于拉美其他的年龄群体，青年占主体地位也造成了很强的经济和社会争论——青年是否能够获得今后工作市场所需的技能。最终，拉美地区人口现状会变得越来越不利，生产性人口会承担更多的压力，而近期取得的社会经济进步将会不保。因此，

[①] 其他如种族划分等影响青年社会融入的问题，本章不做分析。

是时候关注青年这一代了。

生育率的严重下降，加上预期寿命延长，导致拉美地区人口年龄结构发生了显著的变化（见图3-1），尽管方式各有不同。当然，不同年龄段的人口由于生产力水平和消费能力的不同，对社会和经济的影响也各不相同（ECLAC, 2016a）。

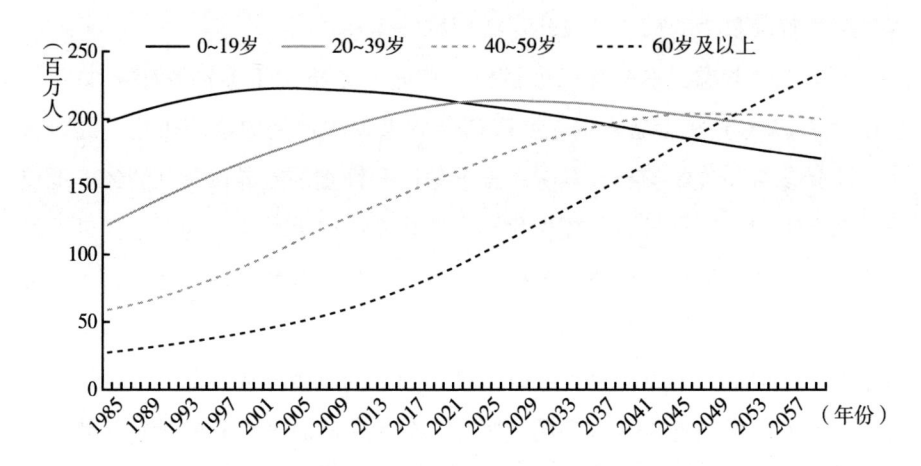

图3-1 拉美地区：各时间段各年龄段的人口数量变化

资料来源：OECD/ECLAC/CAF, based on United Nations Population Division (2015), World Population Prospects, 2015 Revision。

人口机遇窗口期（或"人口红利"）指的是一个国家的劳动年龄人口占总人口比重较大，抚养率比较低，为经济发展创造了有利的人口条件。因为储蓄和生产力的潜在增长，经济增长中的投资机会增加，因而人口机遇窗口期是一个特别有利的发展时期。如果相关政策、市场和体制能够支持和鼓励增长，那么这一利好可以转变为更高的经济增长（Bloom, Canning and Sevilla, 2003；Wong and Carvalho, 2006；ECLAC, 2009）。①

抚养比率可用来计算人口红利，近似于人口的消费与生产贡献之间的

---

① 此区域一些国家设法利用人口结构转变促进经济（罗萨罗·比克斯比和罗伯斯, 2008）表明在20世纪最后25年，哥斯达黎加几乎所有的经济增长都是因为劳动力人口相对依赖于人口增长。

差额①。由于这一近似性,当人口抚养比率与人口依赖度下降程度一致时,人口红利就出现了。如今,人口红利在拉美地区大多数国家正效力十足(见图3-2)②。随着人口红利时期的结束,人口结构快速老龄化会给经济和政治带来新的挑战,需要各领域的公共计划和政策调整来应对,包括为逐渐老龄化的人口提供长期照顾,并改善社会保险和保障机制。

人口结构的变化也影响到劳动力构成以及经济体制内对商品和服务的需求。除此之外,环境变化、全球化、信息数字化也会影响社会和工作领域(见第六章)。因此,工作环境和社会保障制度也需要随之做出相应的调整,使老龄人口可以更容易适应工作,青年人可以更好地融入劳动力市场。在此背景下,人力资本投资应当确保青年掌握适应未来挑战的技能、享有充分的公共医疗服务,以及获得高技能工作的机会。

……但是,对于一些青年来说机会匮乏……

除了人口结构变化,在过去几十年里,拉美国家也经历着社会、经济和环境方面的显著变化,包括教育机会增多、劳动力市场参与提高以及收入增加(UNDP,2016)。数以万计的人摆脱了边缘化和贫穷状态,获得了更多的经济和物质福利:2004~2014年,极度贫困和一般贫穷的人口在总人口中的比重由40%降为略高于23%(World Bank,2016)③。尽管贫困和不平等现

---

① 这一指标把潜在不活跃人口(20岁以下,65岁及以上)作为分子,把潜在活跃人口(20~64岁)作为分母,将二者联系了起来。年龄分组是0~14岁、15~59岁和60岁及以上,与典型的人口结构研究分组不同。我们试着得到依赖性人口的更准确估值以修正年龄分组。一方面,它包括了所有初等和中等学龄人口;另一方面,它作为一个总指标反映了目前延迟退休的趋势。并不是所有20岁以下的人都在学校体系中,也并不是所有65岁及以上的人都立刻脱离了劳动力市场,尤其是社会保障覆盖面较小的国家和社会经济阶层(拉美和加勒比经济委员会,2016a)。
② 只有5个国家(巴巴多斯、巴拿马、智利、古巴、特立尼达和多巴哥)已经完成或几乎完成此阶段。21世纪20年代,10个国家将完成此阶段;30年代将有4个国家;40年代则会有9个国家发生此情形。最后,只有危地马拉、玻利维亚和圭亚那3个国家仍然处于人口红利阶段,直到半个世纪后才会结束(拉美和加勒比经济委员会,2016a)。
③ 除非另有说明,贫困估算都是基于可比较数据和国际贫困线,因此估值可能会不同于政府和国家统计局公布的官方数据。这些差异不应以任何形式被理解为方法论优势,而是服务于同等重要目标的两组数据:区域可比性和展现个别国家事实。其中用于(转下页注)

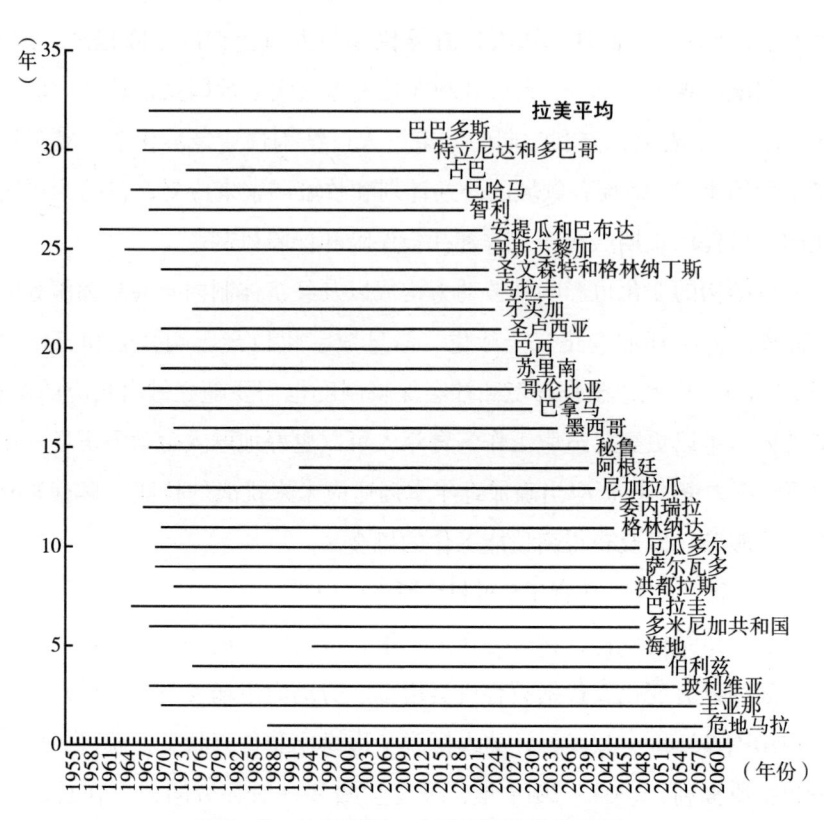

拉丁美洲经济展望（2017）：青年、技能和创业

图3-2 拉美地区：人口红利的持续时间

资料来源：UN, "World Population Prospects: The 2015 Revision, Key Findings and Advance Tables," Working Paper, No. ESA/P/WP.241, División de Población, 2015, http://esa.un.org/unpd/wpp。

象明显减少，中产阶级阶层稳步提升，但是，许多青年依然属于贫困或脆弱家庭，事实上，这一比率占多半（2014年约为64%）（见图3-3、图

（接上页注③）衡量贫困水平的总福利代表了家庭人均总收入。自2015年10月以来，世界银行衡量全球极度贫困的基本指标就是2011年购买力平价低于每天1.9美元的人口比重。然而，拉美地区经济发展水平导致分析中利用的贫困线水平更高：弱势群体，每天收入为4~10美元；中产阶级，每天收入为10~50美元（2005年购买力平价）。弱势群体在任一年变为贫困的可能性都更高。此报告中的国际可比数据是基于两组区域数据，SEDLAC和LABLAC的共同成果以及世界银行和阿根廷拉普拉塔国家大学CEDLAS的研究所得。除非另有注明，拉丁美洲和加勒比指标都是利用来自阿根廷、玻利维亚、巴西、智利、哥伦比亚、哥斯达黎加、多米尼加共和国、厄瓜多尔、萨尔瓦多、危地马拉、洪都拉斯、墨西哥、尼加拉瓜、巴拿马、巴拉圭、秘鲁和乌拉圭的数据计算所得（拉丁美洲地区17国）。

3-A1.1)。对一些青年而言，他们依然面临着非常高的重返贫困或者脆弱状态的风险。

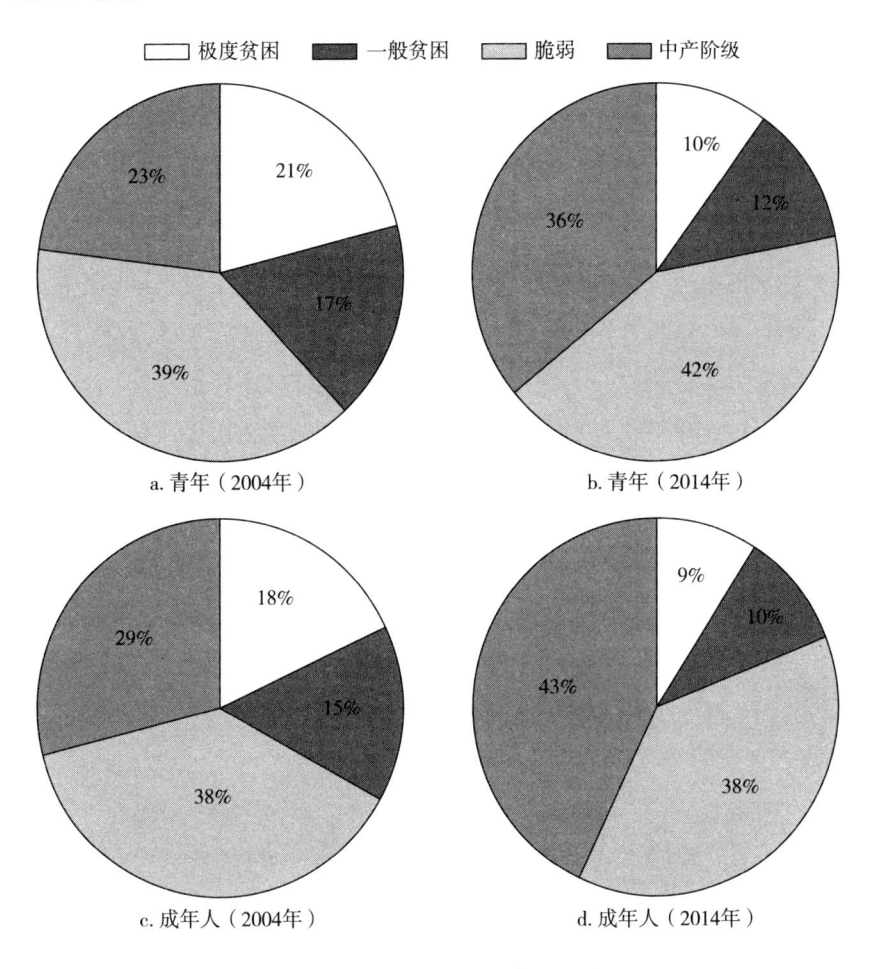

图3-3 拉美青年及其社会经济地位

a. 青年（2004年）
- 极度贫困 21%
- 一般贫困 17%
- 脆弱 39%
- 中产阶级 23%

b. 青年（2014年）
- 极度贫困 10%
- 一般贫困 12%
- 脆弱 42%
- 中产阶级 36%

c. 成年人（2004年）
- 极度贫困 18%
- 一般贫困 15%
- 脆弱 38%
- 中产阶级 29%

d. 成年人（2014年）
- 极度贫困 9%
- 一般贫困 10%
- 脆弱 38%
- 中产阶级 43%

注：15~29岁为青年，30~64岁为成年人。社会经济阶层通过世界银行划分标准来定义。极其贫穷＝那些来自家庭每天人均收入低于2.5美元的青年。中等贫困＝那些来自家庭每天人均收入在2.5~4美元的青年。脆弱人群＝每天人均收入在4~10美元的青年。中产阶级＝那些来自家庭每天人均收入高于10美元的青年。贫穷线和贫穷水平在2005年每天的美元购买力平价中体现出来。拉丁美洲测量了处于平均水平的拉美地区的17个国家：阿根廷、玻利维亚、巴西、智利、哥伦比亚、哥斯达黎加、多米尼加共和国、厄瓜多尔、萨尔瓦多、危地马拉、洪都拉斯、墨西哥、尼加拉瓜、巴拿马、秘鲁、巴拉圭、乌拉圭。

资料来源：OECD and World Bank Tabulations of Socio-Economic Database for Latin America and the Caribbean-SEDLAC（CEDLAS and World Bank）。

与家庭收入、性别和种族①等领域相关的社会经济差异往往伴随着地缘上的不平等②，又相应地转换成遍布于劳动力市场、教育和健康等更大范围的不平等，而且会在成年阶段体现得尤为显著，它们降低了青年发挥潜能和报效社会的能力，也进一步加重了青年在社会、经济和政治进程中的边缘化和受排斥的感觉。

总之，通过对青年社会融入不同维度的投资，拉美国家正在培养更高产和创新的劳动大军，这对于扩大正规就业、增加社会保障缴费以及改善经济活动人口状况来说，必不可少。此投资必须伴随着立足于青年多样化的政策实施，尤其是在解决性别歧视、社会经济和空间维度的不平等方面，应该致力于为所有青年提供机会、知识和技能，使他们能够更好地报效社会。如果未能成功投资青年，将会导致巨大的成本，包括劳动力市场产出不佳、社会不满、暴力、犯罪以及政治和公民社会参与度低。公共政策必须确保基础条件与社会安全以支持青年能力和潜力的发展。

拉美青年的劳动力市场结果

缺乏好的就业机会是妨碍拉美青年融入社会最重要的因素之一。而且，由于劳动力是穷人最重要的资产之一，帮助拉美青年从事生产性活动也有助于减轻贫困现象。经济增长可以通过生产性就业、实际工资上涨和对工人的社会保护的覆盖面和品质提升，为从事生产性活动的青年提供更高的收入和更好的福利。这不仅需要增加就业机会，还需要发展拉美青年合适的技能和能力以充分利用机遇。这一节会详尽分析青年和成年工人之间，以及各类青年工人之间的劳动力市场缺口的近期趋势，涵盖大量劳动力市场结果，包括

---

① 尽管分析数据不包括种族维度，但分析结果仍然显示了拉美地区的种族歧视和不平等状况。奴隶和殖民历史依旧影响着增长机会。
② 农村地区的贫困率比城市地区高。尽管相较于城市贫困率，农村贫困率近期也相应降低，但大量导致农村地区贫困的因素还未消除。此情况的原因有很多：农村地区生产力水平较低，农村女性就业的工资低、选择少，正规教育水平低下并且劳动力制度更不完善（社会保护体系覆盖程度有限、大量工作不符合最低工资标准并且非正规就业比例很高）。

劳动力参与度，无教育、无就业或无培训者（"三无青年"）的失业状况，非正规工作和收入。此外，通过特定国家的面板数据，深入分析学校－工作和工作－工作的转化过程和方式。

拉美青年劳动力市场结果概述

让青年融入社会发展进程，对于一个更平等的社会来说至关紧要。教育和就业是社会参与和获得社会平等的重要途径，而青年正是联系前两者的主力军，这种联系坚不可摧：努力深造常常是为了更好的工作和生活，同时，从教育走向就业象征着从依赖走向独立（ECLAC，2014）。

过去几十年青年劳动力市场参与度持稳

图3－4分别标示了拉美地区不同国家劳动力市场的参与率和就业率现状。各国之间有所不同，比如男女差异在拉美最贫穷的国家更加显著，也就是洪都拉斯、危地马拉、多米尼加共和国和尼加拉瓜这些国家。不过，就劳动力市场参与率和就业率的平均水平而言，拉美地区与OECD国家的差异不大。劳动力市场参与率和就业率随着年龄而增长（见图3－4和图3－A1.2），这一发现具有积极意义，因为进入劳动力市场越迟，对人们进行继续教育的时间就越多，从而提高他们的文凭（ECLAC，2014）。

在青年人中，男性的参与率和就业率（分别为79.9%和64.9%）总是比女性（分别为49.6%和43.3%）高，这种现象部分反映出男性劳动力更加被认可。然而，这也反映了许多女性青年进入劳动力市场时面临着更大的阻碍，同时，这些女性当中，大多数人选择家庭工作，不被统计到就业内。

男女劳动参与度的鸿沟仍然存在，在有些国家，这种鸿沟甚至在成年期进一步扩大。2004～2014年，15～64岁的女性（不过也包括男性）参与率看上去似乎有轻微的下降，拉美地区平均水平从50.5%下滑到49.6%。在20世纪90年代的许多国家，更多的女性加入劳动力大军，但到了21世纪初，又出现显著下降，与此前形成鲜明的对比。最受影响的是贫穷的女性，即那些受教育水平低、居住在农村地区、有孩子或者嫁给低收入配偶的女性（Gasparini and Marchionni，2015）。这种趋势揭示了两方面因素：一方面，

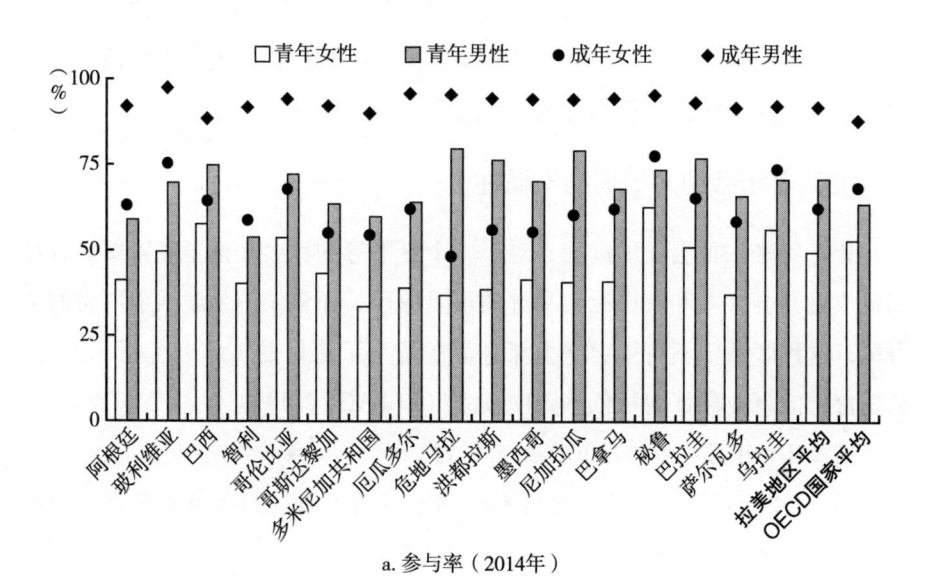

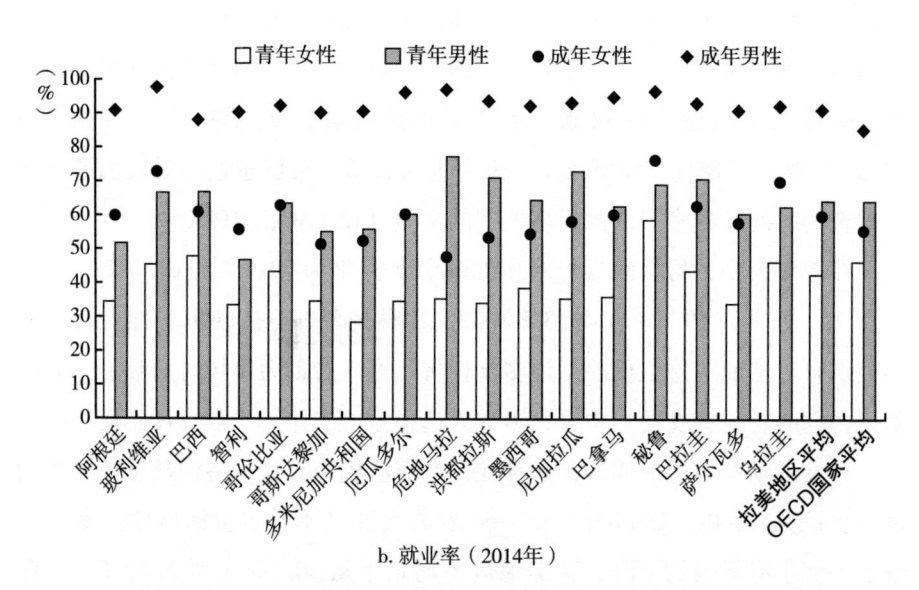

图 3-4　拉美地区不同国家劳动力市场的参与率和就业率现状（15~29 岁）

注：15~29 岁为青年，30~64 岁为成年人。

资料来源：OECD and World Bank tabulations of SEDLAC（CEDLAS and World Bank）and OECD-LFS data。

居住在大城市、熟练（更富有）女工的劳动力参与率与发达国家持平；另一方面，脆弱人群中的女性劳动力供给水平一直非常低，导致了社会不平等，加剧了贫困循环。

在过去的10年中，城市和农村区域的工作机会都在增加，但前者远远大于后者。此外，可以通过不同的社会人口维度观察到就业率和参与率许多的不同点（见附录图3－A1.2）。青年参与率和就业率也随着教育和家庭收入的提升而提高，并且农村地区增幅大于城市地区。一般来说，农村劳动力市场参与率远高于城市地区的参与率。

青年失业率整体高于成人失业率

失业状况不同于参与率，失业率倾向于随着年龄的增长而降低（见图3－5，a）。平均来说，生活在拉美地区的人们比起10年前有了更多的教育机会，社会经济状况也更好。但是，青年失业率一直比成人高。事实上，拉美男女青年的平均失业率在2004~2014年下降了2个百分点，达到了11.2%。尽管这个比率比2015年第一季度OECD国家的平均水平13.5%要低，但拉美国家青年失业率平均水平仍然是30~64岁成年人失业率（3.7%）的约3倍。这说明青年人失业负担的比重高得不合常理（OECD，2014a；Gontero and Weller，2015），青年失业的持续时间平均为5个月，而成年失业者则平均为8个月。[①]

失业类型在拉美各个国家之间也各有不同。在本区域最贫穷的地方，如在玻利维亚、危地马拉和洪都拉斯以及在城市化和青年受教育水平更低的区域，我们观察到更低的失业率。这反映出许多人接受他们能找到的任何工作，或者脱离劳动力市场在家里工作。

年纪越小、能力不足、家庭背景差的青年，其失业率越高。（见图3－5，b）。贫困青年找不到工作的可能性是非贫困青年的两倍。来自极度贫困家庭的青年失业率为24.6%，来自一般贫困家庭的青年失业率为20%，来

[①] 关于拉美地区17国（阿根廷、玻利维亚、巴西、智利、哥伦比亚、哥斯达黎加、多米尼加共和国、厄瓜多尔、萨尔瓦多、危地马拉、洪都拉斯、墨西哥、尼加拉瓜、巴拿马、巴拉圭、秘鲁和乌拉圭）的SEDLAC（CEDLAS and World Bank）详述由经济合作与发展组织和世界银行提出。

a.失业率

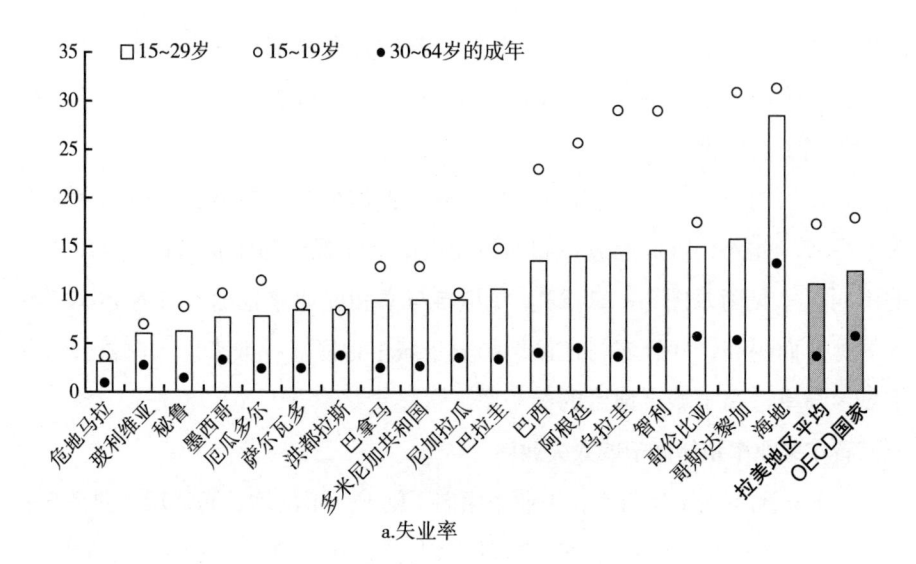

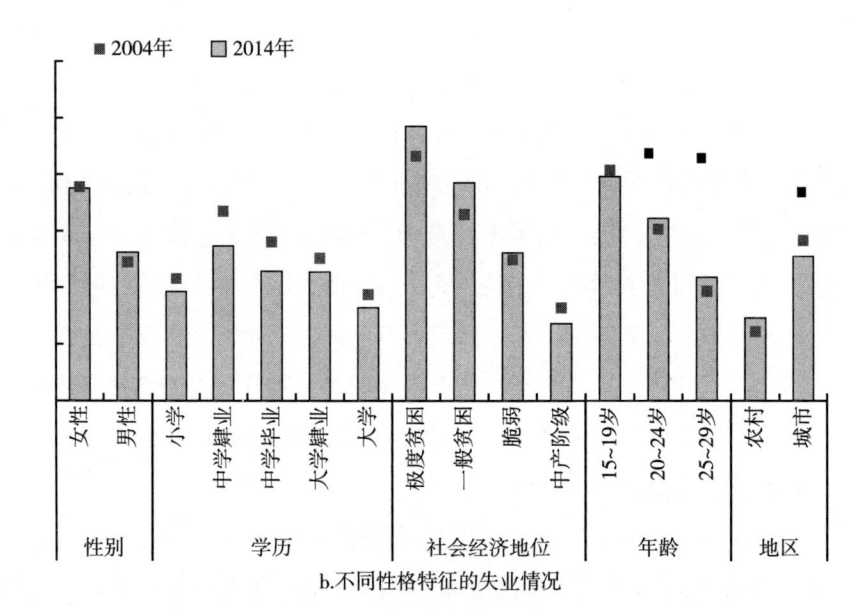

b.不同性格特征的失业情况

图3-5 拉美国家和OECD国家的青年和成年人失业率

注：取拉美地区17个国家的加权平均，阿根廷、巴西、智利、哥伦比亚、哥斯达黎加、多米尼加共和国、厄瓜多尔、萨尔瓦多、危地马拉、洪都拉斯、墨西哥、尼加拉瓜、巴拿马、秘鲁、巴拉圭、乌拉圭、委内瑞拉。不包括海地在内；OECD国家取34个成员的未加权平均。

资料来源：OECD and World Bank tabulations of SEDLAC（CEDLAS and World Bank）and OECD-LFS data。

自脆弱家庭青年失业率为13.4%，相比之下，来自中产阶级家庭青年失业率仅为7%。15~19岁的青年失业率最高：来自极度贫困家庭的青年失业率高达28%，来自一般贫困家庭的青年失业率为25%，来自脆弱家庭的青年失业率为19%，与之相比，来自非脆弱家庭的同龄人失业率为12%。

此外，即便地理区域的差异已经在缩小，城市青年失业率比在农村地区更高[①]。2014年，测算结果显示，青年女性失业率（13.4%）比青年男性失业率（9.5%）更高，折射出女性在劳动力市场上面临明显的劣势。尽管男女教育差异正在缩小，拉美国家对于工作和社会规范方面的传统性别观念对于那些想要进入劳动力市场的女性来说仍是一个巨大的障碍[②]。

青年毕业后经济活动性不足是一个大问题

融入社会的两大渠道是接受教育和参与劳动力市场。然而在拉美国家，"三无青年"占很大比例，接受教育和参与劳动力市场本来是帮助"三无青年"获得技能、更容易找到工作以及在职业晋升中拥有更好的机会的重要手段。"三无青年"比例是测量青年教育和劳动力市场现实的好方法，反映了失业风险和经济不活跃程度。因此，比起失业率，它可能会与劳动力市场中长期边际化风险以及社会融入的相关性更为紧密，即便这两种措施有很大部分重叠。政策制定者也必须关注"三无青年"，因为一方面它是"2015年后可持续发展目标"（SDGs）独立出的特定对象，另一方面，G20峰会也提出了相应的目标——到2025年，将最有可能被劳动力市场永久抛弃的青年比重降低到15%以内[③]。

---

① 由于多余农村劳动力将涌向城市，因此相比城市地区，农村地区的失业率将变低。多余的劳动力会从事社会保障较低的低工资工作，而不是失业。而且根据农业循环规律，获得有偿工作的机会是变化的，这意味着当劳动力需求不大时，劳动力不活跃程度也会更高。

② 根据Latinobarómetro数据（2015），40%的受采访人群认为只有在女性的伴侣不能赚到足够钱时，女性才需要工作。Latinobarómetro是关于年度公众观点的研究，采访了拉美地区18个国家约2000人，在这些国家住有6亿居民。

③ 在2030年议程中，可持续目标是"促进长久的、包容的和可持续的经济发展，实现充分就业和多产就业，让所有人体面劳动"。此目标提出了两个关于青年的目标：一是，到2030年，实现充分就业和多产就业，实现所有男性和女性，包括青年及残障人士体面劳动，同工同酬；二是，到2020年，持续减少"三无青年"比例。除此之外，2015年的G20峰会上，劳工就业部部长第一次设定了量化目标，到2025年，极易失业的青年比率降至15%。根据国家情况，目标聚焦低技能（大部分为发达经济体）青年及非正规就业青年（大多为新兴经济体）。

2014年，在15~29岁的青年中，约55%（大约8100万人）获得就业（包括半工半读）；约25%在各类小学、中学及以上的教育机构学习（见图3-6，a）。但是，"三无青年"依旧数量可观，尤其对于脆弱群体：2014年，该地区超过1/5的青年——该年龄段人口的21%（约3000万人）声称既没有上学也没有工作。这个青年群体可能被指责与流浪和暴力等社会问题相关，长期的"三无"状态使他们面临被边缘化的高风险。不上学、不工作的青年大部分在萨尔瓦多、危地马拉、洪都拉斯和墨西哥——非常贫穷或社会排斥程度很高的国家（见图3-6，b）。除了危地马拉和厄瓜多尔以外的所有拉美国家，"三无青年"的比重从2004年开始下降（或者持稳），然而，拉美地区的比例都远高于OECD国家平均水平（2014年为15%）。

经济不活跃是一个问题，因为它会导致代际间的持续不平等，阻碍拉美地区利用人口机遇窗口期，还可能与某些环境下的犯罪、暴力等高风险行为联系在一起（De Hoyos, Halsey and Székely, 2016）。当无法选择生产性劳动时，无业青年更可能去伤害自己、危害社会。但是，青年是一个成分极度混杂的群体，他们需要不同的路径来共同走向社会。就像我们接下来会讨论的那样，大部分的无业青年，尤其是年轻女孩，做着看护或者做没有酬劳的工作，处于失业状态，或者是在找工作，或者在等工作，或者因为有残疾而无法工作或学习。合理地辨别他们既不上学也不就业的原因有助于确认不同的策略，从而实现青年更有效地融入劳动力市场。

拉丁美洲女性和脆弱家庭的"三无青年"比例较高

女性"三无青年"的比率远高于男性（年轻女性为30%，年轻男性为11%），教育程度低的"三无青年"比率较高（"三无青年"中，小学学历约为33%，中学毕业或肄业约为22%，大学学位或受过大学教育大约为10%），年龄越大的"三无青年"比率也更高（20~29岁大约占30%）。与OECD国家"三无青年"男女比例大致相等形成鲜明对比，拉美地区76%的"三无青年"是女性（青年人口占总人口的50%）。在一些国家，如危地马拉和洪都拉斯的女"三无青年"的比率分别为42%和44%。15~19岁的"三无青年"中男女比例差距最小，这种差距随着年龄而增长。这表明了

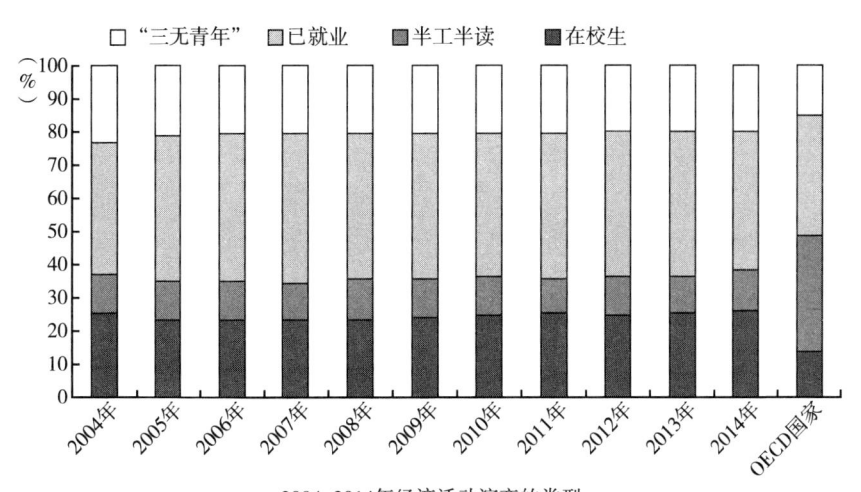

第三章 拉丁美洲青年的社会融入及其主要挑战

a. 2004~2014年经济活动演变的类型

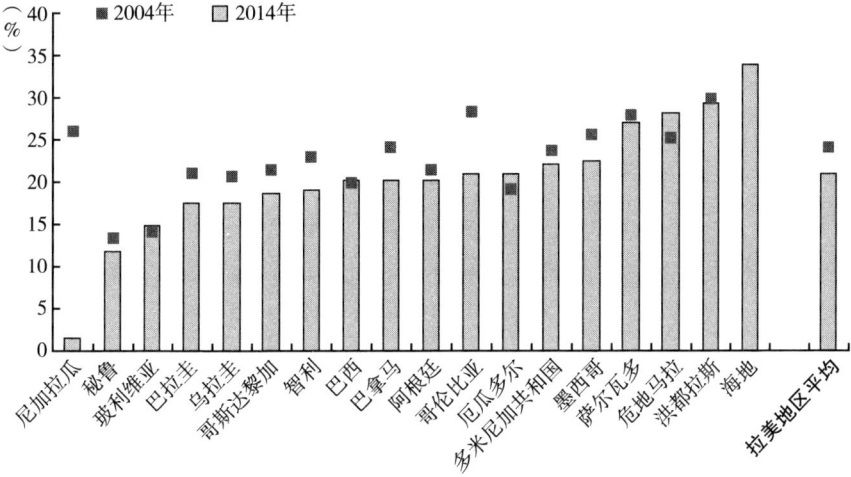

b. "三无青年"所占的比重（2014年对比2004年）

图3-6 拉美地区和OECD国家（15~29岁）青年的经济活动率

注：取拉美地区17个国家的加权平均：阿根廷、巴西、智利、哥伦比亚、哥斯达黎加、多米尼加共和国、厄瓜多尔、萨尔瓦多、危地马拉、洪都拉斯、墨西哥、尼加拉瓜、巴拿马、秘鲁、巴拉圭、乌拉圭、委内瑞拉。海地不包括在内。OECD国家取34个成员国的未加权平均。

资料来源：OECD和世界银行的SEDLAC表（CEDLAS and World Bank）和OECD-LFS数据。

入学的性别差距消失，但是，社会参与度差距却没有消失——凸显女性社会参与度低的现象并非暂时性的（见图3-7）。性别角色、缺少幼托、早育等

093

因素结合在一起，使青年女性在劳动力市场上的参与度低。

在所有拉美国家中，一方面，来自社会中最贫困家庭的"三无青年"证实了家庭状况与社会经济地位的相关性（Garcillo et al.，2015）。2014年，来自贫困家庭的"三无青年"男女比例分别为76%和83%，他们失业率最高，受教育水平最低。另一方面，"三无青年"的成因因性别而不同（见专栏3.2）。女性"三无青年"大部分已婚已育，成为照料家庭的主妇，而男性"三无青年"则表现出相反的趋势：女性"三无青年"中已婚占57%，男性已婚"三无青年"占12%；50%的年轻女性有四岁以下的孩子，男性则为19%。

专栏3.1

"三无青年"的概率模型有助于总结描述性的研究结果，同时测试其在多元语境下的鲁棒性。在该模型中，假定"三无"状态受到教育普及、社会经济状况、年龄以及其他诸如青年数量等家庭特征的影响。表3-1显示了2014年根据性别分类的结果，显示男女"三无青年"状态的决定因素不同。边际效应的测算是利用SEDLAC数据库的可用数据，对18个拉美国家的国别固定效应的混合回归。解释这些结果时要谨慎：因为没有解决自我选择的问题，因果关系就不能成立；否则，它们具有相关性。

表3-1 2014年拉美地区无教育和无就业的相对概率（特定的特征对无教育、无就业的可能性的边际效应）

变量 \ 性别序号	男性 (1)	男性 (2)	女性 (3)	女性 (4)
小学肄业	-0.091*** (0.000)	-0.072*** (0.000)	-0.134*** (0.000)	-0.052*** (0.001)
小学毕业	-0.079*** (0.000)	-0.057*** (0.000)	-0.096*** (0.000)	0.068*** (0.001)
中学肄业	-0.169*** (0.000)	-0.136*** (0.000)	-0.275*** (0.000)	-0.102*** (0.001)
中学毕业	-0.077*** (0.000)	-0.062*** (0.000)	-0.147*** (0.000)	-0.175*** (0.001)
大学肄业	-0.122*** (0.000)	-0.122*** (0.000)	-0.343*** (0.000)	-0.146*** (0.001)
大学毕业	-0.075*** (0.000)	-0.088*** (0.000)	-0.233*** (0.000)	-0.169*** (0.001)

续表

性别 变量 序号	男性		女性	
	（1）	（2）	（3）	（4）
贫困	-0.026*** (0.000)	-0.026*** (0.000)	-0.019*** (0.000)	-0.012*** (0.000)
脆弱	-0.066*** (0.000)	-0.068*** (0.000)	-0.112*** (0.000)	-0.102*** (0.000)
中产阶级	-0.113*** (0.000)	-0.117*** (0.000)	-0.247*** (0.000)	-0.238*** (0.000)
20~24岁	-0.001*** (0.000)		0.175*** (0.000)	
25~29岁	-0.037*** (0.000)		0.166*** (0.000)	
0~4岁子女的数量		-0.004*** (0.000)		0.018*** (0.000)
5~14岁子女的数量		0.000*** (0.000)		-0.007*** (0.000)
观测量	64367293	64328977	64995626	64961366

注：通过概率模型计算的边际效应是利用拉美18国的SEDLAC数据，对15~29岁青年的样本估计。因变量是指代2014年"三无青年"所在的虚拟变量。额外的控制变量包括城市地区虚拟变量、经验和经验方差、国别固定效应等。社会经济状态的偏好类型为极度贫困。括号中的标准差：*** 表示 $p<0.01$，** 表示 $p<0.05$，* 表示 $p<0.1$。

资料来源：OECD和世界银行根据SEDLAC（CEDLAS and World Bank）微观数据进行测算。

学历和家庭财富对男女青年都有影响。"三无青年"比例会随着教育水平和社会经济状态的改善稳步下降。男性青年"三无"状态会与年龄呈负相关。然而，青年女性则相反，"三无"状态会随年龄而递增（见第1栏和第3栏）。与男性青年不同，青年女性"三无青年"概率与家中子女的数量呈正相关，这意味着因为家庭压力和为人父母，女性比男性更容易成为"三无青年"（见第2栏和第4栏）。

然而，许多未被雇用的女性正在促进经济增长

与新兴经济体相比，OECD国家中从事家务活动的人相对较少。在拉美地区，一些没有被雇用或受教育的人，尤其是在家劳作的年轻女性，都有生

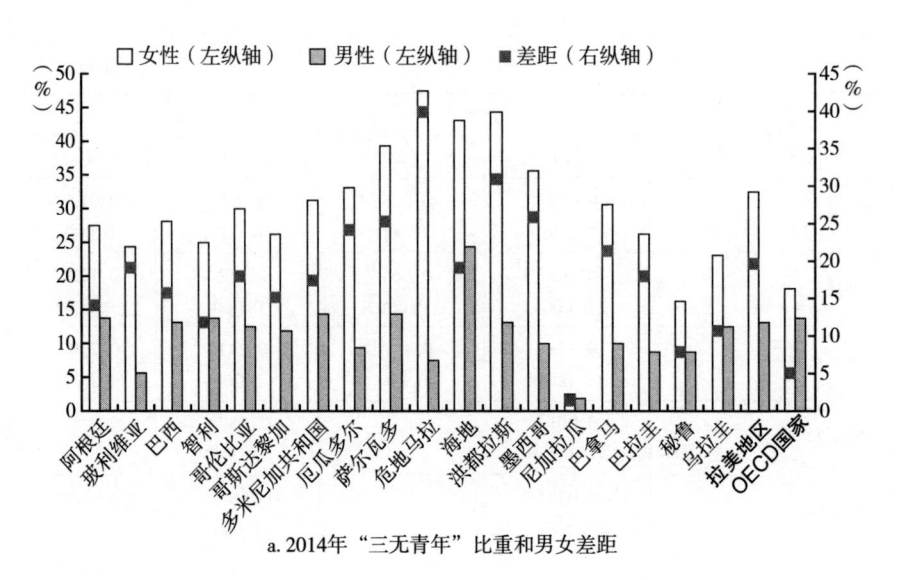

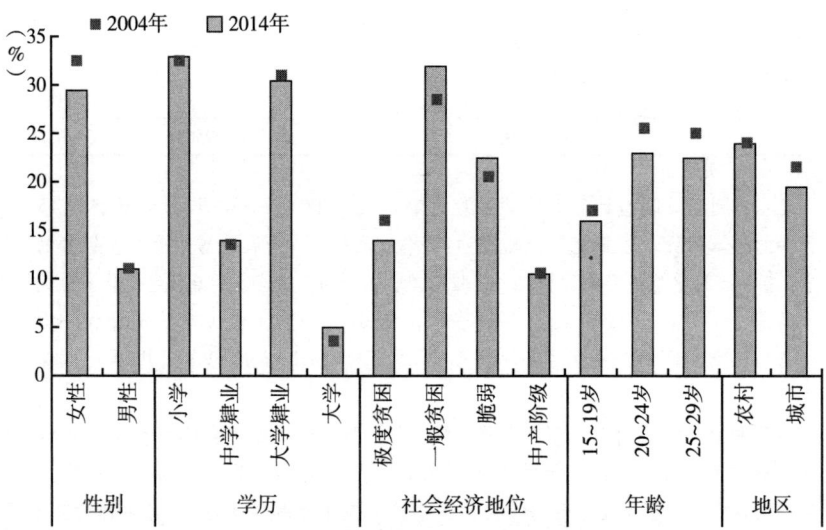

a. 2014年"三无青年"比重和男女差距

b. 随时间变化的"三无青年"特征

图 3-7　2014 年拉美地区的男女"三无青年"比重

注：拉美地区 17 个国家加权平均：阿根廷、巴西、智利、哥伦比亚、哥斯达黎加、多米尼加共和国、厄瓜多尔、萨尔瓦多、危地马拉、洪都拉斯、墨西哥、尼加拉瓜、巴拿马、秘鲁、巴拉圭、乌拉圭、委内瑞拉。海地不包括在内；OECD 国家未加权平均。

资料来源：OECD 和世界银行根据 SEDLAC（CEDLAS and World Bank）微观数据进行测算。

产能力，并促进了总体经济的增长（见专栏3.2）。表3-2显示许多拉美青年既没有在学习也没有受雇，而是做着无报酬的家务和看护工作，其中大多数为女性——在家做家务的女"三无青年"为70%，男"三无青年"则为10%。

表3-2 拉美"无教育、无就业"青年（15~29岁）不同经济活动类型

国家	失业	首次寻找工作	养老金领取者	无报酬的家庭或照料工作	残障	其他待业者
男性						
阿根廷	35.6	7.8	2.7	11.2	4.6	38.1
玻利维亚	20.2	20.4	0.0	9.1	16.7	33.7
巴西	24.2	9.1	7.9	19.4	0.0	39.4
智利	37.3	6.0	1.2	3.2	7.7	44.6
哥伦比亚	50.0	9.9	0.0	9.5	4.1	26.5
哥斯达黎加	45.7	6.9	4.1	25.3	3.8	14.1
多米尼加共和国	54.4	13.8	0.0	0.4	15.1	16.0
厄瓜多尔	50.1	0.0	0.0	1.2	17.7	30.7
萨尔瓦多	51.0	12.5	0.1	6.8	17.2	12.4
危地马拉	29.6	6.3	0.1	12.2	24.1	27.7
洪都拉斯	27.8	6.1	0.2	23.8	8.2	33.7
墨西哥	71.6	0.0	0.0	10.8	8.0	9.5
尼加拉瓜	41.3	11.1	0.0	9.5	8.2	29.9
巴拿马	38.8	15.0	0.0	10.3	4.3	31.6
巴拉圭	29.5	9.9	0.0	2.5	19.2	38.9
秘鲁	26.5	5.0	0.0	31.6	10.6	26.2
乌拉圭	37.8	6.3	3.5	5.0	8.3	38.9
委内瑞拉	47.0	8.1	0.0	3.5	5.9	35.6
拉美地区	39.9	9.6	1.1	10.9	10.8	29.3
女性						
阿根廷	16.1	3.3	1.9	62.9	1.0	14.6
玻利维亚	5.8	4.7	0.0	82.2	3.2	4.2
巴西	12.1	6.8	10.3	64.0	0.0	6.7
智利	17.2	4.4	0.4	29.0	3.1	46.0

续表

国家	失业	首次寻找工作	养老金领取者	无报酬的家庭或照料工作	残障	其他待业者
哥伦比亚	24.5	5.9	0.0	62.2	0.7	6.7
哥斯达黎加	15.9	4.3	1.2	75.4	0.7	2.0
多米尼加共和国	33.0	7.0	0.0	43.2	9.3	7.3
厄瓜多尔	13.4	0.0	0.0	72.1	4.6	9.9
萨尔瓦多	6.4	3.0	0.0	86.2	3.0	1.4
危地马拉	2.8	0.8	0.0	93.9	1.7	0.9
洪都拉斯	5.0	2.5	0.1	87.1	1.1	4.3
墨西哥	8.0	0.0	0.0	89.9	0.9	1.1
尼加拉瓜	6.1	3.2	0.0	86.7	1.8	2.1
巴拿马	7.0	3.4	0.0	84.3	0.7	4.6
巴拉圭	11.6	5.4	0.0	41.9	5.0	36.1
秘鲁	12.7	3.6	0.0	72.5	3.6	7.6
乌拉圭	22.3	4.4	2.0	47.3	3.6	20.2
委内瑞拉	13.3	4.6	0.0	71.9	1.7	8.4
拉美地区	13.0	4.2	0.9	69.6	2.7	10.2

注：2012 年，除去玻利维亚、智利、哥斯达黎加、巴拿马、巴拉圭、乌拉圭、危地马拉、洪都拉斯、尼加拉瓜以外的其他拉丁美洲国家。拉丁美洲的平均值是直接依据 18 世纪研究测量中的所得平均值而计算的；"养老金领取者"这一类别包括所有能从政府获取各式各样的养老金的人——因为对于这个年龄群体，这些是最不完善、最不健全的养老金或者说是更少层面的寡居抚恤。

资料来源：ECLAC 根据相应国家的家庭调查制作的特别信息表。

同时，一些社会规范和社会期望要求青年女性在家劳作，这使她们不易进入劳动市场或接受教育[①]。正如 Furlong（2006）表示："'三无青年'的多样性，意味着研究和政策必须从分别确定不同亚群体的独有特性和不同需求开始。"因此，除了区别自暴自弃的青年（放弃找工作的青年）和

---

① 在此状况下，女性未来将承受很高的机会成本，此问题不应被忽视，因为这会使得女性经济上依赖其他人，同时阻碍其进入劳动市场。离开教育体系的男青年不必承担相同的成本，他们在劳动力市场的价值相当高，可以通过积累更多工作经验来弥补自身正规教育的缺乏（里克和特鲁科，2014）。

没有工作的青年外，还需要明确在家做家务的女性所遭遇的边缘化，以此来提升男性和女性共同责任，提倡两性工作和生活的平衡（ECLAC，2016a）。在潜在经济增长方面，大量未被雇用但受过教育的女性都是未开发资源。政策制定者需要理解这个特殊群体面对的潜在障碍，比如缺乏高质量可负担的儿童托管、劳动市场歧视、机会意识淡薄以及如何克服这些困难。

专栏 3.2　阿根廷"三无青年"的经济贡献

"三无青年"通常被认为是"非活动的"或者"非生产性"的，因而和劳动力市场的长期边缘化和社会排斥的风险相关联。然而，很大一部分"'三无青年'从事无报酬的家庭工作，生产非市场化的产品和服务，为其家庭提供了必不可少的消费和福利"。当"三无青年"的家庭工作仍然无报酬时，他们被认为是国内工人的替代，同时，也允许其他家庭成员去工作。此外，由于家庭活动的产出无法在市场中进行交换，因而无法带来货币价值，也无法记录在国民账户中。本测试利用当天不同部分的工人活动的调查，对报酬工作、无报酬工作、休闲和个人照料所花费的时间进行精确评估。通过这种评估，致力于评价"三无青年"无报酬家庭工作的货币价值。阿根廷"三无青年"的非市场化生产所投入的时间在三个年龄群体之中基本固定，但是青年女性时间投入要比青年男性多出很多。

在《家庭卫星账户》（*Household Satellite Accounts*）一书中，评估这种贡献的标准方法是利用市场经济中的小时工资，计算家庭生产所花费时间的价值。计算方法有三种可能性。第一是"机会成本"工资，也就是一个人不去做无报酬的家庭工作，而是在市场工作一小时所获得的报酬，一小时的家庭工作的成本就是放弃市场工作中获得收入的机会。这种方法常受到批评，因为计算价值的不同取决于个人承担的任务。第二是采用专业取酬工人的工资（如清洁员、厨师、保姆、园丁）去衡量家庭成员承担相同任务的价值。这种"专业替代成本"法也会受到批评，因为专业工人可能比普通家庭成员效率更高，同样的任务花费的时间更少，因而会夸大家庭工作的价值。第三是用"多面手替代成本"法，采用多面手工人或者管家的工资率。这种方法被认为更加合适，因为其工作环境和活动范围类似于家庭成员。

由于阿根廷的家政工人有最低工资标准，本测试将使用多面手替代成本率。表3-3显示了大部分的"三无青年"并非如通常被评价的那样不具有生产性。如果他们参与到经济中，他们将为阿根廷2013年GDP贡献0.8%。这种贡献完全是基于女性劳动力每天投入7~10个小时到家庭工作中。

表3-3 "三无青年"对阿根廷经济的贡献

项目	年龄分组	平均工作时间（小时/每天）	报酬（美元）	"三无青年"的规模（人）	对GDP的贡献率（%）
女性	15~19岁	6.74	18.6	108119	0.1
	20~24岁	8.37	18.6	214427	0.4
	25~29岁	9.86	18.6	163181	0.3
男性	15~19岁	2.35	18.6	18252	0.0
	20~24岁	2.19	18.6	15345	0.0
	25~29岁	2.95	18.6	9206	0.0
合计		—	—	528530	0.8

注：报酬根据2013年阿根廷家政工作的最低工资；更多数据参见 www.elsalario.com.ar/main/Salario/salario-minimo-del-personal-domestico。

资料来源：OECD/ECLAC/CAF 根据2013年城市家庭调查（EAHU）计算。

从学校向工作的转变是青年融入社会的关键

学习和工作的联系是青年阶段融入社会的关键因素之一。太早离开学校对于以后的工作来说代价高昂。收入损失和缺少经验会使得成年更难脱离贫困。OECD国家的青年需要时间完成学校到工作的转变，包括忍受失业和短期合同（OECD，2015a）。与之类似，拉美许多青年努力尝试着融入劳动市场。过去的25年里，拉美平均受教育程度得到提高（见第四章）。青年离开学校的年龄更大，加速了他们向工作的转变，使他们在就业以后获得更大的成功。话虽如此，但很多青年在工作之路上仍然面临巨大的挑战。尽管长期趋势在评估青年活动的总体动向时有效，但在青年尤其是"三无青年"，向成年生活转变的实际方式中并非如此。这一节主要利用动态方法展示青年从学习到工作的转变过程。

图3-8显示了2014年按照年龄划分的拉美青年的活动状态，分为学生、半工半读、非正规就业、正规就业以及"三无青年"等集中类别。考虑到不同家境的青年在劳动力市场寻找工作的结果不同，分别观察不同社会经济群体的具体转变途径非常有意义。这些数据可以有效地描述青年在转向

第三章 拉丁美洲青年的社会融入及其主要挑战

成年生活和离开学校之后的状况。在拉美国家中，家境贫困的青年比那些家境富裕的同龄人更早离开学校，并且主要从事非正规工作。另外，就业率的差异显示，贫困和弱势的青年更可能成为"三无青年"（见前一节）。总体而言，诸多证据表明弱势和贫困的青年不仅离校更早，而且从学校向工作的转变过程耗时更长。

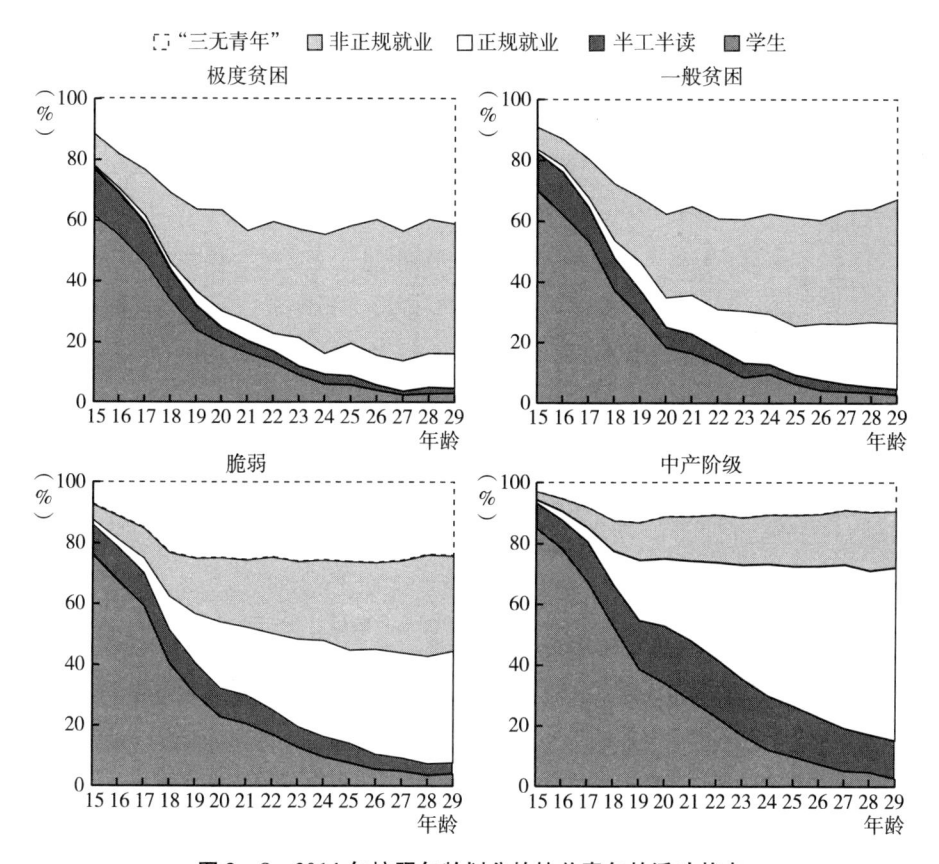

图3-8 2014年按照年龄划分的拉美青年的活动状态

注：阿根廷、玻利维亚、巴西、智利、哥伦比亚、哥斯达黎加、多米尼加共和国、厄瓜多尔、萨尔瓦多、危地马拉、洪都拉斯、墨西哥、巴拿马、巴拉圭、秘鲁、乌拉圭16个拉丁美洲和加勒比国家的未加权平均数。

资料来源：OECD和世界银行的SEDLAC and（CEDLAS and World Bank）。

个人数据的长期轨迹能够显示青年进入劳动力市场的实际转变。不幸的是，在拉美地区，这些数据仅在有限国家可以获得（阿根廷、巴西、墨西哥、巴拉圭）。图3-9显示了2005~2015年阿根廷、巴西、墨西哥、巴拉圭4国青年（15~29岁）离开学校的年转变率，这些青年在 $t-1$ 年入学，t 年离校[①]。对于青年男性和女性来说，转变模式不同。除了巴西以外，其他国家尽管有大约一半的女性第一年就离校，比例也大大低于男性。更多的男性试图参加工作（从墨西哥的53%到巴西的35%），但大多数人都只能找到非正规工作，尤其是在阿根廷。除此以外，青年以未能就业告终的比例很高（女性和男性大约都为20%）。总体而言，实现从学校到工作的成功转变需要一些时间。

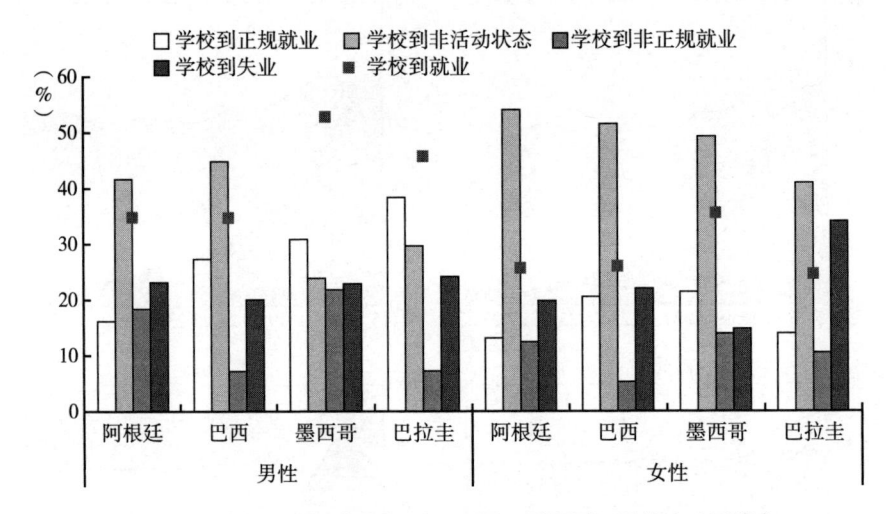

图3-9 2005~2015年阿根廷、巴西、墨西哥、巴拉圭4国青年（15~29岁）离开学校的年转变率

注：结果显示2005~2015年合并期间每年的失学率。过渡率计算为从条件1（学校）转变为条件2的人的流动与时间0和时间1之间的比率，与条件1在时间0中的人口的总人数（即在校、仅在校、半工半读）。转换是年到年（从 t 年到 $t+1$ 年）。由于数据限制，此分析仅限于城市人口。

资料来源：OECD和世界银行关于拉美和加勒比劳动力数据库表——LABLAC（CEDLAS and World Bank）。

"三无"现象的动态分析

除了理解青年"无教育、无工作"这一问题的普遍性之外，理解"三

[①] 每一条线表示了从初始状态（此例中为在校人群）移向最终劳动力市场状态（就业、不活跃和失业）的人数。

无"现象究竟是临时性还是永久性的状态尤为重要。人们很担忧长时间反复的"三无状态"对未来的职业前景不利。以拉美为例,在阿根廷、巴西、墨西哥和巴拉圭——纵向数据表明,1年以后,平均大约1/3"三无青年"找到了工作或者继续求学(见图3-10)。尽管"三无"现象发生频率相似,但男女的"三无状态"数据却大不相同。在巴西,男女面临相似的"三无"困境,在其他国家,女性青年比男性青年在1年后更难脱离"三无"困境(墨西哥为67%比29%,阿根廷为61%比34%)。"三无"现象对青年女性而言是个陷阱。总而言之,越年轻,脱离"三无"困境越容易。

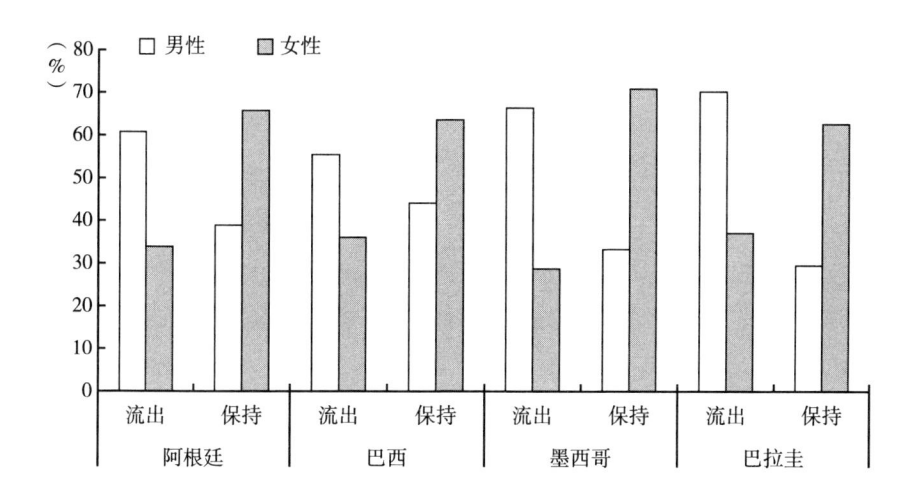

图3-10 2005~2015年拉美四国的青年(15~29岁)"三无状态"的流动

注：结果显示在2005~2015年合并期间,一年期的"三无状态"的年度变化；由于数据限制,此分析仅限于城市人口。

资料来源：OECD和世界银行的SEDLAC表(CEDLAS and World Bank)。

关于青年工作质量的一些指标

提高青年工作机会,改善其工作质量依然是拉美地区面临的挑战

前期研究表明,比起成年人和老年人,青年找到的工作更多的是收入不高、工作时间长的低质量工作,而且他们也很少享受社会保障制度、职业培训和事业进步的机会（Maloney，2004；Weller，2007；Bassi and Galiani，2009）。即使以低报酬工作起步，或者早期在错误类型工作岗位中不匹配，只要青年转换到生产性机遇上，就不会产生严重的后果。然而，这并非是拉美特有的问题。通过高失业率、工作不稳定、非正规就业和收入低等几个方面，可以看出青年在进入劳动力市场时碰到的壁垒。这一问题顽固并且难以解决，这也就是为什么必须强调青年有一个好的开始的重要性。

青年从事低质量工作

比起成年人，拉美地区工作的青年往往从事薪酬低、工作时间长的低质量工作（见专栏3.3）。从长远看，极为不利，因为这些青年几乎没法进入社会保障系统。在该地区，接近半数的青年从事低效率的工作，往往更多地影响处于经济社会底层的青年（Gontero and Weller，2015）[①]。底层青年缺乏资本与技术，不得不受他人剥削。固定期限合同和提供临时工作的机构并不常见，但是比起成年人，这种现象在青年中更常见：在这一地区，受雇用青年48.4%是合同制，32.9%是永久性合同制，82.8%是全日制雇用。对那些具有低技能、工作经验不足的青年而言，临时工作是步入稳定工作的关键性一步。尽管如此，还是有很多低技能的青年，特别是女性工作者，他们长久性地从事低技能工作，或者索性不再工作（OECD，2014a）。截至2014年，在拉美地区，持临时合同并且从事低技能工作的青年高达64%。对一些青年而言，这些指标反映了灵活的工作环境，但是，对大多数人而言，它们是通向全职工作的绊脚石，最终的结果是，许多青年，特别是青年女性沦为全职、无薪酬的家庭主妇。

青年非正规工作比率较高

非正规就业是拉美地区影响工作质量的主要原因之一。拉美地区的青年比成年人更有可能最终从事非正规工作或者在正规部门中从事一些不受保护

[①] 在低生产性部门中，Gontero和Weller（2015）把就业定义为在微小型公司（少于5个就业者）工作的就业者（非专业或非技术人才），无等级独立工人（个体经营者或无专业资格的无薪家庭工作者）以及家庭劳作。

专栏 3.3 拉丁美洲的工作质量

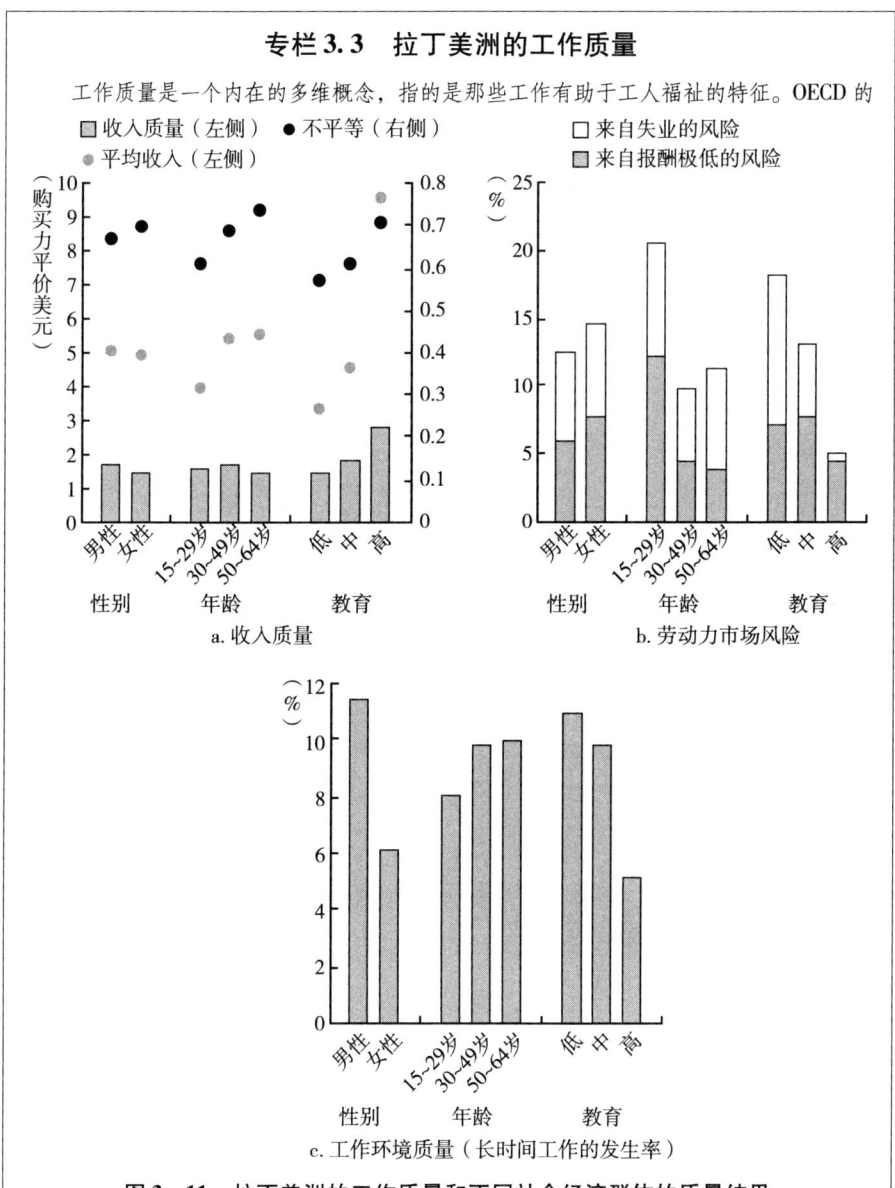

工作质量是一个内在的多维概念，指的是那些工作有助于工人福祉的特征。OECD 的

图 3-11 拉丁美洲的工作质量和不同社会经济群体的质量结果

注：上述数据表明 6 个国家的非加权平均水平，这 6 个国家包括阿根廷、巴西、智利、哥伦比亚、哥斯达黎加、墨西哥。

资料来源：OECD 根据各国家庭和劳动力市场调查（EPH - 阿根廷，PNAD - 巴西，CASEN - 智利，GEIH - 哥伦比亚，ENHAO - 哥斯达黎加，ENIGH - 墨西哥），以及 OECD（2015b）"Enhancing job quality in emerging economies," *Employment Outlook 2015* 计算。

> 工作质量框架围绕三个与个人就业状况密切相关的维度：收入质量（结合平均收入与不平等）、劳动力市场风险（来自失业的风险和报酬极低的风险）和工作环境质量（衡量工作变动的发生率或非常长的工作时间）。
>
> 　　这三个维度共同定义工作质量，在评估劳动力市场表现时，应该一并予以考虑。OECD（2015b）在构建新兴经济体的工作质量框架时，考虑了其劳动力市场的特殊性，比如劳动保护脆弱性（福利不足、社会保险项目覆盖面窄）和工作贫困率高，以及这些国家可用的数据有限。
>
> 　　OECD（2015b）分析了拉美国家——阿根廷、巴西、智利、哥伦比亚、哥斯达黎加和墨西哥——当前的工作质量水平（在所有三个维度上）远低于OECD国家平均水平。数据显示，平均而言，低技能工人每小时工作收入只有高技能工人的1/3；同时，他们还面临着4倍以上的失业和报酬极低的风险。非正规岗位的工人——其中大多为低技能工人——尤其受到工作质量差的影响：他们通常难以获得社会保护，收入只有正规岗位工人的2/3。同样，他们面临的报酬极低的风险几乎是正规工人的8倍。此外，青年人和低技能工人面临最主要的艰巨挑战——不仅工作数量差（即就业率很低），工作质量也差（即收入质量低、高度不安全，以及工作环境质量差，也即工作时间过长）。

的工作，显然，这些工作者没法享有和正规员工一样的社会保障和一般权利①。对于青年来说，在过去的10年中非正规就业率已经下降了大约10%。抛开社会的进步和不同城市之间的差异，拉美青年非正规就业率还是很高（47%）（见图3-12）。来自贫困和脆弱家庭的青年比中产阶级家庭的青年更有可能从事非正规工作。比起年长一点的青年和成年人来说，青年女性和年龄更小一点的青年非正规就业率还稍微高一点。现有的数据表明，教育程度低的青年非正规就业率更高（小学毕业的青年非正规就业率为68%，大学毕业的青年非正规就业率仅为24%）。

---

① 因为数据比较的局限性，可以利用SEDLAC数据库通过两种不同途径定义非正规工作者。为与前期研究一致，该章使用了立法概念，"非正规工作者为不受社会体系保障的有薪工作者（没有做出贡献）和未注册业务的自营工作者（个体经营）"（杰汀和拉伊格莱亚，2009）。此信息仅能从部分SEDLAC国家获得。SEDLAC生产性定义将非正规就业定义为个体经营户（除拥有高等学位者）和在少于5个工作者的公司工作，当利用这一定义时，得到的非正规就业率相似。

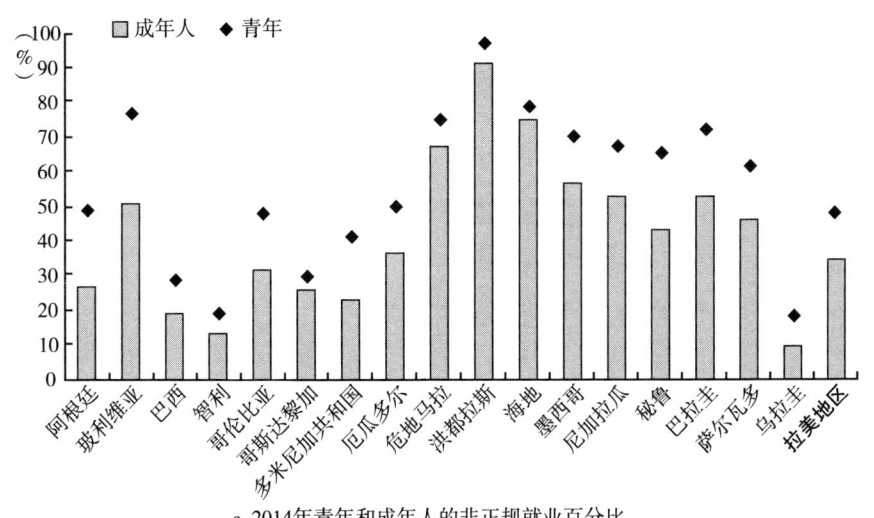

a. 2014年青年和成年人的非正规就业百分比

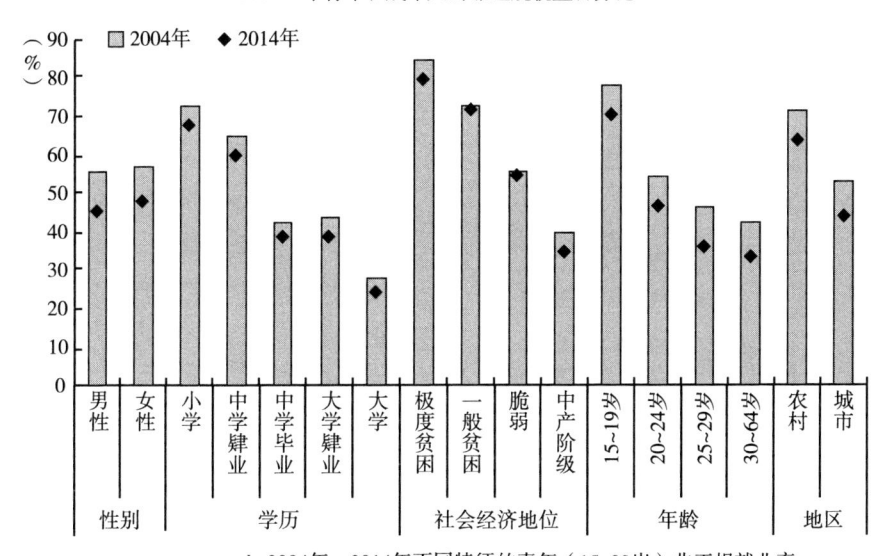

b. 2004年、2014年不同特征的青年（15~29岁）非正规就业率

图3-12　根据年龄和社会经济特征划分的拉美非正规就业情况

注：非正规就业率是利用SEDLAC关于非正规就业的法律定义来计算工人的工资和薪酬，在这种情况下，获得养老金资格是象征；拉美地区加权14个国家进行加权平均，阿根廷、玻利维亚、巴西、智利、哥斯达黎加、厄瓜多尔、萨尔瓦多、危地马拉、墨西哥、尼加拉瓜、巴拿马、巴拉圭、秘鲁、乌拉圭；哥伦比亚、多米尼加共和国、海地和洪都拉斯均未计入平均值，因为没有2004年的正规信息。

资料来源：OECD和世界银行的SEDLAC表（CEDLAS and World Bank）。

在某种程度上，非正规的工作恰恰是正规工作的垫脚石。青年的高非正规就业率似乎没必要引起太多担忧。近来一些发现表明非正规工作事实上可能充当非正规职业培训，也就是一块通往正规工作的跳板。因此，早期的非正规工作经验不会在就业前景或薪资待遇方面阻碍个人的事业规划（Bosch and Maloney, 2010; Cunningham and Bustos, 2011）。然而，Cruces、Ham 和 Viollaz（2012）认为，在巴西和阿根廷，非正规工作带来了巨大而又深刻的伤痕：那些年轻时期就长期失业或者从事非正规工作的人在成年后会更加难以进入劳动力市场。此外，非正规的公司给他们提供很少的人力资本积累机会，从而也导致效率越来越低。因此这可能给这个时期最脆弱的青年的薪酬和事业进步造成了额外的阻力，而这些恰恰是整个人生事业规划的基础。被动失业、非正规工作或者工作状态不稳定都会导致青年陷入贫困的恶性循环。这大大打击了青年的自尊心、助长了异化现象，同时也降低了青年的未来发展前景。

奠基石还是陷阱？

只有从动态角度分析工人如何进出非正规工作，才能揭示从事非正规工作是否代表着劣势，从而理解结束非正规工作的困难性。图 3-13 显示了 2005~2015 年 4 个国家的青年（15~29 岁）正规就业和非正规就业年度转换率，因为这四个国家的个人固定样本数据是可获取的（阿根廷、巴西、墨西哥、秘鲁）。数据显示，对于已就业的青年男性和女性来说，非正规工作可能比正规工作更加具有不稳定性。正规工作者的保留率要远远高于非正规工作者。此外，每年都有相当大的一部分非正规工作者（墨西哥女性为15%，巴西男性为29%）转向正规工作领域。这表明了在某些案例中非正规工作对于青年来说可能是一块垫脚石。

非正规工作的不稳定性可能会转化成失业的高风险性：非正规工作总是与失业的高概率相联系，尤其对于青年女性。当然，这也可能由于个人选择。例如，因为家庭原因计划放弃工作的女性可能更愿意寻找一份灵活性高的工作，于是就自我选择了从事非正规工作。这看起来有道理：确实，女性的失业率并不比男性高。但从非正规工作转向非活动状态的青年数量却相当

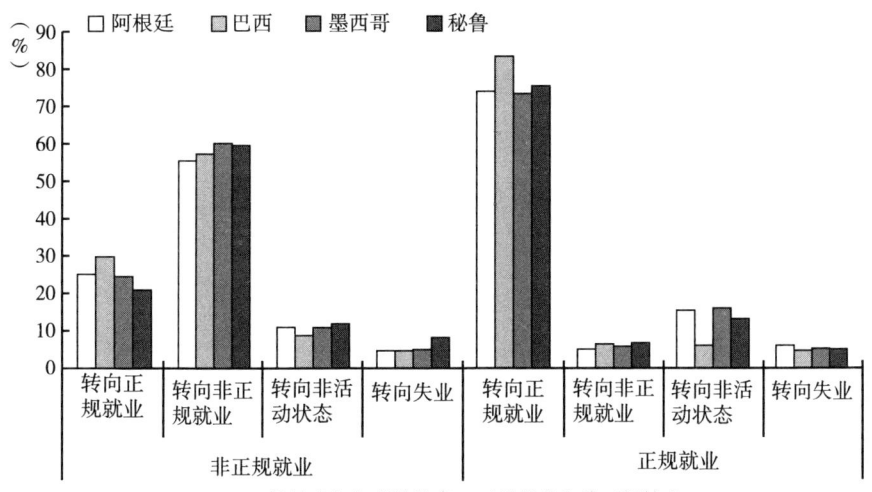

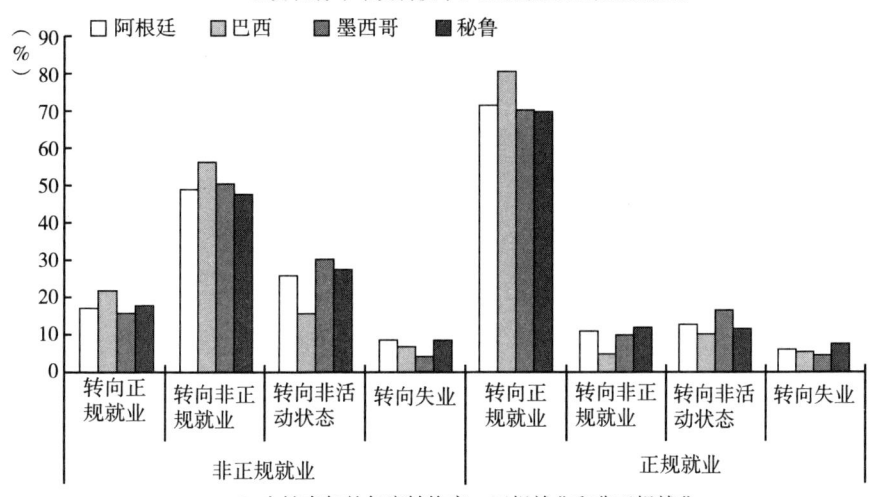

图3-13　2005~2015年青年（15~29岁）正规就业和非正规就业年度转换率

注：结果显示非正规就业进出的年度转换率；该分析仅限于4个国家（阿根廷、巴西、墨西哥、秘鲁）的城市人口。

资料来源：OECD和World Bank的SEDLAC表（CEDLAS and World Bank）。

多。因此，非正规工作对于某些人来说可能是一块垫脚石，但对另一部分人来说可能是个陷阱，尤其是那些脆弱又缺乏技能的青年。背后的原因可以在正规工作的高成本中找到，尤其是他们处于分配的低端（见专栏3.4）。

青年人的薪酬仍然落后于正值黄金时期的成年人

就薪酬而言，拉美地区的青年平均薪酬低于正值黄金时期成年人。随着时间的推移，青年的薪酬快速增长，不断地缩小与成年人同行之间的差距。总而言之，2004~2014年，青年与30~64岁的成年人的薪酬差距从54%涨至76%。然而，在不同的分组之间仍然存在着很大的差距（例如性别、经济社会地位以及种族划分）。很大一部分差距仍然难以解释，表明可能劳动力市场中存在歧视现象。青年与成年人之间收入差距显著主要是因为工作经验的重要价值。正如所预计的那样，随着年龄增加和经验积累，这种差距在逐渐缩小。最年轻的一批青年人（15~19岁）平均薪酬是成年人的1/3，20~24岁的一批青年薪酬差不多是成年人的一半；那些稍微年长的一批青年（25~29岁）的薪酬是成年人同行的75%甚至更高（见图3-14）。

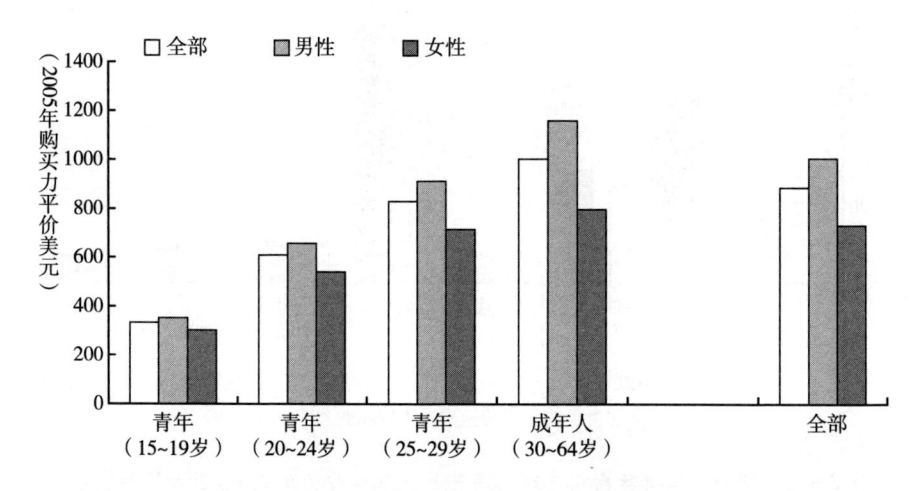

图3-14　2013年拉美就业人口月均劳动收入

注：拉美17个国家的简单平均：阿根廷（2012年）、玻利维亚（2011年）、巴西（2013年）、智利（2013年）、哥斯达黎加（2013年）、厄瓜多尔（2013年）、危地马拉（2006年）、洪都拉斯（2010年）、墨西哥（2012年）、尼加拉瓜（2009年）、巴拿马（2013年）、巴拉圭（2013年）、秘鲁（2013年）、多米尼加共和国（2013年）、萨尔瓦多（2013年）、乌拉圭（2013年）和委内瑞拉（2013年）。

资料资源：OECD/ECLAC/CAF根据单个国家的家庭调查制作的特别表格。

这些数据表明男女之间仍然存在巨大的薪酬差距。尽管对这一现象的研究一直都广受关注，但有两个因素值得关注。首先，当人们职业生涯开始时，这一阶段不存在性别薪酬差距，随着年龄增长而出现差距，且不断扩大，这可以片面地解释为：女性积累的工作经验较少，她们会选择那种工作量不大，使其能够承担更多的家庭责任和监护人职责的工作。有过工作中断历史的人通常会在一些工作效率低的部门从事不稳定的工作。其次，尽管平均来看，女性比男性有着更高的教育水平。但这并不能转换成高收入，这主要是因为社会文化模式带有薪酬性别歧视。因此，即使所有的特点都无法解释这个依然存在的差异。

"新常态"的挑战

青年参与劳动力市场往往表现为具有较高的流动率（在工作和不同的劳动力市场状态之间），分割和不稳定的条件，这些被许多青年视为"新常态"（OAS，2012）。然而，这种模式将会破坏大多数青年事业上升的机会或者建立稳定雇用关系的能力。ILO（2013）研究中提出这会带来政治挑战：高失业率和非正规劳动力市场削弱了青年渴望从工作收入中获得独立的积极性。事实上，青年人渴望高质量的工作，从而完全参与到社会生产和城市发展的过程中，实现个人发展，获得幸福的生活状态。而这些愿景难以实现时，就会产生高度的被歧视感和不满意感。Latinobarometro 和 LAPOP 的客观数据描绘了这样一幅糟糕的景象：50%的 16~29 岁青年担忧明年会失去工作或遭解雇，60%多一点的 16~29 岁青年声称不能保证明年能找到工作机会。这一情况说明社会需要更多有质量的工作以及相关培训机构，促使青年扩大工作机会（ECLAC/OIJ，2008；OECD，2016，2015a）。

专栏 3.4 为拉美地区所有人寻找正规就业——成本计算

由于年龄越小，收入越低，更多地进入非正规部门就业，引发一个直接的问题：社会保护和强制税收的成本是否阻止了这些人进入正规部门？

青年的非正规就业率高于成年人。非正规就业的定义是工人不向社会保障计划缴费，它由几个因素造成，包括但不限于社会保障和税收的成本。图 3-15 显示，尽管劳动收入更高，正规就业成本更低，但是非正规就业仍然很高。因此，其他因素，比如工作安全、体制因素、青年对社会保障项目价值的认识以及获得未来权益的信心，可能会更好地解释该地区的非正规性。

个人收入高于最低工资标准，推高了正规就业的成本。大多数社会计划的资金都来源于对最低和最高工资额度的强制性缴费。在大多数国家，最低工资额度与最低工资标准相关。因此，社会保障计划与劳动收入挂钩，当个人收入越高于最低工资标准时，成本会越高。

就收入分配而言，青年的社会保障平均成本要略高于正值黄金时期的成年人。这意味着社会保障体制对青年更加严格，与其收入水平无关。不过，就算是正规成本降低，所有人群非正规就业率的区别也无法消除。

与社会保障计划挂钩的成本，对于那些处于收入分配底层的人而言相当之高。对于这部分人群，社会保障计划的成本占劳动收入的平均比重，要比那些收入高的同行更高。在这些情况下，这些计划的高成本毫无疑问会影响非正规工人继续保留非正规性的决定。当收入增加时，留在非正规部门的决定就与成本关系不大，更多的是其他因素。

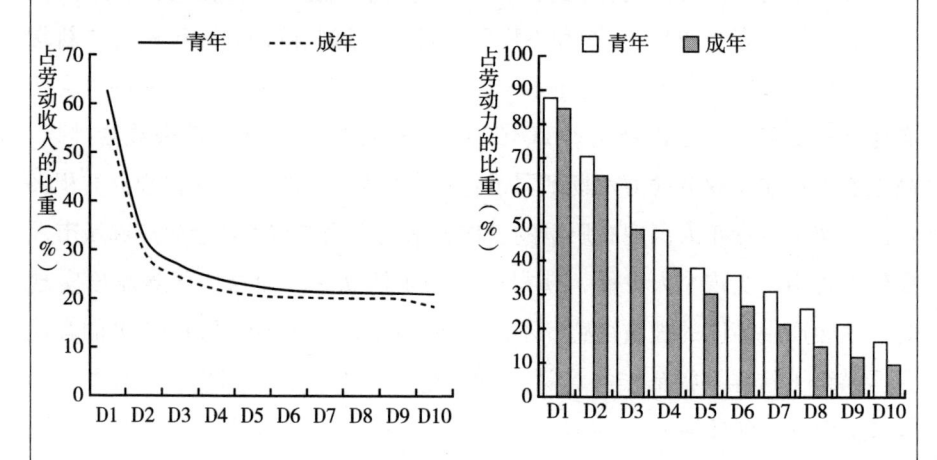

图 3-15 拉美地区非正规和正规就业的成本

资料来源：OECD/ECLAC/CAF 根据 IDB 和 OECD/IDB/CIAT（2016）的数据。

青年除工作外的社会融入

青年的社会融入问题应当超越经济范畴。他们应当全面参与到发展过程中，帮助国家向更加公平的社会迈进。然而，拉美地区一部分青年融入社会的问题在很大程度上还没有得到解决。大量的缺陷和威胁限制了他们的生活选择。除了就业之外，如有限的受教育途径、健康服务和公民参与都阻止了青年在社会中充分发挥作用。随着人口快速增长和社会越发不平等，这些问题在各国越发严峻。例如：在拉美地区，新的一代给经济和社会发展造成了压力。

这一节旨在从权利角度解读青年融入社会的过程，除了教育（将在第四章讨论）和就业这两个基本要点，还包含了社会融入的其他要点。青年不仅需要在融入的客观要素上取得进步，还需要在主观要素上努力。以此方式，他们会越发觉得参与到社会建设中。

良好健康会激发青年融入和参与社会

理解和解决青年的健康需求至关重要。健康使得青年能够入学，提高其学术表现，同时进入劳动力市场，反过来也利于青年融入社会中。此外，拥有良好健康和营养的青年更容易充分参与到社会各个领域，而不仅仅是在学习和就业方面。因此健康水平直接关系到总体青春健康以及青年未来的经济和社会前景。也就是，青春期和青年的健康问题会留下难以磨灭的痕迹。心理健康问题、药物滥用和早孕影响了他们的发展并且会造成巨大的长期副作用。从地区人口角度看，关注青年健康水平也是必需的。由于人口老龄化，公共资源的分配将会用来满足老人的需求，这会损害其他年龄群体的利益，尤其是在健康方面（Rossel，2013）。

尽管相比于其他年龄群体，青年的生病率和死亡率更低，但青年所面临的与外界因素相关的健康风险却更高。而且直到多年后，许多损害青年健康的习惯才致人生病和死亡（Maddaleno，Morello and Infante – Espínola，2003）。在健康领域，人们倾向于把青年阶段视作风险和犯罪的时期（Krauskopf，2000）。这一消极的、局限性的观点限制了人们关注青年面对的特定问题，阻碍了人们更加全面地看待青年健康问题。

青年的健康风险取决于不同因素

青年健康问题在一定程度上受到忽视，因为这个群体总体上拥有良好的健康，包括相对较低的死亡率（见图 3 – 16）。总体而言，儿童期的死亡率会逐渐下降,在 10 岁左右达到最低点,之后一直到 35 岁,死亡率逐渐缓慢上升,然后快速增长。这种状况对男女都一样,尽管男性在所有年龄段都拥有较高的死亡率。

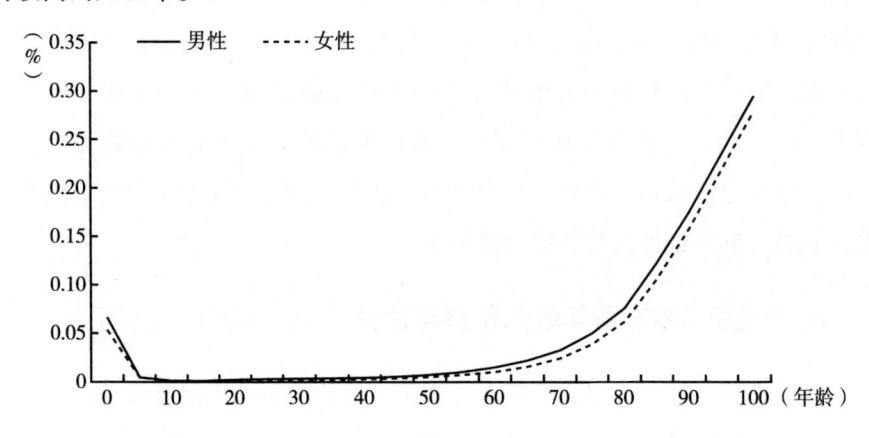

图 3-16　2010 年拉美地区按年龄和性别划分的特定死亡率

资料来源:OECD/ECLAC/CAF 根据拉美人口中心(CELADE）- ECLAC 人口司(2010),"Mortality",Demographic Observatory,No. 9(LC/G. 2490 - P),Santiago(Figure 1);Institute for Health Metrics and Evaluation,http://vizhub.healthdata.org/gbd - compare(Figure 2),以及 Trucco and Ullmann(2015)。

在这个年龄范围除了死亡率较低,死亡的具体原因也会有特殊模式。受伤(可预防原因)是造成男女青年死亡的主要原因(见图 3-17)。男性和女性仍然会因为各种不同的受伤而死亡,不管是青年还是成年都是如此。暴力是男性受伤死亡的主要原因,大多数女性的死亡原因都是暴露于自然而形成的伤害(Ullmann,2015)。尽管非传染性疾病(尤其是心血管疾病和癌症)并不是青年死亡的主要原因,随着年龄的增长,非传染性疾病越发容易导致青年死亡。这些疾病与青少年和青年的健康行为联系密切,比如久坐、不良的饮食习惯、抽烟和过度饮酒(Baldwin et al.,2013)。上述两个主题将会在这一小节进一步分析。

死亡率可以较好地反映一定范围内青年的总体健康状况。然而,如果死亡率没有将那些会缩短青年寿命但不直接致死的疾病考虑在内,那么这样的度量方式是不完整的。"伤残调整寿命年"一直以来都备受争议(Anand and

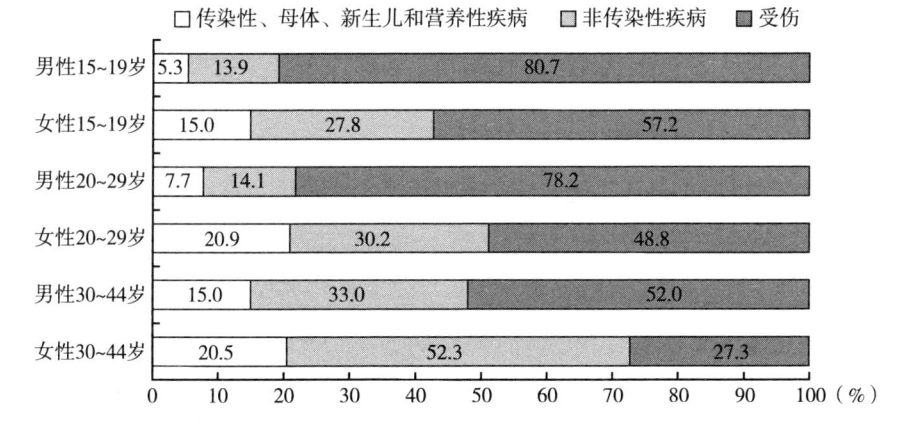

□ 传染性、母体、新生儿和营养性疾病　■ 非传染性疾病　■ 受伤

群体	传染性等	非传染性	受伤
男性15~19岁	5.3	13.9	80.7
女性15~19岁	15.0	27.8	57.2
男性20~29岁	7.7	14.1	78.2
女性20~29岁	20.9	30.2	48.8
男性30~44岁	15.0	33.0	52.0
女性30~44岁	20.5	52.3	27.3

图3-17　2010年拉美地区按年龄和性别的特定死亡原因

注：包括拉美33个国家。

资料来源：OECD/ECLAC/CAF 根据拉美人口中心（CELADE）-ECLAC 人口司（2010），"Mortality", Demographic Observatory, No. 9 (LC/G. 2490-P), Santiago (Figure 1); Institute for Health Metrics and Evaluation, http://vizhub.healthdata.org/gbd-compare (Figure 2)，以及 Trucco and Ullmann (2015)。

Hanson，1997），尤其是考虑到它的道德和价值导向基础。尽管如此，"伤残调整寿命年"对于衡量人的健康程度以及了解病因以便享受健康是有意义的。

根据2010年数据（见表3-4），与心理健康挂钩的"伤残调整寿命年"解释了大部分青年的疾病负担。关于15~19岁女性的"伤残调整寿命年"显示，心理健康问题在疾病中占比较大，同时明确了导致大部分疾病产生的条件（重度抑郁障碍、主要抑郁障碍和焦虑障碍等）。虽然与20~29岁的群体略微不同，但主要抑郁障碍仍然位列第一。在所有研究的男性年龄组中，暴力、置身于自然环境以及道路交通事故是三大主要问题，也是导致"伤残调整寿命年"的原因。

这些数据大体上显示了拉美地区的青年健康水平。然而，在种族、城镇农村居民和社会经济层面上，死亡率和发病率之间存在着巨大的差异。贫穷、教育缺失、过度拥挤、营养不良、缺水、环境卫生低下、边缘化和歧视使青年暴露于病菌之中。同时，社会排外主义导致健康问题越发严峻。社会排外主义还限制了青年得到疾病诊断和治疗的医学护理途径。对于社会排外

表 3-4 2010 年的拉美地区（33 个国家）：按性别和年龄划分的致死性主要疾病

15~19 岁	
男性	女性
暴力	重度抑郁障碍
置身于自然环境	置身于自然环境
道路交通事故	主要抑郁障碍
意外伤害	焦虑障碍
重度抑郁障碍	皮肤和皮下疾病
20~29 岁	
男性	女性
暴力	重度抑郁障碍
置身于自然环境	置身于自然环境
道路交通事故	主要抑郁障碍
药物使用障碍	糖尿病与泌尿生殖内分泌疾病
重度抑郁障碍	焦虑障碍
30~44 岁	
男性	女性
暴力	心血管循环疾病
置身于自然环境	肿瘤
道路交通事故	糖尿病与泌尿生殖内分泌疾病
艾滋病和肺结核	重度抑郁障碍
心血管循环疾病	下呼吸道感染、脑膜炎等常见传染病

资料来源：Institute for Health Metrics and Evaluation, http://vizhub.healthdata.org/gbd-compare。

主义，保护性因素（如稳定的家庭生活、学校和正面榜样之间强有力的联系）对于促进青年健康发展尤其重要。

早孕率仍然是紧要问题

青年面临的生育风险日益引起人们的担忧。尤其是青少年怀孕给女性、男性、孩子、家庭和社会带来的大范围消极影响在地区范围内引起担忧。尽管人们为降低青少年怀孕率做出了努力，但在许多拉美国家这一数据仍停留在较高水平。

尽管有不同途径都能导致青少年怀孕，但大多发生在社会经济阶层较低的年轻女性中，青少年生育率一直以来就与贫穷相联系（Rodríguez, 2014; Ullmann, 2015）。

不管使用了何种测量方式（居民地、教育和家庭财富），青少年生育率和社会经济阶层存在相反关系。图3－18显示了在最新人口普查中，拉美7国的青少年（15～19岁）母亲所占比重，此数据清楚地表明了该地域青少年生育率的社会层理。

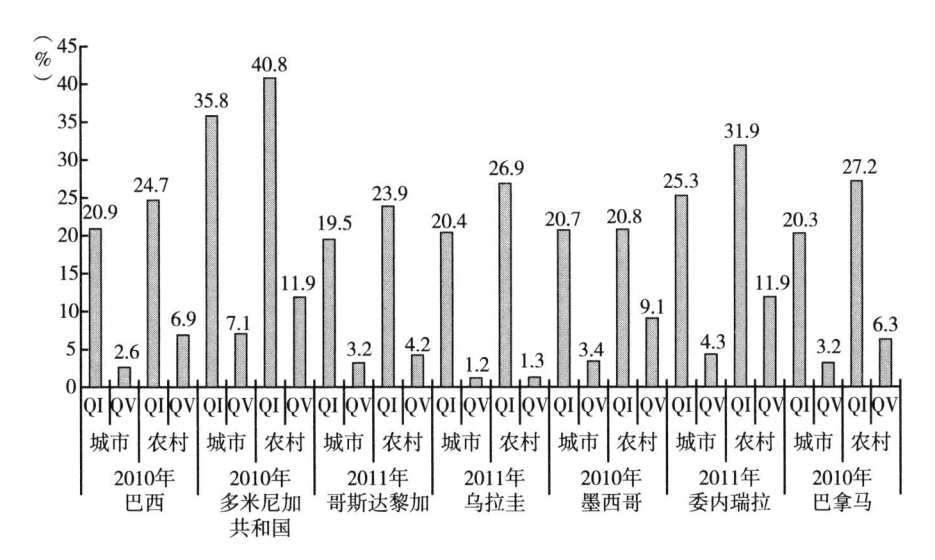

图3－18　拉美7国的青少年（15～19岁）母亲所占比重

注：QI＝分组 I；QV＝分组 V。
资料来源：Rodríguez, J., "La reproducción en la adolescencia y sus desigualdades en América Latina. Introduccióal análisis demográfico, con énfasis en el uso de microdatos censales de la ronda de 2010," in Santiago, Economic Commission for Latin America and the Caribbean (ECLAC), 2014。

其他青年健康问题：滥用药物和心理健康问题

合法和非法药物滥用是严重的公众健康问题，因为它在个人和社会层面都造成了广泛的负面影响（Ullmann, 2015）。烟草和酒精的使用会逐步侵蚀青少年，进而对器官产生危害，这些影响只会在人生后期阶段显现出来。喝酒常常和攻击性行为以及暴力犯罪联系在一起（Parker and Auerhahn, 1998）。而且依赖非法药物的青年可能会通过偷窃和抢劫来满足上瘾需求或加入生产和销售非法药物中去。这些行为可能会使得青年成为暴力的犯罪者或受害者。

青年的合法和非法药物滥用同样对社会产生直接或间接的损失。依赖性、司法刑事系统损失以及健康护理损失的叠加会造成青年年复一年的生产劳动损失。

拉丁美洲经济展望（2017）：青年、技能和创业

在讨论拉美青年药物滥用时，缺乏可比较数据成为主要问题。虽然各国青年调查说明了具体问题，但由于方法论不同，无法作为有用的比较数据。来自世界卫生组织关于全球学校学生健康调查阐明了这一范围的区域性趋势[①]。此信息非常有用，因为该年龄段的青年所使用的药物能够表现出未来所面对的问题，这些问题反过来与学习和就业有关。然而，调查并没有包括未上学的青少年数据，因此这些数据可能低估了烟草、酒精和非法药物使用的流行性。

不同国家的烟草盛行率不同——从安圭拉岛的4.9%到阿根廷的25.5%（见图3-19）差异巨大。相似的是，该地区学生酒精消费也不同（见图3-20）。然而，除少数情况外，酒精消耗的盛行率高达30%——这也就是说，

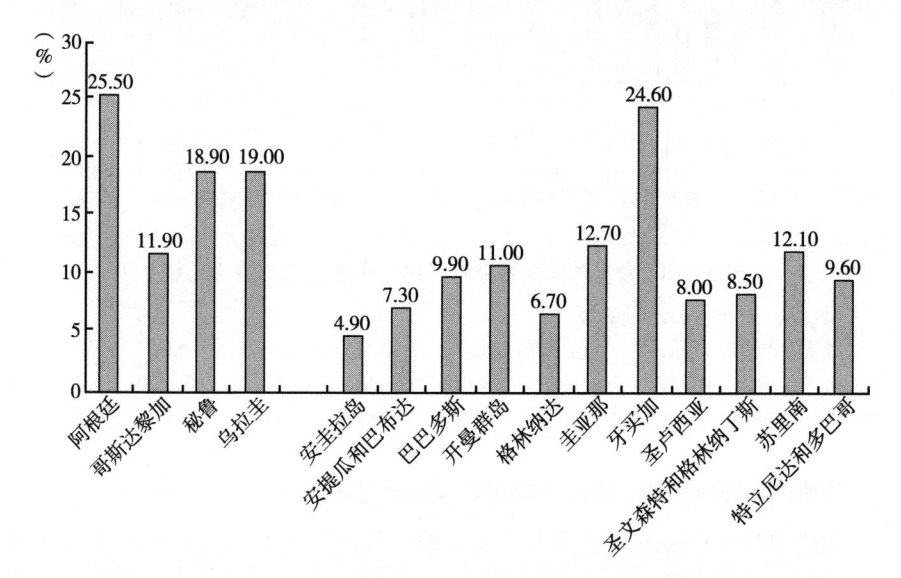

图3-19 拉美（15国）：调查前30天内至少吸过一次烟的学生所占比重

资料来源：世界卫生组织（WHO），Global School-Based Student Health Survey, 2010 中各国的数据：安圭拉岛（2009）、安提瓜和巴布达（2009）、阿根廷（2007）、巴巴多斯（2011）、开曼群岛（2007）、哥斯达黎加（2009）、格林纳达（2008）、圭亚那（2010）、牙买加（2010）、秘鲁（2010）、圣卢西亚（2007）、圣文森特和格林纳丁斯（2007）、苏里南（2009）、特立尼达和多巴哥（2011）、乌拉圭（2006）。

[①] 关于中学生和大学生（13~17岁）的研究使用了标准抽样，此方法常见且问题标准化，有利于不同国家数据间的比较。

在调查前30天内，接受调查的学生中有1/3至少喝过一次酒。这表明酒是这些国家中青年消费最多的物质。

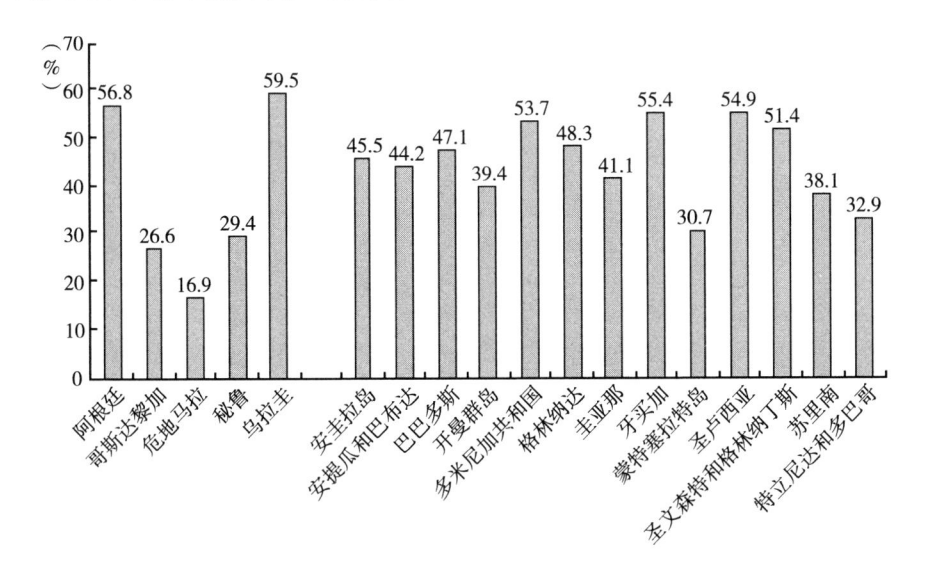

图3-20 拉美（18国）：调查前30天内至少喝过一次酒的学生所占比重

资料来源：世界卫生组织（WHO），Global School-Based Student Health Survey，2010中各国的数据：安圭拉岛（2009）、安提瓜和巴布达（2009）、阿根廷（2007）、巴巴多斯（2011）、开曼群岛（2007）、哥斯达黎加（2009）、多米尼加共和国（2009）、格林纳达（2008）、危地马拉（2009）、圭亚那（2010）、牙买加（2010）、蒙特塞拉特岛（2008）、秘鲁（2010）、圣卢西亚（2007）、圣文森特和格林纳丁斯（2007）、苏里南（2009）、特立尼达和多巴哥（2011）、乌拉圭（2006）。

根据同样的数据来源，大多数受调查的青年在14岁之前就已经开始使用烟草和酒精，这表明反对青年人抽烟喝酒的预防措施和公共健康措施还很不及时。图3-21表明，拉美地区学生的非法药物消费呈上升趋势。

总而言之，不管是拉美还是以英语为母语的加勒比地区，酒精消费已经远超烟草和非法药物。在拉美，烟草使用比非法药物使用更加盛行，在加勒比则恰恰相反，更多的学生使用非法药物。

媒体和政策制定者聚焦于青年非法药物的滥用，尤其是大麻和可卡因（以及它们的副产品，比如可卡因团）。然而，拉美地区青年最多消费的药物是酒精和烟草（在此阶段和未来通过非传染性疾病给青年带来更大问题）。这

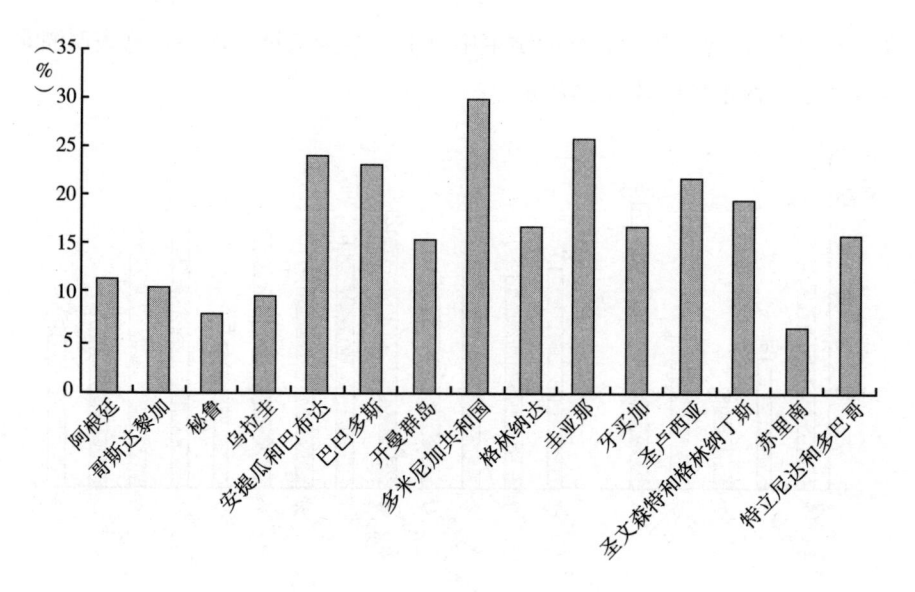

表 3-21　拉美地区至少使用过一次药物的学生所占比重

注：药物被定义为大麻、可卡因和摇头丸。

资料来源：世界卫生组织（WHO），Global School-Based Student Health Survey, 2010 中各国的数据：安提瓜和巴布达（2009）、阿根廷（2007）、巴巴多斯（2011）、开曼群岛（2007）、哥斯达黎加（2009）、多米尼加共和国（2009）、格林纳达（2008）、牙买加（2010）、蒙特塞拉特岛（2008）、秘鲁（2010）、圣卢西亚（2007）、圣文森特和格林纳丁斯（2007）、苏里南（2009）、特立尼达和多巴哥（2011）、乌拉圭（2006）。

些药物的合法性并没有减少它们的伤害性，并对使用者产生不可逆转的影响，以及减少导致对第三方产生伤害的风险性情况，如不安全性行为和危险行车驾驶。依赖药物的青年会背上污名并受到排斥，这对他们的健康以及受到合适对待来克服依赖性会产生不利影响（da Silva et al., 2009）。

患有心理健康问题的青年在社会和经济一体化进程中也面临着巨大的挑战，这些挑战对大范围的收入增长会产生巨大的影响，阻碍了社会一体化。而且，许多心理健康问题发生在青少年时期，会对人生后期产生影响（Baldwin et al., 2013）。

在拉美地区关于青年心理健康的流行病学研究较少，而且因为测量工具欠缺、年龄范围和研究时期的不同，这些研究很难进行比较。对于青年尤其是此年龄范围的女性来说，心理健康障碍是一个重要的问题。

由于学习成绩差、纪律差以及考勤不佳,患有心理疾病的青年也许会觉得完成学业十分困难,因此可能会最终辍学。学校经历使这些青年在进入劳动市场时手足无措,之后的就业情况也不尽如人意。青少年和青年的心理健康问题也会影响他们与同伴、家长以及其他人的健康交往。这些问题影响了青年的自信和社会互动,甚至使得自残或伤害他人的可能性大大上升(UNICEF,2012；Bradshaw,O'Brennan and McNeely,2008)。

全世界估计有大约20%的青年有心理健康问题,这意味着大多数青年——甚至是那些面对许多逆境和多风险因素的青年,心理还是健康的(Patel et al.,2007；UNICEF,2012)。此观点说明了预防性因素的重要性,这些因素包括:联系和归属感、社会支持感以及减轻风险影响和加快恢复的低水平冲突(Patel et al.,2007)。当然,家庭的支持对于青年恢复至关重要。

公民参与和政治参与

与健康问题相似,政治参与也是青年社会融入的主要工具之一,但是经常被忽视。参与政治实践是一项基本人权,这项权利的实现来真正享受其他人权来说至关重要(Maldonado,2015)。

青年政治参与的关键指标是:在最近的总统大选中参与投票率(见图3-22)[①]。很多青年声称已经参与了投票,但是在很多案例中青年投票所占的比重远远低于成年人,这部分和年龄限制有关,但是自我排斥也是一个原因。这个地区青年投票行为的演变很复杂。在过去的10年里有些国家青年投票率急剧下降,然而其他国家却有所上升。

大量研究数据表明青年在其他非政治的组织中的参与度相比于之前也减少了。

拉美地区大多数青年并没有参与青年协会及青年运动(参与度在5%到20%之间,这也视城市而定,而且体育和宗教组织占绝大多数),这可以看

---

① 在以下几个国家投票是强制性的:阿根廷、玻利维亚、巴西、哥斯达黎加、多米尼加共和国、厄瓜多尔、洪都拉斯、墨西哥、巴拿马、巴拉圭、秘鲁和乌拉圭。

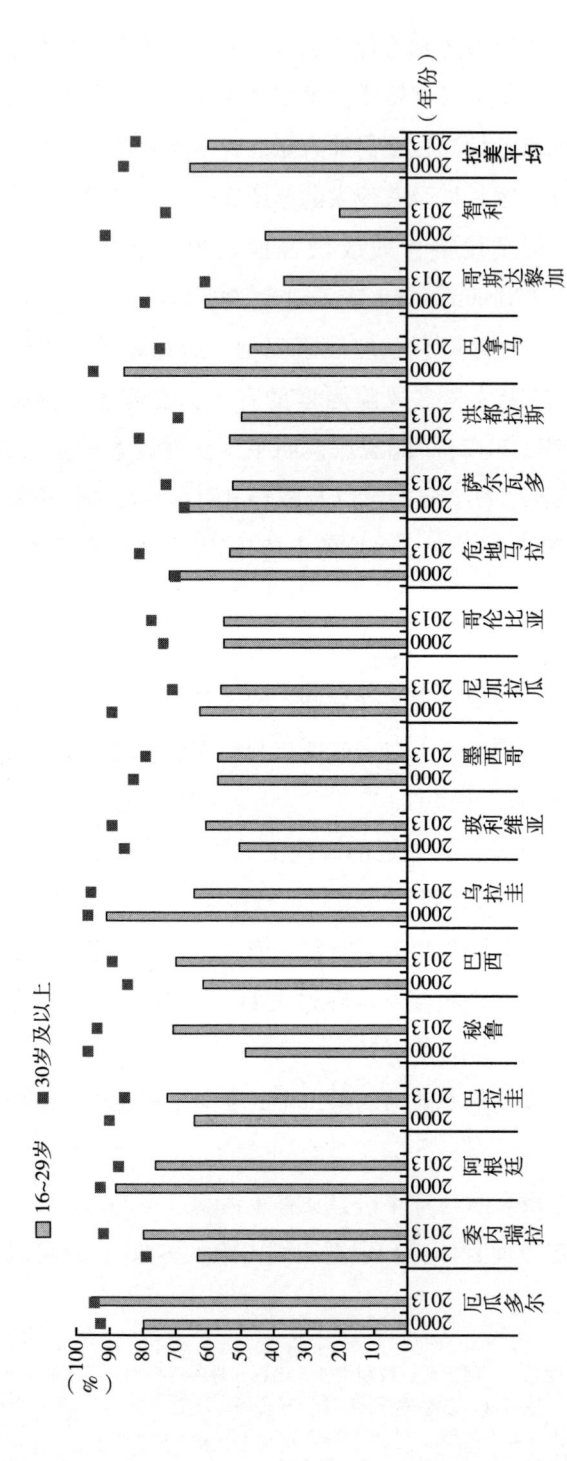

图 3-22 拉美（17 国）：2000~2013 年在最近总统选举中青年和成年人投票率

注：构成非选民总数的百分比还包括那些无法进行投票的人、决定不投票的人，以及不符合年龄要求的人等；关于这点，16~17岁的青年只被纳入他们有资格投票的国家的分析样本；根据不同国家的投票结果按照2013年青年的百分比按降序给出，这些青年在最近的总统选举中投票。

资料来源：OECD/ECLAC/CAF 根据 Trucco 和 Ullmann（2015）中关于2000~2013年拉美调查的结果制作。

作向青年参与的一种新形式的转变，也是对于公民参与的一种新理解（Maldonado，2015）。

青年在社会活动中的参与与否是衡量他们接受、冷漠或者拒绝公共生活和民主的指标。测量这一参与的一种方法就是看在过去一年中至少参与过一次游行的人数占比（见图3-23）。在地区层面，这一比例在2000～2013年大约为26%，这比图3-23中30岁及以上的人群要稍微高出一点。

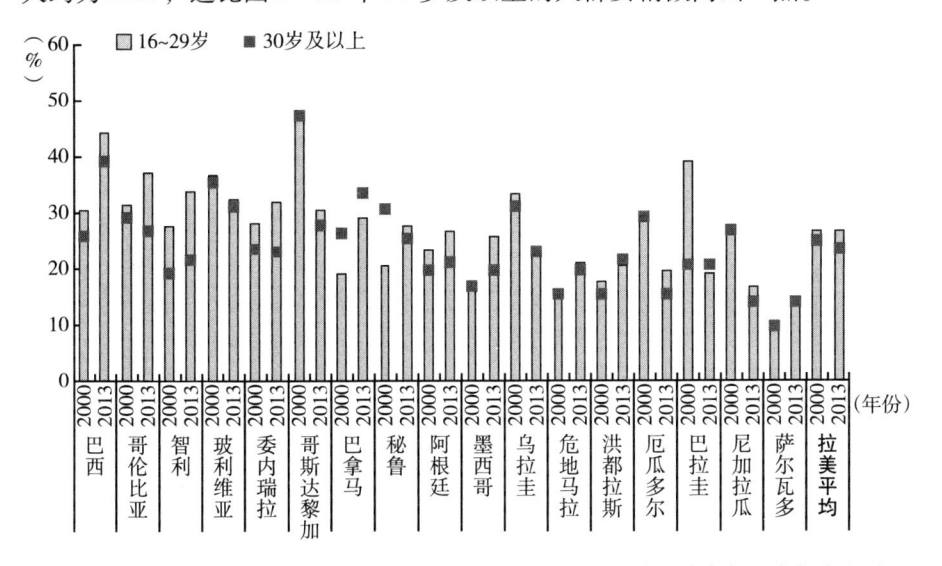

图3-23 拉美（17国）：2000～2013年至少参与了一次游行的青年和成年人比重

注：在2013年调查中，各国按年轻受访者百分比的降序排列，他们经常支持一个政党或候选人。

资料来源：OECD/ECLAC/CAF根据Trucco and Ullmann（2015）中关于2000～2013年拉美调查的结果制作的特别表。

不投票和不参与社会活动的青年究竟有多少呢？大量研究试图把投票活动和社会活动的参与联系起来（FLACSO/IDEA International，2013；Maldonado，2015）。这种方法可以对青年的参与活动进行分组：①参与社会活动并投票；②投票但不参与社会活动；③不投票但是参与社会活动；④不投票也不参与社会活动（最后一组在某种程度上被典型地认为是依然站在政治生活的边缘）。

第四小组的青年所占比例在2000～2013年从27.3%上升到31.3%（见图3

−24)。和成年人相比，在2013年，没有参与投票或者社会活动的青年的比例是成年人的两倍多（成年人是15.4%）。然而，这些数据表明大多数拉美青年，其中大约70%确实作为投票者或者参加者或者两者都是而参与到政治过程中。

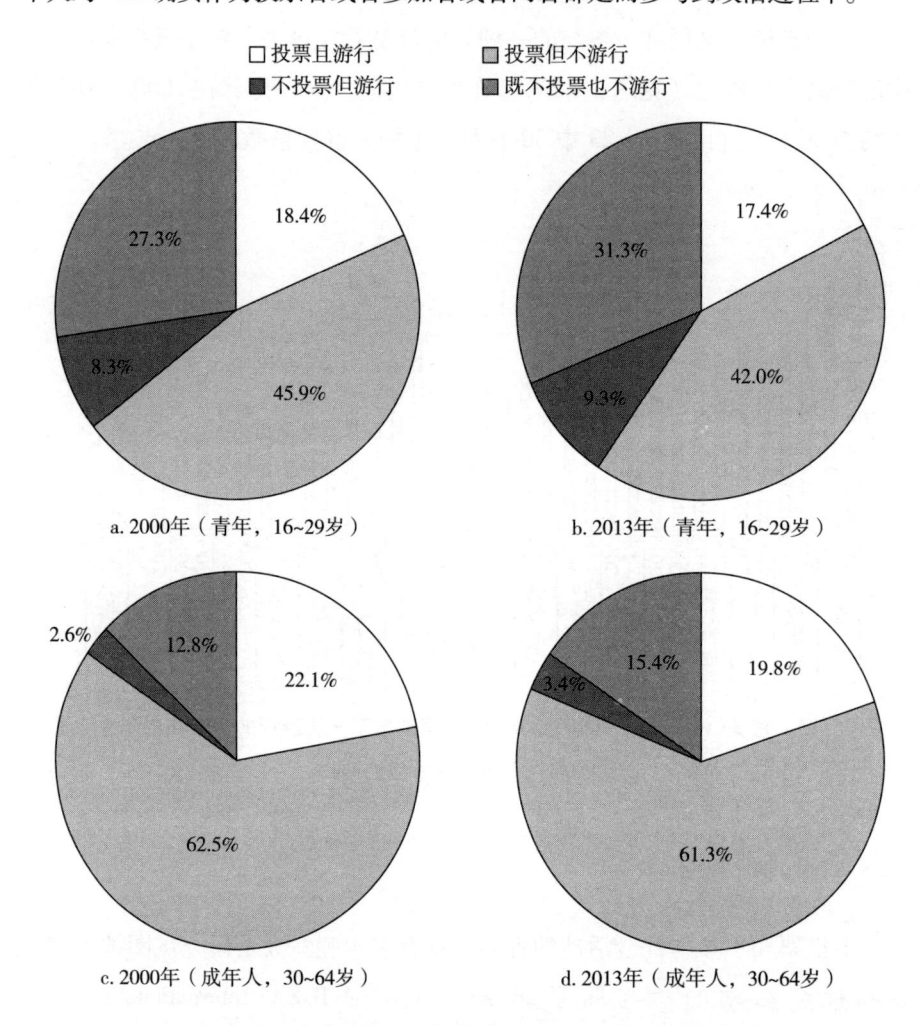

图例：□投票且游行　▨投票但不游行　■不投票但游行　▩既不投票也不游行

a. 2000年（青年，16~29岁）：18.4%，45.9%，8.3%，27.3%

b. 2013年（青年，16~29岁）：17.4%，42.0%，9.3%，31.3%

c. 2000年（成年人，30~64岁）：22.1%，62.5%，2.6%，12.8%

d. 2013年（成年人，30~64岁）：19.8%，61.3%，3.4%，15.4%

图3-24　拉美（17国）：2000～2013年至少一次在最近选举中投票且参与游行的青年和成年人比重

注：这些数字代表那些没有投票的人，因为他们无法参加投票，还有那些没有资格投票和不想投票的人。（图中数据存在误差。——译者注）

资料来源：OECD/ECLAC/CAF根据Trucco和Ullmann（2015）中关于2000～2013年拉美调查的结果制作的特别表。

这些数据表明，促进青年更多的政治参与仍然存在着进步空间。我们可以发现青年参与社会活动和政治选举的不同方式，尤其是在一些国家，过去的10年里青年已经逐渐远离传统形式的政治活动。如何把这种模式的政治参与和个人态度、是否对制度有信心以及对民主的贡献结合起来也成了问题——所有的这些在不同国家存在着显著差异。

由图3－25可知青年和成年人中把民主（至少是他们所经历的民主形式）看作政府职能表现的最好形式的比例大致相同。然而，在智利和乌拉圭，成年人评论民主的程度高于青年人。

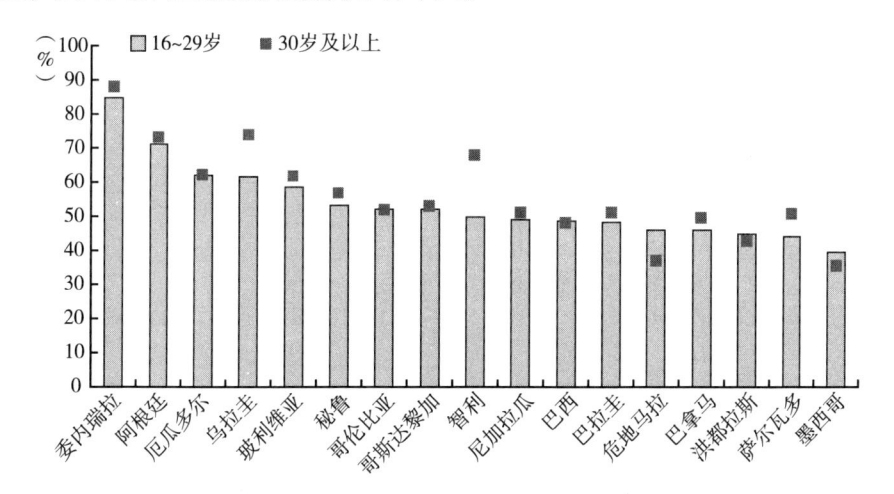

图3－25 拉美（17国）：2013年支持政府民主的16～29岁人群和30岁及以上人群占比

资料来源：OECD/ECLAC/CAF根据2000～2013年拉美调查的结果制作。

民主体制原则演变成了谁实际统治这个国家的观点（见图3－26）。2013年，有70%以上的受访青年认为权力集团管理国家是为了谋取私利。有趣的是，在这一方面青年和成年人持有相同的想法，这表明普遍存在对民选政府代表性的怀疑。

尽管很多青年远离传统的政治选举系统，但他们选择参与政治活动的新方式；其挑战和影响公共政治活动的潜力也在日益增长（Maldonado，2015）。最近几年，青年领导了许多强有力的社会活动，证明他们想在社会发展的过程中发出自己的声音并产生积极的作用。

125

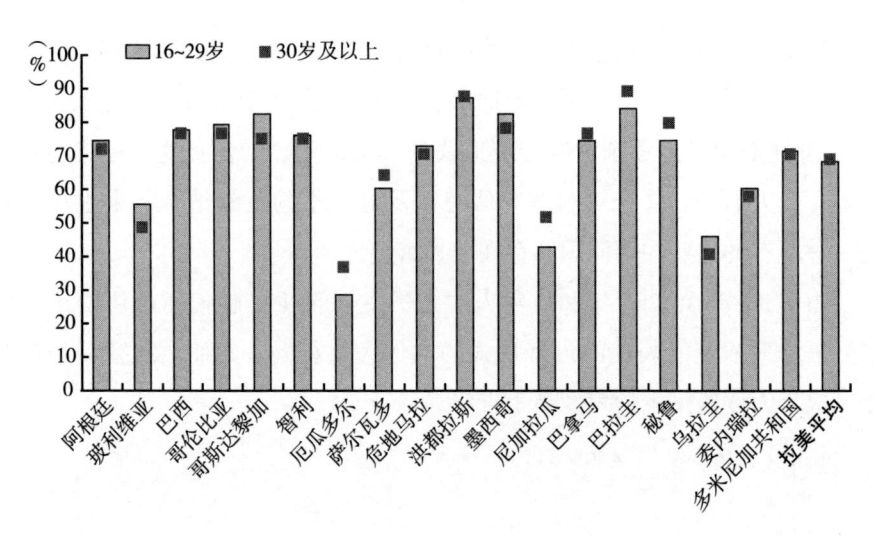

图3-26 拉美（18国）：2013年16~29岁人群和30岁及以上人群中认为国家政府由权力集团而非人民管理的比重

注：调查问题的措辞如下："一般来说，你会说（国家）是由几个强大的团体为自己的利益或为所有的利益管理？"这些国家在2013年按照说政府的青年的百分比的降序排列，这些青年认为政府由为自己谋利的权力团体所控制。

资料来源：OECD/ECLAC/CAF根据2000~2013年拉美调查的结果制作的特别表。

青年在组织和动员方面出现了新的方法，其中技术工具扮演了关键的角色（如社交媒体）。例如，墨西哥的青年大学生在2012年总统选举中使用推特来动员大家；巴西和智利的青年也通过社交媒体来表达自己对社会的不满。世界上使用社交媒体最频繁的12个国家中有5个国家在拉美地区，而且最主要的使用者就是青少年和年纪较轻的成年人（Maldonado, 2015）。确实，一份最新的调查显示拉丁美洲的青年比其他地区的青年更加频繁地接触社交媒体（Telefónica, 2014）。

社交媒体使用了一种不同于传统的大众媒体的交流模式，它并不是把单一的信息传递给特定的人群，而是让使用者创造并发出信息给不确定数量的或者是特定的人群。社交媒体通过使用者创造网络、建立联系来扩大相互交流。这种新模式不断改变人们作为个体或者社团活动中的成员之间的相互交流以及和团体的交流方式（Pavez, 2014）。在这个方向上，社交网络扮演着越来越重要的角色，对青少年和年纪较轻的成年人产生了很大的影响，使他们的意见、担忧和想法为人们所知，并为社会活动和社会群体的组织开辟了新的道路。

第三章 拉丁美洲青年的社会融入及其主要挑战

**专栏 3.5 社会资本对萨尔瓦多和秘鲁青年福利的重要性：
来自 OECD 国家青年融入项目的案例**

OECD 国家青年融入项目支持 10 个国家，其中包括萨尔瓦多和秘鲁。这一项目旨在改善青年的就业、教育、医疗和公民参与。它使用多维度的研究方法和经验资料阐明青年的脆弱性以及向成年人阶段成功转变的决定因素。

对青年到成年人的成功转变来说，公共机构和社交网络的信任是非常重要的社会资本，但在讨论青年福利这一议题时经常被忽视。在萨尔瓦多和秘鲁，OECD 国家青年融入项目集中关注违法青年回归社会、青年参与政策制定过程以及中学教育的公平和质量等关键问题。

拉美青年对体制缺乏信任，萨尔瓦多和秘鲁的青年对官方机构不信任程度要高于拉美青年的平均水平（见图 3-27）。对选举、政党和政府的高度不信任进一步反映出很少一部分青年会把民主制度视为政府工作的最好形式。过去 10 年间，日益增长的不信任感特别具有警示作用。在秘鲁，近些年来反对劳动力市场改革的游行示威就是这种社会不满的表达方式（OECD，2015c）。的确，在秘鲁，对政党和选举的不信任感强势增长。在萨尔瓦多，只有对武装力量的不信任感出现下降。

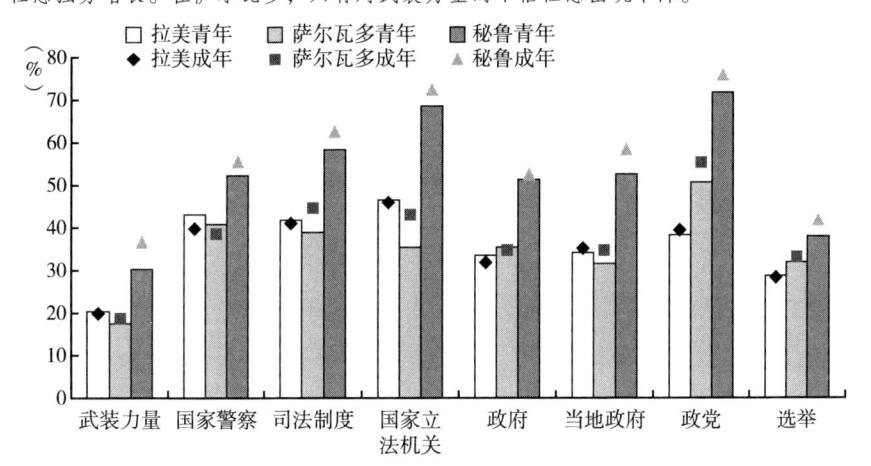

**图 3-27 萨尔瓦多、秘鲁和拉美地区对国家体制不信任的
青年（18~29 岁）比重**

注：受访者利用 1~7 的刻度来表达信任水平，1 代表完全不信任，7 代表完全信任。1~3 代表着不信任。

资料来源：OECD 根据《拉丁美洲公共舆论项目（2014）》（LAPOP）计算。

尽管对于公共机构的信任度很低，但是秘鲁和萨尔瓦多的年轻人却有着很高的社区归属感。据报道，只有 9.6% 的萨尔瓦多青年和 9% 的秘鲁青年人表示不信任他们

127

的社区成员（LAPOP, 2014）。此外，萨尔瓦多和秘鲁的大多数青年表示他们依赖社交网络的支持，分别只有10.2%和9.6%的萨尔瓦和秘鲁的青年认为他们在需要帮助的时候找不到亲戚或者朋友（Gallup World Poll data, 2015）。OECD国家青年融入项目进一步表明，秘鲁的城市脆弱青年严重依赖于即时网络去克服向成年人转变过程中遇到的挑战和困难，如找工作或养育子女，因而彰显出这样的社交网络在国家举办的支持机制缺位时的重要性。对公共机构不信任的原因多种多样：信息的缺乏、青年特定项目的交流与覆盖面衍生出对这些项目透明度和有效性的怀疑以及青年对国家的疏远。

对于社会稳定、政策的有效执行、公共部门绩效和民主而言，对机构的信任感尤为重要（OECD, 2014b）。人际间的高度信任和社交网络促进了青年向成年人的转变过程。然而，根据青年的社会经济背景不同，仅仅依靠人际信任和社交网络进行这一转变的可能是危险的。国家支持的缺乏和对机构信任程度低，妨碍了青年福利的实现，这也是对社会稳定和民主发出的危险信号。政府需要构建高度的社群归属感，进一步促进青年参与官方政策过程，重建青年对公共机构的信任。

青年对生活和未来展望的满意度

人们的主观认知、评价和精力是幸福感的重要组成部分。不同于快乐仅仅依靠个体行为，幸福感"与社会为了人们感到满意而创造的必要条件有关，因此幸福感与人们的生活及其所处的社会都有关系"（UNDP, 2012）。

在过去10年里，拉美地区的青年对于他们的生活的满意度较高——比成年人满意度高，而且青年对自己国家的经济前景也持更加乐观的态度。对于传统的政治渠道，青年则更少信任社会和政治制度，参与度也更少（正如前一节谈论的）。然而，相比于成年人，在参与支持健康、教育、获得更好工作和更多机会的活动方面，青年更加乐观和富有热情。

根据Latinobarómetro的数据，大多数拉美人（80%的青年和74%的成年人）声称对自己的生活感到满意（见图3-28）。在除智利、委内瑞拉和巴拉圭外的其他14个国家中，声称对自己生活满意的青年比例高于成年人。生活满意度随时间的演变趋势尚不明朗，但在整个拉美地区，满意度的平均水平都很高。

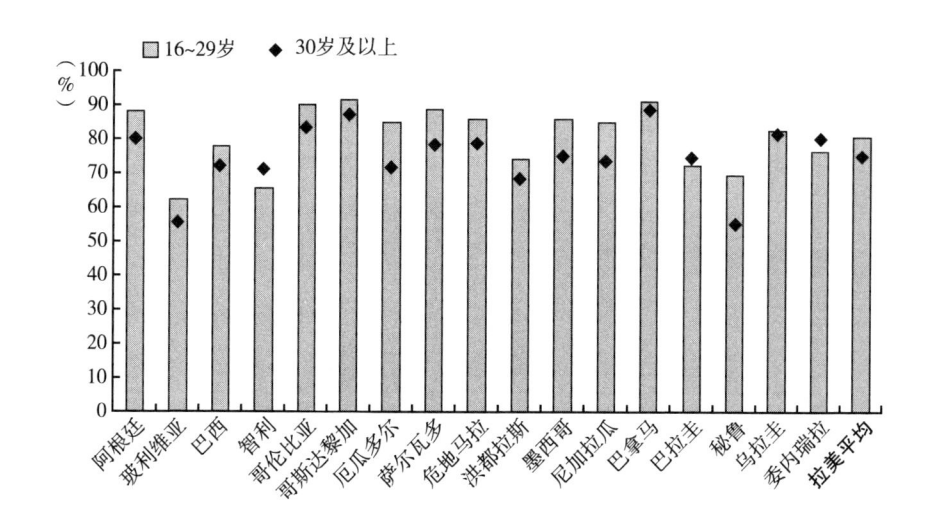

图 3-28　2013 年拉美人民对生活满意程度

注：拉丁地区平均是国家数据的简单平均值。

资料来源：OECD/ECLAC/CAF 根据 Trucco 和 Ullmann（2015）中关于 2000～2013 年拉美调查的结果制作。

2013 年，青年比成年人对未来 12 个月个人和家庭经济展望更加乐观（见图 3-29）。在大多数国家，超过半数的青年认为经济将会增长，萨尔瓦多、洪都拉斯和委内瑞拉除外。除了巴拉圭和委内瑞拉之外，在其他国家中，青年持有积极心态的普遍性比成年人更高（Maldonado，2015）。

尽管人们对于社会形势不乐观，但在过去 10 年里，他们的信心却大幅增长，来自 Latinobarómetro 的数据显示，只有 25% 的人认为自己国家的经济形势是好的。根据 Maldonado（2015）的数据，2003 年和 2013 年，青年对于国家经济形势的评价比 30 岁及以上的人更积极（见图 3-30）。在 2000～2013 年，在整个地区层面，各国的经济情况认同感得到了提升。然而在所有例子中，认为经济形势不佳的青年人不多，更多倾向于认为形势变好，甚至两个调查年度的形势差不多。

正如上文所说，青年对于国家经济形势的乐观认知与大量对于不同社会制度尤其是政治制度的不信任和不满有关。相比其他一直被认为是合法的制度，比如教会（尽管教会比以前更不得信任）、媒体、军队和警察制度，

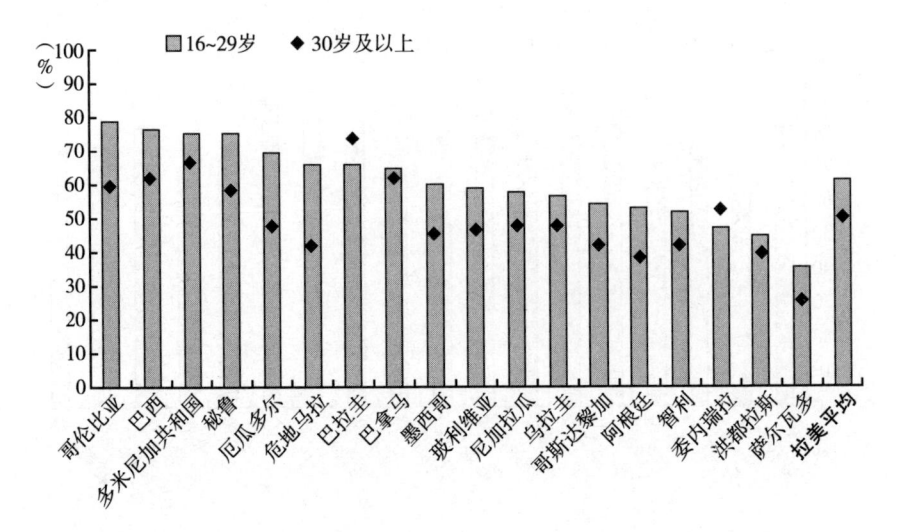

图 3–29 2013 年在拉美地区按照国家和年龄群体划分的受访者中相信个人和家庭经济状况在未来 12 个月好转或稍微好转的比重

注：拉美地区平均仅为国家数据的简单平均；这些国家按照年轻受访者的比重的降序排列，这群年轻受访者认为经济形势将会更好或略好。

资料来源：OECD/ECLAC/CAF 根据 Trucco 和 Ullmann（2015）中关于 2000～2013 年拉美调查的结果制作。

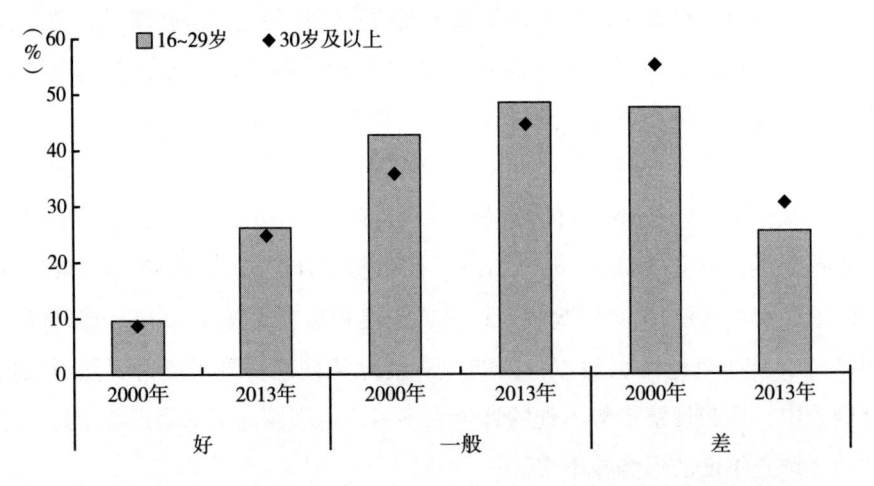

图 3–30 拉美（17 国简单平均）：2000 年、2013 年对国家经济形势的评价

资料来源：OECD/ECLAC/CAF 根据 Trucco 和 Ullmann（2015）中关于 2000～2013 年拉美调查的结果制作。

他们更不信任国家立法机构和政党（Maldonado，2015）。

如前面所述，青年并没有因为制度不信任而远离与社会福利有关的公共问题。2013年的Latinobarómetro调查结果显示了一些青年比年长的人更愿意参与的问题。青年最关心的问题是教育和健康问题，之后是更高收入和更好的工作，保证民主权利、土地归属权和获取自然资源的权利。青年更愿意探讨和参与关系到个人的问题（健康、教育、工资和就业），而更少参与诸如人权保护之类的具体问题。对于那些一直以来在社会斗争中都广泛讨论的问题，比如与土地归属权和自然资源有关的问题（伐木、税收收入和环境影响），青年人则兴趣索然（Maldonado，2015）。

近年来，拉美地区的青年优先谈论的问题明显发生了变化。2000年，主要问题是失业（21.2%）、教育（20.7%）和腐败（9.7%），之后是贫困（8.1%）和犯罪（7.7%）。2013年，排名前三的问题是犯罪（23%）、失业（15.9%）和教育、腐败（皆为6.3%）。

犯罪观和安全感

拉美地区青年所遭受的暴力影响了他们的人生选择。对青年暴力倾向的谴责破坏了社会凝聚力，使青年越发觉得自己被排除在社会之外。青年加入帮派和其他城市暴力组织无疑对其边缘化产生了直接影响，形成一种替代形式的社会融入（"排斥中的融入"）（ECLAC，2014）。近些年来，研究青年问题的专家一直在争论帮派是否给拉美一些青年提供了另一种社会融入形式：当穷困大幅蔓延开来，就业机会就受到了限制，国家和机构几乎没有采取什么措施，因此许多青年为了寻求归属感加入了行政区域的同龄人群体。在帮派中，他们拥有了权利、收入、空间和归属感，这是其他社会制度不能赋予他们的（Soto and Trucco，2015）。

在过去的几年，该地域的发展，包括一些对于青年来说非常积极的进步，已经与高程度暴力和不安全性并存。不像其他区域，拉美和加勒比地区社会的暴力水平极高，事实上，该地区的杀人率是全世界最高的（UNODC，2014）。根据之前章节所言，在过去10年，犯罪已经成为青年最大的忧患。

区域内的暴力发生程度极为不平衡，尤其是教育普及不足的城市地区。棚户区和贫民区都贫穷且充斥暴力，这两个地区产生并加剧了社会排斥感。这些地区的青年因为故意的暴力行为被蒙上了污名，也被视为不团结且无自尊。在这些情况下，青年和青少年——他们中许多人是排斥的"硬核"，在受到成年人领导的犯罪行动伤害后变得脆弱，成年人利用被边缘化的青年犯罪，因为未成年人（小于18周岁）不必为罪行负责。自从20世纪80年代开始，拉美城市黑帮与青年自我宣泄联系在一起，如暴力、药物滥用和抢劫等非法行为。在这一背景下，青年，包括未成年人，推动了拉美法律崩溃和经济犯罪。除了加入到成年人领导的犯罪行动中，青年还拥有自身独特的"社会一体化"方式，而这种方式与法律崩溃相关（ECLAC，2014）。

所有这一切都与青年的不安全感相连。来自拉丁美洲民意项目的数据（2012）显示，该地区20%的青年和16%的成年人都声称自己在过去12个月犯过罪（见图3-31）。各个国家的情况都不同。青年受到影响的程度不一，数据显示犯罪越广泛的地方，涉及的人就越多（ECLAC，2014）。

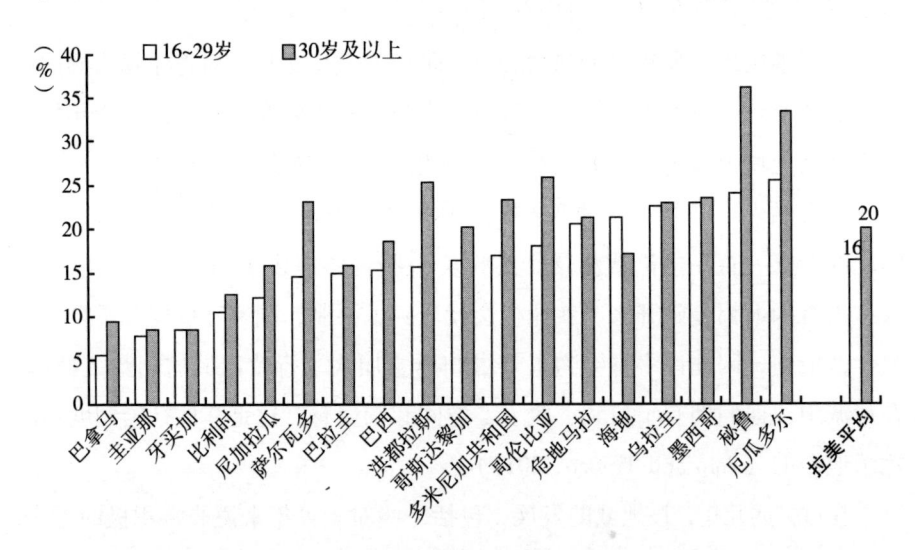

图3-31 2012年拉美地区根据年龄划分的过去12个月犯罪人口比重

注：拉美地区平均是包含在测量中的18个国家的结果的简单平均值。
资料来源：OECD/ECLAC/CAF 根据《拉美公共舆论项目（2012）》一年两次调查而制作。

有关罪犯的暴力和年龄分布我们所知甚少，这些数据很少而且很难获取，同时现有的数据也有缺陷，部分是因为在该地区许多国家有大量罪犯没有得到惩罚。统计极端暴力受害者的数据，比如杀人，是估测暴力行为参与度的一种方法。随着在暴力组织中参与度的上升，将受害者置于犯罪行为下的风险也随之增长。近几年来，在一些国家中受到暴力影响的人数达到了高峰（10万居民中有27个以上的杀人犯），青年的行为具有不确定性（Soto and Trucco, 2015）。青年并不一定是主要的杀人事件受害者，这主要和国家、时期以及不同社会的暴力情况有关。

中美城市的案例也证明了这一点。暴力犯罪上升、参与者增多，但不意味着青年犯罪率上升，而这正是之前对青年臆想的指责。萨尔瓦多、危地马拉和洪都拉斯验证了这一点，直到2000年，年轻成年人（30~44岁）参与率略高，尽管差异在统计上并不显著（见图3-32）。在过去10年里，暴力和部分青年参与率一致呈上升趋势。

根据犯罪数据来统计帮派参与暴力行为的程度时，只考察其是否参与了暴力活动，而不去深究参与的程度，就给青年冠以暴力的污名。不同国家的媒体经常用pandillas、maras、clicas或者combos（都是帮派的意思）等词汇来称呼城市青年（通常为男性）暴力的组织形式。此类青年会被社会认为是"异类"或者"不合时宜者"。表3-5显示大约有1/3的人口认为其居

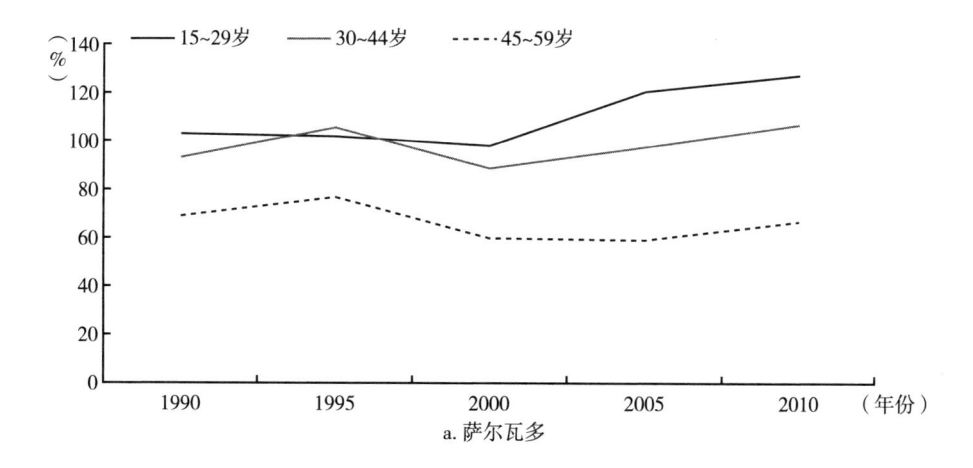

a. 萨尔瓦多

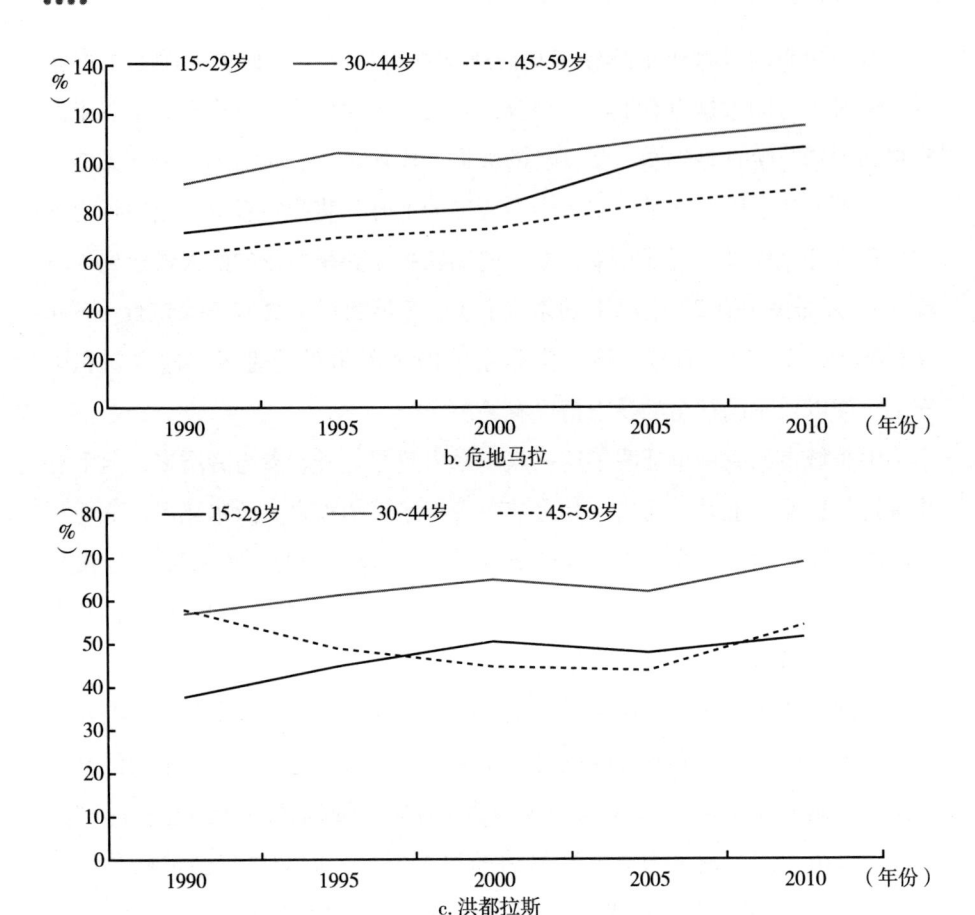

图 3-32　萨尔瓦多、危地马拉和洪都拉斯：1990～2010 年根据年龄划分的人际间暴力引发的死亡率

注：在任何国家，青年的死亡率差异与其他年龄组的统计差异无统计学意义。

资料来源：Institute for Health Metrics and Evaluation，http：//vizhub.healthdata.org/gbd-compare/ in Trucco and Ullmann, 2015。

住地受到此类组织的影响，其中青年的比例比成年人略高（青年平均为35%，成年人平均为31%）。在中美洲北部三角地区（萨尔瓦多、危地马拉和洪都拉斯），帮派在主要城市有很强的势力，但那里的居民对帮派并不以为然。近年来，这一观点在其他国家也逐渐扩散开来，比如巴拿马，尤其是多米尼加共和国（ECLAC，2014）。

表 3-5 2012 年拉美居民根据国家和年龄来划分的对于当地帮派影响的看法

单位：%

国家	16~29 岁	30 岁及以上
圭亚那	19	14
海地	20	19
牙买加	25	20
比利时	28	27
尼加拉瓜	28	24
巴拉圭	30	24
洪都拉斯	31	26
墨西哥	33	35
危地马拉	36	31
乌拉圭	37	35
巴西	37	40
萨尔瓦多	38	32
哥斯达黎加	39	32
秘鲁	40	35
厄瓜多尔	41	38
哥伦比亚	42	33
巴拿马	43	45
多米尼加共和国	55	48
拉美地区平均	35	31

注：拉美地区平均是 18 国数据的简单平均。
资料来源：Trucco 和 Ullmann（2015）根据《拉美公共舆论项目（2012）》一年两次的调查而制作。

因为帮派直接影响社会生活，所以它在城市治理中的角色就是最能制造大多数人不安全感的因素之一。帮派成员处于人生十字路口，疏远本属于这一生命阶段本该参与的体制（传统上是上学或者工作），背上了暴力青年的污名，被看作社会秩序和城市文化的威胁，因为帮派成员的活动范围主要是地方或者贫民窟（Perea Restrepo，2008）。在许多拉美城市中，有组织的犯罪的势力范围往往与贫民窟的高度分割和建立有关。

帮派的出现对社会发展中的结构暴力、排斥和边缘化产生了直接影响。加入一个帮派是一种"排斥中的融入"，许多帮派是反映社会一体化的微观系统，弥补并加强了社会一体化。然而近年来，这种类型的组织从核心归属转换为共同归属："遭受排斥和贫困的青年把同伴视作能够提供最低限度安全和信任的人，但是这很危险。"（Perea Restrepo，2008）

对于各个受影响的国家而言，如果没有理解其社会政治和文化历史，是无法很好地掌握暴力现象，尤其是城市暴力的。这些因素影响了群体组织形式、犯罪组织招募青年的能力以及势力扩张的类型。扩张势力需要的群体成员和暴力程度与社会多样性进程相关。社会多样性进程反过来为该地区青年的社会融入创造了条件。一些文献认为许多风险因素与加入暴力群体的青年在一些方面的不合作有关[①]。

青年处于风险之中的因素

国际文献列举了8个主要的风险因素（或推动者），可能会鼓励不同形式的青年暴力行为。

（1）日益加剧的不平等和排斥现象。尽管贫困似乎加剧了各种形式的暴力，但一些研究表明，不平等以及经济和社会日益两极分化更多与暴力密切相关，尤其是青年暴力现象。暴力事件最常发生的地方大多数是那种被遗弃或忽略的地方，如那些基础设施年久失修或者缺少公共设施的地方（如缺少公共路灯、修葺完善的道路以及健康中心）。因此，更应该讨论社会或者地区贫困，而不是家庭贫困。这和符号消费的扩大与物质消费之间的紧张关系密切相关。尽管已经实现了教育水平的提高并且他们的表现出乎家长的想象，但相当大一部分的青年群体对就业的选择很失望。这种沮丧可能会引

[①] 一般来说，关于帮派女性作用的信息受限于某些案例研究结果。只有一些例外，女性在帮派活动中起的作用和男性的不同。帮派中的女性通常起着传统女性的作用，比如提供食物、掩盖和保护、隐藏武器并准备攻击。她们不会被咨询决定，如果不忠会受到惩罚并且只能在帮派中寻找搭档。大多数情况下，她们是顺从的，在帮内或帮外，帮派男性成员不会与女性形成稳定关系（拉卡约，2015）。然而，一些相关研究显示了帮派的性别不平等如何被放大，揭示并分析了针对女性的性暴力的需求，主要是逐渐卷入帮派的青少年。

发青年暴力行为的产生。

（2）内战后遗症。大多数拉美地区的城市在它们的文化和社会历史进程中就包含有暴力成分。尤其是战后和独裁政权垮台之后的过渡时期，政治暴力开始与其他形式的暴力联系起来。战争可能创造了一种暴力文化，繁衍了一种想要依靠暴力解决问题的趋势并且这一趋势已经渗透到青年当中。最近，枪支弹药渗透到次区域，武装冲突导致的暴力程度升级。

（3）毒品走私。地区的毒品走私，尤其是可卡因，充当了推动一系列冲突和暴力事件的关键因素。在过去的10年中，以暴力为后盾的毒品走私充斥巴西、哥伦比亚、墨西哥等国城市中的非法市场，最近祸及中美洲北部三角地区，包括萨尔瓦多、危地马拉和洪都拉斯。围绕这个暴利市场，其他一系列的非法活动应运而生（Perea Restrepo，2014）。在大多数城市里，合法市场无法边缘化的青年创造竞争形式的就业。在一些国家，如墨西哥和中美洲国家，垄断企业与其他企业发生冲突或者需要尽快以最低成本去解决问题时，会越来越多地利用帮派力量去"外包"绑架和谋杀活动。在里约热内卢贫民窟青年的一项具体研究中，青年加入帮派的最初动力并不明确——由于货币性回报并不高；那些对于帮派依附性很低的成员或者在外面有更好机会的成员更有可能退出帮派。另外，那些暴力前科多且好斗性格的人会待在帮派里更久而且也更有可能在两年内死亡（Carvalho and Soares，2013）。

（4）迁移和驱逐出境的过程。迁移到美国尤其重要，因为这是拉美地区移民的主要目的地。从中美洲迁移到美国，在20世纪60年代愈演愈烈并且在一些国家的战争时期更加明显，如萨尔瓦多、危地马拉和洪都拉斯。在移民过程的早期，中美洲青年被美国当地的其他国籍的青年排斥并隔离，导致了中美洲移民开始建立帮派作为对社会排斥的暴力反抗。美国移民归化局在20世纪80年代末期开始驱逐那些年轻的帮派成员出境，并且在20世纪90年代建立了暴力团伙特遣部队加快了这一行动。在驱逐出境后，那些曾经参与美国帮派的青年在回国后复制了相同模式的暴力组织，这就是现在中美洲存在的大多数暴力帮派的来源。尽管移民活动减少，不过这仍然在继续，青年是最有可能移民的人群，在移民的各个阶段都有可能面对暴力、歧视和健康的危险。

（5）内部家庭暴力。专家发现在家庭中代际间虐待行为的传递和暴力行为之间有相关性。孩子目睹了父母的暴力行为，更有可能去仿照这种暴力模式，以及在社会交流中产生性别角色偏见。

（6）青年归属感的缺失。缺乏归属感是某些暴力行为的主要原因。即无法共享价值或认可参与形式、不愿意获取有关歧视的概念或者新的交流训练和对于社会结构和未来缺乏信心。这种归属感的缺失可能是暴力的一个结果，而不是暴力的一个原因，导致了一个危险的循环但是必须被打破。镶嵌在拉美地区和加勒比地区文化中的特点之一是，有趋势表明暴力意味着冲突解决。这发生在从私人领域到社会和集体空间和各种各样的实践中。在很多城市，媒体加强了这一印象并且对暴力行为给予奖励，这就导致了观众的模仿行为。

（7）对青年的偏见。当然青年人群，如帮派成员或者来自脆弱的农村地区的青年，往往会被冠以政治威胁和暴力分子的污名。这些符号暴力的表达可能会加强排斥的进程并且最终成为自我实现的预言：在某些地区出生和成长的事实剥夺了青年参与社会的机会，因此他们只能通过暴力组织和暴力行为来变成整体。

（8）疏远机制。青少年和青年辍学有很多原因，包括家庭经济压力。因不能提供合适的条件就被排斥在继续接受教育的系统之外，会增加青年的风险因素。当这与暴力行为、青年之间或者青年和教育机构人员的冲突管理不完善、未能解决学生学习和行为困难的特殊需求以及学校对于学生身体进行的暴力行为联系起来时尤为重要；这也增加了青年进入劳动力市场的困扰，劳动力市场不能提供给他们体面并且有价值的工作，会增加他们成为暴力犯罪者的危险，青年在劳动力市场看不到能够获得安身之所的任何希望。处于被排斥最内核的青年（"三无青年"）的状况意味着能力建设和参与社会资本之间的联系已经割裂。

暴力的推动者是自然而生的。暴力的每一种形式都可以与其他更具体的原因联系起来。此外，青年暴力的推动者没有一个是单独行动的或者说是本身可以成为一个解释的。因此，仅仅从一个因素方面去解决是不可能达到减少暴力行为的预期效果的。相反，这可能会适得其反并最终升级暴力行为。因为这件事情涉及一系列因素的综合，如大概的经济和社会情况（不平等、毒品走私、人口动态、接受教育和就业的机会以及内战的历史等）和更特殊的方面（家庭和文化、个人的归属感），这就需要一个综合性的方法来解决不同的论点（Soto and Trucco，2015）。

专栏 3.6　伊比利亚美洲青年公约和伊比利亚美洲青年组织

伊比利亚美洲青年公约是政府、个体、大学和社会达成的联盟，旨在为这个地区年轻人提供发展的机会和社会保护，其需要国际合作去指导并协调政策项目的发展实施。

这个过程包含了高水平的政治协定信息。为了使这个过程得到夯实且法制化，伊比利亚美洲青年组织（OIJ）规划了一个以参与和共建为基础的战略，主要包括以下几点。

（1）在21个伊比利亚美洲国家举办国家青年论坛，采用同样的方法和框架，倡导多样化、多元化和青年参与；

（2）伊比利亚美洲部长会议明确青年的愿景；

（3）代际对话论坛，以及其他对伊比利亚美洲合作机制前景中的青年议程产生特殊影响的参与空间；

（4）数字伊比利亚美洲协商的结果；

（5）哥伦比亚政府给出的指导和建议；

（6）《伊比利亚美洲青年组织行动计划（2016~2021年）》内容，以及用于落实的基础对策；

（7）伊比利亚美洲青年组织分析得出的国家报告；

（8）该领域知名专家出版的有关青年的研究和报告；

（9）对伊比利亚美洲青年现实状况的定性研究结果，包括对该地区核心领军人物的采访。

这些投入精心选择方法、进行系统而深入的分析，并决定公约的组成部分和主体观点，回应大众期待的转型事实（是什么），以及朝着这个目标正确地行动（怎么做）。

为此，公约的内容结构将会与部门间协议逐步融合。后者关系到青年的全面发展，旨在提升社会流动性和创业的教育，以及社会经济的包容性。

结论和政策建议

拉美地区的青年仍然在他们融入社会的过程中遇到很多阻碍。尽管在很多领域有了巨大的进步，但比起欧洲经济合作发展组织和成年人的劳动力市场缺口，拉美地区和加勒比地区的青年所面临的劳动力市场缺口仍然在不断扩大。此外，不同国家之间的进步也不均衡，一些青年群体尤为脆弱：年轻女性、"三无青年"、低技能又从事非正规工作的青年以及农村地区的青年群体。消除在健康、参与度和公民积极性方面的差异对于解决青年在社会和经济领域的融入至关重要。对于拉美地区的青年来说，最主要的健康担忧是暴力、心理健康、药物滥用和早熟，拉美地区青年所面对的暴力环境同时也影响了他们的生活选择和参与的积极性。

增强新一代人的能力需要把青年当作社会结构改革的重要领军人，这就需要法律法规去保障并加强青年的社会权利。例如：青年接受医疗保障和教育的机会、得体工作的机会以及参与有关公共利益事情的决策方面的权利。关键的挑战是以一种结合的方式去协调不同的公共政策，只解决一方面的边缘化政策，如接受教育的机会，对于全面地克服排斥性来说还远远不够。以下罗列了一些最初的政策导向和建议，同时也需要有更多的分析去修改政策以适应每个国家的不同需求。

缩小在教育领域的差距以改善从学习到工作的转变

加强学校和工作之间的联系是个关键点。即使现在拉美地区的青年有着最高的学历水平，在处于劣势状态的社会人群和最贫穷的人群中这种困难也是持续存在的。有条件地现金转移支付计划对于提高学历是一个有效的政策工具。有条件地对学生入学率进行社会援助可以使家长的动机和学生最好的利益保持一致。增加对于教育的资源投入，特别是偏远的地方，应该与教育质量的提高以及毕业政策和有效的融入工作相结合。青年同时也需要大量的适合每个人不同情况的正规和非正规的就业指导，包括能够迎合特殊需求并减少隔离现象的非歧视项目（如残疾人和怀孕的青少年）。这一项目模块应该鼓励青年待在学校，如果学生已经离开学校就应该鼓励他们回归学校，同时也要把他们的学习需求和作为其他角色的需求相协调。不同教育培训机构之间的联系应该在训练、技能培训、职业培训以及大学项目之间做出合适的转变。

通过改进高效率的社会保障系统和法律条款来提高工作质量

低质量的非正规工作可能在工作者的职业生涯中留下永久的印记。因此，政策的制定者帮助工作者在职业生涯中早一点走上一条好的职业道路是非常重要的；特别是那些面临着陷入低效率又低质量工作的高风险、低技能工作者，而且职业前景很有限。教育和培训最好是与劳动力市场的需求相一致，并且可以提供在培训投资方面的动力。政策的制定者尤其想加强那些来自脆弱家庭并且有着低技能从事非正规工作的青年的安全感。足够的失业补偿和社会援助项目的发展是首要任务，如现金转移支付和医疗保障。青年应该被鼓励去获得社会安全保险。精心制定并强制实行的劳动法应该平衡社会保障下的青年就业和获得体面的工作条件的激励机制。除了社会保护之外，这些政策应该帮助青年从第一份暂时的工作转向更稳定的职业。

在青年政策中融入性别视角

青少年早孕和家庭杂务是青年女性辍学和无法进入劳动力市场的两大关键因素。公共教育政策必须通过提高公共教育中的性别和生育权利以及高质量的、普惠的、及时的、相关的性别和再生产性的医疗保健来减少青少年早孕。同时，还要辅之以反歧视的法规来防止学校对怀孕学生的直接或者间接的排斥，以及为提高母亲的继续学习的项目（如免费的儿童照料服务或者弹性上学时间和课程）[1]。

当然，另一个紧迫的问题是妇女在家庭中无报酬工作的分配不均，其经

---

[1] 例如，阿根廷25273号法律建立了学生怀孕合法化的制度；自1975年以来，巴西联邦法律6202号为怀孕学生建立了特殊政权，用家庭作业弥补缺席学校的损失；在厄瓜多尔，2008年的制度和100号法律（儿童和青少年法律）保证了怀孕和哺乳期女性在教育、社会和劳动中不受歧视。

济价值以及这些活动妨碍了妇女获得经济自理和完全参与劳动力市场。在此背景下，必须缩小参与、就业和工资中的性别差距（OECD，2016a，2016b）。政策如能协调好男女双方的工作和家庭生活，可以带来生产性收益，提高家庭收入，降低社会经济不平等和贫困的水平，还能促进其他领域的公平，如使妇女充分实现经济自理、个人能力和潜力的发展、获得社会保障缴费以及更广泛地参与家庭以外的社会（ECLAC，2014）。一系列政策已经成功地释放了妇女的时间，提高了她们的就业率。拉美国家可以借鉴本地区已有的集中儿童照料模式，其中包括墨西哥（幼儿园，Estancias infantiles）和哥伦比亚（社区之家），利用公共基金鼓励社区提供儿童照料[①]。与此类似，"与你一起成长"（Crece Contigo）扩大了儿童照料的可获性，关注最贫困的家庭，将儿童照料和教育体制结合在一起，提升儿童早期发展。最近，乌拉圭的国家照料系统就扩大到最贫困家庭。

加强针对青年人的医疗服务

预防、照料和治疗服务应该根据他们的心理情绪发展和社会、经济、文化和家庭环境量身打造。由于青年健康问题之间互相影响（如心理健康和毒品、酗酒），有关项目需要进一步整合，并通过创新性的沟通模式（如社交媒体和同辈教育）。这种整体性方法应该力图加强青年生活中的保护性因素（特别是面对其他排斥的环境），而不是仅局限于减少风险。人口结构变化（人口老龄化加上未来青年人口比例的下降），需要投资于青年人，确保他们以良好的健康过渡到成年人，这样他们才能为社区和国家的经济和社会发展做出全面的贡献。

提高项目的效率，预防青年实施危险行为

政策制定者应该确定能够化解最严重风险、有助于减少暴力行为的因素，促进所有各个层面的和平共处：家庭、社区和社会。这些政策必须考虑青年的主观归属感（Soto and Trucco，2015）。初级层面的措施政策包括减少风险的战略，如酗酒和携带武器，促进和平文化（包括对法律如何对待青

[①] 在这些模型下，社会成员，大多为贫困女性得到了生孩补贴以便能把孩子送进托儿中心来。

年暴力行为进行评估）。中级层面的预防措施重点应放在社会心理关怀，帮助青年人克服毒品、酗酒以及青年帮派成员回归社会，必须加强惩治校园暴力的战略，对关怀的路线图进行立法[①]。高级层面的防范政策应该加大对犯罪的法律制裁，但也要对违法青年进行社会改造。加强司法体制建设能够提高警察的侦测、办案和报告的效率，有利于打击违法犯罪行为。

增强青年在政治过程中的参与

增强青年的参与是所有的决策过程都更具关联性、可持续性与合法性的基础（Trucco and Ullmann，2015）。这就需要青年与青年组织之间的协商、部委之间有效和可持续的协作、配置充足的资源，以及将国家青年政策纳入国家发展规划中。回顾国际上青年参与的青年组织，可以为青年有所作为创造更多的途径。潜在的变革领域包括国家司法和选举体制，以及在社区层面、政党和公民社会组织（包括青年领导的运动）为青年开放空间。

生产相关的信息

要监测每个国家和地区中青年的生活、状况和认知，就需要更好的信息系统。为此，政府需要建立相关的数据统计，以支持对其国家最脆弱的青年人群的投资。

---

① 这些草案考虑了儿童和少年的权利，以及18岁以下孩子的最大利益。

附录3-A1 进一步结论

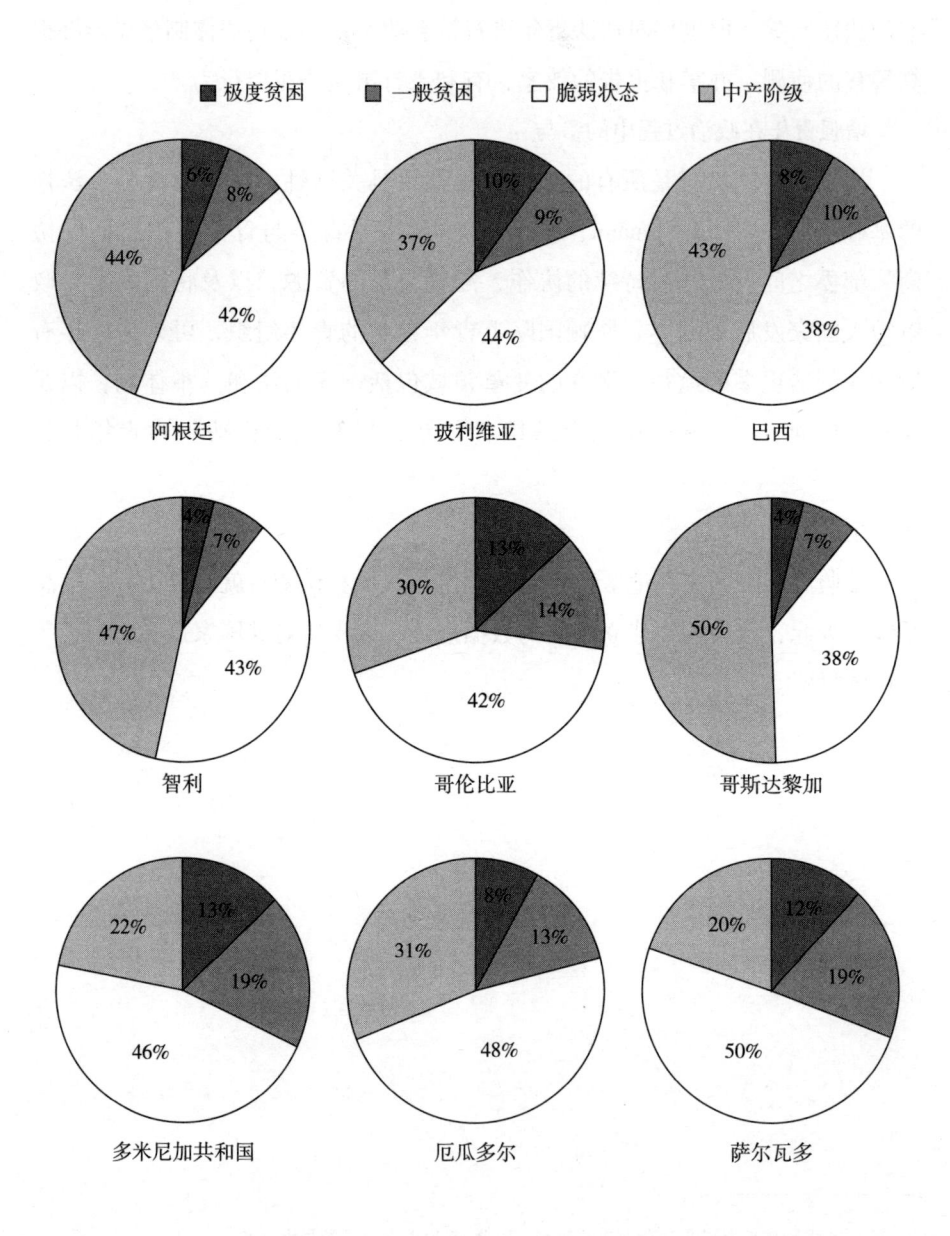

图例：■ 极度贫困　■ 一般贫困　□ 脆弱状态　■ 中产阶级

阿根廷：极度贫困 6%，一般贫困 8%，脆弱状态 42%，中产阶级 44%

玻利维亚：极度贫困 10%，一般贫困 9%，脆弱状态 44%，中产阶级 37%

巴西：极度贫困 8%，一般贫困 10%，脆弱状态 38%，中产阶级 43%

智利：极度贫困 4%，一般贫困 7%，脆弱状态 43%，中产阶级 47%

哥伦比亚：极度贫困 13%，一般贫困 14%，脆弱状态 42%，中产阶级 30%

哥斯达黎加：极度贫困 4%，一般贫困 7%，脆弱状态 38%，中产阶级 50%

多米尼加共和国：极度贫困 13%，一般贫困 19%，脆弱状态 46%，中产阶级 22%

厄瓜多尔：极度贫困 8%，一般贫困 13%，脆弱状态 48%，中产阶级 31%

萨尔瓦多：极度贫困 12%，一般贫困 19%，脆弱状态 50%，中产阶级 20%

第三章　拉丁美洲青年的社会融入及其主要挑战

■ 极度贫困　■ 一般贫困　□ 脆弱状态　□ 中产阶级

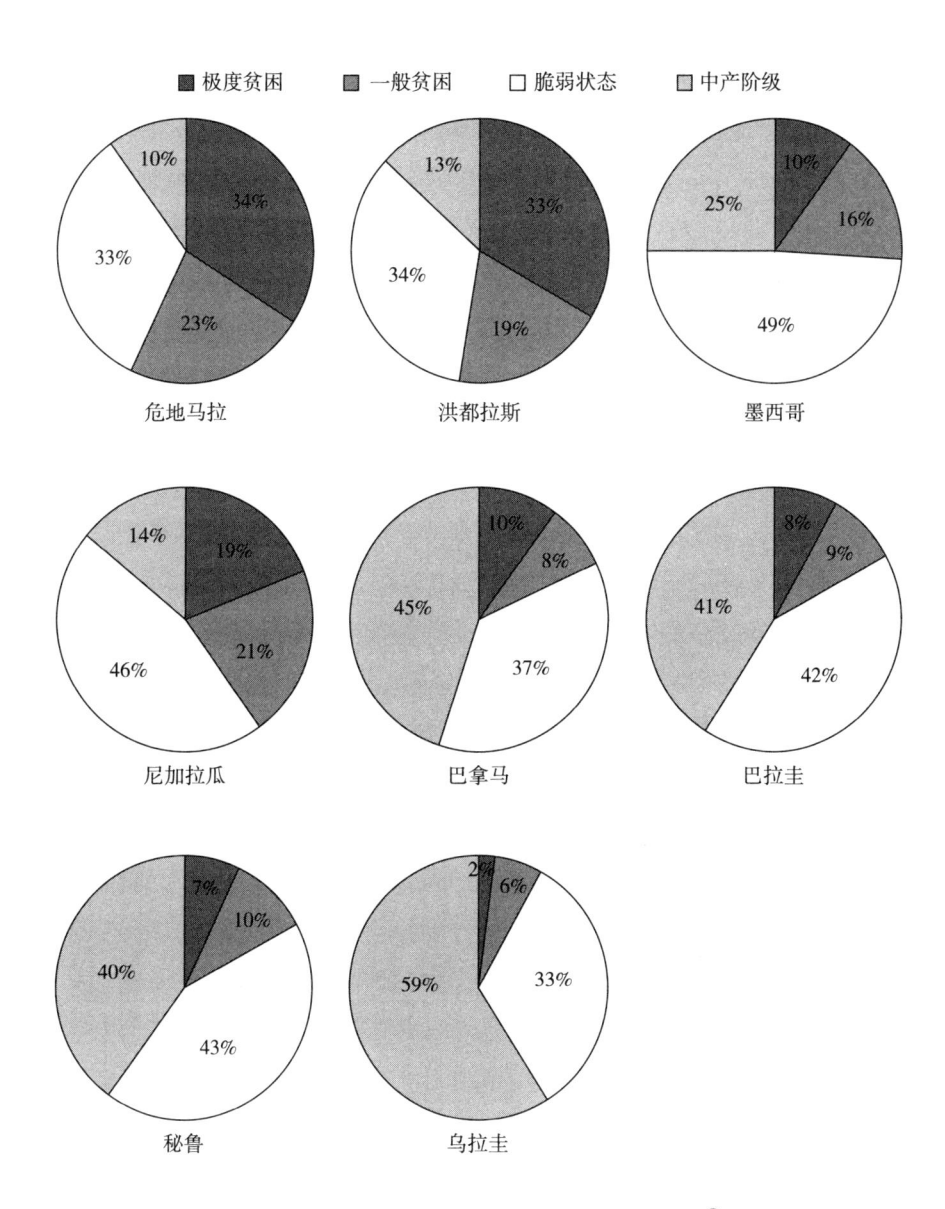

危地马拉：极度贫困 34%，一般贫困 23%，脆弱状态 33%，中产阶级 10%

洪都拉斯：极度贫困 33%，一般贫困 19%，脆弱状态 34%，中产阶级 13%

墨西哥：极度贫困 10%，一般贫困 16%，脆弱状态 49%，中产阶级 25%

尼加拉瓜：极度贫困 19%，一般贫困 21%，脆弱状态 46%，中产阶级 14%

巴拿马：极度贫困 10%，一般贫困 8%，脆弱状态 37%，中产阶级 45%

巴拉圭：极度贫困 8%，一般贫困 9%，脆弱状态 42%，中产阶级 41%

秘鲁：极度贫困 7%，一般贫困 10%，脆弱状态 43%，中产阶级 40%

乌拉圭：极度贫困 2%，一般贫困 6%，脆弱状态 33%，中产阶级 59%

图 3 – A1.1　2014 年拉美青年的社会经济状态[①]

资料来源：OECD 和世界银行的 SEDLAC 表（CEDLAS and World Bank）和 OECD-LFS 数据。

---

① 图中数据存在误差。——译者注

145

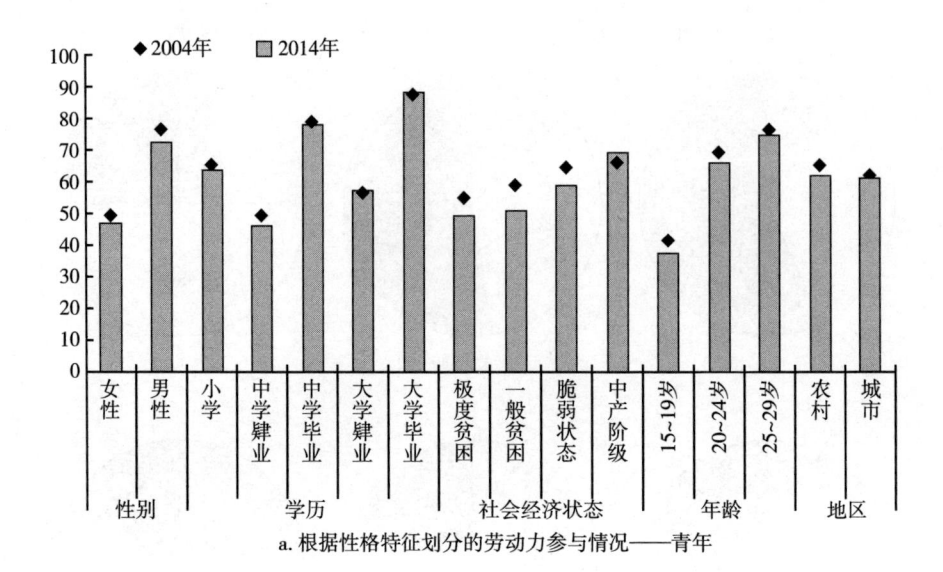

a. 根据性格特征划分的劳动力参与情况——青年

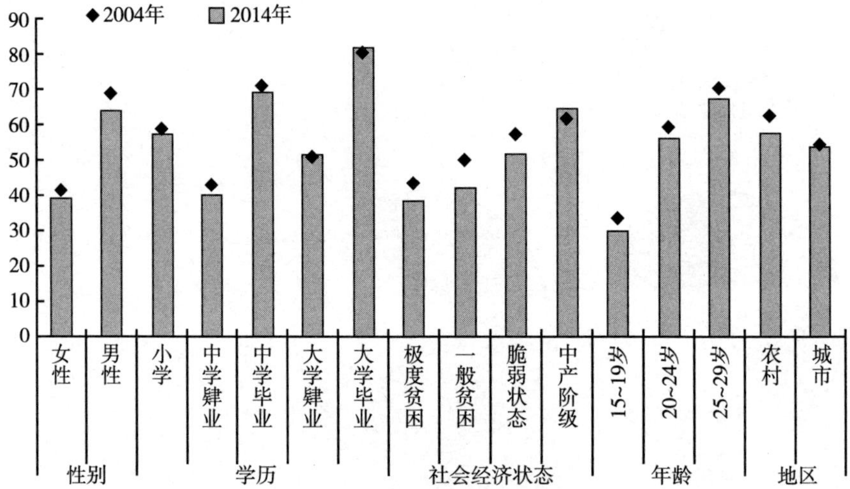

b. 根据性格特征区分的就业情况——青年

图 3－A1.2 2004 年和 2014 年拉美青年的劳动力市场状况

注：拉丁美洲加勒比国家 18 个国家的加权平均值：阿根廷、玻利维亚、巴西、智利、哥伦比亚、哥斯达黎加、多米尼加共和国、厄瓜多尔、萨尔瓦多、危地马拉、洪都拉斯、墨西哥、尼加拉瓜、巴拿马、巴拉圭、秘鲁、乌拉圭和委内瑞拉。

资料来源：OECD 和世界银行的 SEDLAC 表（CEDLAS and World Bank）。

表 3 - A1.1 2014 年拉美青年工作类型的平均水平

单位：%

劳动关系		合同类型		全职/兼职	
受雇	76.85	有合同	48.4	全职	82.8
雇主	1.53	无合同	51.6	兼职	19.4
自我雇用	12.76	永久合同	32.9		
无报酬家庭工作	8.86	短期合同	61.0		

注：拉美地区加勒比地区 18 个国家的加权平均值：阿根廷、玻利维亚、巴西、智利、哥伦比亚、哥斯达黎加、多米尼加共和国、厄瓜多尔、萨尔瓦多、危地马拉、洪都拉斯、墨西哥、尼加拉瓜、巴拿马、巴拉圭、秘鲁、乌拉圭和委内瑞拉。

资料来源：OECD 和世界银行的 SEDLAC 表（CEDLAS and World Bank）。

参考文献

Anand, S. and K. Hanson (1997), "Disability-adjusted life years: A critical perspective", *Journal of Health Economics*, vol. 16, N° 6, Elsevier, Amsterdam.

Baldwin, W. et al. (2013), "Noncommunicable diseases and youth: A critical window of opportunity for Latin America and the Caribbean", *Policy Brief*, June, Population Reference Bureau, Washington, DC, www.prb.org/pdf13/noncommunicable-diseases-latin-america-youth-policybrief.pdf.

Bassi, M. and S. Galiani (2009), "Labor market insertion of young adults in Chile" (brochure), Inter-American Development Bank, Washington, DC.

Bloom, D.E., D. Canning and J. Sevilla (2003), "The demographic dividend: A new perspective on the economic consequences of population change", *Population Matters Monograph*, No. MR-1274, RAND Corporation, Santa Monica.

Bosch, M. and W.F. Maloney (2010), "Comparative analysis of labor market dynamics using Markov processes: An application to informality", *Labour Economics*, Vol. 17, No.4, pp. 621-631. doi:10.1016/j.labeco.2010.01.005.

Bradshaw, C.P., L. M. O'Brennan and C.A. McNeely (2008), "Core competencies and the prevention of school failure and early school leaving", *New Directions for Child and Adolescent Development*, Vol. 2008, No. 122, Wiley.

Carcillo, S., et al. (2015), "NEET youth in the aftermath of the crisis: Challenges and policies", *OECD Social, Employment and Migration Working Papers*, No. 164, OECD Publishing, Paris, http://dx.doi.org/10.1787/5js6363503f6-en.

Carvalho, L. and R. Soares (2013), "Living on the edge: Youth entry, career and exit in drug-selling gangs", *IZA Discussion Paper*, No. 7189, Institute for the Study of Labor, Bonn.

Cruces, G., A. Ham and M. Viollaz (2012), "Scarring effects of youth unemployment and informality: Evidence from Argentina and Brazil", *CEDLAS Working Paper*, Center for Distributive, Labor and Social Studies (CEDLAS), Universidad Nacional de la Plata, Argentina.

Cruz, J.M. (2004), "Maras y pandillas en Centroamérica: Pandillas y capital social", UCA Editores, Volumen IV, San Salvador; and Briceño & Zuñiga in Posas, M. (2009), "Delincuencia, inseguridad ciudadana y desarrollo humano en Honduras, [Maras and Gangs in Central America: Gangs and Social Capital], *Cuadernos de Desarrollo Humano* No. 4, United Nations Development Programme, Honduras.

Cunningham, W. and J. Bustos (2011), "Youth employment transitions in Latin America", *Policy Research Working Paper*, No. 5521, World Bank, Human Development Network, Children and Youth Unit, Washington, DC.

Da Silva, J. et al. (2009), "Illicit drug use in seven Latin American countries: Critical perspectives of families and familiars", *Rev. Latino-Am. Enfermagem*, Vol.17, Special Issue, http://dx.doi.org/10.1590/S0104-11692009000700002.

De Hoyos, R., R. Halsey and M. Székely (2016), *Out of School and Out of Work: Risk and Opportunities for Latin America's Ninis*, World Bank, Washington, DC.

ECLAC (2016a), *Social Panorama of Latin America 2015*, Economic Commission for Latin America and the Caribbean, Santiago, Chile.

ECLAC (2016b), "Desarrollo social inclusivo. Una nueva generación de políticas para superar la pobreza y reducir la desigualdad en América Latina y el Caribe", Conferencia Regional sobre Desarrollo Social de América Latina y el Caribe. LC.L/4056 Rev.1 ["Inclusive Social Development. A new generation of policies to overcome poverty and reduce inequality in Latin America and the Caribbean"], Economic Commission for Latin America and the Caribbean, Santiago, Chile.

ECLAC (2014), *Social Panorama for Latin America 2014*, Economic Commission for Latin America and the Caribbean, Santiago, Chile.

ECLAC (2009), *Social Panorama of Latin America 2009*, Economic Commission for Latin America and the Caribbean, Santiago, Chile.

ECLAC/OIJ (2008), *Juventud y cohesión social en Iberoamérica. Un modelo para armar* (LC/G.2391) [*Youth and Social Cohesion in Latin America. A Model Kit*], Economic Commission for Latin America and the Caribbean, Santiago, Chile.

Espejo, A. and E. Espíndola (2015), "The master key to the social inclusion of young people: Education and employment", in Trucco, D. and H. Ullmann (eds.), *Youth: Realities and Challenges for Achieving Development with Equality*, Economic Commission for Latin America and the Caribbean, Santiago, Chile.

Ferreira, F. et al. (2012), *Economic Mobility and the Rise of the Latin American Middle Class*, World Bank, Washington, DC.

FLACSO/International IDEA (2013), *Youth and Political Participation in Latin America. Current State and Challenges*, Latin American Faculty of Social Sciences/International Institute for the Development of Electoral Assistance, Santiago, Chile, November.

Furlong, A. (2006), "Not a very NEET solution: Representing problematic labour market transitions among early school-leavers", *Work, Employment and Society*, Vol. 20/3, British Sociological Association, Belmont, UK, pp. 553-569.

Gasparini, L.C. and M. Marchionni (2015), *Bridging Gender Gaps? The Rise and Deceleration of Female Labor Force Participation in Latin America*, Centre for Distributive Labor and Social Studies (CEDLAS), Universidad Nacional de La Plata, La Plata, Argentina.

Gontero, S. and J. Weller (2015), "¿Estudias o trabajas? El largo camino hacia la independencia económica de los jóvenes de América Latina", *Serie Macroeconomía del Desarrollo* ["Do you study or work? The long road to economic independence of young people in Latin America"], Economic Commission for Latin America and the Caribbean, Santiago, Chile.

ILO (2013), *Global Employment Trends for Youth 2013: A Generation at Risk*, International Labour Organization, Geneva.

Jütting, J. and J.R de Laiglesia (2009), *Is Informal Normal? Towards More and Better Jobs in Developing Countries*, OECD Development Centre, OECD Publishing, Paris, http://dx.doi.org/10.1787/9789264059245-en.

Krauskopf, D. (2002), "Juventud en riesgo y violencia. Seminario permanente sobre violencia" ["Youth at risk and violence: Permanent seminar on violence"], United Nations Development Programme, El Salvador, Argentina.

Krauskopf, D. (2000), "El desarrollo psicológico del adolescente" ["Adolescent Psychological Development"], in H. Montenegro and H. Guajardo (eds.), *Psiquiatría del Niño y el Adolescente* Asociación Española de Psiquiatría del Niño y el Adolescente, A Coruña, Spain.

Lacayo, N. (2015), "Inclusión social juvenil en contextos de violencia. Estudio de caso Nicaragua" ["Youth Social Inclusion in Contexts of Violence"], unpublished.

第三章 拉丁美洲青年的社会融入及其主要挑战

La Porta, R. and A. Shleifer (2008), "The unofficial economy and economic development", *Brookings Papers on Economic Activity, Economic Studies Program*,Vol. 39, No. 2 (Fall), The Brookings Institution, pp. 275-363.

Maddaleno, M., P. Morello and F. Infante-Espínola (2003), "Salud y desarrollo de adolescentes y jóvenes en Latinoamérica y el Caribe: desafíos para la próxima década" ["Health and development of adolescents and youth in Latin America and the Caribbean: Challenges for the next decade"], *Salud Pública de México*, Vol. 45, Cuernavaca, Mexico.

Maldonado Valera, C. (2015), "Political participation, commitment to democracy and priority issues for young people in Latin America, 2000-13", in Trucco, D. and H. Ullmann (eds.) *Youth: Realities and Challenges for Achieving Development with Equality*, Economic Commission for Latin America and the Caribbean, Santiago, Chile.

Maloney, W.F. (2004), "Informality revisited", *World Development*, Vol. 32/7, Elsevier, Amsterdam, pp. 1159-1178, July.

OAS (2012), "Estado del arte sobre empleo juvenil en América Latina y Europa" ["State of the art on youth employment in Latin America and Europe"], presentation at the intersectoral meeting of interchange and programming "Employment of Young People. Innovative Strategies to Facilitate the Transition from School to Work", Washington, DC.

OECD (2016a), *OECD Employment Outlook 2016*, OECD Publishing, Paris, http://dx.doi.org/10.1787/empl_outlook-2016-en.

OECD (2016b), *Gender Equality in the Pacific Alliance: Promoting Women's Economic Empowerment*, OECD Publishing, Paris, http://dx.doi.org/10.1787/9789264262959-en.

OECD (2015a), *OECD Skills Outlook 2015: Youth, Skills and Employability*, OECD Publishing, Paris, http://dx.doi.org/10.1787/9789264234178-en.

OECD (2015b), *OECD Employment Outlook 2015*, OECD Publishing, Paris, http://dx.doi.org/10.1787/empl_outlook-2015-en.

OECD (2015c), *Multi-Dimensional Review of Peru: Volume 1, Initial Assessment*, OECD Development Pathways, OECD Publishing, Paris, http://dx.doi.org/10.1787/9789264243279-en.

OECD (2014a), *Investing in Youth: Brazil*, OECD Publishing, Paris, http://dx.doi.org/10.1787/9789264208988-en.

OECD (2014b), *Social Cohesion Policy Review of Viet Nam*, Development Centre Studies, OECD Publishing, Paris, http://dx.doi.org/10.1787/9789264196155-en.

OECD (2013), "OECD action plan for youth – giving youth a better start in the labour market", presentation at the meeting of the OECD Council at Ministerial Level, Paris, 29-30 May.

OECD/IDB/CIAT (2016), Taxing Wages in Latin America and the Caribbean 2016, OECD Publishing, Paris, http://dx.doi.org/10.1787/9789264262607-en

Quintini, G. and S. Martin (2007), "Same but different: School-to-work transitions in emerging and advanced economies", *OECD Social, Employment and Migration Working Papers*, No. 154, OECD Publishing, Paris, http://dx.doi.org/10.1787/5jzbb2t1rcwc-en.

Parker, R.N. and K. Auerhahn (1998), "Alcohol, drugs, and violence", *Annual Review of Sociology*, Vol. 24.

Patel, V. et al. (2007), "Mental health of young people: A global public-health challenge", *The Lancet*, Vol. 369/9569, London, New York, Beijing, pp. 1302-1313.

Pavez, M.I. (2014), "Los derechos de la infancia en la era de Internet. América Latina y las nuevas tecnologías" ["The rights of children in the Internet age: Latin America and New Technologies"], *Políticas Sociales* series, No. 210 (LC/L.3894), Economic Commission for Latin America and the Caribbean (ECLAC), Santiago, Chile, September.

Perea Restrepo, C. (2014), "La muerte próxima. Vida y dominación en Río de Janeiro y Medellín" [The Next Death: Life and Domination in Rio de Janeiro and Medellin], *Análisis Político*, Vol. 27/80, Universidad Nacional de Colombia, Bogatá, Colombia, pp. 3-25..

Perea Restrepo, C. (2008), "¿Qué nos une? Jóvenes, cultura y ciudadanía", La Carreta, Medellín. ["What unifies us? Youth, culture and citizenship], in *Social Panorama for Latin America 2014*, Economic Commission for Latin America and the Caribbean (ECLAC), Santiago, Chile.

Rico, M.N. and D. Trucco (2014), "Adolescentes: Derecho a la educación y al bienestar futuro", ["Teens: The right to Education and the Future Welfare"], *Políticas Sociales serie*, No. 190 (LC/L.3791), Economic Commission for Latin America and the Caribbean (ECLAC), Santiago, http://www.unicef.org/lac/Adolescentes_derecho_educacion_bienestar_futuro.pdf.

Rodríguez V.J. (2014), "La reproducción en la adolescencia y sus desigualdades en América Latina: Introducción al análisis demográfico, con énfasis en el uso de microdatos censales de la ronda de 2010" ["Reproduction in adolescence and inequality in Latin America: Introduction to demographic analysis, with emphasis on the use of census microdata from the 2010 round"], *Projects Document* (LC/W.605), Economic Commission for Latin America and the Caribbean (ECLAC), Santiago, Chile.

Rodríguez V.J. (2008), *Reproducción adolescente y desigualdades en América Latina y el Caribe: Un llamado a la reflexión y a la acción.* [Adolescent Reproductive and Inequalities in Latin America and The Caribbean: A Call to Reflection and Action], Comisión Económica para América Latina y el Caribe (CEPAL/ECLAC), Santiago, Chile.

Rosero-Bixby, L. and A. Robles (2008), "Los dividendos demográficos y la economía del ciclo vital en Costa Rica", *Papeles de Población*, Vol. 55, pp. 9-34.

Rossel, C. (2013), "Desbalance etario del bienestar. El lugar de la infancia en la protección social en América Latina" ["Age welfare imbalance: The place of children in social protection in Latin America"], *Políticas Sociales* series, No. 176 (LC/L.3574), Economic Commission for Latin America and the Caribbean (ECLAC), Santiago. Chile.

Soto, H. and D. Trucco (2015), "Inclusion and contexts of violence", in D. Trucco and H. Ullmann (eds.), *Youth: Realities and Challenges for Achieving Development with Equality*, Economic Commission for Latin America and the Caribbean (ECLAC), Santiago, Chile.

Telefónica (2014), "Telefónica global millennial survey – Today's young adults: the leaders of tomorrow" http://survey.telefonica.com/portfolio/global-results-presentation/ (accessed 20 May 2016).

Trucco, D. and H. Ullmann (2015), *Youth: Realities and Challenges for Achieving Development with Equality*, Economic Commission for Latin America and the Caribbean (ECLAC), Santiago, Chile.

Ullmann, H. (2015), "Health and young people in Latin America and the Caribbean", in Trucco, D. and H. Ullmann (eds.), *Youth: Realities and Challenges for Achieving Development with Equality*, Economic Commission for Latin America and the Caribbean (ECLAC), Santiago, Chile.

UNICEF (2012), *Progress for Children – A Report Card on Adolescence*, No. 10, UNICEF, New York, http://www.unicef.org/publications/index_62280.html.

United Nations (2014), *Mental Health Matters: Social Inclusion of Youth with Mental Health Conditions*, Department of Economic and Social Affairs, United Nations, New York, www.un.org/esa/socdev/documents/youth/youth-mental-health.pdf.

UNDP (2016), *Regional Human Development Report for Latin America and the Caribbean Multidimensional Progress: Well-being Beyond Income*, United Nations Development Programme, Santiago, Chile.

UNDP (2013), *Human Development Report for Latin America 2013-2014 – Citizen Security with a Human Face: Evidence and Proposals for Latin America*, United Nations Development Programme, New York, November.

UNDP (2012), *Human Development in Chile 2012 – Subjective Well-being: The Challenges of Rethinking Development*, United Nations Development Programme, Santiago, Chile.

UNODC (2014), *Global Study on Homicide 2013: Trends, Contexts, Data*, United Nations Office on Drugs and Crime, Vienna.

Weller, J. (2007), "Youth employment: Characteristics, tensions and challenges", *ECLAC Review*, Vol. 92, Economic Commission for Latin America and the Caribbean, Santiago, Chile, pp. 61-82.

WHO (2010), "Global school-based student health survey 2010", World Health Organization, Geneva, http://www.who.int/chp/gshs/en. (accessed 20 May 2016).

Wong, L.R. and J.A. Carvalho (2006), "O rápido processo de envelhecimento populacional do Brasil: sérios desafios para as políticas públicas" ["The rapid process of population ageing in Brazil: Serious Challenges for Public Policy"]. *Rebep*, Vol. 23/1, Associação Brasileira de Estudos Populacionais, São Paulo.

World Bank (2016), "A slowdown in social gains", *Brief*, No. 105750, Poverty and Inequality Monitoring: Latin America and the Caribbean, World Bank, Washington, DC, http://documents.worldbank.org/curated/en/2016/0 4/26211205/slowdown-social-gains.

World Bank (2013), *Inclusion Matters: The Foundation of Shared Prosperity*, Social Development Department, Washington, DC.

第四章
拉丁美洲和加勒比地区的教育、技能和青年问题

技能对于青年过渡到成年生活、促进知识经济和技能经济发展以及参与社会生活都至关重要。正因为如此，技能可以促使个体为国家的增长和发展做出贡献。教育是青年获得技能的主要来源之一。因此，本章通过大量的统计数据来分析拉美和加勒比青年的教育和技能，以及近十年来该地区在阅读、数学、科学和科技方面的表现和发展。此外，本章总结了针对过早辍学群体提供相应的技能培训，使之能够参与社会生产活动的青年技能培训的主要成果。最后提出了一系列目标和建议，以改进拉美地区青年的教育和培训制度。

引 言

教育和技能广泛被认为是促进社会包容性发展和个体参与劳动力市场的重要因素。提高教育可以带来经济增长、社会包容，使社会更加平等。技能和个体所受的优质教育密不可分，但又不仅限于此。"技能是个人可以习得并成功开展某项活动和任务的知识、特点和能力的总和"（OECD，2012）。因此，第四章主要讲述在整个生命周期，在劳动参与中起决定性作用的关键因素——技能。大多数国家中，拉美地区关于技能的测量有很多限制性因素，本章分析的重点集中在教育系统。

尽管过去二十年拉美地区的教育有了巨大发展，但依然存在着显著挑战。和OECD国家相比，大部分挑战和毕业率、教育质量、劳动力市场需求

以及资金有关（OECD/CAF/CEPAL，2014）。这些缺陷尤其影响那些处于弱势的社会经济部门、农村地区的居民和妇女。正如第二章中所述，拉美和加勒比的青年在进入劳动力市场时或多或少会出现问题，部分原因是其低水平的技能。不尽如人意的表现与该地区教育体系所面临的挑战有关，尤其是从学校到工作的过渡阶段。

近几十年来该地区的小学入学率有了显著的提高，紧接着是中学入学率。尽管如此，和OECD 83%的入学率相比，该地区2012年66%的学前教育的比例仍旧偏低。这一数值尤为重要，因为学前教育在一个人的学习阶段表现出长期的影响：那些接受过学前教育的人，中学的表现提高了将近一学年（OECD/CAF/ECLAC，2014）。此外，弱势家庭的学生从学前教育中受益最大，因为这使得他们至少能追赶上部分同龄者。

该地区技能和教育方面面临的最大挑战依旧是消除教育不公问题，尤其体现在教育途径和教育质量上。学生的社会经济背景对入学、求学和毕业等方面有显著影响。收入最低的1/5人口中只有56%的人接受了中等教育，其中只有9%的人继续接受了高等教育，这一数据和收入最高的1/5人群的87%和46%相比存在着巨大差距（OECD/CAF/CEPAL，2014）。此外，中学教育中几乎30%的学生表现差异与社会经济因素相关，而OECD国家这一数据的平均值为26%。性别和地理位置也是造成学生表现不同的重要因素。

大多数青年的技能在生命早期阶段就已开始形成：15岁之前所受的教育至关重要。因此，本章重点阐述15～29岁青年的教育和技能发展，尤其关注高等教育所面临的挑战，即包括大学教育和专业技能培训（EFTP），并分析这些技能如何影响青年在劳动力市场上的表现。

本章由两部分构成。第一部分阐述拉美地区15～29岁的青年在教育和技能方面面临的趋势和挑战。数据基于《拉丁美洲经济展望2015》中的结论和建议，重点关注普通教育体制面临的挑战，尤其是初级教育和中级教育，并且关注15岁左右的学生技能。第二部分回顾青年职业培训计划的主要成果，主要措施之一是给该地区中等教育以下的人群进行技能培训，使他们能够参与劳动力市场。这些计划对于需要寻找一份合适工作，却被教育体制边缘化的人来说是至关重要的。因此，加强大众教育以及改善教育体制对于该地区克服中长期挑战，使人们具备足够技能参与劳动力市场来说是必不可少的。

拉美青年的教育全景

一方面，具备更熟练的劳动力，至少拥有一批具备高等教育背景的员工——无论是大学教育还是中学后职业技能教育，对于促进拉美地区经济社会可持续发展来说至关重要。另一方面，高质量的高等教育能使青年更好地融入国家的生产、政治和社会生活之中。

超过70%的青年没有足够技能获取高质量的工作

太多的青年过早地或在没有获得合适技能的情况下就放弃了学业。25～29岁的青年中只有30%上了大学或职业技术学校。根据本文定义，这部分人被认为是合格的劳动力（Gasparini et al., 2011；Aedo and Walker, 2012；De la Torre, Levy Yeyati and Pienknagura, 2013）。此外，该地区只有59%的青年完成了中等教育（见图4-1）。

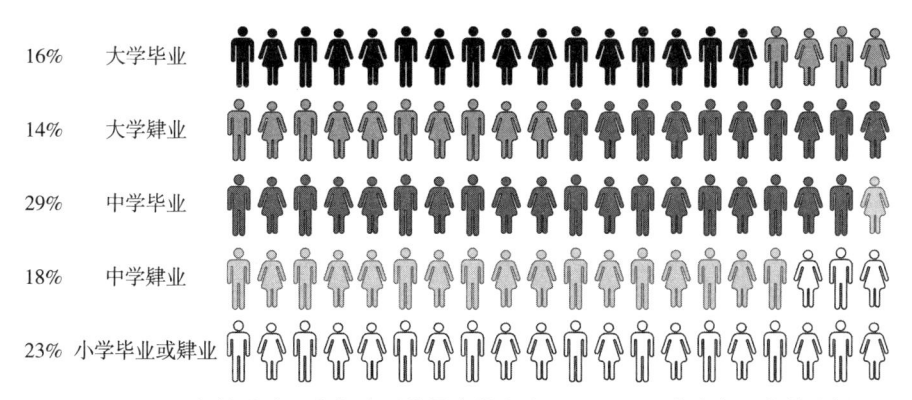

比例	教育水平
16%	大学毕业
14%	大学肄业
29%	中学毕业
18%	中学肄业
23%	小学毕业或肄业

图4-1　2014年拉美地区青年达到的最高教育水平（25～29岁青年所占的比例）

注：上图中性别比例并非完全准确。
资料来源：OECD制表以及世界银行SEDLAC表（CEDLAS and World Bank）。

超过4300万年龄在15~29岁的拉美青年,也就是说该地区31%的青年没有完成中等教育(见表4-1)。这需要完善两个领域的政策制度。首先,公共政策必须解决目前存在的问题,使这些人掌握必要的技能和资源,以充分参与劳动力市场和国家的政治、社会生活。其次,政府应出台策略,提高他们后代的教育水平。

表4-1 2014年未完成中学教育而辍学的青年(15~29岁)

单位:名,%

国家	青年数量	比例
巴西	13871335	28
洪都拉斯	12858300	42
哥伦比亚	3014028	26
萨尔瓦多	2762432	54
阿根廷	1654149	25
危地马拉	1432290	59
巴拿马	1321225	19
厄瓜多尔	1159725	28
秘鲁	806024	44
玻利维亚	757821	28
多米尼加共和国	756999	27
巴拉圭	616897	32
墨西哥	560874	41
智利	548896	13
哥斯达黎加	381314	30
乌拉圭	349852	46
尼加拉瓜	292989	32
拉美17国	43145150	31

注:阿根廷的数据仅代表超过10万居民的城市。
资料来源:OECD制表以及世界银行SEDLAC数据(CEDLAS and World Bank)。

当今的拉美青年比前几代人接受更多的教育

近十年来(2004~2014年),拉美地区的教育水平有所提高。十年间,15~64岁群体中仅完成初级教育或以下的人口比例从34%下降到21%(见

图4-2），更多的人接受了更高水平的教育。事实上，这十年中至少接受高等教育①的人口比例从16%上升到了23%。不完全中等教育取代了初级或初级以下教育，成为拉美教育中占比最多的一个分支。

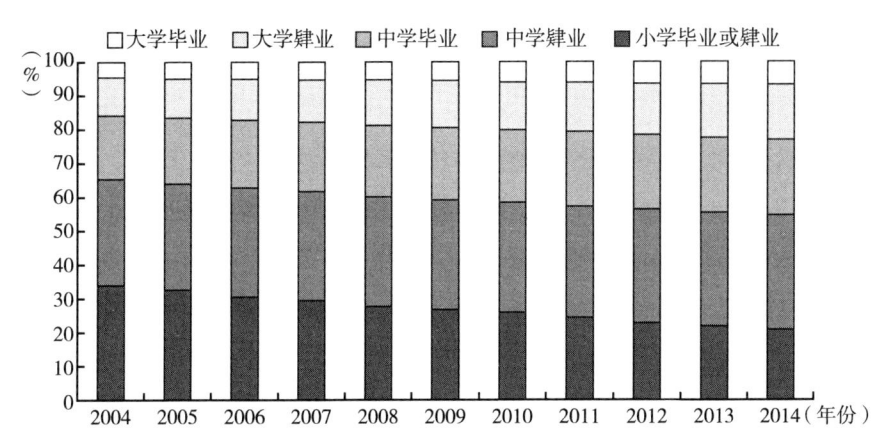

图4-2 2004~2014年拉美地区人口接受的最高教育水平（15~64岁人口所占比例）

资料来源：OECD制表以及世界银行SEDLAC数据（CEDLAS and World Bank）。
统计链接：http://dx.doi.org/10.1787/888933419420。

然而，拉美国家仍然落后于OECD国家。平均而言，2014年OECD国家中拥有高等教育人口的比例为34%，比2005年增加了7%。此外，近十年来拥有高中学历和高职高专学历的人口占比大约为43%（OECD，2015a）。

与此同时，毕业率依旧偏低：16%的人没有完成高等教育，34%的人进行但未完成中等教育。教育质量和途径仍是学生考虑是否继续求学的最重要挑战。该地区需要公共政策来改善教育体制以提高毕业率。

过去十年，青年的教育水平也有所提高（见图4-3）。当今的青年比前几代同龄人接受了更好的教育。在未完成中等教育的青年比例下降的同时，完成中等和高等教育的人口比例有所增加。尽管如此，拉美地区25~29岁的青年中，41%的人受教育程度在中等以下。关于在高等教育毕业率方面，近十年来该数据从10%上升到了16%，但和OECD国家相比仍旧偏低。

---

① 本文中的高等教育既指大学教育，也指中学后的职业和技术教育。

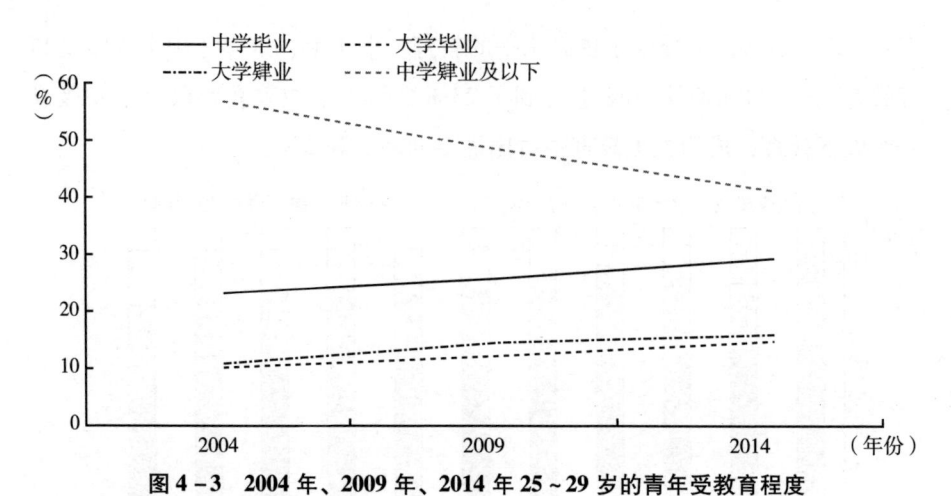

图 4-3　2004 年、2009 年、2014 年 25~29 岁的青年受教育程度

资料来源：OECD 制表以及世界银行 SEDLAC 数据（CEDLAS and World Bank）。
统计链接：http://dx.doi.org/10.1787/888933419434。

拉美 17 个国家中，无论是青年人还是成年人平均受教育年限均有所增加，对于这一点有可靠的数据支撑（见图 4-4）。和成年人相比，哥斯达黎加、多米尼加共和国、厄瓜多尔、危地马拉和洪都拉斯等国家的青年教育年限增加更多。巴拉圭不分年龄段，平均增加了 1.5 年的教育年限。

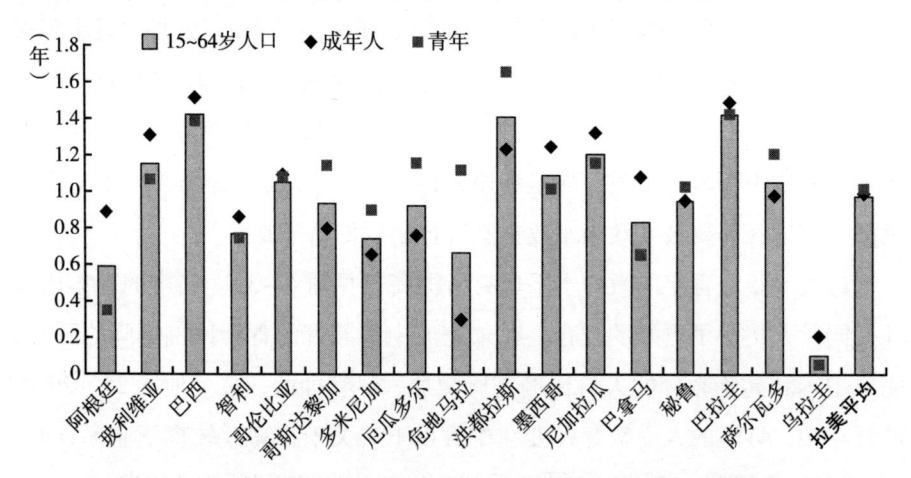

图 4-4　2004~2014 年拉美地区 17 个国家平均受教育年限的变更

资料来源：OECD 制表以及世界银行 SEDLAC 数据（CEDLAS and World Bank）。
统计链接：http://dx.doi.org/10.1787/888933419440。

女性和贫困家庭的人员是教育扩张的最大受益者

生活在贫困地区的青年是教育扩张的最大受益者（见图4-5）。根据2014年的数据，极度贫困人群接受教育的平均年限为5.5年，中等贫困人群接受教育的平均年限为6.2年，贫困人群为7.7年，中产阶级为10.8年。总的来说，极度贫困人群2014年比2004年增加了一年受教育年限。而中等贫困和贫困人群分别增加了约0.6年和0.4年。与此同时，尽管中产阶级义务教育入学率增加较少，中产阶级的青年仍旧是受教育水平最高的群体。

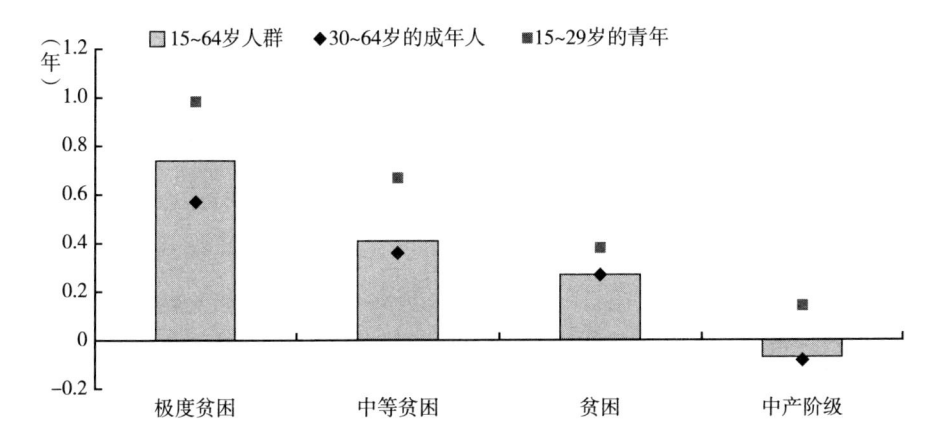

图4-5　2004~2014年拉美地区平均受教育年限随社会经济和年龄的变化

注：这里把15~29岁的群体定义为青年，30~64岁的群体定义为成年人。社会经济阶层按世界银行的定义来进行分类："极度贫困"指人均日收入低于2.50美元的青年家庭。"中度贫穷"指人均日收入为2.50~4.00美元的青年家庭。"贫困"指人均日收入为4.00~10.00美元。"中产阶级"指人均日收入高于10.00美元的青年家庭。贫困线和收入使用2005年日购买力平价（PPA）表示。拉丁美洲国家大体为（拉美地区的17个国家）：阿根廷、玻利维亚、巴西、智利、哥伦比亚、哥斯达黎加多民族国、哥斯达黎加、多米尼加共和国、厄瓜多尔、萨尔瓦多、危地马拉、洪都拉斯、墨西哥、尼加拉瓜、巴拿马、秘鲁、巴拉圭和乌拉圭。
资料来源：OECD制表以及世界银行SEDLAC数据（CEDLAS和World Bank）。
统计链接：http://dx.doi.org/10.1787/888933419456。

这些进步应归功于拉美教育政策和社会保障政策的整合，前者旨在扩大入学规模，改善质量，后者面向那些生活在收入分布最底层的人。当下很大一部分青年受益于2000年以来推行的社会政策。事实上，当下的年青一代可以称为"条件货币转移"(TMC)一代。在这些计划推出近20年之后,效果并不如预期那么理想。但在技能方面,这一代人的受教育程度更高,能力也比前几代更强。这些TMC计划缩小了高收入和低收入群体之间的教育差距。

拉美地区的女性在受教育平均年限的增长上要比男性多得多。分性别的研究表明,在这方面17国女性都把男性甩在了后面。2014年,17个国家中有12个国家的女性累计平均受教育时间要多于男性。最大的性别差异发生在玻利维亚多民族国(以下简称"玻利维亚")。平均而言与2004年相比,女性受教育的时间比男性多了半年。

更多的人接受了高等教育

高等教育毕业率说明了一个国家提供未来具有专业知识和技能的员工的能力。在拉美和加勒比国家,获取高等教育文凭的激励政策是很有吸引力的(无论是从更高的收入还是更好的就业前景而言)——具体体现在:扩宽高等教育入学途径、改善高等教育质量、与劳动力市场紧密衔接等,这些因素是迈向以知识为基础的市场经济、消除收入不均的重要条件(OECD,2015a)。与此同时,优质高等教育可以使青年更好地过渡到成年生活。

近几十年来,拉美地区高等教育的普及率有所提高。2004~2014年,高等教育入学率显著增加,从29%上升到44%,这表明年增长率接近4%。

尽管这一涨幅显著,但与OECD国家相比,大多数拉美国家的入学率仍然很低,阿根廷和智利除外。相对于OECD 70%的平均水平而言,这两国高等教育入学率在拉美地区是最高的,分别达到了80%和84%(见图4-6)。这不一定意味着这两国的覆盖面更广,有可能是学生在校时间比预期长。高等教育入学率表示的是学生在中学教育结束后继续接受五年制教育的比例,与年龄无关。萨尔瓦多、危地马拉、牙买加、海地、洪都拉斯、墨西哥均比较落后,覆盖率低于30%。

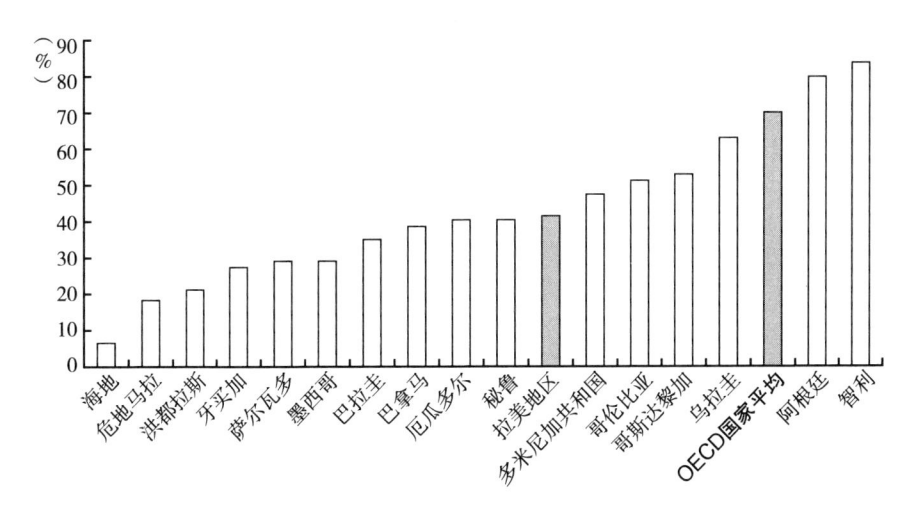

图4-6 2013年拉美地区16个国家的高等教育毛入学率

注：毛入学率指的是在特定的教育水平下学生入学的数量占同一教育水平下官方适龄入学儿童数量的比重，不考虑学生年龄。阿根廷、智利、萨尔瓦多、厄瓜多尔、牙买加、危地马拉、墨西哥、OECD国家和巴拿马是2013年的数据，巴拉圭、秘鲁和乌拉圭是2010年数据。
资料来源：UNESCO统计司；所有性别的高等教育毛入学率。
统计链接：http://dx.doi.org/10.1787/888933419465。

低毕业率是拉美地区高等教育的大问题

拉美地区高等教育潜力尚待开发。尽管入学率有所提高，毕业率依然很低，高等教育机构面临着教育质量和学生能力与企业需求不一致等问题。尽管该地区15~64岁的人当中有41%的人接受了高等教育，但大约只有14%的人能完成学业。

拉美国家的高等教育毕业率各不相同。2004~2014年，15~64岁群体的高等教育毕业率17个国家中有12个国家得到了增长，25~29岁群体的高等教育毕业率在17个国家都有所增长（见图4-7）。10年间，智利和厄瓜多尔15~64岁的群体中完成高等教育的比例上涨了3个百分点。同时，这两国25~29岁的青年人高等教育的毕业率也有所领先。该现象同样存在于玻利维亚，该国在2004~2014年高等教育毕业率提高了2个百分点，很多25~29岁的青年从中受益。

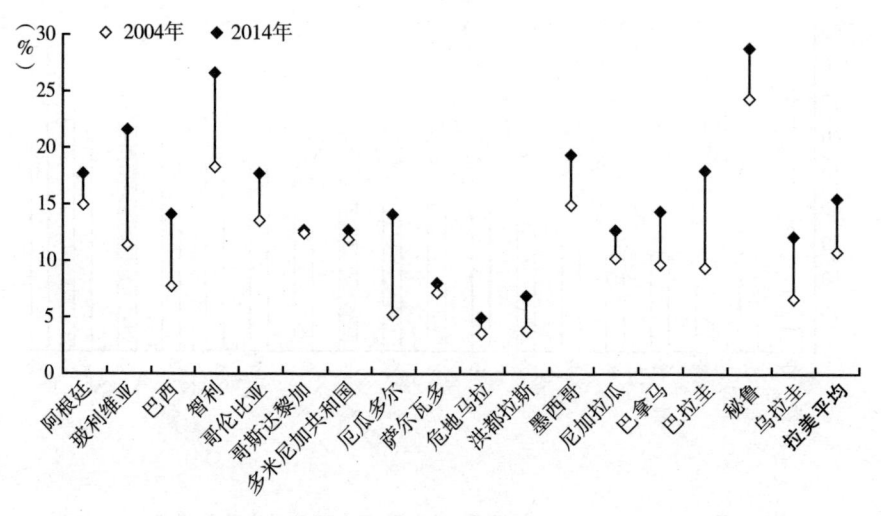

图 4-7　2004 年、2014 年完成高等教育的青年（25~29 岁青年所占的比例）

资料来源：OECD 制表以及世界银行 SEDLAC 数据（CEDLAS and World Bank）。
统计链接：http://dx.doi.org/10.1787/888933419472。

尽管在过去十年中在高等教育方面取得了一定进展，该地区仍落后于大多数的发达国家。平均而言，OECD 国家中，39% 的青年毕业于高等教育 A 类计划的第一阶段（通常我们称之为学士），18% 的青年毕业于高等教育 A 类计划的第二阶段（通常我们称之为硕士）。在澳大利亚、芬兰、冰岛、新西兰、波兰和俄罗斯联邦（以下简称"俄罗斯"）等国家，第一阶段的毕业率等于或超过 50%，而比利时、爱沙尼亚、希腊、印度尼西亚和卢森堡则为 25% 或更低（OECD，2014a）。

学习科学、技术、工程和数学(CTIM)的学生比例很低

该地区的学生在科学方面的表现相对比较落后。拉美和加勒比国家平均 39% 接受高等教育的学生（从智利的 25% 到哥伦毕业的将近 50%）侧重于社会科学、商业和法律（见表 4-2）。除阿根廷外，拉美地区的学生选择科学的比例为 2%~7%，而 OECD 这一数值则有 10%。但是，在一些科技创新强国比如德国、法国、爱尔兰和英国，13%~18% 的学生在高等教育阶段会选择科学类课程。

表4-2 2013年拉美地区各专业高等教育入学率

单位：%

	工程、制造和建筑业	科学	人文艺术和教育	健康和福利	社会科学、企业科学和法律	服务业	农业	未知或不明
拉美和加勒比国家								
阿根廷	8	10	27	14	35	3	3	n
巴西	14	6	21	13	41	2	2	n
智利	19	6	16	22	25	10	2	n
哥伦比亚	23	5	12	8	48	3	2	0
多米尼加共和国	10	5	18	14	37	2	1	12
厄瓜多尔	12	7	16	13	44	4	3	0
萨尔瓦多	20	2	19	19	39	n	2	0
洪都拉斯	13	5	23	14	40	1	3	0
墨西哥	26	6	14	10	41	1	2	0
巴拿马	23	7	19	11	35	3	2	n
选定的OECD国家								
法国	9	18	19	14	39	4	n	n
德国	17	13	23	19	23	3	1	n
爱尔兰	11	17	23	14	23	7	2	2
以色列	23	8	22	7	35	n	n	4
意大利	16	10	21	12	34	4	3	n
日本	14	2	23	16	27	9	2	7
韩国	25	2	25	14	20	7	1	n
西班牙	16	9	23	13	29	8	1	n
英国	8	15	24	17	28	2	1	6
拉美和加勒比国家平均	17	6	18	14	39	3	2	1
OECD国家平均	15	10	20	13	31	5	2	4

注：以色列的统计数据由以色列当局负责人提供；OECD使用这些数据并不妨碍戈兰高地、东耶路撒冷和国际法规定的西岸以色列定居点的地位。

资料来源：OECD（2014a）、阿根廷、巴西、智利、哥伦比亚、多米尼加共和国、厄瓜多尔、萨尔瓦多、洪都拉斯、墨西哥、巴拿马、联合国教科文组织统计研究所等数据库。

私营企业缺乏工程师、技术人员和专业化的员工，这一现象在阿根廷、巴西、哥伦比亚、哥斯达黎加、危地马拉、墨西哥、巴拿马和秘鲁表现得尤为明显，企业把这些职业列入2015年十大紧缺人才行业（Grupo Manpower,

2015）。工程专业、制造业和建筑学的学生在入学率方面和OECD许多国家都差不多，平均为8%~26%。然而，这并没有完全反映拉美的教育情况：OECD国家中27%的博士毕业于科学类专业，17%毕业于工程专业、制造业和建筑学（OECD，2015a）。

中等和高等教育中就读技术和职业教育的学生少

教育和职业技术培训（EFTP）对于培养具备一系列和高等教育相关的中高级水平的管理技能、专业技术和商业能力的学生来说是至关重要的（OECD，2014c）。在新兴和欠发达国家，EFTP越来越多地被认为是应对不断变化的劳动力市场需求和支撑社会凝聚力的必要工具。因此，它被认为是大学学术课程的补充。因为技能的缺乏会导致生产率低下，很多时候被认为是影响国家发展的因素。EFTP投资可以作为促进劳动力市场转型的手段（Eichhorst et al.，2012）。

拉美地区部分国家有小型的EFTP部门，另一些国家在中等教育和中学后教育方面的EFTP更为完善。至于中等教育中EFTP机构的重要性，国与国之间有很大的差异（见图4-8）。在厄瓜多尔和洪都拉斯，几乎1/3的中学生参与了EFTP项目。同样，在哥伦比亚，1/4的中学生参加了中等职业计划，哥斯达黎加有1/5的年轻人在高中阶段参加实习。但是在尼加拉瓜和秘鲁，这一比例下降到1.5%以下。在OECD国家，26%的中学生参加了职业教育计划——比拉美地区高了10个百分点。在这方面荷兰处于领先地位，48%的中学生参与了EFTP（UNESCO，2016）。

在拉美地区，许多国家的女性受益于EFTP计划。中学阶段参与EFTP的学生超过一半是女性。然而这一点在国与国之间也呈现巨大的差异。在多米尼加共和国或尼加拉瓜，中学阶段参加EFTP计划的60%多为女性；而在智利和乌拉圭，参与EFTP的女性不到一半（分别为47%和42%）（UNESCO，2016）。

由于EFTP计划提高了劳动技能，并且为劳动力市场培养了大量青年，其重要性已经超越了中学教育（OECD/CAF/CEPAL，2014）。在高等教育层

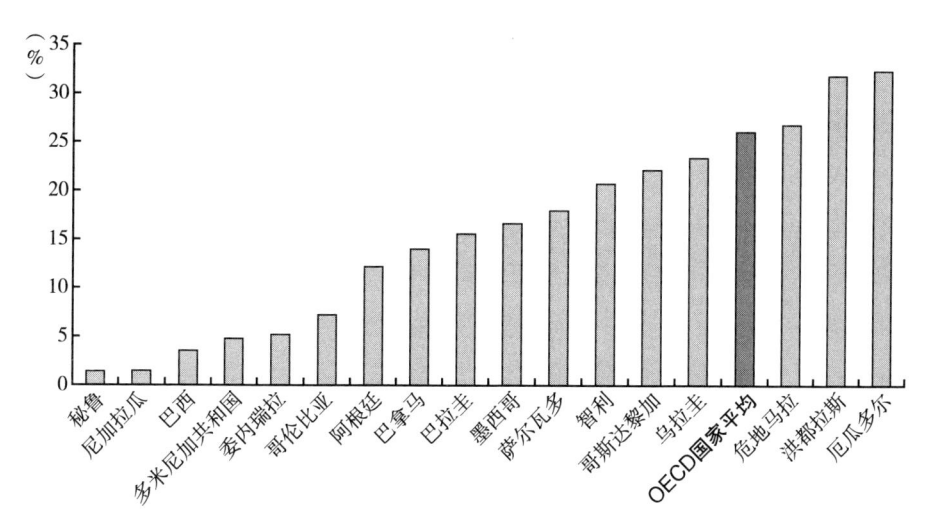

图 4-8 2013 年中学生参与 EFTP 的比例

注：智利、哥伦比亚、哥斯达黎加、萨尔瓦多、危地马拉、洪都拉斯、秘鲁、多米尼加共和国、委内瑞拉（2014 年数据）。阿根廷、巴西、厄瓜多尔和乌拉圭（2013 年数据），墨西哥、巴拿马和巴拉圭（2012 年数据），尼加拉瓜（2010 年数据）。

资料来源：联合国教科文组织（2016）和 DiNIECE、教育部（2013）。

统计链接：http：//dx.doi.org/10.1787/888933419489。

面，该地区 EFTP 的入学率在过去十年有所上升——占高等教育总入学率的 15% ~ 19%（UNESCO，2013a；OECD/CAF/CEPAL，2014），但和 OECD 国家相比仍然偏低。智利、哥伦比亚和秘鲁在 EFTP 方面表现比较活跃，大约 40% 的学生在中学教育后选择了 EFTP（Ministy of Education of Chile，2014；McCarthy and Musset，2016；OECD，2016a）。EFTP 的性质和培训时长国与国之间不同，这使得国与国之间很难进行比较。此外，培训质量也不尽相同：一些质量高的学校受到学生和雇主的大力推崇和好评，而另一些就显得不尽如人意。虽然总的来说 EFTP 在教育和经济层面是一个重要的创新，但很少有国家有足够高质量的项目来推动教育质量的变化。

在拉美地区，EFTP 在推动就业平等方面有很大贡献，涉及各个层次需求的人群：毕业生、寻求实践训练的学生、渴望提高自己专业技能的成年人、就业方向发生变化的群体，或是离岗一段时间后重新返岗的群体等（Quintini and Manfredi，2009）。相关的培训课程可以提供给中学或大学阶段辍学的群体一定的工作技能，提高他们的就业能力。高质量的职业技术教育课程尤其是在中学教育阶段，可以帮助一些学术教育的失意者重新加入到学术体系中，提高毕业率。此外，EFTP 计划在拉美国家很多地区特别偏爱贫困学生或弱势群体。例如，哥伦比亚国家援助委员会（SENA）提供免费高等教育。在墨西哥，EFTP 计划给偏远地区的学生提供了求学机会（Kis，Hoeckel and Santiago，2012）。

职业技术教育在拉美地区不断扩展

为青年提供工作技能、促进终身学习的职业技术培训课程已经成为正规教育的替代和补充。拉美国家的职业培训机构（IFP）在培育青年方面发挥着突出的作用，特别是对于那些没有完成高中学业的学生来说。该地区几乎所有的国家都至少有一个国立 IFP。事实上，IFP 的学生中大约 65% 都是青年。

学员计划是拉美培养青年方案中最常用的手段之一。该计划在促进学生获取技能、从学校到工作的平稳过渡中发挥着重要作用（见表 4-3）。此外，这种方案重新评估了企业在培训中所起的作用，使学员资格在劳动力市场上得到正式认可。

表 4-3 拉美地区 2015 年学员参与 IFP 课程情况

国家和 IFP	比重(%)	国家和 IFP	比重(%)
秘鲁 SENATI	14	危地马拉 INTECAP	5
巴西 SENAC	13	巴拿马 INADEH	3
洪都拉斯 INFOP	11	巴拉圭 SNPP	2
哥伦比亚 SENA	9	萨尔瓦多 INSAFORP	1
巴西 SENAI	7	巴西 SENAR	1

资料来源：ILO/CINTERFOR（forthcoming）。

大多数受益于 IFP 计划的都是弱势青年，尤其是收入占社会分配最底层 1/5 家庭的高中辍学者。例如，2016 年 61% 的秘鲁 SENATI 受益者、81% 的哥伦比亚 SENA 受益者以及 84% 的墨西哥 CONALEP 受益者都来自 1/5 的最

第四章 拉丁美洲和加勒比地区的教育、技能和青年问题

低收入的家庭（ILO/CINTERFOR，forthcoming）。

在拉美地区，女性参与 IFP 的比例国与国之间不同。在危地马拉，INTECAP 的受益者中只有 40% 为女性；在墨西哥，CONALEP 的受益者中 44% 是女性；在玻利维亚，INFOCAL 的女性受益者的比例达到 47%。上述国家中，男性参与 IFP 的比例显然更高，这或许和某些行业存在性别歧视有关，尤其是基于 CTIM 技能的职业，女性在这些领域占比低也与其文化环境有关（ILO/CINTERFOR，2016a）。但是，在巴西的 SENAC、乌拉圭的 INEFOP、墨西哥的 DGCFT、萨尔瓦多的 INSAFORP 和洪都拉斯的 INFOP 等项目中，男女比例大致相等。相反，在哥伦比亚的 SENA 和巴拿马的 INADEH 中，女性参与 IFP 的比例比男性要高，分别为 56% 和 57%。

拉美地区的学员计划在课程设计和实施方面仍存在一些问题，需要着力改善。在一些国家，学习时间太长（两年到四年），辍学率很高；在另一些国家，虽然推出了更新颖灵活的职业培训，学员在课程结束后往往很难找到合适的工作。由于成本因素，企业通常不会把这些学员留下来。

全球学习网络（英文缩写 GAN）是一个由企业组成的联盟，其目的是鼓励企业创新，把技能和青年的就业机遇结合起来。具体地说，就是通过实践和 IFP 计划等加强学员的技能。目前在阿根廷和哥伦比亚已经实施了 GAN 国家条约，巴西和墨西哥正准备实施这一计划。

EFTP 计划在拉美和加勒比国家面临着类似挑战，包括将教育与劳动力市场需求联系起来这一基本要求

EFTP 项目和普通教育体系之间缺乏协调机制。在拉美地区一些国家，比如阿根廷、巴西、哥斯达黎加、哥伦比亚和秘鲁，EFTP 服务由教育部、劳动部、学校、企业和私人机构提供。机构通常独立运作，限制了学生的学习能力和更高学位的获得。比如在哥斯达黎加，由劳动部和全国培训机构颁发的技术文凭并没有得到认可，不能和高等教育体系进行很好的衔接（Álvarez–Galván，2015）。通过 EFTP 获得的技能往往不被传统教育体制认可。许多学生由于获得的是 EFTP 证书，不能够进入普通高等教育体系继续

求学。例如在秘鲁，通过 EFTP 等非正规教育进入大学的学生还要重新学习一般的课程科目（McCarthy and Musset, 2016）。在巴西，SENAC 课程是受教育部认可的，这在拉美地区是个例外，也起了很好的榜样作用。

一些国家已经开始实施国家资格战略，将 EFTP 与传统的中等教育和高等教育相结合。比如将学员的成绩按标准和级别分类，使之能够在不同的教育体系之间便于评估和比较。Chile Valora 和智利教育部、INFOTEP 和多米尼加教育部、SENA 和哥伦比亚教育部等都已经实施了这些策略。哥斯达黎加、尼加拉瓜和厄瓜多尔则在传统教育和 EFTP 教育之间发展类似的合作机制。

此外，一些国家已经明确需要一个全国性的 EFTP 体系（UNESCO, 2013b, 2015），并且创立了相对应的机构来协调各个水平的技术教育和职业教育。在阿根廷，国家技术教育研究所（INET）负责监管中等教育、中学后教育以及高等教育中技术教育的相关政策。INET 协调整合 EFTP 机制内的相关政策并使其中一些条款适应地方和生产力需求（INET, 2016）。

总的来说，拉美和加勒比的 EFTP 教育和劳动力市场的需求并不相符。上述机构和雇主之间的联系很少，雇主参与职业技术教育与培训政策发展水平比较低。事实上，很少有国家制定职业技术培训方案时会咨询雇主的意见。即使这些机构存在，它们之间的相互联系也都是零星片面的。巴西的 SENAI 和 PRONATEC、哥伦比亚的 SENA 和巴拿马的 INADEH 会咨询一些私营机构，但这仅仅只是几个，更多的 EFTP 机构并非如此。同样，哥斯达黎加的教育部和国家培训学院会咨询当事方，但这些努力对于改善 EFTP 体系，使之更好地适应劳动力市场是微不足道的（Álvarez-Galván, 2015）。

EFTP 在一些国家存在质量、威望和地位问题。雇主和学生往往更看重传统教育体制。在哥伦比亚，很多 EFTP 的学生没有被大学录取，因此，这使得 EFTP 的地位更加不如传统大学（OECD/IBRD/BM, 2012）。此外，EFTP 和大众教育的教师资质可能有所不同。哥伦比亚、墨西哥和秘鲁已强调要改善其监管体制，提高质量保障（UNESCO, 2015, 2013c；McCarthy and Musset, 2016；OECD, 2016b）。

此外，当前拉美和加勒比的EFTP计划可以使不平等问题得以凸显。参加EFTP的学生比接受大众教育的学生更可能来自贫困家庭（OECD/CAF/CEPAL，2014）。正如之前所提及的，参加EFTP的学生在继续接受高等教育时会面临更多的挑战。因此，EFTP可能会使不平等继续存在，扩大社会经济地位高低群体间的差距。此外还会放大性别差异。EFTP中很多技术类课程以及收入较高的课程往往由男性主导，而女性往往将她们的职业领域放在低薪行业。所有上述问题都在呼吁当地要改善EFTP教育，消除差异，创造一个更平等的教育环境。

专栏4.1　基于工作的学习可以成为一项强大的工具

工作中的学习对高质量的职业计划起着至关重要的作用。它是提高学员硬技能和软技能的有效手段，使学员更好地融入职业社会，并且把职业技能和雇主的需求结合起来。但是很多时候我们对这方面往往不够重视。因为对于培训和教育机构来说，不涉及企业和雇主的独立教学更容易开展，而后者往往并不认可给学生提供实践的潜在回报率。

所有职业培训计划都应该包含岗位实践必修内容

来自一些国家的数据表明，培训中包含岗位实践必修项目这一方案是可行的，并有多重益处。许多机构倾向于独自运行，教育和培训机构也不例外。深入到用人单位，这意味着打破规则。教师们往往认为学生可以在工作中学习，关于工作实践的内容在学校难以开展。因此，机构需要和企业建立相互合作，包括建立实践培训方案。同时对企业也要有一定的激励机制。一些企业认为培训费用是一笔不必要支付的大开支，它们更偏向于在招聘的时候选择职业对口的毕业生。

在这种背景下，把实践变为必修科目可能会改变游戏规则。这意味着，只有培训机构开展相关的实践课程，才会得到政府相应的资助，因此机构会认识到和企业合作的必要性；同时企业也会意识到，除非它们愿意开展合作，否则它们的招聘来源会被关闭，政府的资金可能会流向其他区域或部门。在这种情况下，只要有价值，当前许多内心有抵触的雇主还是愿意提供实习场所的。

国际案例

值得一提的是，基础设施相对薄弱的较贫穷国家如罗马尼亚、劳动力市场比较薄弱的国家如突尼斯、早前雇主较少参与职业体系培训的国家如瑞典，以及在青年有着高失业率的国家如西班牙，都已经成功开展了有关青年职业培训的必修课程（OECD，2014c）。

> 在罗马尼亚，高中和中学后教育的所有职业课程都包含了高质量的职业技能实践（包括实践监管员、学生组，以及学校和企业之间签署的合同）（Musset, 2013）。在突尼斯，职业培训和就业部设置了岗位培训必修课程，大约11%的学员选择了该课程，该课程的设置安排为：每周一天在培训中心学习，其余时间在工作岗位实践。剩下的89%的学生选择了d'alternance项目（一种学习和工作相结合的模式）。该模式的实践时间可长可短，但绝不能少于一个月。同样在突尼斯，2011年超过九成的职业学生受益于企业提供的实践项目（OECD, 2015b）。在西班牙，无论在中学还是中学后教育，工作实践以必修模块的形式被安排在课程结束后的三个月（Field, Kis and Kuczera, 2012）。
>
> 这些措施不可能一夜之间实施。例如20世纪90年代初，西班牙的雇主会利用参加实践的学生，评估他们给自己的企业带来多少效益（Field, Kis and Kuczera, 2012）。南非使用税收优惠政策以促进职业技能培训，以及通过该项目来招聘员工（OECD, 2013a）。

拉美青年技能全景

在不同国家，具有类似教育水平的个体并不总是具有相同的技能水平。此外，取得一定水平的教育或证书并不保证个体获得相应的技能。技能的获取取决于教育体系的质量和其他因素，如社会经济背景、家庭、关系网或各种生活经历。虽然雇主基于其教育水平来判断雇员潜在的技能水平，尤其是对于没有工作经验的青年，但这并不能准确无误地代表个体的技能状况。因此，这不能作为一个确切的指标来制定相关的技能政策（Hanushek, 2015）。

和OECD国家的青年相比，拉美青年在阅读、数学和科学方面仍有差距

在PISA关于这三门科学的评估上，8个拉美国家的参与者位列所有参与国倒数第三。在数学方面，15岁的拉美和加勒比学生几乎比同龄的OECD国家学生低了100分（OECD, 2016c），相当于2.4学年的教育。因为一般来说，增加一年的学习可以使数学成绩提高41分。拉美所有国家得分排名都在倒数第四。智利是该地区表现最佳的国家，排在倒数第15位，比OECD国家的平均分低了70分，相当于1.7学年的差距。秘鲁是65个国家中表现最差

的，比 OECD 的平均分低了 125 分，相当于 3.1 学年的差距。

与 OECD 国家相比，拉美国家在阅读和科学方面的表现也不尽如人意（OECD, 2016c）。拉美学生在阅读方面平均比 OECD 国家学生低 80 分，在科学方面低 90 分。哥斯达黎加在阅读方面的表现是该地区最好的，处于倒数第 20 位，比 OECD 国家平均分低 55 分。智利是该地区科学方面表现最好的，位列倒数第 15，比 OECD 国家平均分低 57 分。

超过一半的拉丁美洲青年学生在学校没有获得基本的阅读、数学和科学技能。PISA 等级标准把学生的技能划分成了 6 个层次。2 级水平的学生掌握社交和职业生活的基本技能。2 级水平以下的学生在教育和职业生活的转换中或多或少会面临一些问题。2 级以下学生的比例反映了部分拉美国家教育体系面临的问题（OECD, 2014b）。在 OECD 国家中，大约 1/4 的 15 岁学生数学表现方面低于 2 级，然而在拉美国家一半以上的学生缺乏基本的数学技能（见图 4-9），在拉美的另一些国家情况可能更糟糕。在阿根廷和巴西，2/3 的学生缺乏基本的数学技能；在哥伦比亚和秘鲁，3/4 的学生数学水平低于相应门槛。阅读和科学技术方面结果是类似的。在 OECD 国家，几乎 1/5 的学生这两门课程水平低于 2 级；在拉美和加勒比，33%~66% 的学生阅读水平低于 2 级；33%~75% 的学生科学水平低于 2 级。

此外，拉美地区的学生很少能达到优秀水平。不足 1% 的学生在数学、阅读和科学上的技能水平达到了 PISA 的最高级别——5 级和 6 级。熟练程度为 5 级或 6 级的学生能从大量信息中提取相关要素从而解决复杂的数学难题，能批判性地分析文章，能理解形式和内容不一致的细节，能识别生活中错综复杂的科学构成，并且比较、选择和评估这些因素，能在生活中找到方法去应对类似场景。这些人是全球经济竞争的先锋（OECD, 2012）。在 OECD 国家，12% 的学生达到了数学的两个最高级别。8.5% 的学生在阅读和科学方面达到了最高的两级。智利和乌拉圭的优秀率分别是 1.6% 和 1.4%，这是唯一两个数学优秀率超过 1% 的国家。此外，这两国都有 1% 的学生在科学方面表现优秀。但在拉美参与 PISA 测试的国家中，没有一个国家的阅读优秀率超过 1%。

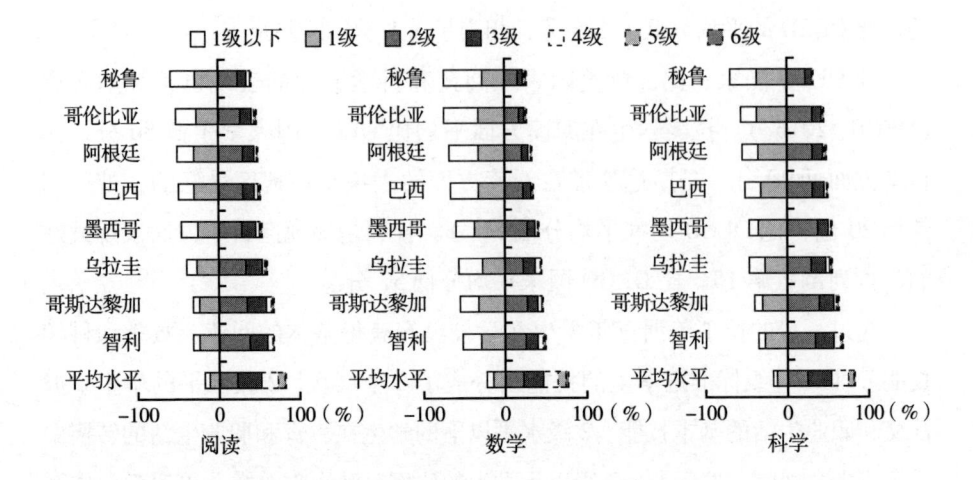

图4-9 2012年拉丁美洲学生在阅读、数学和科学方面的技能水平
（各个技能水平学生所占比例）

注：国家和经济体按学生水平2、3、4、5、6降序排列。阅读方面，1级以下代表1a水平以下，1级水平相当于1a。

资料来源：OECD，PISA 2012（数据库），www.oecd.org/pisa/pisaproducts/pisa2012database-downloadabledata.htm；OECD（2014b），PISA 2012 报告：What Students Know and Can Do（第一卷，修订版，2014年2月）。

统计链接：http://dx.doi.org/10.1787/888933414458。

教育途径和质量反映在考试和技能表现上。拉丁美洲各国之间存在着巨大的差距。贫困家庭的学生、父母文化水平低以及阅读量少的学生相对于小康家庭的学生而言，拉美地区学生的表现比世界其他地区同样情况的学生表现差（OECD，2016c）。总体而言，拉美学生的社会经济地位和学生表现之间的相互联系要多于OECD学生。拉美中学教育中几乎30%的学生成绩变化和社会经济等因素相关，但在OECD国家这一比例只有26%（见图4-10）。由社会经济和文化因素而引起的差异表现为，1/4的收入最低的学生比1/4的收入最高的学生落后了整整两年（OECD/CAF/CEPAL，2014）。

拉美国家正以更快的脚步追赶OECD的PISA水平，但还不能很快赶上

与OECD国家相比，拉美国家在阅读、数学和科学方面进步更快。6个

数学方面的表现（2012年PISA得分）

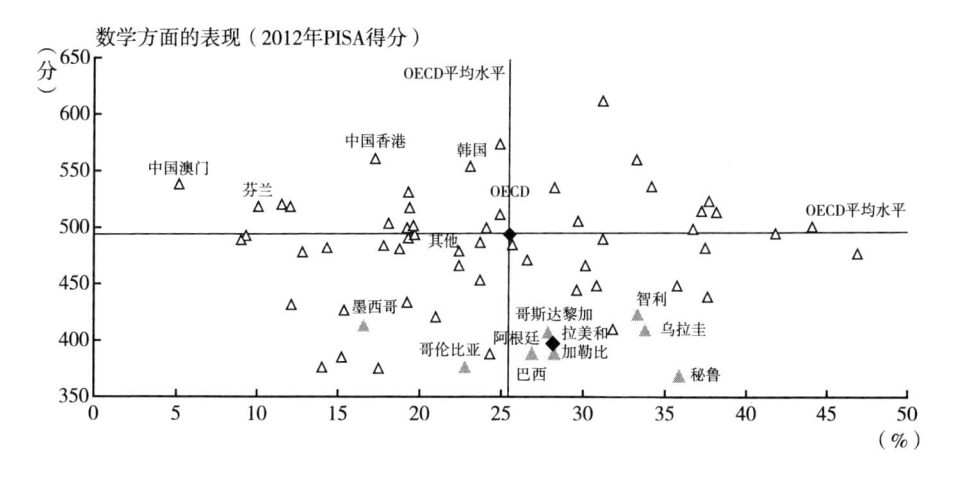

图4-10　年轻学生在数学和平等性方面的表现

注：拉丁美洲（"AL"），包括阿根廷、巴西、智利、哥伦比亚、哥斯达黎加、秘鲁和乌拉圭、墨西哥。"其他"包括阿尔巴尼亚、保加利亚、克罗地亚、迪拜、中国香港、印度尼西亚、约旦、哈萨克斯坦、拉脱维亚、列支敦士登、立陶宛、中国澳门、马来西亚、黑山、卡塔尔、罗马尼亚、俄罗斯、塞尔维亚、中国上海、新加坡、中国台湾、泰国、突尼斯和阿拉伯联合酋长国。数学百分比的变化归咎于学生的经济、社会、文化等因素。该数据来自一份学生的学业水平滑坡报告，其中数据变化可由学生和学校的经济、社会、文化等因素解释。

资料来源：OECD/CAF/ECLAC（2014）。

统计链接：http://dx.doi.org/10.1787/888933419501。

国家在数学和科学方面的进步速度要比OECD快，5个国家在阅读方面的进步速度比OECD快。巴西、智利、墨西哥和秘鲁在这三个学科上的表现都很积极，取得了可观的数据成果（见图4-11）。阿根廷在数学和科学方面也做了很多努力。但相反的，哥斯达黎加和乌拉圭在这三个方面的表现都退步了。

拉美国家取得的进步是显著的，但近期不足以达到OECD国家类似的技能水平。如果该地区每年提高4%~6%，那么拉美至少将需要15年才能达到OECD的当前水平。

此外，具备基本技能的学生比例没有大幅度提高。鉴于拉美地区学生的起点比较低，PISA方面最底层的提升主要是1级水平以下的学生提高到了1级。2级学生——就是那些获得基本技能的学生——的比例在该地区任何一

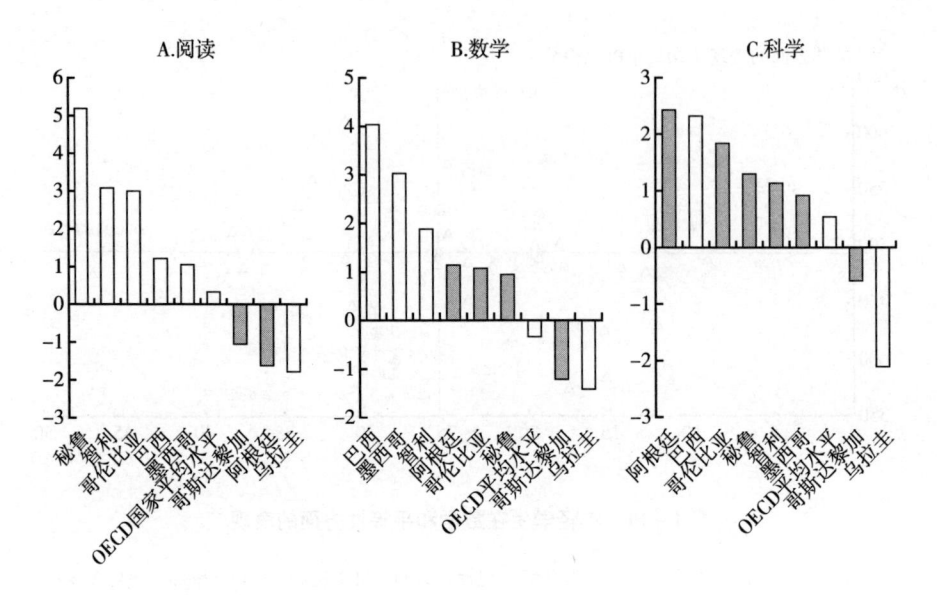

图 4-11 PISA 年度变化

注：统计学的得分变化用深色来标示。年度变化是指一个国家从最早参加 PISA 到 2012 年 PISA 得分点的平均年度变化情况。它是以所有国家/经济体参与 PISA 的表现来计算的。

"OECD 国家平均水平"仅仅比较了 OECD 国家 2000 年来的阅读水平。国家和经济体按阅读水平的年度变化降序排列。

资料来源：OECD，PISA 2012（数据库），表 I.4.3b。www.oecd.org/pisa/pisaproducts/pisa2012databasedownloadabledata.htm.

统计链接：http://dx.doi.org/10.1787/888933419517。

个国家几乎都没有显著上升。这在哥伦比亚和阿根廷尤为明显，这两国 5 级和 6 级的学生比例均有所下降。此外，在乌拉圭，学生低水平的表现率升高，高水平的表现率下降（OECD，2016c）。

劳动技能从中学阶段开始获得

拉美地区高比例的处于基本技能标准以下的青年，其自身进一步发展面临障碍；而小部分表现良好的学生则可能会影响创新和创业。以知识和技能为基础的经济体越来越依赖大量训练有素的技术人员和有能力生产新知识的人群。

早期的数学表现对于工作中的计算能力而言非常重要。2012 年成人技能调查（PIAAC）的结果显示，在 PISA 中表现良好的国家在 PIAAC 中表现也较好，反之亦然（见图 4-12）。学生在 PISA 中的表现至少能部分反映出他们在后期的工作生活中获得技能的能力。部分效果被认为是不同国家获得学习和中学后教育质量的能力，以及专业化的选择。

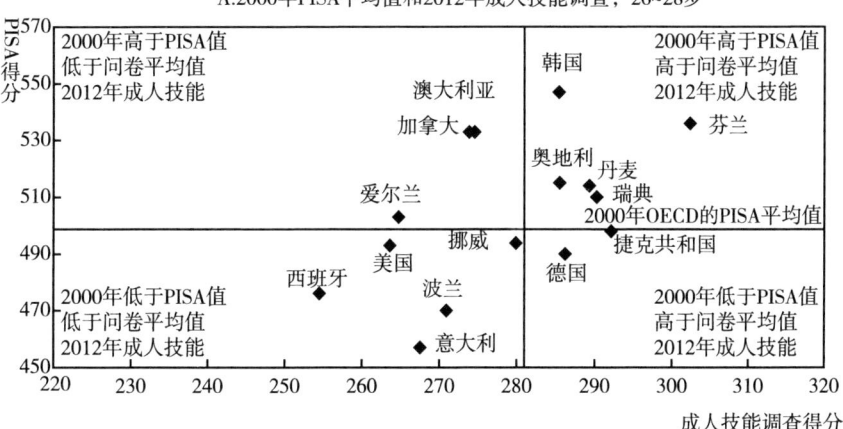

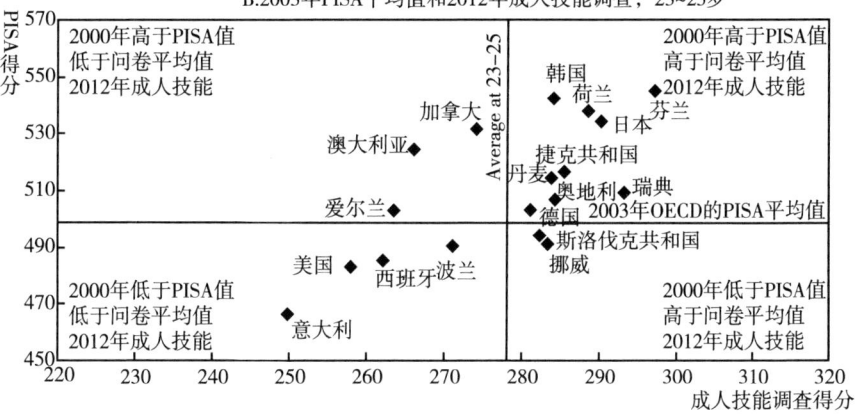

图 4-12 2012 年成人技能调查和 PISA（2000 年和 2003 年）平均值

注：在成人技能调查问卷里使用了 3 个年龄段来增加预估的范围和可靠性。参与 PISA 和成人技能调查问卷的国家组成有所不同，这就可能使每项研究里面国家的平均数和全球的平均数有所不同。

资料来源：成人技能调查（PIAAC）(2012) 和 OECD，PISA 2000~2009 年数据库。
统计链接：http://dx.doi.org/10.1787/888933419528。

> **专栏4.2 成人技能调查（PIAAC）**
>
> 成人技能调查（PIAAC）主要评估16~65岁的成年人熟练掌握识字、算术和在高科技的环境中解决问题的能力。是"信息处理的关键能力"，对于成年人加入劳动力市场，以及参与教育与培训、社会生活和公民生活是必不可少的。
>
> 此外，调查收集了一系列关于受访者阅读和计算的信息，其中包括在日常工作和生活中使用信息和通信技术的能力，以及一系列工作中个体必须掌握的通用技能，如与他人合作、时间分配等。受访者还被问及他们的技能和他们的工作要求是否相匹配，以及在工作的关键问题上是否有自主权等。
>
> 该调查在识字和数学技能上设置了6个等级（1~5级，还有一个低于1级），在解决信息技术问题上设置了4个等级（1~3级，还有一个低于1级）。每一级别代表个体在总分500分、划好等级的问卷中所处的特定位置。
>
> 共有33个国家/经济体在两轮PIAAC的数据采集中参与了问卷。智利于2014年4月至2015年3月收集了第二轮的数据，共调查约5212个年龄在16~65岁的成年人。目前将要进行第三轮的数据采集，预计厄瓜多尔、墨西哥和秘鲁将于2017年开始收集数据。
>
> 在智利，PIAAC涵盖了1949~2000年出生的成年人。作为两个年龄段的极端，年龄大的在20世纪50年代就开始了他们的学习，而年龄小的目前正就读于中学。
>
> 资料来源：OECD（2016d）。

和OECD国家同龄人相比，拉美和加勒比的青年在阅读、写作、数学和技术方面表现不佳

过半的拉美和加勒比青年和成年人没有基本的阅读技能（Cunningham, Acosta and Muller, 2016；OECD, 2016d）。在参与PIAAC的国家中，智利25~64岁的人在阅读和写作方面的平均分最低。此外，生活在玻利维亚和哥伦比亚中心城市的居民在世界银行发起的STEP调查测试①中的平均成绩要低

---

① STEP是一项测量中等收入和低收入国家技能水平的调查，收集了15~65岁居住在城市的就业和失业群体数据（世界银行，2016）。它由两个调查组成，一个是基于家庭的调查，另一个是基于雇主的调查。调查主要衡量技能的供求关系，从而提高人们对它的认知以及增加就业能力和生产率之间的相互联系（世界银行，2016）。家庭调查主要评估阅读能力、受访者的工作技能以及人格、行为、偏好等。为完成这份调查，我们随机选取了家庭中的一个成员来完成问卷（Pierre, 2014）。基于雇主的调查在教育和培训方面主要（转下页注）

第四章 拉丁美洲和加勒比地区的教育、技能和青年问题

于OECD的平均水平，STEP体系是类似于PIAAC体系的一个调查（Cunningham, Acosta and Muller, 2016）。根据这项调查结果，上述国家的个体有识别简单词汇、评价句子意义和阅读全文的基本能力，但是缺乏理解复杂冗长文本的能力。虽然这些测试只覆盖智利（PIACC）、玻利维亚和哥伦比亚（STEP），但对于OECD国家而言，可以作为大致了解该地区总体技能水平相较于OECD国家的一个参考。平均而言，智利得分220分，比OECD国家平均分低48分；哥伦比亚235分，低于OECD 33分；玻利维亚200分，比OECD国家平均水平低68分。此外，OECD国家中的大多数人在PIAAC技能测试中达到了2级或3级，而与之形成对比的是，大多数的智利、玻利维亚和哥伦比亚市区的人只达到了1级或1级以下水平。智利至少有超过一半的人在阅读和写作方面的技能处于最低级别，而在OECD国家这一数值不到1/5。在哥伦比亚，36%的人处于1级或1级以下，41%的人达到2级，只有1%的处于工作年龄段的人达到了4级或5级。玻利维亚的表现最差，几乎60%的玻利维亚人处于1级或1级以下水平，90%多的人处于2级或2级以下。

智利成年人在解决问题的能力上表现不佳。他们在数学技能上的平均成绩为206分，OECD国家的参与者则达到了263分。此外，几乎62%的智利人

（接上页注①）评估劳动力的结构和工作岗位相匹配的技能、招聘员工时雇主看重的技能、雇主提供的培训、员工技能和报酬的联系、企业性质以及满意程度等（Pierre, 2014; World Bank, 2016）。

STEP调查了2435个玻利维亚个体和2617个哥伦比亚个体（World Bank, 2013a, 2013b）。玻利维亚的人群样本来自拉帕斯、奥尔托、科恰班巴、圣克鲁斯等，从这些城市中各选取了平均0.11%的人进行问卷调查，其中奥尔托为0.09%，科恰班巴为0.14%（World Bank, 2013a）。

在哥伦比亚的调查覆盖波哥大、麦德林、卡利、巴兰基亚和布卡拉曼加等大城市，还有库库塔、伊瓦格、马尼萨莱斯和比亚维森西奥等地区的样本（World Bank, 2013b）。在5个大都市中，每个样本都包含了0.02%的概率，另一些城市的样本概率则为0.05%（World Bank, 2013b）。在萨尔瓦多没有评估阅读技能，该国共有2335人参与调查（Cunningham, 2016）。

秘鲁开展了类似的调查——全国技能调查，通过言语、数学、记忆力和社会情感等来衡量受访者的认知技能（World Bank, 2011; Cunningham, 2016）。2010年，这项调查涉及1394位年龄在18～50岁且分别居住在城市（包括利马）、沿海、高原、丛林等地的成年人（World Bank, 2011; Cunningham, 2016）。

数学能力处于 1 级或以下水平，这比 OECD 22.7% 的数值高了 39.3 个百分点。尽管 82% 的智利成年人声称具备使用信息技术的经验，和 OECD 比例（90%）差不多，但是 52.4% 的智利人使用高科技解决问题的能力处于 1 级或 1 级以下。只有 2.1% 的人达到了 3 级水平，这是智利在该领域达到的最高水平。

智利的青年和成年人在阅读和写作、数学、处理高科技问题能力上达到最高级别的比例在 OECD 国家中排名倒数第二。很少一部分智利人，大约 1/60 在阅读和写作方面达到了最高等级，而 OECD 国家大约为 1/10。智利的青年并没有做得更好，16~24 岁的群体只有 1.5% 达到了最高等级，而 OECD 则有 11.1%。至于在数学方面，只有 1.8% 的智利成年人达到了 4 级或 5 级，而 OECD 为 11.3%，可谓差距巨大。16~24 岁的青年中，1.6% 的智利人达到了 4 级或 5 级，而 OECD 的比例则为 10.1%，是 OECD 中占比倒数第二低的国家。在数学能力上，1/10 的智利人达到了 3 级，低于 OECD 31.8% 的平均值。同样，青年的表现并没有更好，16~24 岁的青年当中，只有 1/8 的人达到了该水平。

青年在阅读、写作、数学和技术方面比成年人表现更好

一般而言，智利的青年（16~24 岁）比成年人表现更好，但比 OECD 其他国家的青年表现要差。几乎 2/5 的青年在阅读和写作上表现不佳，超过 1/2 的人在数学方面表现不佳，而 OECD 在阅读和写作方面表现较差的比例低于 1/8，数学方面只有 1/5。

在智利，由年龄引起的差异在解决问题方面要比其他评估领域更为显著。虽然数字技术普及率已显著提高，实现更高技能发展的挑战仍然存在。在 55~65 岁的智利成年人当中，大约有 69% 的人不能参与电脑问卷调查，而 16~24 岁的青年中这一比例为 9%。尽管如此，只有 2.3% 的青年在解决问题方面达到最高等级，OECD 这一比例为 8%。

玻利维亚和哥伦比亚 15~24 岁的青年在阅读和文本分析方面比成年人表现得更好。秘鲁青年（18~24 岁）有较好的工作记忆力和数学能力，但口头表达能力比成年人弱（Cunningham, Acosta and Muller, 2016）。

第四章 拉丁美洲和加勒比地区的教育、技能和青年问题

青年和成年人的技能与教育程度有关，尽管多年的教育并不是衡量所获技能的唯一标准

技能是生产过程的结果，其中教育水平、家庭环境、个体特征和社会环境都发挥着重要作用（Heckman, Stixrud and Urzúa, 2006）。世界银行的PIAAC和STEP以及美洲开发银行的"轨迹和技能调查"（英文缩写为STS）表明，大体而言，受过更好教育的人无论是认知技能还是社会情感技能，水平都更高。但是，不同教育水平的技能分布可以重叠，国与国之间也有所不同。

在智利，教育程度的差异与技能熟练程度密切相关。受过高等教育的智利成年人（年龄在25~65岁）比低学历的同龄人表现要好得多。在阅读和写作方面，比没有完成高中学历的成年人高77分（OECD的平均差距为61分）。尽管智利是OECD国家中成年人是否接受高等教育差别最大的国家，该国具备高等资历的成年人技能水平相对而言仍旧偏低。比如，受过高等教育的智利人和日本受教育程度略低的人处于同一技能水平，和美国高中毕业生处于同一技能水平。

在16~24岁的青年当中，智利在中学阶段就辍学的人在阅读和写作技能上比未辍学或取得高中毕业证的人低59分，是OECD参与国中这两个群体差异最大的国家。令人担忧的是，在智利，最高教育水平为高中的群体和OECD国家大多数同龄的辍学或未完成高中教育的学生水平是一致的。

教育年限并非总是衡量技能的标准。世界银行技能调查发现，任何教育水平的认知技能分布都会与其他教育水平有所重叠（Cunningham, Acosta and Muller, 2016）。虽然技能水平随着教育水平的提高而提高，技能的增加与教育年限的提高并非完全对应。受过特定教育的玻利维亚、哥伦比亚和秘鲁成年人的基本认知技能水平分布是非常广的。受过中等教育以及阅读技能在平均分以上的玻利维亚成年人的表现和接受过一定高等教育但表现不好的玻利维亚成年人一样好。在秘鲁，言语、记忆和数学能力在所有教育水平上都有重合，尽管这种重合在小学毕业者和接受最高及最低教育群体中是最少的（Cunningham, Acosta and Muller, 2016）。与此同时，在哥伦比亚，调查

显示不同教育水平的群体在阅读技能得分方面差异巨大。这表明该地区的教育质量不仅对于技能发展来说至关重要，而且非常不均衡。

社会情感技能根据受教育程度在青年和成年人之间略有不同

至于社会情感技能，按性别或年龄来分差别不大，但公共政策分析仍旧值得一提。玻利维亚、哥伦比亚、萨尔瓦多和秘鲁的青年（15~24岁）不太外向、有毅力和乐观，相较于年轻的成年人（25~49岁）来说并不慷慨、礼貌或宽容（Cunningham, Acosta and Muller, 2016）。但是玻利维亚、哥伦比亚和萨尔瓦多的青年比成年人更不易察觉对方的敌意。此外，在秘鲁，青年和年轻的成年人一样喜欢展现合作意愿。

受教育程度较低和受过良好教育的同龄人在STEP测试中三方面的社会情感技能有所不同：目标获得、情绪管理和协作能力。在玻利维亚、哥伦比亚和秘鲁，没有受过正规教育或接受较少教育的人通常情绪管理能力较差，拥有较少的决策技能以及与他人合作的灵活性较差（Cunningham, Acosta and Muller, 2016）。相反，在萨尔瓦多，由教育水平引发的差异要少得多。

教育水平和劳动力市场

教育水平往往决定了劳动力市场中参与就业的机会。对于雇主来说，教育文凭和学历证书表明了雇员潜在的技能水平（其中包括刚毕业的学生），可以促进就业（OECD, 2015c）。经验证据表明，OECD国家的员工至少需要具备高中毕业文凭才能在劳动力市场中具有强有力的竞争力（Lyche, 2010）。

拉美地区的青年在劳动力市场上的参与与其教育水平密切相关

和OECD国家一样，在拉美地区，教育提高了就业的可能性。接受过高等教育的人比接受过中等教育的人更容易找到工作，而接受过中等教育的人比接受过初级教育的人更容易就业。总体来说，在拉美地区，处于工作年龄段的成年人当中，接受过高等教育人员的就业率比接受过中等教育人员的就业率高7个百分点。总的来说，关于不同教育水平的群体在就业上产生的差异，拉美要比OECD国家小。

这种趋势在青年人中普遍少见。如果除了玻利维亚的所有国家获得高等教育文凭的青年就业率都更高，那么具有初级教育和中级教育文凭的青年就业率，国与国之间则有所不同。如果把年龄因素考虑进去的话，很多取得中等教育文凭的青年可能会因为继续求学而延迟进入劳动力市场。

正规就业与更高的教育程度有关。接受更高层次教育的青年更有可能被单位正式雇用，而受教育程度较低的青年则更有可能在非正规单位中工作。在拉美国家，接受过高等教育的人有90%在正规单位工作，而学历在初级教育或以下的这一比例仅为30%。在哥伦比亚和巴拿马这种现象更为突出。在哥伦比亚，完成高等教育的人获得正规工作的概率要比仅受过初级或初级以下教育的人高77%。在巴拿马，这一比例为73%。

专栏4.3　工作中的青年与其技能

对于雇主来说，潜在员工多年的教育以一定的技能形式表现出来，但认知技能和社会情感技能才是他们更为看重的职场和社会因素，也是获得经济和社会成功的重要组成部分（OECD，2015d）。对于拉美地区拥有一定教育水平的青年来说，找到就业和技能之间的联系可以使决策者制定出旨在改善就业的公共政策，并且通过技能提升干预措施来增加就业和提高收入。然而，很少有关于认知技能和社会情感技能对拉美地区和发展中国家劳动收入产生影响的证据。

世界银行对玻利维亚、哥伦比亚和秘鲁的技能调查数据，美洲开发银行对阿根廷和智利的STS①，以及PIAAC对智利的调查数据表明，认知技能和社会情感技能对于青年在工作中取得成功具有重要意义。认知技能（开展心理活动的技能，如理解和分

---

① 技能和轨迹调查（STS）是一项评估教育和劳动力市场之间相关联系的调查，主要衡量认知技能和社会情感技能，包括社会技能、相关认知策略和自我效能（Bassi，2012）。调查评估了教育和技能之间的关联，以确定是否更高的教育程度与更大的认知能力存在关联，以及技能与劳动力市场结果的关系等（Bassi，2012）。调查由阿根廷和智利年龄段在25～30岁的个体完成（Bassi，2012）。2010年，来自阿根廷的4497人参与了调查（Bassi，2012），其中至少1000人来自布宜诺斯艾利斯，其他人员来自科尔多瓦和门多萨，每个城市至少有300人参与调查（Bassi，2012）。在智利，2008年1800个来自阿里卡、伊基克、安托法加斯塔、科皮亚波、拉塞雷纳、科金博、都市区城市、瓦尔帕莱索、兰卡瓜、塔尔卡、康塞普西翁、特木科、帕德雷拉斯卡萨斯、瓦尔迪维亚、蒙特港、蓬塔阿雷纳斯和圣地亚哥等城市的个体参与了调查（Bassi，2012）。

析）和社会情感技能（人格特质和行为）是在劳动力市场中在就业能力、就业形式和收入等方面获得有利结果的关键因素（Bassi et al.，2012；Acosta, Muller and Sarzosa, 2015；Cunningham, Acosta and Muller, 2016）。

在 OECD 国家，认知技能往往和更高的就业率以及更高的薪水联系在一起（OECD, 2016d）。在参与 PIAAC 测试的国家中，在考虑了教育水平的影响后，如果一个人在阅读和写作方面的得分比另一个人高 48 分（相当于一个标准差），那么受雇用比不受雇用的可能性高 0.8%。在智利，如果一个人在阅读和写作方面的得分比另一个人高 49 分，那么受雇用比不受雇用的可能性要高 0.4%。同样，阅读和写作方面的标准差增加会使 OECD 国家参与 PIAAC 的成员时薪提高 6%。在智利，处于 2 级水平的 25% 的薪水最高的工人薪水低于 4 级和 5 级处于中间薪水的人。这表明，文化技能是影响收入的一个显著因素。但是，在 OECD 参与调查的国家中，技能水平和国家收入分布有显著的重合。在处于 2 级的员工中，1/4 收入最高的群体挣得和 4、5 级员工中等收入群体的差不多，这表明，在这些国家还有其他技能或特性也是得到认可的。

在拉美地区，认知技能和高收入、正规就业以及从事高素质职业密切相关（见图 4-13）。在秘鲁，认知技能方面增加一个标准差会使时薪增加 24%。此外，认知

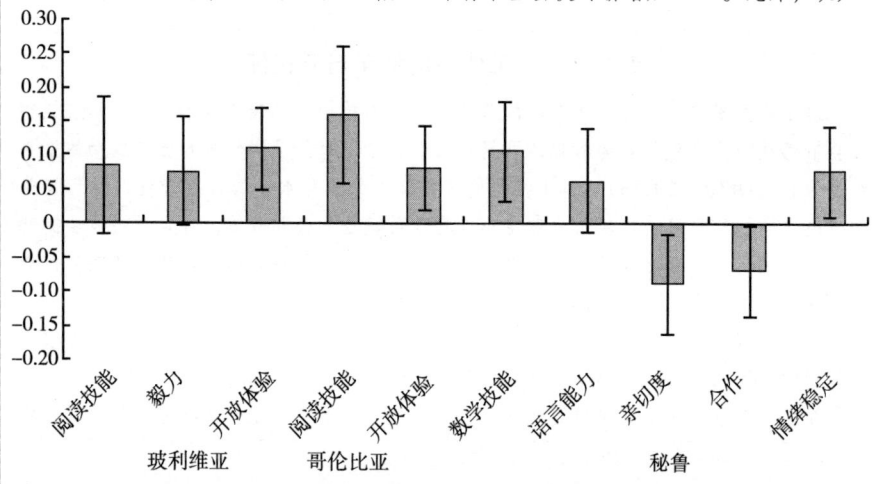

图 4-13　玻利维亚、哥伦比亚和秘鲁技能措施与劳动收入之间的相关联系（可信度为 95%）

注：世界银行 STEP 调查将"毅力"定义为"较长时间内对获取特定目标的坚持和热情"（世界银行，2016）。数据来源于具有代表性的城市区域。所显示的技能措施揭露了统计学方面和劳动收入之间明显的正负面相互联系（劳动水平的 10%、5% 或 1%）。相关条件通过普通的、最基本的特征来衡量（比如性别、年龄、母亲的受教育程度、居住地等）。

资料来源：Cunnigham et al.（2016），con base en Bolivia and Colombia：STEP Household Surveys (2012) and Peru ENHAB (2010)。

统计链接：http：//dx. doi. org/10. 1787/888933419536。

第四章 拉丁美洲和加勒比地区的教育、技能和青年问题

技能方面增加一个标准差会使就业率提高3.5%，成为员工而非个体劳动者的概率提高11%，成为脑力劳动者的概率增加13%，找到正规工作的概率增加9%（Cunningham, Acosta and Muller, 2016）。语言流畅性是与劳动结果最相关的认知技能，与被雇用、成为脑力劳动者以及拿到高薪有很大的关系。较高的数学技能和薪资及成为脑力劳动者密切相关。例如在哥伦比亚，阅读能力被认为是衡量收入和工作质量的重要指标（Acosta, Muller y Sarzosa, 2015）。

和认知技能一样，社会情感技能对青年的教育、劳动参与以及从学校到就业的过渡阶段起着重要作用。在阿根廷和智利，自我效能在劳动力市场中是最重要的技能（Bassi et al., 2012）。在智利，增加一个标准差意味着加入劳动力市场的概率增加了6%。在阿根廷 Acosta, Muller and Sarzosa 所探讨的方法论中，社会情感技能似乎在解释薪金等级和工作质量的时候并没有起到关键作用，但在加入劳动力市场这一环节起着至关重要的作用（见图4-14）。这与美国 Bowles, Gintis 和 Osborne（2001）以及 Drago（2011）先前的调查结果相一致。此外，社会情感对于女性、35岁以下的青年和那些没有完成中学教育的人加入劳动力市场来说，是最重要的预测因素。

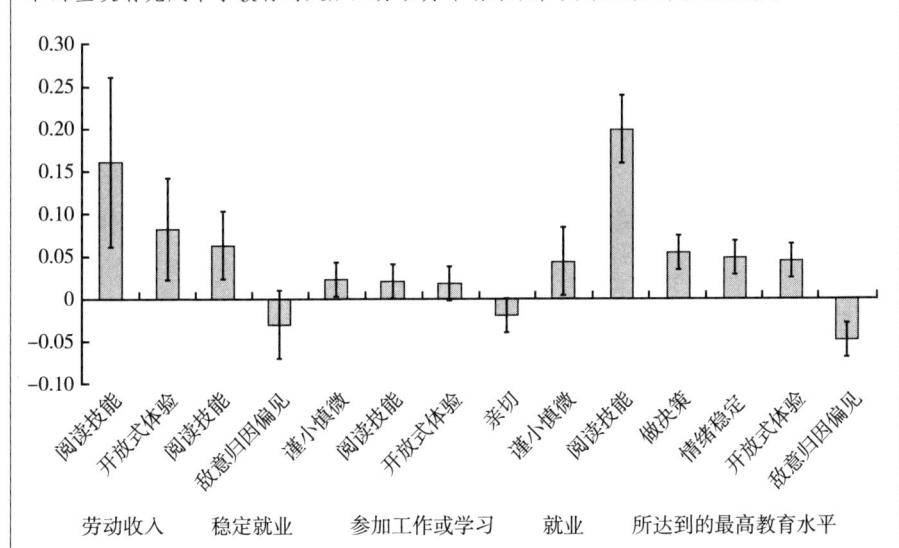

图4-14 哥伦比亚关于技能措施和劳动结果之间相互关系的影响（可信度95%）

注：数据来源于具有代表性的城市区域。所显示的技能措施揭露了统计学方面和劳动收入之间明显的正负面相互联系（劳动水平的10%、5%或1%）。相关条件通过普通的、最基本的特征来衡量（比如性别、年龄、母亲的受教育程度、居住地等）。

资料来源：Acosta, Muller, Sarzosa（2015），con base en Colombia STEP Household Survey（2012）。

统计链接：http://dx.doi.org/10.1787/888933419545。

181

> 该地区初步研究结果表明,就业阶段对技能角色的更好理解可以改善教育体制,有利于青年从学校到工作的过渡。同时强调有必要收集更多关于该地区教育、技能和劳动力市场之间相互联系的数据。

拉美地区在收入上受教育水平的影响比 OECD 大

教育不仅带来更好的就业率和更高质量的就业前景,同时也带来更多的收入,这应该成为具备更高教育水平的动力。然而,高等教育在国与国之间差别很大。毕业率似乎更多地和每个国家开展教育的途径和灵活性相关,而不是教育回报率。

在巴西、智利、哥斯达黎加、哥伦比亚以及墨西哥,受过高等教育的人挣的是他们同龄高中毕业者收入的1.86~2.41倍(见图4-15),这远远超过了OECD 1.55倍的平均水平。此外,高中未毕业者的收入是高中毕业者的60%到70%,比OECD 81%的平均值低很多。巴西和智利的收入是受教育水平影响最大的:接受过高等教育的员工收入几乎是高中以下学历者的2.5倍。

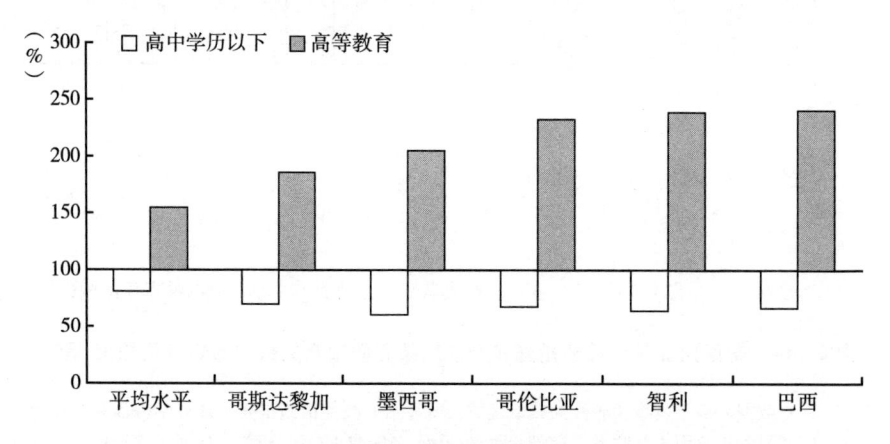

图4-15 2014年不同教育水平的员工达到的相对收入(成年人的劳动收入;高中教育=100)

资料来源:OCDE(2016g)。
统计链接:http://dx.doi.org/10.1787/888933419552。

第四章　拉丁美洲和加勒比地区的教育、技能和青年问题

因此，拉美国家和OECD相比，教育在决定收入高低方面起着更大的作用。参加高等教育甚至完成高中教育对就业结果和工作福利有很大影响。收入差距是拉美国家分配不均的表现和源泉，但也是高学历劳动力供给量少的结果，尤其是高等教育方面。这表明要强烈建议加大教育方面的投资力度。

教育回报的发展表明，技能的供需关系是会随时间发生变化的，这也是青年在进行教育投资时一个重要的决定性因素。如果青年注意到他们的投资回报率不高，可能会放弃学业或技能学习；相反，如果他们认为回报率可观，就会投资教育。这对于下一代的人才储备具有显著影响，因为教育投资最终的目的是加强以知识为基础的发展模式，从而提高生产力水平（BID，2015）。

早前，关于拉丁美洲教育回报的经济文献指出，1990~2010年中等教育和高等教育的教育回报在减少（Gasparini et al.，2011；De la Torre, Levy Yeyati and Pienknagura，2013）。一份关于拉美和加勒比17国的分析表明，2004~2014年是拉美地区各层次的教育回报下降最严重的十年。此外，近十年来，高素质员工的相对供给在上述六种群体中均有所增加。高等教育工资溢价减少，但仍很丰厚（见图4-16）。

从供给和需求的角度看，教育和技能的高回报率的下降可能有许多原因，以下给出几种解释，超出本文范围的需要进一步分析。

从供给的角度看，教育回报率的下降可能是由于该地区的教育扩招使得受教育群体更为庞大，但也可能是教育质量恶化的结果。教育质量恶化使得产生的技能减少，因此对于需求方来说价值更低。这种质量下降可能与拉美的教育扩招有关，大面积的扩招导致了总体技能水平下降（OECD/CAF/CEPAL，2014）。而从需求方面看，该地区过去十年的结构转型可能会产生对低技能部门的需求（De La Torre, Messina and Pienknagura，2012）。

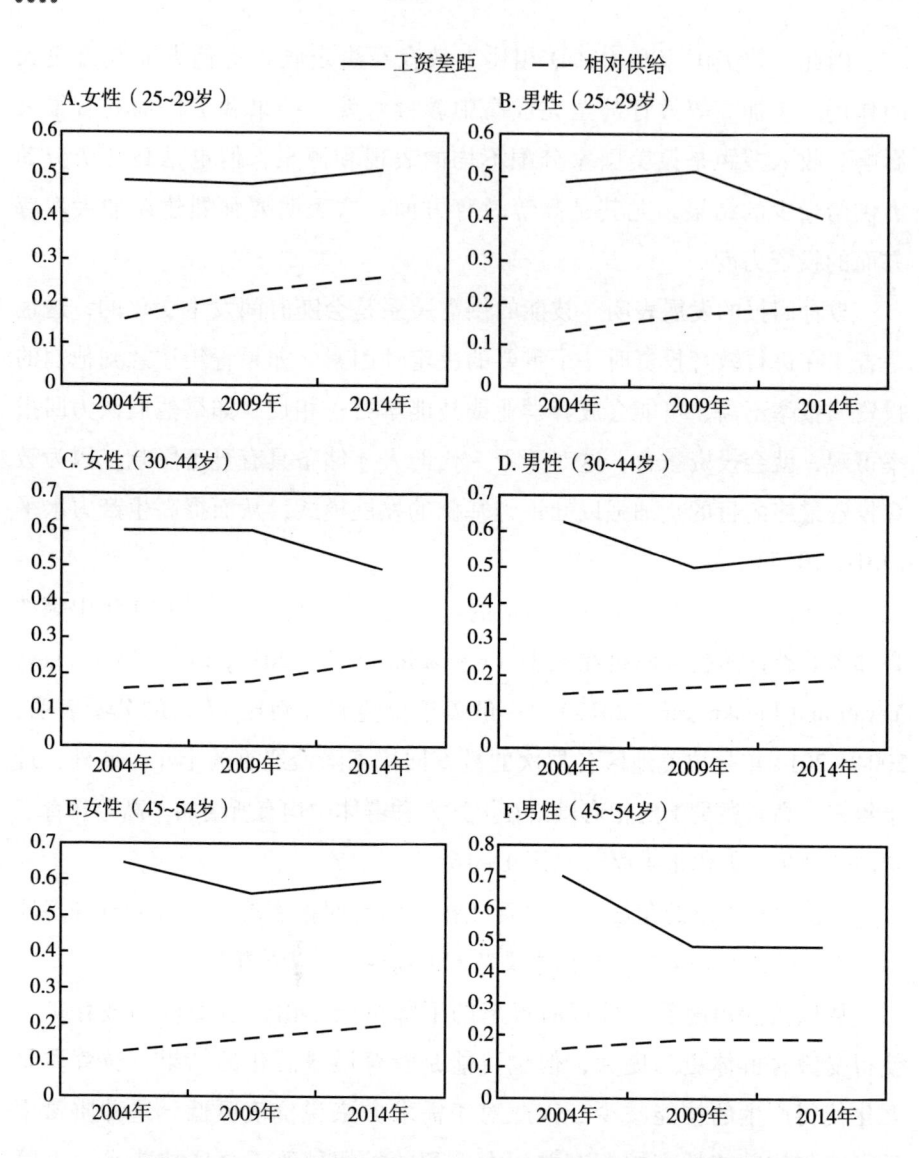

图4–16 一段时间内工资溢价和高等教育及相对供给的联系

注：工资溢价是某种形式的高等教育（完全或不完全）以及完成或未完成中等教育的群体工资之间的比率。相对供给是进行高等教育的人（完成或未完成）较之中学或以下学历的人的比率。

拉美地区包括阿根廷、玻利维亚、巴西、智利、哥伦比亚、哥斯达黎加、多米尼加共和国、厄瓜多尔、萨尔瓦多、洪都拉斯、墨西哥、尼加拉瓜、巴拿马、巴拉圭、秘鲁和乌拉圭。

资料来源：OECD制表以及世界银行SEDLAC数据（CEDLAS and World Bank）。

统计链接：http://dx.doi.org/10.1787/888933419569。

第四章 拉丁美洲和加勒比地区的教育、技能和青年问题

> **专栏 4.4　回归 CTIM 教育**
>
> 毕业生所从事的领域也可能会影响教育的回报率。技术性和科学性更强的学科，简写为 CTIM（科学、技术、工程和数学），比人文教育有更多的回报。这种差异似乎与 CTIM 的高工资和高录用率有关。然而，目前尚不清楚这些无法量化成生产力和能力的差别到底对学生选择专业和毕业生收入有多大的决定作用。
>
> **表 4-4　2014 年乌拉圭和秘鲁的教育回报率**
>
> | | 秘鲁 | 乌拉圭 |
> | --- | --- | --- |
> | CTIM 毕业生（大学生、中学生和研究生） | 0.208 ***
-0.056 | 0.116 ***
(0.023) |
> | 市区样本 | 0.287 ***
(0.040) | 0.034
(0.049) |
> | 男性样本 | 0.233 ***
-0.028 | 0.138 ***
(0.019) |
> | 高等教育 CTIM 学历 * 男性样本 | -0.173
-0.065 | 0.039
(0.035) |
> | 参与人数 | 7468 | 6521 |
> | 平均回报率 | 0.133 | 0.140 |
>
> 注：样本包括了乌拉圭和秘鲁 24~55 岁的青年。标准误差用 *** $p<0.01$，** $p<0.05$，* $p<0.1$ 表示。外加控制条件包括年龄、年龄的平方、资历、非正规就业样本、教育水平样本（6 个等级，最低级为"0 教育"）以及活动部门样本（17 个等级，最底部为"农业"）。
>
> 资料来源：OECD 制表以及世界银行 SEDLAC 数据（CEDLAS and World Bank）。
>
> 专栏 4-4 使用了秘鲁全国家庭调查（ENAHO）和乌拉圭连读住户调查（ECH）数据来预估 Mincer 教育修改版中高等教育在 CTIM 各领域的研究。上面表格显示了 25~55 岁的男女群体 CTIM 的教育回报率。2014 年的结果表明，收入回报率和高等教育的 CTIM 之间呈正相关联系，尤其是在秘鲁。
>
> 这种工资溢价可能基于多种原因。劳动力市场可能对一些技能比对另一些更看重，比如需要更高生产力的技能。也有可能是涉及科学、技术、工程和数学等方面技术标准的变化。鉴于市场中关于数字化和技术等技能的需求（见第六章），CTIM 学历显得尤其重要。

拉美和加勒比是应对私企技能需求方面存在问题最多的区域

拉美地区是个体拥有技能和企业及经济社会所需技能差距最大的区域

（OECD/CAF/CEPAL，2014）。当前的技能不匹配可能是在技术变革、全球化和贸易对传统就业模式的破坏及新的就业模式形成这样一种背景下产生的。各国提高其人口技能并使他们适应当前变化的能力部分取决于劳动力市场、经济增长、生产力和竞争力等因素。

Manpower集团关于紧缺人才的调查显示，10个最缺乏紧缺人才的国家中5个来自拉美：秘鲁（68%），巴西（61%），墨西哥（54%），哥伦比亚（47%）和哥斯达黎加（46%）。事实上，在拉美，所有国家填补职位空缺的难度都比OECD国家平均值要高（见图4-17）。此外，32%的雇主偏向于使用外籍人才来弥补国内高质量劳动力的不足（Grupo Manpower，2015）。

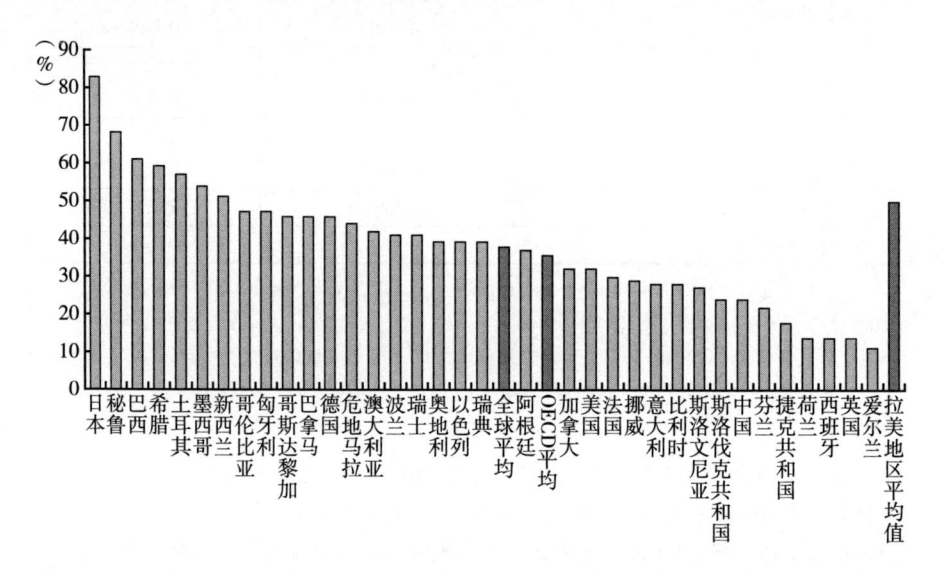

图4-17 2015年各国填补职位空缺有困难的公司（正规公司百分比）

注：以色列的统计数据由以色列当局负责提供。OECD使用这些数据并不妨碍戈兰高地、东耶路撒冷和国际法规定的在西岸以色列定居点的地位。2015年Manpower集团涵括了全球42个国家作为数据研究样本。
资料来源：Grupo Manpower（2015）。
统计链接：http://dx.doi.org/10.1787/888933419575。

拉美企业在填补岗位空缺方面所需的时间比其他任何地方都多（见图4-18）。平均来说，拉美雇主要花费近四周才能引进人才填补职位空缺，而东南亚或非洲则需三周（Aedo and Walker，2012）。

由于填补职位空缺的时间是经济效益的一个指标，因此也可用该数据来评估劳动力市场中技能不匹配的程度（Aedo and Walker，2012）。该分析提出，假设公司聘请了不符合职位需求的人员，那么它们将要花更多的时间重新去聘请一个符合技术要求的员工。然而，职位空缺也可能是公司和员工之间供需关系的不匹配，或职业性质和地域等因素造成的。

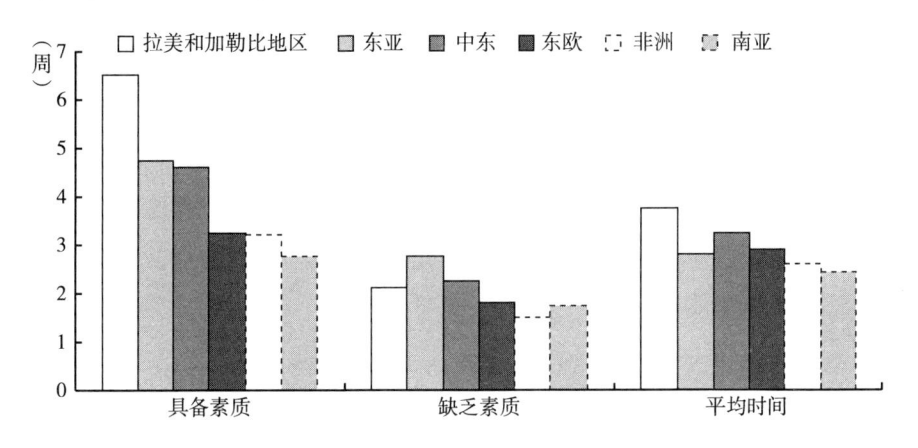

图 4-18 2012 年世界各地填补岗位空缺所需的时间

资料来源：Aedo and Walker（2012）。
统计链接：http://dx.doi.org/10.1787/888933419588。

填补技术员工的职位空缺需要的时间几乎是非技术员工的 3 倍。平均而言，公司需要 2.1 周的时间来填补非技术劳动力的空缺、6.5 周的时间来填补技术劳动力的空缺。巴西是拉丁美洲所有国家中填补人才空缺时间最长的国家（8 周左右）（见图 4-19）。在所有国家的已知信息中，填补技术岗位空缺所需的时间都比非技术岗位长，这说明该地区技能整合不好，岗位和技能的不匹配可能也是上述变量的一个原因。然而解雇成本和其他劳动成本是聘用技术员工开销最大的方面，这就要求对应聘者进行更全面彻底的考察（Aedo and Walker，2012）。此外，技术员工可以从事技术工作和非技术工作，而非技术员工只能从事非技术工作（Albrecht and Vroman，2002）。

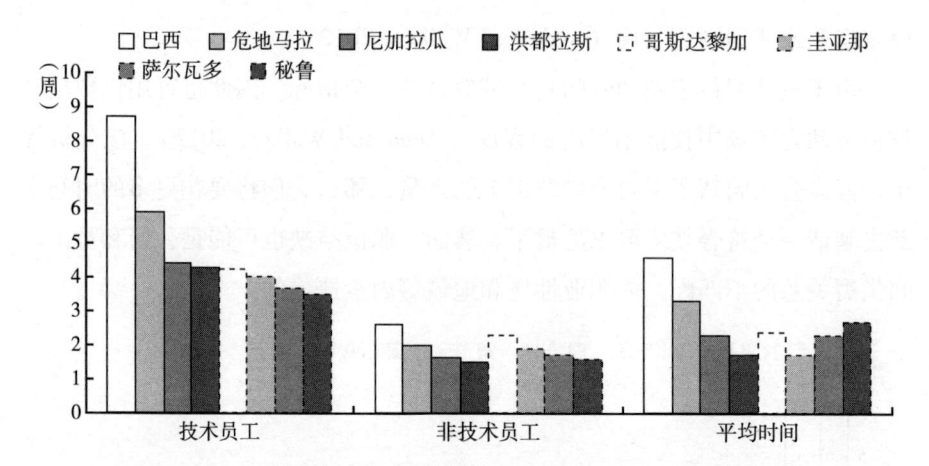

图 4-19　2012 年拉美特定国家的公司填补岗位空缺所需平均时间

资料来源：Aedo and Walker（2012）。
统计链接：http：//dx.doi.org/10.1787/888933419594。

市场缺陷会产生低水平的投资和不合理的技能习惯

青年参与劳动力市场可以带来生产力、经济等方面的利益。青年和成年人面临着同样的市场缺陷、年龄障碍和经验缺乏等问题。在技能方面，正如本章所述，由于劳动力和资本市场的不完善，以及信息不对称等，拉美面临着教育投资力度不够、技能或课程不合理等问题。

劳动力市场不完善

技术技能是每个部门特有的技能，部分技能可在部门之间进行转移（Acemoglu and Pischke，1999）。例如，具体软件设计的技能可用于建筑学，但不一定适用于医院。同时，没有任何雇主或企业能完全回收他们对技能投资的回报。因此，用人单位往往进行少量投资，因为它们担心在竞争激烈的市场中，其他雇主会窃取员工的才能。员工投入的也较少，因为不完善的市场机制赋予雇主一定权利，使员工的付出和劳动回报并不成完全的正比关系（Almeida，Behrman and Robalino，2012）。

此外，劳动力市场中信息的不对称可能导致对技能的获取与投资不足。求职者、员工和企业通常在国家技能供需方面的所得信息都是片面的

(Almeida, Behrman and Robalino, 2012)。

资本市场不完善

教育和培训成本——注册、书籍、住宿、食品和交通费用等因素可以成为影响学生继续求学的负面原因，甚至阻止他们对技能进行进一步的投资。充足的资金往往是青年学习的限制性因素，特别是贫困和弱势家庭的成员，这对他们中学、大学或者是职业培训来说都是一个障碍。理论上，只要教育投资回报率超过利息，他们就可以向银行贷款。实际上，金融机构往往对培训对收入产生的效果以及个人偿还能力的相关信息掌握很少，很可能不会给他们放贷（Almeida, Behrman and Robalino, 2012）。事实上，该地区能贷款的学生群体非常有限，仅限于在收入分配中处于最上层的1/5的家庭。

信息的不对称

技能投资决策往往是很复杂的，需要多方面信息，尤其是教育/培训回报率以及培训供应商的质量等信息。家庭或个体并不总是能够收集和处理所有的相关资料，因此，往往投资不足或进行了错误的教育投资。

一方面，对教育的回报率缺乏明确的信息会使得做教育决定时更重视所得回报率，而非真实回报率（Jensen, 2010）。而这种实际回报有可能是不准确的，因为它是以经济在当地劳动力市场上的部分表象为基础的，也可能反映出同行、朋友和家人的经验，但这可能并不具备代表性（Almeida, Behrman and Robalino, 2012）。因此，知觉可能导致对技能教育和培训进行过高、过低或错误的投资。

另一方面，即使个体掌握了比较充分的关于教育回报的信息，同样需要获得培训供应商质量方面的相关信息。信息的缺乏和不同课程之间的质量难以比较可能会使个人选择低质量的课程或所选课程不足以满足他们的需求。从长远看，市场应该将好的培训供应商和差的区分开来，但这一过程可能会很漫长，并且成本较高（Almeida, Behrman and Robalino, 2012）。

总之，上述问题需要政府和私营机构就教育或者培训进行协调，使得上述缺陷得以全部或部分完善。接下来重点介绍青年在技能缺陷方面的一些应对措施，尤其是对于贫困家庭和低教育水平人群而言。

拉美地区针对低学历青年的技能培训

低收入和低技能是拉美地区劳动力市场面临的主要问题。教育质量低和过早辍学是劳动力市场中大多数低技能、前景渺茫的青年的表现。拉美地区正规教育不足和大量技能供需不一致现象表明该地区有必要加强技能教育培训。这些措施可以拓宽就业前景,帮助拉美地区的青年更好地过渡到劳动力市场中。

近20年来,拉美和加勒比国家大大增加了公共项目的开支,以减少贫困和不平等现象。然而,这些项目的大多数受益者并没有完全融入到劳动力市场中,仍然缺乏高质量的就业机会。其结果就是,各国启动了新一轮的"积极活动"和"积极生产"计划。各国将这些干预措施与收入支持结合起来,比如"有条件的现金转移"——作为劳动和培训市场积极政策的典范,为受益者提供参与经济活动所需的工具。类似的这些项目包括:智利的 Ingreso Ético Familiar、厄瓜多尔的 Socio Empleo、萨尔瓦多的 PATI 和巴西的 Sem Miséria 战略等。这些项目提供技术和专业指导、支持创业、就业安置和其他旨在改善劳动力市场及提高受益者经济配额等的服务(World Bank and GIZ, 2015)。

随着这些综合培训的扩大,它们和社会服务以及劳动力市场个体项目并存,从其他培训和创业项目中汲取养分。培训和创业计划的初期课程对于新的生产浪潮的设计和实施具有一定的推动作用。

拉美地区的教育培训计划随着公共支出的增加而扩大

技能和就业培训项目是拉美地区最常用的积极的劳动力市场政策(PAML),也是全世界最常用的青年就业干预策略(Betcherman et al.,2007)。2000年初,拉美国家除了哥伦比亚外,用于培训计划的开支占比不到GDP的0.1%(Cerutti et al., 2014)。2010年之后,巴西、智利、哥斯达黎加、洪都拉斯和巴拿马都超过了这一标准。此外,当前拉美国家中有4国用于教育和培训的资金的年均GDP占比超过了OECD的平均数(见图4-20)。

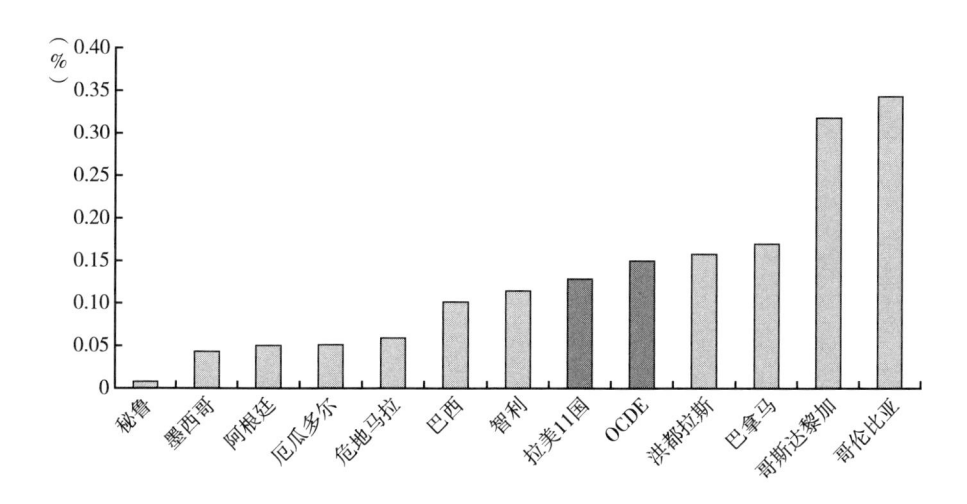

图 4-20 拉美和加勒比国家用于培训计划的公共支出（占 GDP 的百分比）

注：阿根廷、巴西、OECD 和巴拿马为 2014 年的数据，哥斯达黎加、危地马拉、尼加拉瓜和秘鲁为 2013 年数据，多米尼加、洪都拉斯和墨西哥为 2012 年，智利和厄瓜多尔为 2011 年，哥伦比亚为 2010 年。

资料来源：World Bank（2015）；拉丁美洲社会保护（数据库）；OECD（2015）。

统计链接：http：//dx.doi.org/10.1787/888933419603。

几乎所有拉美国家都为青年提供培训和初次就业方案。拉美地区的传统教育培训，或是在教室接受课程讲授，或是在工作岗位上进行实践锻炼，这一点和 OECD 国家一样。但近几十年来，为了解决日益严重的青年技能缺乏和失业问题，特别是对于贫困和弱势群体而言，拉美和加勒比国家已经将课堂和实践技能结合起来，并且采取了其他干预措施，以增加就业率和提高工作质量（Fares and Puerto，2009）。

拉美地区青年培训计划把新设计特点和其他劳动力市场服务融入传统元素中

自从 1991 年智利的 Chile Joven 和 1984 年墨西哥 Probecat 成立以来，拉美掀起了一股"青年培训计划"大浪潮。智利的 Chile Joven 除了在学校学习理论知识外还包括了 3~6 个月的全职社会实践。除在课堂进行 3 个月理论学习外，学员必须由培训中心指定一家私人企业进行技能实训。该计划最初由劳动部负责实施,一些私人的职业培训中心负责实训的各个环节(UNESCO,2014)。墨西哥的 Probecat 计划在设计上并非针对青年或弱势群体,虽然实际上这些措施的确有益于这一部分人。和 Chile Joven 一样,Probecat 在市场需求的基础上除了课程以外提供短期的技能实训,提供在职技能培训。该计划还针对技能不足的弱势青年推出找工作服务。一些私营企业提供了课程和实习(世界银行,2012)。

这种模式很快被拉美所有国家复制(见表4-5)。委内瑞拉(1993年)、阿根廷(1993年)、巴拉圭(1994年)、乌拉圭(1996年)、秘鲁(1996年)、多米尼加共和国(1999年)、哥伦比亚(2000年)、巴拿马(2002年)、萨尔瓦多(2005年)、海地(2005年)和洪都拉斯(2006年)都采用了上述模式。

表4-5 拉美地区"青年计划"技能培训种类

国家	项目名称	实施时间(年)	年龄(岁)	年平均受益者(个)
阿根廷	Proyecto Joven	1993~2001	16~30	25455
	Jóvenes con Futuro	2006~	18~24	400
	Jóvenes por Más y Mejor Trabajo	2008~	18~24	185016
玻利维亚	Mi Primer Empleo Digno	2009~	18~24	4333
巴西	Programa Nacional De Estímulo Ao Primeiro Emprego	2003~2007	16~24	120000
	Pro Jovem	2005~	15~29	1127133
	Educação para a nova indústria	2007~2013	14~24	n
智利	Chile Joven	1991~2002	16~30	13705
	Especial de Jóvenes	1997~213	18~29	1679
	Jóvenes Bicentenario	2008~2012	18~29	6667
哥伦比亚	Jóvenes en Acción	2002~2006	18~25	21958
	Jóvenes Trabajando Unidos	2011~2013	18~26	n
哥斯达黎加	Construyendo Alternativas Juveniles	2000~	18~25	4000
	Empleate	2011~	17~24	n
多米尼加共和国	Juventud y Empleo	1999~	16~29	7602
萨尔瓦多	Programa Empresa Centro	1996~2013	18~29	4198
	Empleo Joven	2005~2008	14~25	n
危地马拉	Programa Jóvenes Protagonistas	2012~	16~24	35000
	Guatemala Joven	2009~	16~24	4222

第四章 拉丁美洲和加勒比地区的教育、技能和青年问题

续表

国家	项目名称	实施时间(年)	年龄(岁)	年平均受益者(个)
洪都拉斯	Honduras Proempleo	2004~2011	18~29	1563
	Projoven	2014~	16~30	n
	Chamba Joven	2016~	16~30	n
	Mi primer empleo	2006~2010	15~19	1200
墨西哥	Probecat/SICAT/Becate	1984~	16~64	294118
尼加拉瓜	Desarrollo de las capacidades nacionales para mejorar/las oportunidades de empleo y autoempleo	2009~2012	15~24	2211
巴拿马	ProCaJoven	2002~	16~29	136832
巴拉圭	SAPE'A	2015~	15~24	8000
秘鲁	Projoven	1996~	18~29	6375
乌拉圭	Projoven	1996~	15~29	2234
	Pilot: Opción Joven	1994~1997	15~24	n
	Yo Estudio y Trabajo	2012	16~20	700
委内瑞拉	Plan Empleo Joven	1993~	15~29	n

资料来源：Minowa and Wodon（1999）；Cohen, Martínez and Navarrete（2001）；Cayapa（2002）；Naranjo Silva（2002）；Rosas（2006）；Aguayo（2007）；Ibarrarán y Rosas（2007）；Puentes and Urzúa（2010）；美洲开发银行（2011）；巴西门户网站（2012）；阿根廷公共财政部（2014）；Banco Mundial（2014）；世界银行（2015），拉美社会保障网（数据库）；INADEH（2015）；INEFORP（2015）；INSAFORP（2015）；CEPAL（2016）；阿根廷劳动部（2016）；ILO/CINTERFOR（2016a, 2016b, 2016c, 2016d, 2016e, 2016f, 2007）；青年就业库存（2016）；危地马拉社会发展部（2016a, 2016b. 2016c）；玻利维亚劳动部（2016）；CEDLAS（2016）。

拉美的"青年计划"针对的是城市里正规就业率低的"危险"青年，主要包括：正在寻找首份工作的贫困家庭青年，非正式就业的青年，就业不足、失业或低技能的青年等。事实上，大体而言就是辍学后返校概率很低的那一批青年。为了帮助这些青年成功地过渡到劳动力市场中，这些项目提供短期的工作技能培训课程，使学员能够适应私营企业的劳动要求（UNESCO, 2014）。

智利和墨西哥模式，以及一系列的"青年计划"（见表4-6）主要有3个特点。第一，这些计划结合了初始的课堂教学与工作场所培训，通常需要在公司实习一段时间。这些计划和劳动力市场服务模式相互补充，比如求职

193

表 4-6 拉美地区特定青年培训计划特色

	阿根廷: Proyecto Joven	阿根廷: Jóvenes con futuro	阿根廷: Jóvenes con más y mejor trabajo	阿根廷: Entra 21 y ADEC	玻利维亚: Mi primerempleo digno	巴西: Programa Nacional DeEstímulo Ao Primeiro Emprego	巴西: ProJovem	巴西: Entra 21 y CEPRO	智利: Chile Joven	智利: Jóvenes Bicentenario
主要特色										
覆盖面										
全国性	×	×	×						×	×
区域性				×				×		
当地性					×	×	×			
就业/就业率	×	×	×	×	×	×	×	×	×	
增加收入										
促进就业安置	×	×	×	×	×	×				
提高劳动市场效率	×	×								
提高生产率	×							×		
发展私人市场培训服务			×						×	
构成										
劳动中介服务										
信息/咨询	×			×	×	×	×			×
帮助找工作										×

第四章　拉丁美洲和加勒比地区的教育、技能和青年问题

续表

	阿根廷：Proyecto Joven	阿根廷：Jóvenes con futuro	阿根廷：Jóvenes más y mejor trabajo	阿根廷：Entra 21 y ADEC	玻利维亚：Mi primer empleo digno	巴西：Programa Nacional De Estímulo Ao Primeiro Emprego	巴西：ProJovem	巴西：Entra 21 y CEPRO	智利：Chile Joven	智利：Jóvenes Bicentenario
就业安置				×	×	×	×	×		×
公共项目										
为失业者提供培训		×	×				×			
课堂讲述	×				×					
学校+就业体验	×			×	×	×	×	×	×	×
工作岗位培训						×				
针对自主就业者		×							×	
针对高危人群		×								
软技能培训		×	×	×				×	×	
针对活跃员工的培训	×					×				×
加强体制	×			×				×	×	×
机构										
基于需求	×			×			×	×	×	
基于供给	×			×			×			

195

续表

	阿根廷: Proyecto Joven	阿根廷: Jóvenes con futuro	阿根廷: Jóvenes con más y mejor trabajo	阿根廷: Entra 21 y ADEC	玻利维亚: Mi primer empleo digno	巴西: Programa Nacional De Estímulo Ao Primeiro Emprego	巴西: ProJovem	巴西: Entra 21 y CEPRO	智利: Chile Joven	智利: Jóvenes Bicentenario
为参与者提供奖学金										
交通/食品/社保	×								×	×
补充津贴		×	×	×	×		×	×	×	
工资补贴						×				
政府资助培训	×	×	×	×			×	×	×	×
提供培训课程										
公共的	×	×	×	×	×	×	×	×	×	×
私人的	×	×		×	×		×	×	×	×
由培训机构组织实践	×	×	×	×		×	×	×	×	×
机构基础										
执行机构										
现有机构	×		×	×	×	×	×	×	×	×
新机构,与官僚机构并行										

第四章 拉丁美洲和加勒比地区的教育、技能和青年问题

续表

	哥伦比亚：Jóvenes en Acción	哥伦比亚：Proyecto de Servicios Integrados para Jóvenes	多米尼加：Juventud y Empleo	墨西哥：Probecat	墨西哥：Inserción Laboral de Jóvenes	巴拿马：ProCaJoven	秘鲁：Projoven	秘鲁：Entra 21 and Alternativa Partnership	乌拉圭：Opción Joven	乌拉圭：ProJoven
主要特色										
覆盖面										
全国性	×		×	×					×	
区域性										×
当地性										×
就业/就业率	×	×	×	×	×	×	×		×	×
增加收入		×					×			×
促进就业安置	×	×			×	×			×	×
提高劳动市场效率	×	×		×						
提高生产率								×		
发展私人市场培训服务	×					×	×			
构成										
劳动中介服务		×	×	×	×			×	×	
信息/咨询		×	×	×	×		×	×	×	×

197

续表

	哥伦比亚:Jóvenes en Acción	哥伦比亚:Proyecto de Servicios Integrados para Jóvenes	多米尼加:Juventud y Empleo	墨西哥:Probecat	墨西哥:Inserción Laboral de Jóvenes	巴拿马:ProCaJoven	秘鲁:Projoven	秘鲁:Entra 21 and Alternativa Partnership	乌拉圭:Opción Joven	乌拉圭:ProJoven
帮忙找工作			×	×						
就业安置	×	×			×					
公共项目	×				×					
为失业者提供培训		×		×						
课堂讲述	×	×	×	×	×	×	×	×	×	×
学校+就业体验			×	×		×				
工作岗位培训	×	×	×	×	×			×		
针对自主就业者					×	×	×	×		
针对高危人群		×				×			×	
教技能培训				×	×	×	×	×		×
针对活跃员工的培训										
加强体制	×									
机构										
基于需求	×	×	×	×	×	×	×	×	×	×
基于供给				×						

198

第四章　拉丁美洲和加勒比地区的教育、技能和青年问题

续表

	哥伦比亚：Jóvenes en Acción	哥伦比亚：Proyecto de Servicios Integrados para Jóvenes	多米尼加：Juventud y Empleo	墨西哥：Probecat	墨西哥：Inserción Laboral de Jóvenes	巴拿巴：ProCaJoven	秘鲁：Projoven	秘鲁：Entra 21 and Alternativa Partnership	乌拉圭：Opción Joven	乌拉圭：ProJoven
为参与者提供奖学金										
交通/食品/社保	×		×	×		×				×
补充津贴	×		×	×	×		×		×	×
工资补贴										
政府资助培训	×		×	×	×	×	×			×
提供培训课程		×		×						
公共的	×	×	×	×				×		
私人的	×	×	×	×		×	×		×	×
由培训机构组织实践	×	×	×		×	×	×		×	×
机构基础										
执行机构										
现有机构	×	×		×	×	×	×		×	×
新机构，与官僚机构并行	×		×				×			

资料来源：OECD/CAF/CEPAL, 2016, con base en Ibarrarán and Rosas (2009), actualizado con el Banco Mundial (2015); Youth Employment Inventory (2016)。

199

信息、咨询、就业支持或安置等。第二，以私营企业为主导制定技能培训课程，确保以市场为导向满足市场需求，并根据市场需求，减少技能的不匹配以提高就业率。第三，这些计划将课程培训与资金支持区分开。政府通过公共部门和私营部门参与的竞争投标来选择培训机构，并且根据学生培训结果来支付供应商相应报酬（Ibarrarán and Rosas, 2009）。

拉美地区针对青年提供的一些培训服务和"青年计划"是类似的（见表4-6）。由国际青年基金会（IYF）发起的"Entra 21"计划给16~29岁的青年提供就业安排和信息技术方面的技能培训。类似于"Entra 21"计划的一些项目20世纪初由地方和中央政府发动实施，随后几乎蔓延到了整个拉丁美洲（Puerto, 2007）。拉美地区的另一些培训项目结合了技能培训和创业指导，后者我们将在创业章节（第五章）进行更详细的论述。

拉美地区教育培训的证据和评估日渐增加，尽管如此，信息依旧有限，尤其是运转较好的机构信息

职业培训计划，包括针对青年的项目培训，在全世界都已得到广泛评估。事实上，本书认为对这些项目的评价可以作为制定和实施先进评估手段的催化剂，从而带动全球教育和培训资料库的发展（Ibarrarán and Rosas, 2009）。

拉美地区职业培训计划评估总体趋势是非常好的（见表4-7）。该地区青年参与这些项目的证据不断增多，影响评估的设计也在不断完善。正如世界上大多数发展中国家一样，近十年见证了拉美地区教育培训前所未有的爆发式发展。

表4-7　拉美地区青年培训计划影响相关证据

国家/项目/年份	分类	结果
哥伦比亚/ Jóvenes en Acción/ 2002~2005	****	(+)
乌拉圭/ ProJoven/1996~1997	****	(+)
多米尼加共和国/ Juventud y Empleo/1999~	****	(+)
智利/ Jóvenes Bicentenario/2008~2012	****	(+)
多米尼加共和国/ Juventud y Empleo/1999~	****	(+0)

第四章 拉丁美洲和加勒比地区的教育、技能和青年问题

续表

国家/项目/年份	分类	结果
阿根廷/ Entra 21 Córdoba	****	(+0)
秘鲁/ ProJoven / 1996 ~	****	(+0)
智利/ Chile Joven/ 1995 ~ 1997	***	(+)
阿根廷/ Proyecto Joven/1994 ~ 1998	**	(+0)
智利/ Chile Joven/ Fase I 1991 ~ 1995 y Fase II 1996 ~ 2002	**	(+)
秘鲁/ ProJoven 1996 ~	**	(+)
巴拿马/ ProCaJoven 2002 ~	**	(+0)
阿根廷/ Programa Joven 1996 ~ 1997	**	(+)
墨西哥/ Probecat/ 1984 ~	**	(+)
墨西哥/ Probecat/ 1984 ~	**	(+0)
墨西哥/ Probecat/ 1984 ~	**	0
玻利维亚/ Mi Primer Empleo Digno/ 2008 ~	**	0
玻利维亚/ Entra 21 – alianza Quipus/ 2004 ~ 2005	**	0
巴西圣保罗/ Entra 21 – alianza CEPRO/ 2003 ~ 2005	**	0
巴西萨尔瓦多/ Entra 21 – alianza Instituto de Hospitalidade/ 2003 ~	**	0
智利/ Formación de Oficios para Jóvenes de Escasos Recursos/ 1998 ~ 2000	**	(-0)
哥伦比亚 - 麦德林/ Entra 21 y alianza COMFENALCO/ 2002 ~ 2005	**	0
哥伦比亚 - 卡塔赫纳/ Entra 21 y alianza INDUSTRIAL/ 2002 ~ 2005	**	0
多米尼加共和国/ Entra 21 y alianza ISA/ 2003 ~ 2006	**	0
萨尔瓦多/ Entra 21 y alianza AGAPE/ 2003 ~ 2005	**	0
墨西哥/ Entra 21 y alianza CIPEC/ 2004 ~ 2007	**	0
洪都拉斯/ Entra 213 y alianza COSPEA/ 2004 ~ 2005	**	0
巴拉圭/ Entra 213 y alianza CIRD/ 2003 ~ 2005	**	0
秘鲁/ Entra 213 y alianza Alternativa/ 2003 ~ 2005	**	0
乌拉圭/ Opción Joven/ 1994 ~ 1997	**	(+)
智利/ Chile Joven/ 1991 ~ 1995	*	(+)
洪都拉斯/ Entra 21 y alianza CARDEH/ 2004 ~ 2005	*	0
巴西/ Programa Primero Empleo/1999 ~	*	0
哥伦比亚/ Proyecto de Servicios Integrados para Jóvenes/ 2000 ~ 2003	*	0

注：**** 代表实验，*** 代表有数量限制的实验结果，** 代表非实验，* 代表有数量限制的非实验结果。(+) 代表积极、强有力的显著成果，(+0) 代表积极、稳健的结果与中性的结果相结合，(0) 代表中性或非显著成果，(-0) 代表消极、稳健的结果与中性的结果相结合，(-) 代表消极、强有力的显著成果。

资料来源：CED/CAF/CEPAL, 2016, con base en Puentes and Urzúa (2010), actualizado con Card et al. (2011), Alzúa, Cruces and Erazo (2015), Herani-Limarino and Villarroel (2015), Ibarrarán et al. (2015), Díaz and Rosas (2016) and Kluve (2016)。

201

尽管如此，依旧还有许多工作要做。关于拉美一些发展中国家青年的教育培训证据依然有限。在发达国家对大多数项目的评估都严格进行，然而在拉美，只有对少数的项目进行了严格的评估。评估只集中于小部分的项目，主要分析短期影响，很少单独评估每个项目特定组成和结构的影响。

我们从项目评估中学到了什么？青年技能培训证据

虽然拉美地区关于培训效果的评估依旧很少并呈现一定的缺陷，但通过现有文献可以找到现行需要改善领域的一些相关信息。本节就对拉美地区最主要的12个教育培训项目评估结果予以总结，分别为：阿根廷，Entra 21，Proyecto Joven；巴西，Entra 21；玻利维亚，Mi Primer Empleo Digno；智利，Chile Joven，Jóvenes Bicentenario；哥伦比亚，Jóvenes en Acción；多米尼加共和国，Juventud y Empleo；墨西哥，Probecat/Bécate；巴拿马，ProCaJoven；秘鲁，Projoven；乌拉圭，Opción Joven（见表4-8）。此外，根据每个项目的特点就运行与否提出总结性建议。

拉美地区的青年培训方案有着类似的设计，尤其是已经被评估的项目。所有被评估的方案都结合了课堂讲授与岗位实训，除了Chile Joven。因此很难评估某个特定项目的效果，比如哪个项目影响最大，甚至对这种效果是否来自项目间的相互作用等都难以鉴别。此外，对一些项目比如Proyecto Joven、Jóvenes en Acción、Juventud y Empleo、ProJoven Perú y Probecat y sus sucesores等已经在各种场合通过不同手段进行了评估（见表4-8）。

就业、形式及收入的影响

同一计划采用不同的评估方式则产生的结果也不尽相同。尽管每项评估从不同方面分析了教育培训计划对就业、教育和福利等方面的影响，但几乎所有的分析都评估了就业率、工作质量和劳动收入等的影响。

拉美地区就业培训计划的目的是给收入分配处于社会最底层的失业青年提供一定的技能培训使得这部分群体能够找到工作。虽然这些方案对参与者就业过程中能产生多种可能性，但大部分评估显示参与者的就业率并没有受到显著影响。最早一批的培训计划如智利的Chile Joven和乌拉圭的Opción Joven对青

第四章 拉丁美洲和加勒比地区的教育、技能和青年问题

表4-8 拉美地区特定方案中青年技能培训效果证据

	发表年份	跟踪时间	评估手段	对就业的影响 女性	对就业的影响 男性	对就业形式的影响 女性	对就业形式的影响 男性	对薪资影响 女性	对薪资影响 男性
阿根廷：Entra 21 Cordoba	2015	18个月	实验				●	●	●
阿根廷：Projecto Joven	2006	11、12和19个月	非实验			●	●	●	●
巴西：Entra 21	2001	1年	非实验	●	●			●	●
巴西：Entra 21	2006	1年	非实验	●				●	●
玻利维亚：Mi PrimerEmpleo Digno	2015	3个月	非实验	●	●				
智利：Chile Joven	2004	6个月	非实验	●	●		●		
智利：Jóvenes Bicentenario	2010	12个月	实验			●			●
	2015	6个月	实验		●	●	●	●	●
	2015	10年	实验	●	●	●	●	●	●
哥伦比亚：Jóvenes en Acción	2011	8年	实验	●	●	●	●	●	●
	2008	19和21个月	实验		●	●		●	
	2016	19和21个月	实验	●		●	●	●	●
多米尼加共和国：Juventud y Empleo	2015	12~18个月	实验			●		●	●
	2012	42~48个月	实验			●		●	●
	2011	6年	实验	●				●	●
		18~24个月	实验						
		10~14以及 22~24个月	实验						

203

续表

	发表年份	跟踪时间	评估手段	对就业的影响 女性	对就业的影响 男性	对就业形式的影响 女性	对就业形式的影响 男性	对薪资影响 女性	对薪资影响 男性
墨西哥：Probecate/Bécate	2010	3~6个月	非实验	●				●	●
	2006	3~6个月	非实验	●		●	●	●	●
	2001	16~20个月	非实验			●		●	●
	1999	1年	非实验	●	●	●		●	●
巴拿马：ProCaJoven	2007	9~20个月	自然体验	●		●		●	●
	2016	3年	实验	●		●	●		●(2016)
秘鲁：Projoven	2006	6,12,18个月	非实验	●	●	●	●	●	●
	2002	12和18个月	非实验	●	●	●	●	●	
乌拉圭：Opcion Joven	2002	1年	实验	●	●	●	●	●	●(2002)

注：●明显的积极成果 ●中性或无显著效果 ●明显的消极成果。

资料来源：OECD/CAF/CEPAL, con base en 2016, Wodon and Minowa (1999)；Calderón-Madrid and Trejo (2001)；Naranjo Silva (2002)；Aedo and Núñez (2004)；Aedo and Pizarro Valdivia (2004)；Alzúa, Nahirñak and álvarez de Toledo (2007)；Alzúa and Brassolio (2006)；Ñopo y Saavedra (2002)；Delajara, Freije, and Soloaga (2006)；Díaz and Jaramillo (2006)；Ibarrarán and Rosas (2007)；Acero, C. , et al. (2009)；Ibarrarán and Rosas (2009)；Card et al. (2011), Puentes and Urzúa (2010)；Van Garmeren (2010)；Robalino et al. (2013)；Vezza (2014)；Attanasio, Kugler and Meghir (2015, 2011, 2008)；Hernani-Limarino and Villarroel (2015)；Ibarrarán et al. (2015, 2014)；Kugleret al. (2015)；Alzúa, Cruces and López Erazo (2015)；Acevedo et al. (de próxima publicación)；CAF (2016)；Díaz and Rosas (2016)。

年的就业产生了积极而显著的影响，但在阿根廷、玻利维亚、多米尼加共和国和巴拿马，该计划对就业的影响可以忽略不计。而秘鲁和墨西哥，不同的研究报告显示的结果也不同。但是，近一半的结果表明培训计划提高了特定群体的就业率。部分原因在于拉美和加勒比劳动力市场的低失业率特点、非正式就业和弱势群体的存在。

提供自主就业和创业培训的课程结合了技能与软技能培训，通常和官僚机构并行运作，这些机构同其他服务机构相比，似乎在就业率上有更大的优势。几乎 2/3 的提供软技能培训的项目对就业起到了积极作用，与政府机构组织的项目培训结果类似。此外，一半提供创业和自主就业培训的项目提升了参与群体的就业能力。

虽然青年培训计划主要关注就业，但也考虑工作质量的影响。本节所分析的评估影响表明，如果这些项目能给参与者提供正式的就业岗位，那将比纯粹引导其就业取得更大的成功。无论是实验还是非实验的培训效果评估都表明，除少数例外，这些培训在统计学上对就业质量（正规就业）产生了积极影响。因此工作质量就成了课程培训最重要的目标之一。如果考虑到劳动力市场中正规就业和非正规就业的差距日益明显，工作质量就显得尤为重要了，因为非正规就业在青年当中的比例比成年人更高。

例如在多米尼加共和国，培训计划在男性正规就业方面产生积极影响的比例为 17%（Ibarrarán et al., 2015）。在秘鲁，培训组与对照组中得到有医保和养老金工作的比例分别增加了 3.8% 和 3.3%（Díaz and Rosas, 2016）。此外，Jóvenes en Acción 的评估显示，接受培训前拥有的教育水平在中等及以下的群体在正规部门就业方面的收益比其他群体要高得多（Kugler et al., 2015）。

在就业方面，求职支持和就业安置在形式上特别重要。这可能意味着，更好地掌握当前空缺岗位的信息可以帮助求职者对正规行业招聘过程有一个更全面的了解，从而帮助他们找到高质量的工作。此外，在四个已评估的关于提供创业和自我就业技能培训的项目中，三个对于所有求职者找到高质量的工作都有积极作用，一个对小部分特定群体产生积极作用（创业技能成为青年找到更好工作的重要因素）。

技能培训对于劳动收入的影响也同样重要，因为接受培训的青年往往是那些收入分配处于最底层的1/5的人群。对于这些项目的评估结果很难下准确的定论。墨西哥的项目评估显示，培训对员工收入方面有微小的正面影响。Chile Joven在劳动收入方面有显著的积极影响，但性别之间又有所差异。尽管智利男性的收入绝对值更高，后期的涨幅对于女性的意义更大，占了初始收入较大的百分比（Aedo and Pizarro Valdivia，2004）。巴拿马的评估显示，培训计划对该地区的性别和区域都有显著影响：生活在巴拿马城市的女性见证了她们收入的增长（Ibarrarún and Rosas，2007）。在哥伦比亚，工资仅在女性群体中显示出了积极影响（Attanasio，Kugler and Meghir，2015；Kugler et al.，2015）。此外，培训对于正规部门收入的影响不仅体现在女性群体身上，同样体现在教育水平处于中等以下的应聘者身上（Kugler et al.，2015）。

受益者的平均收入增加可能会有多种原因。培训计划可能提高了员工的生产效率、增强了就业能力或是改变了部门内部结构等。哥伦比亚的结果表明，在收入提高的群体当中，2/3的人把这归功于参加了项目培训计划（Attanasio，Kugler and Meghir，2008）。此外，Jóvenes en Acción 2015年的评估显示，该项目提高了正规部门年轻女性的生产率（Attanasio，Kugler and Meghir，2015）。

研究发现职业培训与正规教育之间具有互补性，特别是对于学历高于平均教育水平的学员来说。这一结果强调了"技能是建立在已得技能的基础上"这一概念（Heckman，2000）。然而，从长远来看，评估结果显示，对于学历处于平均水平以下的群体来说，就业和收入影响非常突出。对于这一群体，培训不影响高等教育覆盖率，也不影响培训之后的滞留率。

总体而言，本节中关于评估影响的论述表明，包含劳务中介的双重技能培训给青年提供最初的职场体验，也提高了就业能力、劳动收入，扩展了就业形式。早前的经验表明私营部门参与培训课程开发同样重要，可以保证所学技能得以运用到工作中。最后，各部门的相互作用和该计划的顺利实施也是取得成功的关键因素。

表4-9 拉美地区青年计划的构成和结果

		就业能力	形式	薪水
构成	劳务中介服务			
	信息/咨询	●	●	●
	就业支持	◐	●	●
	就业安置	●	●	●
	公共项目	◐	◐	◐
	针对失业者的培训			
	课堂实训	◐	◐	◐
	学校+工作体验	◐	●	●
	工作岗位培训	◐	●	●
	针对自主就业	●	●	●
	技能培训	●	●	●
	针对活跃员工培训	◐	●	●
机制	提供服务			
	双重培训和劳动中介	●	●	●
	双重培训	◐	◐	◐
	唯一培训选项	○	○	○
	基于需求	●	●	●
	基于供给和需求	●	●	●
	基于供给	○	○	○
	给学员提供的补助			
	交通/食品/社保	●	●	●
	补充津贴	◐	●	●
	政府资助培训			
	提供培训课程			
	公共的	●	●	●
	私营的	●	●	●
	由供应商组织实习	◐	●	●

注：● = 有效，◐ = 中性混合性结果，○ = 无效。基于表4-8。
资料来源：OECD/CAF/CEPAL, 2016。

人口群体之间的差异

技能培训的效果根据性别、年龄、教育水平、居住地等条件的不同而不同。就业能力、就业形式和收入在大多数项目之间都不同。青年培训计划对

207

弱势群体，比如女性、青年和低程度受教育者等的影响最大。

在就业能力和收入方面，女性似乎受益更多；而对男性的影响则体现在就业质量方面。智利的 Chile Joven 效果在女性就业率方面尤为明显，在男性方面则体现在找到正规就业单位的可能性上（Aedo and Pizarro Valdivia, 2004）。同样，阿根廷的 Entra 21 实验评估结果更专注于正规就业，在男性和青年方面的影响比样本平均数要大（Alzúa Cruces and Erazo, 2015）。

Jóvenes en Acción 的评估显示，该项目在劳动力市场上对女性的影响比较大，这体现在：更高的就业率、更好的薪水以及更多的正规就业，而对于男性的影响并没有很明确的体现（Attanasio, Kugler and Meghir, 2011）。此外，Acevedo et al.（即将出版）发现了多米尼加共和国 Juventud y Empleo 的项目中，女性参与者在就业和薪水上比男性受益更多。此外，项目结束三年后，女性在软技能和劳动能力上的表现要优于男性。

地理位置同样起着重要作用。在巴拿马和多米尼加共和国，这些培训除了大城市外几乎不受影响，部分原因是这些区域缺乏充分运作的劳动力市场（Ibarrarán and Rosas, 2007；Díaz and Rosas, 2016）。

长期影响

新一轮的影响评估揭露了培训效果长期的可持续问题。与美国和欧洲长期影响结果不同，拉美地区在项目结束后很多年才能体现出项目的意义和积极性，而各国之间结果又各不相同。

在哥伦比亚，青年培训计划会使参与者受益终身（Attanasio, Kugler and Meghir, 2015）。该项目短期来说在收入方面起着积极的影响，中长期来看这种影响并不会随着时间而消退。一方面，从短期结果的影响上看，正规就业概率和在正规部门工作的持续时间方面对女性的影响要大于男性。此外，从中长期看，低学历人员是受益最大的群体（Kugler et al., 2015）。另一方面，从短期和长期影响看，正规就业率的影响对于男性和女性都是一样的。对于教育水平处于中等以下的人群，长期效果将会持续。但是对于教育水平处于中等以上的人群，效果会随时间而减少，表现出下降趋势。或许是因为这一群体进行过高等教育并保持了较高的高等教育水平（Kugler et al., 2015）。

秘鲁 ProJoven 的实验评估显示，培训在就业形式方面有长期影响：该项目增加了在非正规就业率居高的背景下找到正规工作的机会（Díaz and Rosas，2016）。根据作者的观点，在就业形式层面应该强调规模和时长，因为很多项目通常在项目培训结束后的 3 年才能体现出效果。

在多米尼加共和国，对 Juventud y Empleo 长期影响的评估显示，该项目对男性正规就业有一定的支持，此外还对在该国的中心城市——圣多明各居住的男女的收入有积极影响。这表明在一些对于技能有真实需求的区域，作用效果表现得更为积极（Ibarrarán et al.，2015）。最后，研究表明，对于在短期内找到正式单位的参与者而言，更大的原因在于他们长期努力。Acevedo et al.（即将出版）一书发现，Juventud y Empleo 这一计划对于参与者在技能的收益方面具有强有力而持续的效果，但男女有所不同。在培训计划结束后，无论男性还是女性在社交能力和就业期许上都有大幅度提高。但三年之后，女性仍旧保持了较高的软技能水平，而男性参与者的结果则相反。

同样，在哥伦比亚，Kugler 等人（2015）证明技能培训对参与者的就业和工资的影响随着时间的推移是增加而非减少的，至少是在培训之后的八年之内。此外，对于女性和受教育程度低者而言，在收入方面的效果也具有持久性。相比之下，从长远来说，对收入影响越来越低的群体则为男性或教育水平高于中级的群体。这可能是因为男性都接受过高等教育，而这是一个工作和学习同步进行的群体，他们的收入可以来自其他渠道（Kugler et al.，2015）。

阿根廷培训计划结束三年之后的影响表明，那些在统计学上有显著作用的项目，其效果会随时间而减弱。中期呈现在青年和男性群体之间最明显的效果长期来看都会减少（Alzúa，Cruces and Erazo，2015）。

长期评估也表明，技能的获取和对职业培训期许的转变与教育投资相互补充，而非取而代之，尤其是高等教育。与此同时，培训对于参与者家庭成员也有间接的影响（Kugler et al.，2015）。

成本及效益分析

一些效益评估显示，技能培训的直接效益超过了直接成本。阿根廷 Aedo and Núñez 关于 Joven en Argentina 项目的成本——效益财务年度报表显示，在同等条件下，收益持续时间越长，产生的折扣率越低，间接成本比例越低，净现值（VNA）越高。从统计学上说，青年男性和成年女性的收益影响最为显著，只需九年，项目收益就能实现正净现值，而在12年之后，所有群体都能实现正净现值。

职业教育培训盈利性分析表明，哥伦比亚的职业培训产生了丰厚的净利润，远远高于发达国家所记录的数值，尤其是对女性而言。Attanasio，Kugler和Meghir（2011）认为，不考虑技能贬值的情况下，内部收益率为29%，而Krugeret等人（2015）发现，上述数值中，隐含的女性内部收益率为19.1%，男性为30.1%。

从各式各样的计划培训中很难得出共同的结论，无论是从设计、组成、目标群体而言还是从应用环境而言。然而，要强调的是，拉美地区所评估的大多数青年培训计划在就业率、就业形式和工作收入上都取得了成功并产生了一定的持续效果。

总的来说，各项结果表明，理论和实践结合并且以劳务报酬作为激励的青年培训计划是一个有吸引力的社会投资和潜在的社会流动途径（Kugler et al.，2015）。拉美和加勒比这些项目的评估对于今后公共政策的制定是一个有用的凭据。但是，效果评估以及成本和效益分析没有把评估结果与青年重新融入正规教育体系的潜在结果做比较。

青年培训方案证据：相应数据分析

识别劳动力市场中能解释一系列具体的成功干预因素特性是很困难的。但是，相应的回归分析报告和对劳动力市场积极政策（ALMP）的全面解读（包括青年培训计划），已全面审查了个体评估的影响，以确定影响ALMP受益人的潜在因素。这些研究是非常有价值的，因为它们使用了实验和准实验影响中的个体评估，以评价劳动力市场中个体参与ALMP的收益率。

关于一般类别的项目，来自全球的ALMP研究表明，从长远来说，这些强调人力资本累计的项目涉及了更广泛的利益（Card, Kluve and Weber, 2015；ILO，2016；Kluve，2016）。事实上，初次就业计划往往更看重短期效益，而培训计划从短期来说往往作用比较有限，甚至是负面的。但从中长期范围来看，尤其是项目培训结束后的 2~3 年，影响效果更为显著（Card, Kluve and Weber, 2015; Kluve, 2016）。

培训计划分析为项目自身设计添加了更多的证据。取得最好结果的培训方案往往针对特定群体，使用多种教学技能提供综合服务（包括课堂和工作场所的非认知技能），制定市场机制以确定培训服务需求，并和私人机构合作（Puentes and Urzúa, 2010）。另一些重要元素是激励措施和社会保护支持，尤其是对年轻受益者而言（Puentes and Urzúa, 2010）。

在这些研究中，最引人注目的方面就是综合培训系统取得的积极成效。各种潜在培训项目一体化的缺乏（理论能力和实践能力，认知技能、技术能力及社会技能）会削弱其有效性（Puentes and Urzúa, 2010）。上述培训项目的开展能使受益人在不同等级之间循序渐进地进步。每项具体培训都针对特定的短板进行集中提高。这样的一种结构将有助于取得更好的结果。

相应分析显示培训的持续时间对于培训计划取得成功有着关键的作用（ILO, 2016; Kluve, 2016）。拉美和加勒比培训调查显示，持续时间在培训计划中是个关键因素，甚至比单个培训计划更为重要，因为它能增强培训的有效性。分析研究表明，少于四个月的培训较难产生积极效果，这种模式似乎和参与培训方案的主体数量无关（Kluve, 2016）。

青年计划的相应分析结果是类似的。总体而言，针对全世界加入劳动力市场的青年来说，PAML 对于提高劳动力市场结果是一项有效的工具（Betchmermanet al., 2007; Kluve et al., 2014; Card, Kluve and Weber, 2015）。针对全世界青年的 97 个 ALMP 项目，来自 Kluve 等人（即将出版）的系统评估表明，通过技能培训计划对青年进行投资是具有成本效益的，会产生积极的就业结果和一定收益。此外，全面的技能培训干预相较于单纯进行课堂理论讲述更有助于提高学生在劳动力市场中取得积极成果的概率（Faresy Puerto, 2009）。

另外，有强有力的证据支持这样一种观点，在中等收入和低等收入国家针对青年开展的职业技能培训干预在劳动力市场上取得了积极成果，尤其是对女性群体而言。具体地说，结合社会实践的课程比简单的课堂培训往往获得更大成功（Kluve et al.，即将出版）。本节的 6 个研究结果表明，在低收入和中等收入国家针对青年开展的计划提高了就业率、改善了就业质量并且带来更多的收益。女性群体获益比男性更多。但是，在就业持续时间方面证据并不十分清晰（Fares and Puerto, 2009；Puentes and Urzúa, 2010；Kluve et al.，2014；Card，Kluve and Weber, 2015；ILO, 2016；Kluve, 2016）。

拉美地区的 Jóvenes 计划，美国的 Job Corps 以及英国的 New Deal 计划都有较好的表现，这进一步论证了综合技能培训服务可以对学员，尤其对青年群体的就业率产生重大影响这一论点。

改进对培训方案的效果评估将有助于更好地分析培训计划设计

在政府能够完善青年培训计划之前，6 个问题需要给出更合理的答案：研究尚且没有提供足够的证据来评估教育培训的质量；特定项目的影响、持续时间和相互作用；剖析特定机制对于受益者的重要性；软技能培训对于劳动力市场结果的影响；项目的外部性和一般均衡性；更全面的成本效益分析。

此外，关于培训计划和 ALMP 的相关分析和全面审查认为，效果评估设计方案（实验或准实验）对所得结果并没有统计学上的影响。通过这两种方式进行的评估，所得结果是类似的（Card，Kluve and Weber, 2015；ILO, 2016；Kluve et al.，即将出版）。

此外，大多数人认为需要改善评估质量（Puentes and Urzúa, 2010）。评估应该被视为项目设计阶段的中心环节，而不是最后添加的因素。国际证据在这方面尤其重要。世界各地的经验表明，在项目设计的初始阶段加入评估，并且对受益者进行长时间的监测和追踪是收集质量数据的关键（Puentes and Urzúa, 2010）。

结论和政策建议

教育和技能是经济增长的重要动力，是社会平等和流动的源泉。拉丁美洲的不平等现象是教育不均和劳动力市场等因素造成的。教育是获得技能的主要来源。小学和中学教育是获得技能的必要条件。而高等教育提供的专业技能在国家和社会发展中起着重要作用。事实上，技能和教育是帮助各国克服中等收入陷阱的决定性因素。

教育和技能对于支持青年成功融入劳动力市场中起着至关重要的作用。教育质量，包括基础技能和技术技能，给青年提供了参与并充分享受生活的工具。此外，它是确保青年参与社会、政治和生产的主要手段之一。

尽管取得了显著进步，拉美地区的教育和技能方面依然存在许多缺陷。该地区教育体制所呈现的质量以及针对性是教育问题的关键所在。数据表明许多项目上，员工仍缺乏雇主所需的技能。虽然传统教育在阅读、数学和科学等技能方面比较落后，但EFTP主要存在部门过时和质量低下等问题，并不能成为弥补青年人技能缺陷的可行方案。此外，缺乏教育和劳动力市场技能需求之间的联系是另一个主要问题。

此外，很多拉美地区的学生过早离开学校。中学阶段的高辍学率和大学阶段的低毕业率都在呼吁国家采取相应的公共政策以支持青年完成学业。

该地区的青年技能培训课程一直在设法弥补教育体制的缺陷，而不是仅仅提供实用技能和更新员工能力。青年当中存在的巨大教育差距和较小的技能培训规模的对比促使人们重新思考该地区教育培训的干预作用。青年职业技能培训是否应该继续，以弥补正规教育的缺陷？把青年重新引向教育体系是否更具意义和效益？与此同时，超过4300万15~29岁的青年缺乏充分参与劳动力市场的技能。随着教育体制更全面的改革，其覆盖率、质量和相关性都能得以改善。一系列人力资本替代政策，比如现有的技能培训更应支持当前偏离教育体制的低技能青年。

这些挑战需要公共政策来提高青年的教育和技能，以下是关于本章节存在问题的一些建议。

建立高效的技能供求数据收集系统。缺乏全国性的关于个人技能和企业所需技能二者之间的对比数据抑制了政府解决当前技能不匹配的能力。各国和国际组织有限的努力使得拉美地区缺乏识字、数学、科技、技术知识和解决问题等能力。同样缺少当前和今后该地区企业所需的职业技能种类等相关信息。这些技能对于国家认清技能短缺和自身差距，规划未来需求以提高生产力和竞争力起着关键作用。

制定明确的公共教育和私人教育质量标准。优质的小学和中学教育将提高学生接受高等教育的概率。为确保所有学生都获得优质教育，需要制定明确的标准。此外，各国应投入更多资源，更好地培养贫困地区的师资，缩小教育技能差距。

完善机制，以识别表现不佳的学生和在教育、经济和社会方面存在问题的学生。问题学生更容易辍学，接受高等教育的概率更小。尽早识别这些学生，并针对他们的问题提出解决方案，将有助于缩小学习差距，避免过早辍学。

加强职业和技术教育，加大基础设施、教育培训和管理机制方面的投资以明确劳动力市场需求。高质量的职业和技术教育是发展高素质劳动力的关键。同时，基于工作经验的实践技能课程在培训学员的同时强调学术教育将会取得更为明显的成效。EFTP应提供基本技能和技术指导并且建立一定的机制，以使从这些培训机构毕业的学员能有机会接受高等教育。此外，高等教育机构在接受这批学生时应更具灵活性，允许学术方向的改变。

增加中等教育和高等教育的相关性及联系，以促进从中等教育到高等教育的转变，这种机制可以帮助更多拉美学生接受高等教育，从而得到高等教育文凭。

扩大高等教育途径。该地区的教育体系在培养高素质的员工以提高生产率和推动经济增长，改善社会流动性和减少差距方面，能力尚且有限。拉美地区应该投资训练有素的青年。因此，各国应拓宽开展高质量教育的途径，提供更多资金支持，使所有社会经济群体都能接受高质量的高等教育。

制定更符合市场需求的教育方案。教育和培训机构应与公司合作，确保通过适当的教育和培训来满足职业要求。基于需求的教育培训往往比基于供给的教育培训更易获得成功，这对未来短期职业培训乃至整个教育体系而言都是宝贵的经验。在生命的早期阶段，青年就应该被置于基于知识型和技能型经济所需的必要技能环境之中。因此，学术教育和EFTP应该创造更多的空间满足学员的需求，更好地协调培训计划和企业之间的关系，使技能培训与日后的职业技能需求相吻合。

展开与实践相结合的课堂培训计划和就业服务。青年技能培训计划效果评估显示，成功的培训方案往往有较全面的规划：提供教育机构、在职培训和中介服务。将课堂理论与岗位实训结合起来的硬技能和软技能是短期技能培训在规划上的最成功之处。所有 EFTP 教育机构都应学习这一理念，无论是中学还是大学或是更高层次的教育。

系统化教育和培训早期阶段的效果评估作用。目前尚且缺乏关于学术课程、EFTP 和培训课程有效性的明确证据，这就要求未来的计划中应包含更好的效果评估策略。效果评估在计划设计阶段就应该被认为是项目的主要因素。在这方面，国际论据尤为重要。来自世界各地的经验表明，在项目设计的初始阶段加入评估环节，并且对受益者进行长时间的监测和追踪，从长远看是收集高质量数据、改善方案的关键因素（Puentes and Urzúa, 2010）。

参考文献

Acemoglu, D. and J. Pischke (1999), "Beyond Becker: Training in imperfect labour markets", *The Economic Journal*, No. 109/453, Royal Economic Society, St. Andrews, pp. 112-142.

Acero, C. et al. (2009), "Evaluación de Impacto del Programa Jóvenes al Bicentenario para la cohorte de participantes en el año 2008", PNUD, Chile.

Acevedo, P. et al. (forthcoming), "Soft skills and hard skills in youth training programs: Long-term experimental evidence from the Dominican Republic", *CEDLAS Working Paper Series*, Universidad Nacional de La Plata, La Plata.

Acosta, P., N. Muller and M. Sarzosa (2015), "Beyond qualifications: Returns to cognitive and socio-emotional skills in Colombia", *Policy Research Working Papers*, No. WPS 7430, World Bank Group, Washington, DC.

Aedo, C. and S. Nuñez (2004), "The Impact of Training Policies in Latin America and the Caribbean: The Case of Programa Joven", *Working Paper (Research Network)*, Inter-American Development Bank, Research Department, Washington, DC.

Aedo, C. and M. Pizarro Valdivia (2004), "Rentabilidad económica del programa de capacitación laboral de Jóvenes Chile Joven" ["Economic performance of the training programme for youth, Chile Joven"], NACAP and Mideplan, Santiago de Chile.

Aedo, C. and I. Walker (2012), *Skills for the 21st Century in Latin America and the Caribbean*, Directions in Development, Human Development, World Bank Group, Washington, DC, https://openknowledge.worldbank.org/handle/10986/2236.

Aguayo, Y. (2007), *An Evaluation of Active Labor Market Policies in Developing Economies: The Mexican Case*, Digital Repository at the University of Maryland, University of Maryland, College Park, http://drum.lib.umd.edu/handle/1903/7330 (accessed 25 July 2016).

Albrecht, J. and S. Vroman (2002), "A matching model with endogenous skill requirements", *International Economic Review*, Vol. 43/1, Department of Economics, University of Pennsylvania and Osaka University Institute of Social and Economic Research Association, pp. 283-305.

Almeida, R., J. Behrman and D. Robalino (2012), *The Right Skills for the Job? Rethinking Training Policies for Workers*, Human Development Perspectives, World Bank Group, Washington, DC, https://openknowledge.worldbank.org/handle/10986/13075.

Álvarez-Galván, J. (2015), "A skills beyond school review of Costa Rica", *OECD Reviews of Vocational Education and Training*, OECD Publishing, Paris, http://dx.doi.org/10.1787/9789264233256-en.

Alzúa, M.L. and P. Brassiolo (2006), *The Impact of Training Policies in Argentina: An Evaluation of Proyecto Joven*, Office of Evaluation and Oversight, Inter-American Development Bank, Washington, DC.

Alzúa, M.L., G. Cruces and C.L. Erazo (2015), "Youth training program beyond employment. Evidence from a randomized controlled trial", *CEDLAS Working Paper Series*, No. 177, Universidad Nacional de La Plata, La Plata.

Alzúa, M.L., P. Nahirñak and B. Alvarez de Toledo (2007), "Evaluation of Entra 21 using quantitative and qualitative data", *Q-Squared Working Paper*, No. 41, University of Toronto.

Attanasio, O., A. Kugler and C. Meghir (2015), "Long term impacts of vouchers for vocational training: Experimental evidence for Colombia", *Borradores de Economiá*, No. 896, Economic Studies Department, Central Bank of Colombia, Bogotá, www.banrep.gov.co/sites/default/files/publicaciones/archivos/be_896.pdf.

Attanasio, O., A. Kugler and C. Meghir (2011), "Subsidizing vocational training for disadvantaged youth in Colombia: Evidence from a randomized trial", *American Economic Journal: Applied Economics*, Vol. 3/3, American Economic Association, Pittsburgh, pp. 188-220.

Attanasio, O., A. Kugler and C. Meghir (2008), "Training disadvantaged youth in Latin America: Evidence from a randomized trial", *NBER Working Paper*, No. 13931, National Bureau of Economic Research, Cambridge, US.

Bassi, M. et al. (2012), *Disconnected: Skills, Education and Employment in Latin America*, Inter-American Development Bank, Washington, DC, https://publications.iadb.org/bitstream/handle/11319/427/Disconnected.%20Skills%2c%20Education%2c%20and%20Employment%20in%20Latin%20America.pdf?sequence=11.

Betcherman, G. et al. (2007), "A review of interventions to support young workers: Findings of the Youth Employment Inventory", *Social Protection Discussion Paper*, No. 0715, World Bank Group, Washington, DC.

Bowles, S., H. Gintis and M. Osborne (2001), "The determinants of earnings: A behavioral approach", *Journal of Economic Literature*, Vol. 39/4, American Economic Association, Pittsburgh, pp. 1137-1176, http://dx.doi.org/10.1257/jel.39.4.1137.

CAF (2016), *Más Habilidades para el Trabajo y la Vida: Los Aportes de la Familia, la Escuela, el Entorno y el Mundo Laboral* [More Skills for Work and Life: The Contributions of Family, School, Environment and Workplace], Development Bank of Latin America, Caracas.

Calderón-Madrid, A. and B. Trejo (2001), "The impact of the Mexican training programme for unemployed workers on re-employment dynamics and on earnings", *Research Network Papers*, Inter-American Development Bank, Washington, DC.

Card, D., J. Kluve and A. Weber (2015), "What works? A meta analysis of recent active labour market programme evaluations", *NBER Working Paper*, No. 21431, National Bureau of Economic Research, Cambridge, US.

Card, D., J. Kluve and A. Weber (2010), "Active labour market policy evaluations: A meta-analysis", *The Economic Journal*, Vol. 120/548, Royal Economic Society, St. Andrews, pp. F452–F477.

Card, D. et al. (2011), "The labour market impacts of youth training in the Dominican Republic", *Journal of Labour Economics*, Vol. 29/2, Elsevier, Amsterdam, pp. 267-300.

Cayapa (2002), "Empleo juvenil o reproducción de la pobreza en Venezuela," ["Youth employment or reproduction of poverty in Venezuela], *Revista Venezolana de Economía Social*, Vol. 2/3, pp. 1-23, www.saber.ula.ve/bitstream/123456789/18624/1/articulo3-4.pdf.

CEDLAS (2016), *Mapa de iniciativas laborales para jóvenes*, [Map of Youth Labour Initiatives], www.labor-al.org/mapa-de-iniciativas-laborales-para-jovenes.html (accessed 12 August 2016).

CEPAL (2016), *Programas de Inclusión Laboral y Productiva* [Programmes for Labour and Productive Inclusion], http://dds.cepal.org/bdilp (accessed 20 July 2016).

Cerutti, P. et al. (2014), "Social assistance and labour market programmes in Latin America: Methodology and key findings from the social protection database", *Social Protection and Labour Discussion Paper*, No. 1401, World Bank Group, Washington, DC.

Cohen, E., R. Martínez and C. Navarrete (2001), *Gestión de Programas Sociales en América Latina, Análisis de Casos* [Management of Social Programmes in Latin America, Case Analysis], Vol. I: Proyecto Joven de Argentina, CEPAL, http://repositorio.cepal.org/bitstream/handle/11362/6001/1/S0102142_es.pdf.

Cunningham, W., P. Acosta and N. Muller (2016), *Minds and Behaviors at Work: Boosting Socioemotional Skills for Latin America's Workforce*, Direction in Development – Human Development, World Bank Group, Washington, DC.

第四章　拉丁美洲和加勒比地区的教育、技能和青年问题

Delajara, M., S. Freije and I. Soloaga (2006), "An evaluation of training for the unemployed in Mexico", *Working Paper*, OVE/WP-09/06, Inter-American Development Bank, Washington, DC.

De la Torre A., E. Levy Yeyati and S. Pienknagura (2013), "Latin America and the Caribbean as Tailwinds Recede: In Search of Higher Growth", *LAC Semiannual Report*, World Bank Group, Washington, DC.

De la Torre, A., J. Messina and S. Pienknagura (2012), *The Labor Market Story Behind Latin America's Transformation*, Semiannual Report, Regional Chief Economist Office, Latin America and the Caribbean, World Bank Group, Washington, DC.

Díaz, J.J. and M. Jaramillo (2006), "An evaluation of the Peruvian 'youth labour training programme' Projoven", *Working Paper*, OVE/WP-10/06, Inter-American Development Bank, Washington, DC.

Díaz, J.J. and D. Rosas (2016), "Impact evaluation of the Job Youth Training Programme Projoven", *Working Paper Series*, No. IDB-WP-693, Inter-American Development Bank, Washington, DC.

Drago, F. (2011), "Self-esteem and earnings", *Journal of Economic Psychology*, Vol. 32/3, Elsevier, Amsterdam, pp. 480-488.

Eichhorst, W. et al. (2012), "A roadmap to vocational education and training systems around the world", *IZA Discussion Papers*, No. 7110, Institute for the Study of Labor, Geneva.

Fares, J. and O.S. Puerto (2009), "Towards comprehensive training", *Social Protection Discussion Paper*, No. 0924, World Bank Group, Washington, DC.

Field S., V. Kis and M. Kuczera (2012), "A Skills Beyond School Commentary on Spain", *OECD Reviews of Vocational Education and Training*, OECD Publishing, Paris, www.oecd.org/education/vet.

Gasparini, L. et al. (2011), "Educational upgrading and returns to skills in Latin America: Evidence from a supply-demand framework, 1990-2010", *Policy Research Working Paper*, No. 5921, World Bank Group, Washington, DC.

Hanushek, E. (2015), "Why standard measures of human capital are misleading", *KDI Journal of Economic Policy*, Vol. 37/2, Korea Development Institute, Sejong, pp. 22-39.

Heckman, J. (2000), "Policies to foster human capital", *Educational Studies*, Issue 3, National Research University Higher School of Economics, Moscow, pp. 73-137.

Heckman, J., J. Stixrud and S. Urzúa (2006), "The effects of cognitive and noncognitive abilities on labor market outcomes and social behavior", *Journal of Labor Economics*, No. 24, Elsevier, Amsterdam, pp. 411-482.

Herani-Limarino, W. and P.M. Villarroel (2015), "Capitación Laboral y Empleabilidad, Evidencia de Mi Primer Empleo Digno" ["Job training and employability: Evidence from *Mi Primer Empleo Digno*], *Fundación ARU, Working Paper Series*, March, www.aru.org.bo/REPEC/pdf/capacitacion laboral y empleabilidad.pdf.

Ibarrarán, P. et al. (2014), "Life skills, employability and training for disadvantaged youth: Evidence from a randomized evaluation design", *IZA Journal of Labour & Development*, Vol. 3/10, Springer, http://dx.doi.org/10.1186/2193-9020-3-10.

Ibarrarán, P. and D. Rosas (2009), "Evaluating the impact of job training programmes in Latin America: Evidence from IDB funded operations", *Journal of Development Effectiveness*, Vol. 1/2, International Initiative for Impact Evaluation (3ie), New Delhi, London, Washington, pp. 195-216.

Ibarrarán, P. and D. Rosas (2007), *Impact Evaluation of a Labour Training Programme in Panama*, Inter-American Development Bank, Washington, DC.

Ibarrarán, P. et al. (2015), "Experimental evidence on the long-term impacts of a youth training programme", *Working Paper Series*, No. IDB-WP-657, Inter-American Development Bank, Washington, DC.

IDB (2015), *Jobs for Growth*, Inter-American Development Bank, Washington, DC.

IDB (2011), PROEMPLEO: *Turning Challenges into Jobs in Honduras*, Inter-American Development Bank, Washington, DC, www.iadb.org/en/news/webstories/2011-12-20/proempleo-changes-challenges-to-jobs-in-honduras,9763.html, (accessed 25 July 2016).

ILO (2016), *Soluciones eficaces: Políticas activas de mercado de trabajo en América Latina y el Caribe* [*Effective Solutions: Active Labour Market Policies in Latin America and the Caribbean*], International Labour Organization, Geneva.

ILO/CINTERFOR (forthcoming), *Vocational and Training Insitutions Survey*, Organización International del Trabajo/International Labour Organization and Centro Interamericano para el Desarrollo del Conocimiento en la Formación Profesional Montevideo.

ILO/CINTERFOR (2016a), *Programa Jóvenes con Futuro* [Youth with a Future Programme], Organización International del Trabajo/International Labour Organization, Centro Interamericano para el Desarrollo del Conocimiento en la Formación Profesional and Ministry of Labor, Employment and Social Security, Argentina, www.oitcinterfor.org/experiencia/programa-j%C3%B3venes-futuro-mteyss-argentina (accessed 27 July 2016).

ILO/CINTERFOR (2016b), *Programa Jóvenes con Más y Mejor Trabajo* [More and Better Jobs for Youth Programme], Organización International del Trabajo/International Labour Organization, Centro Interamericano para el Desarrollo del Conocimiento en la Formación Profesional and Ministry of Labour, Employment and Social Security, Argentina, www.oitcinterfor.org/experiencia/programa-j%C3%B3venes-m%C3%A1s-mejor-trabajo-mteyss-argentina (accessed 27 July 2016).

ILO/CINTERFOR (2016c), *Jóvenes en Acción* [Youth in Action], SENA (National Training Service, Colombia), Organización Internacional del Trabajo/International Labour Organization, Centro Interamericano para el Desarrollo del Conocimiento en la Formación Profesional, Colombia, www.oitcinterfor.org/en/experiencia/j%C3%B3venes-acci%C3%B3n-youth-action-sena-colombia (accessed 21 July 2016).

ILO/CINTERFOR (2016d), *Programa de Formación Inicial: Modalidad Empresa-centro*, [Initial Training Programme : Company – Center Modality], INSAFORP (Salvador Institute of Vocational Training), Organización Internacional del Trabajo/International Labour Organization and Centro Interamericano para el Desarrollo del Conocimiento en la Formación Profesional, El Salvador, www.oitcinterfor.org/experiencia/programa-formaci%C3%B3n-inicial-modalidad-empresa-centro-insaforp-salvador (accessed 18 July 2016).

ILO/CINTERFOR (2016e), *Bécate - Programa Becas para la Capacitación para el Trabajo*, [Grants for Job-Training Programme], STPS (Secretariat of Labour and Social Provision, Mexico), Organización Internacional del Trabajo/International Labour Organization and Centro Interamericano para el Desarrollo del Conocimiento en la Formación Profesional, México, www.oitcinterfor.org/experiencia/b%C3%A9cate-programa-becas-capacitaci%C3%B3n-trabajo-stps-m%C3%A9xico (accessed 19 July 2016).

ILO/CINTERFOR (2016f), *Projoven. Ministerio de Trabajo y Promoción del Empleo - Perú* [Pro-Youth, Ministry of Labor and Employment of Peru], Organización Internacional del Trabajo/International Labour Organization and Centro Interamericano para el Desarrollo del Conocimiento en la Formación Profesional, www.oitcinterfor.org/experiencia/projoven-ministerio-trabajo-promoci%C3%B3n-del-empleo-per%C3%BA (accessed 21 July 2016).

ILO/CINTERFOR (2007), *Chile Joven: Una Experiencia Pionera Revisada* [Young Chile : A Groundbreaking Experience Revised], www.oitcinterfor.org/sites/default/files/file_articulo/bol139g.pdf (accessed 22 July 2016).

INADEH (2015), Instituto Nacional de Formación Profesional y Capacitación para el Desarrollo Humano, Panama, http://panamatramita.gob.pa/institucion/instituto-nacional-de-formaci%C3%B3n-profesional-y-capacitaci%C3%B3n-para-el-desarrollo-humano (accessed 14 July 2016).

INEFORP (2015), *Projoven, Programa de Capacitación Laboral para Jóvenes*, [Pro-Youth, Youth Training Programme], Instituto Nacional de Empleo y Formación Profesional, Uruguay, www.inefop.org.uy/uc_28_1.html (accessed 17 July 2016).

INET (2016), Instituto Nacional de Educación Tecnológica [National Institute of Technological Education], Argentina, www.inet.edu.ar (accessed 20 June 2016).

INSAFORP (2015), "Programas de Formación Profesional para Jóvenes" ["Youth vocational training programmes"], El Salvador, www.insaforp.org.sv/index.php/programas-de-formacion-profesional/formacion-para-jovenes (accessed 15 July 2016).

Jensen, R. (2010), "The (perceived) returns to education and the demand for schooling", *The Quarterly Journal of Economics*, Vol. 125/2, Oxford University Press, pp. 515-548.

Kis, V., K. Hoeckel and P. Santiago (2012), *OECD Reviews of Vocational Education and Training: A Learning for Jobs Review of Mexico 2009*, OECD Publishing, Paris, http://dx.doi.org/10.1787/9789264168688-en.

Kluve, J. (2016), "A review of the effectiveness of active labour market programmes with a focus on Latin America", *ILO Research Department Working Paper*, No. 9, International Labour Organization, Geneva.

Kluve, J. et al. (forthcoming), *Interventions to Improve the Labour Market Outcomes of Youth: A Systematic Review of Training, Entrepreneurship Promotion, Employment Services and Subsidized Employment Interventions*, The Campbell Collaboration, Oslo.

Kluve, J. et al. (2014), *Interventions to Improve Labour Market Outcomes of Youth: A Systematic Review of Training, Entrepreneurship Promotion, Employment Services, Mentoring, and Subsidized Employment Interventions*, The Campbell Collaboration, Oslo, www.campbellcollaboration.org/lib/project/306.

Kugler, A. et al. (2015), "Long-term direct and spillover effects of job training: Experimental evidence from Colombia", *Working Paper*, No. 21607, National Bureau of Economic Research, Cambridge, US, www.nber.org/papers/w21607.pdf.

Lyche, C. (2010), "Taking on the completion challenge: A literature review on policies to prevent dropout and early school leaving", *OECD Education Working Papers*, No. 53, OECD Publishing, Paris, http://dx.doi.org/10.1787/5km4m2t59cmr-en.

Manpower Group (2015), *Talent Shortage Survey Research Results*, ManpowerGroup, Milwaukee, US.

McCarthy and Musset (2016), "A Skills Beyond School Review of Peru", *OECD Reviews of Vocational Education and Training*, OECD Publishing, Paris, http://dx.doi.org/10.1787/9789264265400-en.

Ministry of Education, Argentina (2013), *La Educación de Argentina en Cifras* (database), Dirección Nacional de Información y Evaluación de la Calidad Educativa (DINIECE), http://diniece.me.gov.ar (accessed 17 June 2016).

Ministry of Education, Chile (2014), *Publicaciones Estadísticas* (database), Unidad de Estadísticas, Centro de Estudios, División de Planificación y Presupuesto, http://centroestudios.mineduc.cl/tp_modulos/tpm_seccion/contVentana.php?cc=2196, (accessed 16 June 2016).

Ministry of Finance, Argentina (2014), Ministry of Housing and Public Finance, www.economia.gob.ar (accessed 18 July 2016).

Ministry of Labour, Argentina (2016), Youth programme, www.trabajo.gov.ar/jovenes (accessed 12 July 2016).

Ministry of Labour, Bolivia (2016), Ministry of Labour, http://empleo.gob.bo (accessed 19 July 2016).

Ministry of Social Development, Guatemala (2016a), Social programmes, http://mides.gob.gt/programas/blue/beca.html (accessed 21 July 2016).

Ministry of Social Development, Guatemala (2016b), Ministry of Social Development, http://mides.gob.gt/programas/blue/jovenes.html (accessed 21 July 2016).

Ministry of Social Development, Guatemala (2016c), *Jóvenes Protagonistas inicia talleres 2016*, http://mides.gob.gt/jovenes-protagonistas-inicia-talleres-2016 (accessed 21 July 2016).

Minowa, M. and Q. Wodon (1999), *Training for the Urban Unemployed: A Reevaluation of Mexico's Probecat*, World Bank, Washington, DC.

Musset, P. (2013), "A Skills Beyond School Commentary on Romania", *OECD Reviews of Vocational Education and Training*, OECD Publishing, Paris, www.oecd.org/education/vet.

Naranjo Silva, A. (2002), *Capacitación y formación profesional para Jóvenes en Uruguay: Los programmeas Opción Joven y ProJoven a través de sus experiencias de evaluación* [Vocational Training for Youth in Uruguay: Assessment Experience from the Opción Joven and ProJoven Programmes], International Labour Organization, Geneva.

Ñopo, H. and J. Saavedra (2002), "Evaluación del impacto de mediano plazo de Projoven: Resultados de las mediciones realizadas a los seis, doce y dieciocho meses de culminado el programa" ["Medium -term impact assessment of Projoven: Measurements at six, twelve and eighteen months of programme culmination"], GRADE report, GRADE, Lima, Peru.

OECD (2016a), *Education in Colombia*, OECD Publishing, Paris, http://dx.doi.org/10.1787/9789264250604-en.

OECD (2016b), *A Skills Beyond School Review of Peru*, OECD Reviews of Vocational Education and Training, OECD Publishing, Paris, http://dx.doi.org/10.1787/9789264265400-en.

OECD (2016c), *Skills in Ibero-America Insights from PISA 2012*, OECD Publishing, Paris, www.oecd.org/latin-america/Skills-IberoAmerica.pdf.

OECD (2016d), *Skills Matter: Further Results from the Survey of Adult Skills*, OECD Publishing, Paris, http://dx.doi.org/10.1787/9789264258051-en.

OECD (2016e), *PISA Products* (database), www.oecd.org/pisa/pisaproducts (accessed 1 June 2016).

OECD (2016f), *Survey of Adult Skills (PIAAC)* (database), www.oecd.org/skills/piaac (accessed 1 June 2016).

OECD (2016g), *Education at a Glance 2016: OECD Indicators*, OECD Publishing, Paris, http://dx.doi.org/10.1787/eag-2016-en.

OECD (2015a), *Education at a Glance 2015: OECD Indicators*, OECD Publishing, Paris, http://dx.doi.org/10.1787/eag-2015-en.

OECD (2015b), *Strengthening the Employability of Youth during the Transition to a Green Economy, Investing in Youth: Tunisia*, OECD Publishing, Paris, http://dx.doi.org/10.1787/9789264226470-en.

OECD (2015c), *OECD Employment Outlook 2015*, OECD Publishing, Paris, http://dx.doi.org/10.1787/empl_outlook-2015-en.

OECD (2015d), *Skills for Social Progress: The Power of Social and Emotional Skills*, OECD Publishing, Paris, http://dx.doi.org/10.1787/9789264226159-en.

OECD (2014a), *Education at a Glance 2014: OECD Indicators*, OECD Publishing, Paris, http://dx.doi.org/10.1787/eag-2014-en.

OECD (2014b), *PISA 2012 Results: What Students Know and Can Do (Volume I, Revised edition, February 2014): Student Performance in Mathematics, Reading and Science*, OECD Publishing, Paris, http://dx.doi.org/10.1787/9789264208780-en.

OECD (2014c), "Skills Beyond School: Synthesis Report", *OECD Reviews of Vocational Education and Training*, OECD Publishing, Paris, http://dx.doi.org/10.1787/9789264214682-en.

OECD (2014d), *Investing in Youth: Brazil*, OECD Publishing, Paris, http://dx.doi.org/10.1787/9789264208988-en.

OECD (2013), *OECD Economic Surveys: South Africa 2013*, OECD Publishing, Paris, http://dx.doi.org/10.1787/eco_surveys-zaf-2013-en.

OECD (2012), *Better Skills, Better Jobs, Better Lives: A Strategic Approach to Skills Policies*, OECD Publishing, Paris, http://dx.doi.org/10.1787/9789264177338-en.

OECD/CAF/ECLAC (2014), *Latin American Economic Outlook 2015: Education, Skills and Innovation for Development*, OECD Publishing, Paris, http://dx.doi.org/10.1787/leo-2015-en.

OECD/IBRD/WB (2012), *Reviews of National Policies for Education: Tertiary Education in Colombia 2012*, OECD, International Bank for Reconstruction and Development and World Bank, OECD Publishing, Paris, http://dx.doi.org/10.1787/9789264180697-en.

Organización Internacional del Trabajo, Centro Interamericano para el Desarrollo del Conocimiento en la Formación Profesional (Cinterfor), www.inet.edu.ar (accessed 20 June 2016).

Pierre, G. et al. (2014), *STEP Skills Measurement Surveys, Innovative Tools for Assessing Skills*, The World Bank, Washington, DC, http://documents.worldbank.org/curated/en/516741468178736065/pdf/897290NWP0P132085290B00PUBLIC001421.pdf

Portal Brasil (2012), Brazil Ministry of Justice, www.brasil.gov.br/cidadania-e-justica/2012 (accessed 1 June 2016).

Puentes, E. and S. Urzúa (2010), "La Evidencia del impacto de los programmeas de capacitación en el desempeño en el mercado laboral" ["Evidence of the impact of training programmes in labour market performance], *Technical Note*, No. 268, Inter-American Development Bank, Washington, DC.

Puerto, O. (2007), *Labor Market Impact on Youth: A Meta-analysis of the Youth Employment Inventory*, World Bank, Washington, DC.

Quintini, G. and T. Manfredi (2009), "Going separate ways? School-to-work transitions in the United States and Europe", *OECD Social, Employment and Migration Working Papers*, No. 90, OECD Publishing, Paris, http://dx.doi.org/10.1787/221717700447.

Robalino, D. et al. (2013), "Youth employment: A human development agenda for the next decade", *Social Protection and Labour Discussion Paper*, No. 1308, World Bank Group, Washington, DC.

Rosas, D. (2006), "Impact Evaluation of PROJoven Youth Labor Training Program in Peru", Office of Evaluation and Oversight, Inter-American Development Bank, Washington, DC.

UNESCO (2016), *Education*, (database), UNESCO Institute of Statistics, Montreal, http://data.uis.unesco.org/Index.aspx?DataSetCode=EDULIT_DS (accessed 15 June 2016).

第四章 拉丁美洲和加勒比地区的教育、技能和青年问题

UNESCO (2015), *World TVET Database Mexico*, UNESCO-UNEVOC International Centre for Technical and Vocational Education and Training (database), www.unevoc.unesco.org/wtdb/worldtvetdatabase_mex_en.pdf (accessed 8 June 2016).

UNESCO (2014), *TVETipedia Glossary*, 2014, UNESCO-UNEVOC International Centre for Technical and Vocational Education and Training, www.unevoc.unesco.org/go.php?q=TVETipedia+Glossary+A-Z&article=What%2Bis%2BTVET (accessed 1 June 2016).

UNESCO (2013a), *Status Report on the Education Management Information Systems (EMIS) of Technical and Vocational Education and Training (TVET) in 12 Countries in Latin America and the Caribbean*, OREALC/United Nations Educational, Scientific and Cultural Organization, Santiago.

UNESCO (2013b), *World TVET Database Paraguay*, UNESCO-UNEVOC International Centre for Technical and Vocational Education and Training (database), www.unevoc.unesco.org/wtdb/worldtvetdatabase_pry_en.pdf (accessed 1 June 2016).

UNESCO (2013c), *World TVET Database Colombia*, UNESCO-UNEVOC International Centre for Technical and Vocational Education and Training (database), www.unevoc.unesco.org/wtdb/worldtvetdatabase_col_en.pdf, (accessed 8 June 2016).

UNESCO (2010), "Gender Issues and TVET", *TVETipedia*, UNESCO-UNEVOC International Centre for Technical and Vocational Education and Training, www.unevoc.unesco.org/tvetipedia.0.html?&tx_drwiki_pi1%5Bkeyword%5D=Gender%20issues%20and%20TVET (accessed 1 June 2016).

Van Gameren, E. (2010), *Evaluación de Impacto del Programa de Apoyo al Empleo*, [Impact Evaluation of the Employment Support Programme], Centro de Estudios Económicos el Colegio de México, www.stps.gob.mx/bp/secciones/evaluaciones_externas/internas/evaluaciones4/igPAE.pdf.

Vezza E. (2014), "Policy scan and meta-analysis: Youth and employment policies in Latin America", *CEDLAS Working Paper Series*, No. 156, Universidad Nacional de La Plata, La Plata.

Werner, L. et al. (2015), "Capacitación Laboral y Empleabilidad Evidencia de Mi Primer Empleo Digno" [Job Training and Employability Evidence from *Mi Primer Empleo Digno* Programme], *Working Paper Series*, Fundación Aru Publishing, www.aru.org.bo/REPEC/pdf/capacitacion_laboral_y_empleabilidad.pdf.

Wodon, Q. and M. Minowa (1999), "Training for the urban unemployed: A reevaluation of Mexico's PROBECAT, Government Programmes and Poverty in Mexico", *Report*, No. 19214-ME, Vol. II, World Bank, Washington DC.

World Bank (2016), *The STEP Skills Measurement Program*, World Bank, Washington, DC, http://microdata.worldbank.org/index.php/catalog/step/about (accessed 11 August 2016).

World Bank (2015), *World Bank Social Protection & Labor* (database), World Bank, Washington, DC, www.worldbank.org/en/topic/socialprotectionlabor (accessed 15 July 2016).

World Bank (2014), *A More Promising Future for Poor Youth in the Dominican Republic*, World Bank, Washington, DC, www.worldbank.org/en/results/2014/04/08/more-promising-future-poor-youth-dominican-republic (accessed 26 July 2016).

World Bank (2013a), *STEP Survey Weighting Procedures Summary, Bolivia*, World Bank, Washington, DC, http://microdata.worldbank.org/index.php/catalog/2011/related_materials, (accessed 12 August 2016).

World Bank (2013b), *STEP Survey Weighting Procedures Summary, Colombia*, World Bank, Washington, DC, http://microdata.worldbank.org/index.php/catalog/2012, (accessed 12 August 2016).

World Bank (2012), *Youth Employment Programmes: An Evaluation of World Bank and International Finance Corporation Support*, World Bank Group, Washington, DC, https://openknowledge.worldbank.org/handle/10986/12225.

World Bank (2011), *Strengthening Skills and Employability in Peru, Final Report*, https://openknowledge.worldbank.org/bitstream/handle/10986/12533/616990ESW0whit0ficial0Use0Only00090.pdf?sequence=1&isAllowed=y.

World Bank and GIZ (2015), *Linking Social Assistance and Productive Inclusion*, World Bank, Washington, DC.

Youth Employment Inventory (2016), Inventory website, www.youth-employment-inventory.org/inventory/browse/entrepreneurship/14 (accessed 12 July 2016).

第五章
拉美地区的青年创业

青年创业可以成为提高个人就业能力、社会流动性以及引导生产转型的途径。尽管在创业方面态度相似，但比起 OECD 国家，拉美的青年创业者往往受教育程度更低，在社会上处于弱势。由于资源、技能和经验更少，他们开办企业时在获得资金和经营技能、整合商业网络、开拓新市场以及克服法律障碍等方面都面临着更大的阻碍。这些领域的公共政策已经在一定程度上改善了创业前景。评估方案显示青年创业项目已经有效地提高了劳动力市场的产出。加强这些项目中最有效率的元素，如商业培训、辅导和指导，能够极大地改善未来项目的效益。

导　言

创业和企业创造——一个国家生产结构的重要驱动力——也能提高就业和社会流动性。一方面，创业活动关系到技术进步、创新、采用更好的生产流程、开发新市场以及提高生产和管理的效率。一个国家的生产结构，乃至生产力，很大程度上取决于创业与生产转型的关键目标之间的对接能力。另一方面，鼓励创业是提高就业能力和把握机遇的优先政策。它可以挖掘包括青年在内的特定群体的潜力，成为社会流动的驱动力。

创业对于改善青年人的就业和生活条件尤为重要。拉丁美洲 15~29 岁年龄的人口有 1.63 亿，其中只有一半被雇用，因而国家面临着为这个年龄段群体创造工作机会的挑战，尤其是在正规部门。拉美青年失业率仍然是全球总体水平的 2 倍，是该地区成年失业率的 3 倍。而且，在青年人临时就业倾向性更高的前提下，经济衰退更容易影响到他们。

通过创业，年轻人可以提高融入劳动力市场的能力，从中期来看，还能带来其他的正外部性。即使青年不具备创业的经验或金融资源，从事这些活动仍有助于获得新的技能，提高他们的福利水平（Blanchflower and Oswald，1998；Bandeira et al.，2013）。青年人创业还可以抵消失业的不利影响，即在今后的生活中工资降低或者失业的可能性会增大（OECD/EC，2012）。除了创造就业机会和增强创新之外，拉美地区的青年创业者还可以成为同龄人的榜样，为贫困社区或者遭受社会排斥的群体指明方向。

本章有三重目的。首先，旨在比较拉美青年创业者与 OECD 经济体的同行之间的主要特征。除了考察教育、职业和性别特征之外，本章还比较了勉强维持型和高成长型创业者的特征。其次，描述了青年从事创业活动时所面临的主要障碍，以及为解决这些问题已经实施的政策，并与 OECD 的经验进行对比。最后，探讨了拉美青年创业项目的评估及其对未来创业项目的设计与实施的启示。此外，本章总结了政策建议，使大多数公共政策朝这个方向发展。

拉美和 OECD 的青年创业者概况

青年人创业是改善拉美地区物质条件和青年人机遇的重要政策工具。就像发展一套正确的技能可以为个人的工作前景和社会流动带来长远利益，青年人创业可以帮助构建人力资本，增强创新以及创造工作岗位（OECD，2016）。政策制定者已经通过支持青年创业项目来挖掘年轻人的创业潜力（Green，2013）。的确，在拉丁美洲 15~29 岁的青年人中，大约有 1/5 计划在未来 12 个月内开始创业（Gallup，2016）。

拉丁美洲的青年创业与该地区的商业结构有着本质上的联系。在拉丁美洲，中小企业占企业总数的 90% 以上，吸收了 80% 以上的就业。不过，大型公司仍然贡献了该地区 GDP 的 70% 左右。这种就业分布和生产力之间的不对称——大多数的工人集中在不太活跃的企业中——介入在该地区创业项目结构中有所反映。这种"结构异质性"也体现了企业和创业者之间在技能、采用技术发展以及进入国际网络等关键领域上的持久差距（OECD/ECLAC, 2012）。

拉丁美洲的创业极其多样化，其特征由勉强维持型和高成长型创业共同决定（见专栏5.1对创业的定义）。拉美国家就业的困难——本报告第一部分已经分析过——成为企业初创、生存和成长的障碍。不仅如此，创业活动与非正规的微型创业相关；拉美地区还没有解决鼓励发展生产型创业的障碍。这种趋势也出现在青年创业中，因为他们也面临着与成年创业者类似的障碍。拉美以创业之洲而闻名，非正规部门规模大，勉强维持型创业占大多数，企业的转换率高，构成了一幅复杂的景象。不过，勉强维持型创业作为一种工具，很大程度上可以帮助下层中产阶级和贫困家庭应付非正规工作、中端和低端行业中的稀缺工作以及公共部门的法规和税收（IDB/WB, 2014）。

专栏5.1 创业是什么

虽然对创业在提高效率和加强市场竞争中起到的显著作用已经形成共识，但是有关创业活动的定义还不太明确。文献中存在三种主要概念。第一种认为创业是通过技术扩散、创新或市场协调来促进市场创造。在这种情况下，创业是经济增长、就业创造和竞争力的催化剂。第二种关注的是风险承担这一创业的基本特征。第三种强调个人的劳动决定，即认为创业者管理自己的业务，重点放在对独立创业者的定义上（Hebert and Link, 1989）。这个领域的一大挑战就是做出一种创业定义，以便尽可能地接近这三个概念。

在本报告中，所有自我雇用者被认为是两种不同类型的创业者（企业主）中的一种：个体户（没有雇员的自雇者）和私营业主（有其他雇员的自雇者）。本报告中使用的家庭调查列举了（至少）五种类型的经济活动人口：i）私营业主（至少有一名雇员的自雇者）；ii）无雇员的个体户；iii）雇员；iv）失业者（积极寻找工作，但是还没有找到）；v）无报酬的家庭工作者。为了与上述定义和最近的创业研究成果保持一致（Praag and Versloot, 2007; Praag and Stel, 2011; Gasparini, Gluzmann and Jaume, 2012），创业者被定义为前两种人（私营业主和个体户）。

"勉强维持型"创业者（与"机遇型"、"高成长型"或者"转型"创业者相对应），是指那些从事创业活动，但是偏好领薪的工作而未持有企业所有权（Schoar, 2010）。在这个框架中，"勉强维持型"创业包括一系列的个体户，也包括小型的家族企业结构。并非所有的个体户都是"勉强维持型"创业者，因为自雇者还包括半熟练工种（如木匠、水管工）或为一家大公司担任顾问的个人。另外，OECD将高成长型企业定义为拥有10名以上员工、近三年内销售额增长率或员工平均增长率超过20%的企业。这个定义在拉美的一些国家可能会有所不同。

第五章 拉美地区的青年创业

> 本章中列出了从全球创业观察（GEM）得到的数据，覆盖了个人正在计划开始创业或者已经开办了企业，或者存在任何类型的自我雇用行为。这些信息与劳动力调查或者家庭调查中的自雇者信息不同，因为他们中包括合资公司的自营业主和将开办企业作为副业的个人（见附录5－A1.2）。

与OECD经济体相比，拉美大量的青年创业者是个体户（见图5－1）。如果说拉美和OECD在雇员和有雇员的私营业主的比重方面非常接近的话，那么拉美的劳动者比OECD的劳动者更容易成为勉强维持型创业者（拉美和OECD的个体户的比例分别为16%和6%）。不会让人感到惊讶的是，企业的所有权会随着年龄的增长而增加（见附录5－A1.1），所有国家中的青年创业者的比重要低于成年创业者的比重。个体户拥有的企业往往规模更小，雇用更少的工人，生产率也更低（CAF，2013；OECD，2016b）。

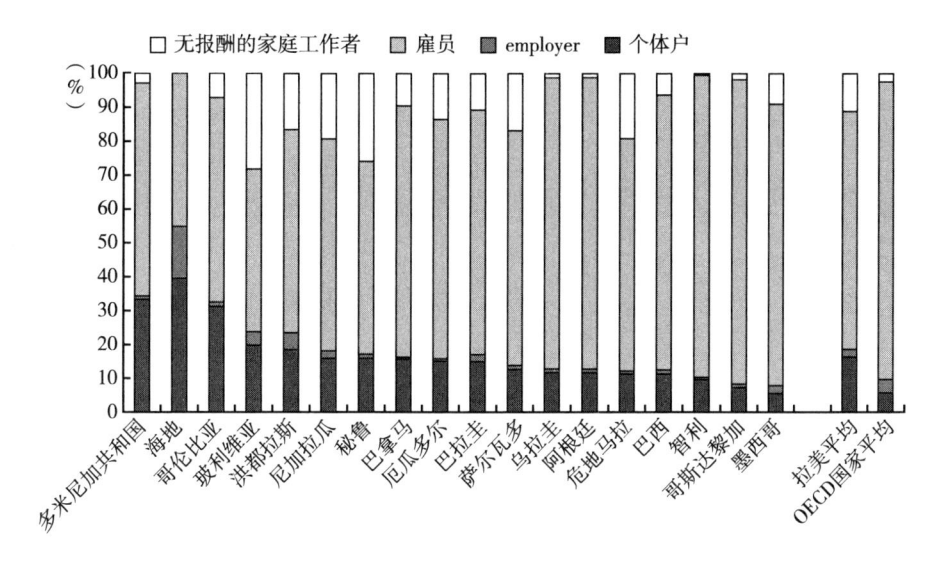

图5－1 拉美和OECD国家按照职业分类的就业人口分布（15~29岁）

资料来源：OECD与世界银行的SEDLAC表（CEDLAS and World Bank）。

来自社会经济底层的青年创业者往往比那些家境优越的同行面临更大的障碍。总体而言，来自低收入和中等收入家庭的拉美青年创业者拥有比家境

225

优越的同行更少的资源、技能和网络，后者往往在早期阶段从家庭和学校获得了更多的商业经验。与其他地区的中等收入家庭出身的创业者相比，拉美创业者被认为缺少创业榜样（IDB/WB，2014）。因此，他们所依赖的支持网络中的创业活动往往并不合格。拉美青年创业者平均受教育程度低于OECD的同行。根据年龄组对企业家教育背景进行的比较，拉美地区青年创业者的受教育程度往往比成年创业者要高。拉美创业者普遍已接受中学教育，与OECD水平旗鼓相当。然而，在高等教育上的差距十分明显，拉美地区青年创业者只有13%接受过某种形式的高等教育，这一比重在OECD是33%（见图5-2）[①]。此外，青年创业者的分布与社会经济背景相联系（见图5-2，面板C），个体户处于极度贫困状态中的比重是处于中产阶级状态中的两倍。拉美创业者的差异性关系到许多要素复杂的交互作用，这些要素包括家庭背景、寻求独立性、教育、经济生存的需要以及冒险。

拉美地区女性创业者的情况也很复杂。拉美地区的女性创业率远高于OECD国家平均水平，意味着该地区的女性将创业视为经济自立的一个潜在的、可行的途径。女性创业的可能性比男性要低，但她们的创业更多出于必要性。女性创业者更多是作为个体户而不是雇主，而且她们受教育程度更低。比起OECD经济体中有超过10%的女性创业者，智利（29%）、墨西哥（25%）、哥伦比亚（45%）和秘鲁（城市中39%）的比例显然更高（OECD，2016c）。拉美的女性开始创业时经历的困难，无论是自我感觉的还是真实存在的，都比OECD的同行要多；然而，拉美地区存在的性别差距，使得男性更容易跨越创业的关键领域，如获得信贷、业务培训或认识到创业的困难（OECD 2016c；Kelley et al.，2014）。高度的自信也是主要因素：该地区一半的女性相信她们有创业能力。总之，75%的女性创业者（早期阶段）从事消费、文化和社会领域的工作，而在采掘、商业和转型行业工作的女性较少。

创业并没有充分发挥拉美地区妇女经济自立和赋权方面的潜力，尤其是对于青年女性来说。在全球和拉美地区范围内，25~29岁的青年女性比其他年

[①] 全球创业观察（GEM）数据库通常用于分析创业趋势，详情见附录5-A2。

第五章 拉美地区的青年创业

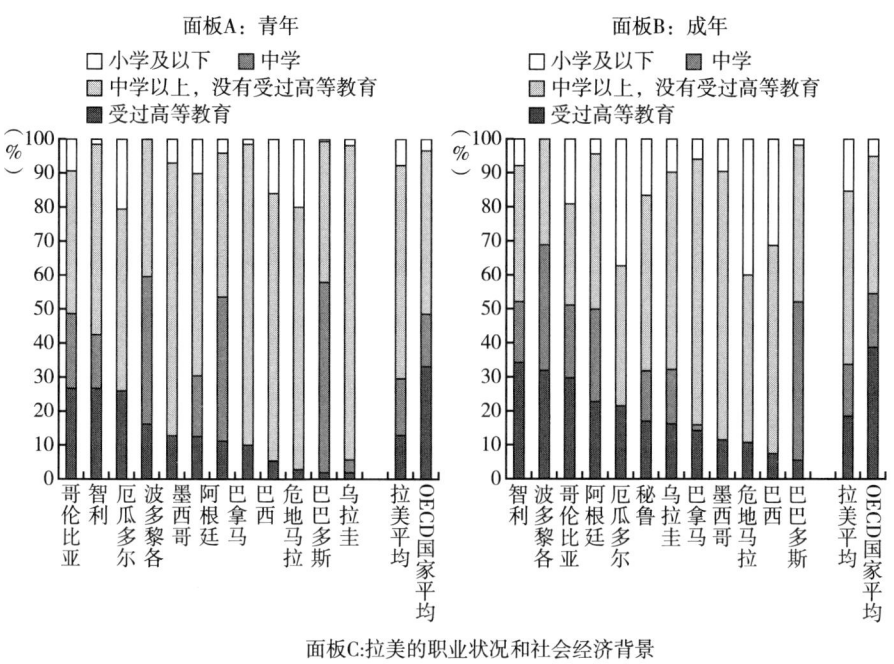

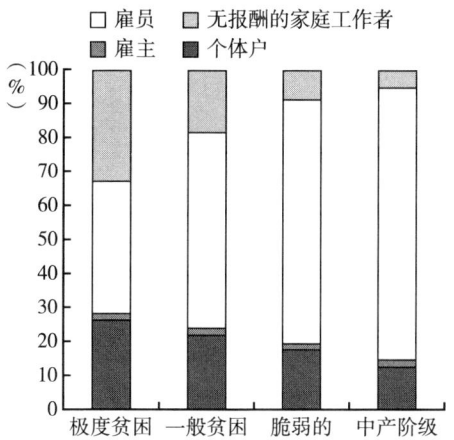

图 5-2 按照教育和社会经济背景分类的创业者分布

注：中学包括初中和高中水平。高等教育包括大专和大学。这里对样本的总体创业活动（Total Entrepreneurial Activity，TEA）中的青年和成年教育水平进行评估。

资料来源：OECD/ECLAC/CAF 根据全球创业观察的个人信息（面板 A 和 B）与 OECD 和 WB 的 SEDLAC 表（面板 C）绘制。

龄层次的女性可能更多地选择创业。该地区教育性别差距的缩小甚至逆转可能表明，通过创业，女性和男性享有类似的经济机遇。但是，不同性别的动

227

机和结果有所差异。这有助于解释女性运营的企业影响力和生存率都比较低的原因。首先，女性可能更多地集中在生产力较低的行业（如制造业、公共部门），这也反映了这些经济体中其他方面存在职业隔离的挑战，这在一定程度上与女性在学习科学、技术、工程和数学（STEM）方面人员比例较小有关。其次，女性创业往往是矫正职场歧视和正规就业其他相关障碍的途径，这些障碍关系到工作中的年轻母亲受到的歧视性对待。创业通常被视为平衡工作和照看责任的一种手段：在整个拉美地区，女性从事无报酬照料工作的时间是男性的两倍以上，无报酬工作和有报酬工作加起来的工作时间会更长。

拉美和 OECD 对待创业的态度相似

拉美和 OECD 对创业的态度相似。最近对创业型人才的研究已经发现了一些与成功创业者相关的个性特征：创造性思维、管理技能、目标导向和一定程度的冒险精神。同时，环境似乎在提高创业素质方面起着重要的作用，可能关系到理解拉美和其他地区在创业行为方面的差异（Aboal and Veneri, 2016）。不利的或较弱的环境，可以允许更多地表达个性特征，因此有利于或阻碍创业行为。然而，对拉美和工业化国家关于创新特征配置的观察并没有发现显著的差异（CAF, 2013）。也就是说，缺乏创业态度，并不能解释拉美和 OECD 国家之间在企业规模分布和生产力上的差异。相反，这一差异要归因于市场失灵和其他因素。

拉美国家和 OECD 经济体都感受到了创业活动能够提高社会地位。职业活动的社会地位与社会尊重度高相关，表明工作选择受同龄人的看法的影响。职业"创业"群体的地位往往塑造人们的职业偏好，以及他们的选择行为。在这种情况下，创业者的地位，与辛勤的工作和潜在的高收入但较低的受教育程度相联系（Van Praag, 2009）。对成功创业者能获得崇高社会地位的认知在拉丁美洲和 OECD 经济体中都存在，青年和成年之间的差异相对较小（见图 5-3）。由于大多数国家都认为创业是一种积极的职业选择，对待创业的态度无法单独解释拉美地区和 OECD 之间创业活动的区别。

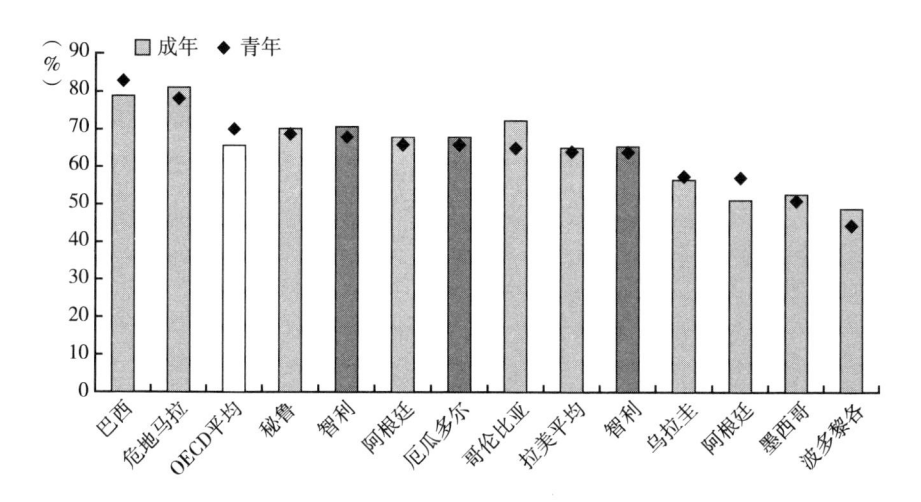

图 5-3 同意国内成功的创业者获得崇高地位这一说法的人口比例

资料来源：OECD/ECLAC/CAF 根据全球创业观察的个人信息统计，2015 年绘制。

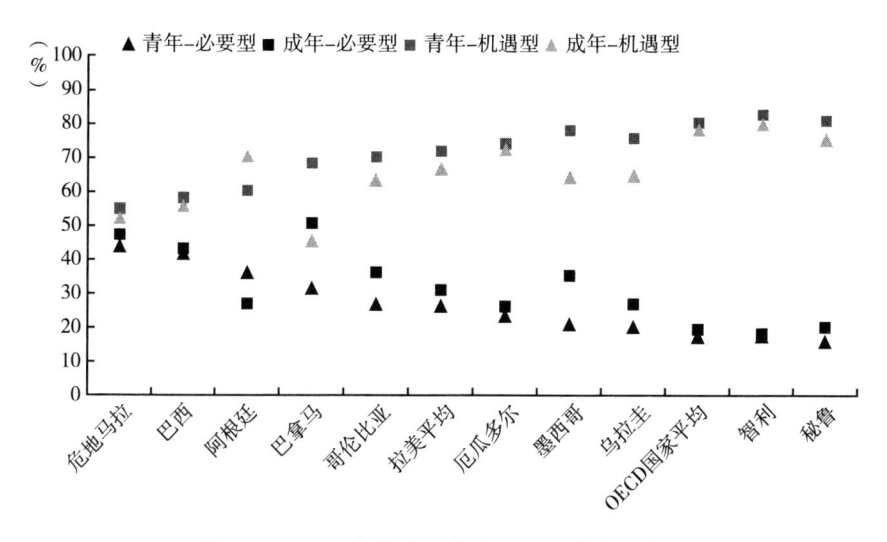

图 5-4 2015 年拉美国家和 OECD 的创业动机

资料来源：OECD/ECLAC/CAF 根据全球创业观察个人信息（2015）和 Herrington, Kelley and Singer（2016）绘制。

与此相反，拉美地区的创业活动更多的是因为缺乏其他就业替代方案，这点要高过 OECD 国家（见图 5-4）。事实上，拉美国家的创业动机与 OECD 有所区别：青年人中的必要驱动型创业（如没有更好的工作选

229

择）比重平均高于 OECD 国家（16%～26%）。各国间的差异仍然十分显著。

青年创业政策需要更好的定位

虽然拉丁美洲的创业情况十分复杂，但是有关企业和创业支持政策方面的辩论近年来越来越受到重视。拉美地区创业出现的差异性引发了如何以最佳方式去确认和定位企业获得支持政策的问题。在小企业面临障碍的前提下，它们通常被认为是政策工具的自然接受者。同时，拉美中小企业容纳了80%以上的就业，它们的生产效率往往被认为低于大企业（见图5-5，A组）。这一差距在 OECD 往往更小，拉美的小企业与大企业之间的生产率之比从 16% 到 36% 不等，而在欧洲，这一比率在 63%～75%（OECD/ECLAC, 2012）。

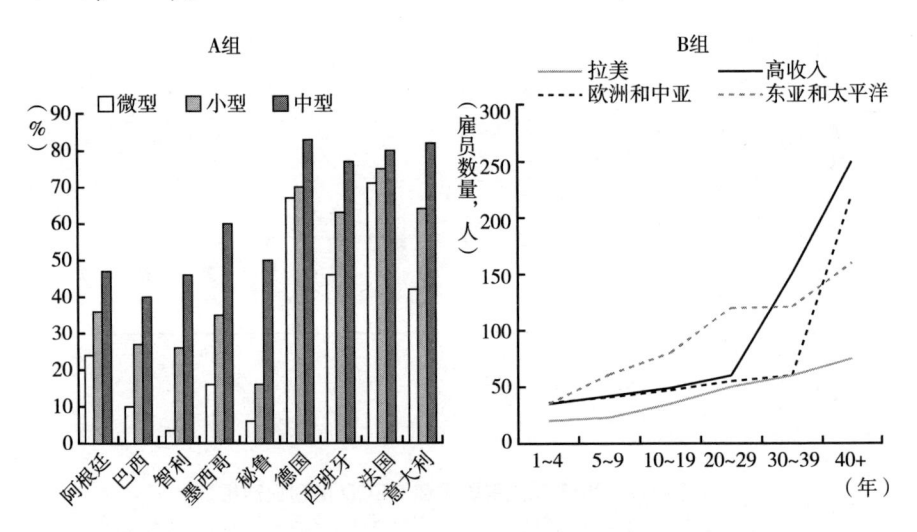

图 5-5 小型企业和中型企业的相对生产率和企业规模

资料来源：OECD/ECLAC, 2012 and Lederman et al.（2014）。

如果企业增长是一个重要的考量维度，其他政策目标——包括生产转型，支持弱势群体和包容性——也可以指导企业中不同目标人群的选择。

技术部门的几个例子说明促进创业能和生产转型目标结合在一起。对于智利国家技术和生产发展基金（Fondo Nacional de Desarrollo Tecnológico y Productivo，FONTEC）或者国家科学、技术和创新部（Secretaria Nacional de Ciencia, Tecnologia e Innovacion，SENATYC）而言，政策支持一直是促进某些产业集群的关键。政策定位也可以是促进弱势群体如青年、老年人或少数民族创业。促进青年群体创业也有助于使拉美一些国家更具包容性。在哥伦比亚，当前的和平谈判强调了促进之前的冲突参与者和受害者平稳过渡到劳动力市场的必要性。扩大就业前景和促进有效整合的创业倡议在现阶段至关重要。

除了规模和就业比例，其他方面，如企业年限，针对企业的积极政策也可以加以考虑。如果企业规模是识别企业在可操作性和盈利能力方面面临障碍的一个突出因素的话，其他因素似乎也与这些针对性的政策相关。拉丁美洲企业成长的速度比其他地区要慢（Lederman et al., 2014；见图5-5，B组）。OECD 经济体的最新证据表明，企业存在年限是解释就业增长、销售增长和生产率增长的一个重要因素（见专栏 5.2；OECD，2015b）。事实上，年轻企业（不到 5 年）在这些指标方面往往比成熟企业表现得更好（Ayyagari, Demirguc-Kunt and Maksimovic，2011）。这方面的证据表明，在考虑面向小型企业和创业者的政策工具配置时，企业年限十分重要。

一些国家已经建立了针对年轻企业，不仅是小企业的政策工具和激励措施。例如，2010 年到 2014 年间，哥伦比亚实施了第 1429 号法令来支持羽翼未丰的创业者和少于 50 名工人的小企业。该法令的优惠包括在运营期间的前两个应税年度免征所得税；优惠逐渐减少（企业注册后的第二年所得税率为 6.25%，第六年后上升到 25%）。此外，享受优惠的公司在前五个应税年度内不纳入不受推定收入系统。重要的是，享受法律优惠的企业必须充当直接雇主，这意味着他们必须雇用员工。有证据表明，这项措施减少了正式运营的固定成本，对企业正规化起到了适度的、暂时的影响（Galiani, Meléndez and Navajas，2015）。

专栏5.2　创业与创造就业：来自OECD的证据

在拉美和OECD，创业都被视为创造就业的重要来源。2008年金融危机以后，OECD国家努力创造更好的就业机会，并在这方面发挥政策的有效性。来自OECD的证据表明，年轻企业在创造就业机会方面至关重要，但对收入冲击也更敏感（Criscuolo, Gal and Menon, 2014；Calvino, Criscuolo and Menon, 2015；OECD, 2016e）。因此，企业的年限状况在分析创造就业的影响时变得至关重要。年轻企业在金融危机前后的就业增长中发挥了重要作用。这是因为创业企业的进入，以及幸存的年轻企业具有更高的增长速度。

正如许多OECD国家所报道的那样，年轻企业在2008年金融危机中所受到的冲击比老企业要大（Criscuolo, Gal and Menon, 2014）。创业企业和年轻企业在危机期间贡献的就业净增长仍然为正，确保了其在商业周期中创造就业的重要性。有趣的是，老企业贡献的工作破坏远远大于其在总就业中的比重。年轻企业对就业创造的贡献不成比例的情况普遍存在于所有经济体、部门和年份（见图5-6）。这些研究结果强调了考虑企业年限维度的重要性。尽管小企业和大企业之间的生产率差异已被强调，大多数研究还是忽略了不同规模企业年限分布的跨国间的系统差异。最近的研究也指出新企业创造就业的贡献在不同国家之间的差异；不同的元素，如新成立企业的平均规模、生存率，会相互影响。（Calvino, Criscuolo and Menon, 2015）。有趣的是，有证据表明，三年以后年轻企业存活率接近60%，差异较大。分析也表明公共政策在资源配置效率上具有重要作用。完善的产品、劳动力和资本市场，以及有效的司法制度和不会过度惩罚失败的破产法律，可以提高创新活动的回报率。年轻企业更可能利用颠

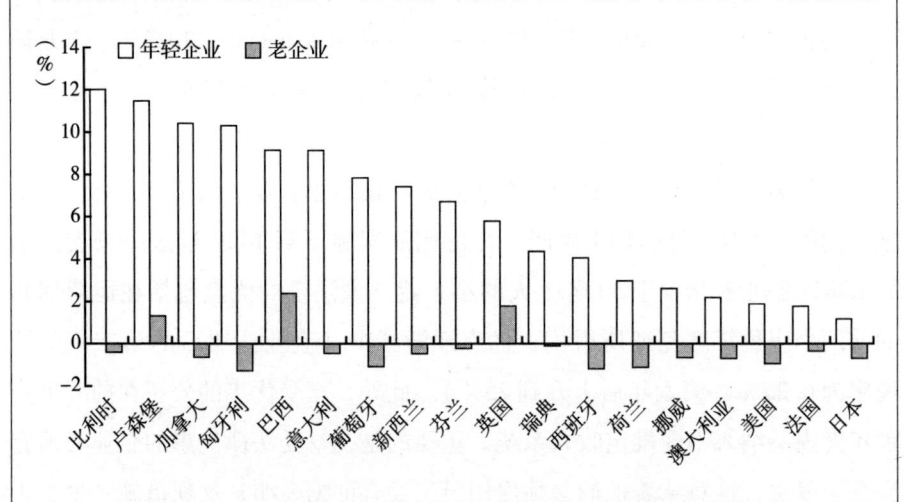

图5-6　2001~2011年幸存的年轻企业和老企业的就业净增长率

资料来源：Criscuolo, Gal and Menon (2014)。

覆性的技术和依靠外部融资来使自己的想法得以实现和完成商业化。因此，它们可能多少不一地受益于劳动力市场的改革、更发达的信贷市场以及种子和早期金融。

资料来源：Criscuolo, Gal and Menon, (2014), "The Dynamics of Employment Growth: New Evidence from 18 Countries", OECD Science, Technology and Industry Policy Papers, No. 14, OECD Publishing, Paris, http://dx.doi.org/10.1787/5jz417hj6hg6-en。

促进青年创业的公共政策

创业公共政策应对市场和政府失灵

尽管青年创业者能带来就业、收入、生产力和其他方面的效益，但他们与正规创业者和中小企业一样面临着市场失灵问题。此外，与其他地区相比，拉丁美洲的文化、社会和经济因素仍然对创业情境产生不利影响。政策干预的下列五个主要领域将有助于减少这些扭曲，特别是青年创业的范围。

金融

充足的融资是开展青年创业活动的关键制约因素之一。拉美地区的资金短缺往往是低水平金融中介引发的。该地区的中小企业只能获得总信贷的12%，而OECD国家中小企业获得25%的总信贷；拉丁美洲1/3的小企业遭遇到严重的资金约束（OECD/ECLAC, 2012）。小企业的外部资金几乎完全依赖银行贷款，更容易受到这一融资缺口的影响，长期融资更是如此。中小企业长期融资成本更高，利率比大企业更高，这并不是拉丁美洲独有的现象。

需求侧和供给侧的结构因素是企业总体上长期且越发难以获得信贷的原因。在需求侧方面，因为信贷标准、技术的和正式的贷款资格要求（包括抵押品和担保的要求）以及评估和监测的单位交易成本更高，因此中小企业往往比大型企业更难获得资金。这些要求反映了金融交易中的信息不对称。银行在几乎没有掌握公司偿付能力方面的信息时，会拒绝放贷或者要求极高的利率。至于融资成本过高甚至完全限量的信贷，其中最常见的原因是缺乏跟踪记录，会计缺乏透明度往往与披露能力弱相联系，此外还有提供贷款抵押品的资金不足。

在供给侧方面，银行业务模式的最新趋势往往会造成这些差距。银行从关系型贷款向业务多元型的转变，对信贷供给产生了不利的影响（OECD，2013b）。小企业和年轻企业由于固定发行成本高、规模有限，无法通过在资本市场中的借款进行弥补。业务多元型银行将重点放在筛选机制成本更低（和对小企业贷款费用更低）的标准化产品上。信用风险评估和信用评分模型在大多数情况下不利于中小企业，因为它们完全是基于风险运作的。

帮助中小企业和企业家应对融资约束的公共政策已经逐步出台。资金的重要性和市场的缺陷，再加上结构升级，使非标准借款人资金不足的情况继续恶化进而影响到大企业，这些都强调了公共干预在提供担保和技术援助、缩小信息差距方面的必要性。要解决这些障碍，公共政策，尤其是发展银行，应增加其在该地区中的作用。最近针对青年创业的项目，提供了信贷担保计划，以减少没有抵押的青年人的融资缺口，其产品范围也扩展到了信用卡、电子交易系统和发票方面。

在新生企业和初创企业方面，为了促进那些因为缺乏信用记录而遇到融资困难的新企业的成立，拉美地区的各国政府已经出台了针对业务发展的不同阶段（孵化、启动、增长和巩固）的举措。这些项目，如巴西微小型企业支持服务协会（SEBRAE）管理的"研究与项目融资"项目或者"企业家精神与技术方案"（Empretec）、哥伦比亚的"深入发展"（Fondo Emprender）项目、墨西哥的"国家融资"（Nacional Financiera，NAFIN）以及智利的"生产激励公司"项目（Corporación de Fomento de la Producción，CORFO），将不同的举措和参与者（孵化、种子资金、天使投资和风险资本）结合在一起，以促进长期投资（OECD，2013a，2013b）。

针对年轻企业家的举措还包括提供补助金，这是欧盟资助这类人最常用的工具。例如，芬兰就为30岁以下的青年人创业提供补助（OECD/EU，

2015)。意大利提供多达一半的启动投资作为补助金。OECD经济体中最成功的青年创业项目，如英国王子信托企业项目（United Kingdom's Prince's Trust Enterprise Programme），提供分期融资。这个项目从一个小额补助开始，然后提供一系列贷款产品，并配备导师。综合性的支持，包括导师和金融工具，似乎是其成功的关键因素。

能力建设和创业技能

在拉美地区，缺乏技能削弱了年轻工人融入劳动力市场的能力，以及把握创业机会的能力（见第四章）。此外，该地区在管理技能和业务领导力方面存在着明显的缺陷。许多中小企业由于管理无方，发展进程、技术引进和创新，以及向新的行业和市场的扩展等方面都受到限制，这绝对是提高生产力的一大障碍（OECD/ECLAC，2012）。在初创企业方面，一些OECD国家（如法国、加拿大）推出了签证新法规，为那些带来金融投资或开发创新项目的创业者提供便利。

市场准入和国际化

拉美中小企业一般都没有融入全球生产网络；大多数参与的是当地或国家的生产体系，超出国家范围的都很少。这要归咎于其产品的生产性质和服务的市场类型，以及其他因素，如管理和生产能力、质量、规模和价格。大多数的大型公司直接出口，而中小企业的出口参与度低。它们只能尝试通过伙伴关系计划、联盟、销售集群和市场运营商等途径间接地进入外国市场。拉美小企业的国际化程度低于其他地区；中小企业的直接和间接出口水平只有欧洲同行的一半，比东亚国家的还要低1/3（OECD/ECLAC，2012）。拉丁美洲青年创业者的国际联系平均水平，似乎比OECD的同行要低（见图5-7），尽管也会有一些例外（例如，哥伦比亚、巴拿马）。此外，拉美的青年和成年创业者与国际商业网络呈"断联"状态；在OECD国家，青年创业者似乎比成年人更乐于发展这些全球联系。

基于生产联系的支持项目已在拉美国家广泛铺开。其中包括发展伙伴关系项目（PROFOs）（智利）、业务发展中心（阿根廷、萨尔瓦多）、外包交易（阿根廷、巴西、哥伦比亚、墨西哥）、供给商发展项目（阿根廷、巴西、

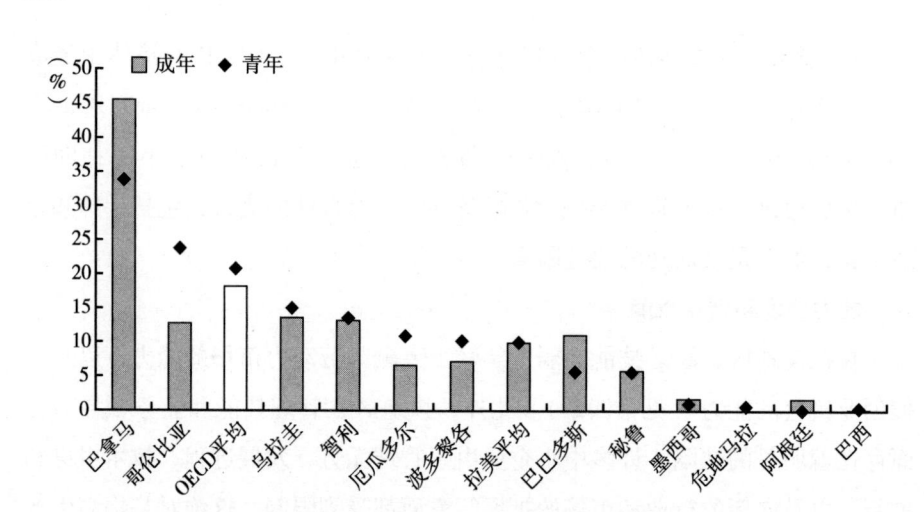

图 5-7 至少有 25% 的收入来自国际客户的企业比重

资料来源：OECD/ECLAC/CAF 根据全球创业观察个人信息，2015 年绘制。

智利、墨西哥）、横向网络项目（洪都拉斯）、产业集群和生产链（秘鲁）、产业集群（萨尔瓦多、尼加拉瓜、乌拉圭）和出口联盟（萨尔瓦多、乌拉圭）。除了以上这些项目外，该地区需要将个别成功的项目推广到适用于更广泛业务部门的国家发展战略中。

不同的举措旨在解决小公司与全球价值链之间生产联系缺失的问题。以补助金的形式发放的补贴能够提高竞争力，这已经成为拉美地区用以促进企业间生产联系的主要措施。这些措施包括商业协会项目（如智利的 PROFO 和 2013 年在太平洋联盟框架下成立的拉美创业协会 ASELA）、出口联盟项目（阿根廷、乌拉圭）以及"技术资金和机构"（阿根廷、智利）。其他措施包括：专业技术扶持，以支持伙伴关系项目的创建和启动；财政支持，通过税收优惠条件支持集群的发展；信贷，通过特殊途径整合或者发展共享资产（如污水处理厂和联合采购机械）。拉美地区解决创业障碍的努力值得大书特书。由不同的天使投资基金分别于 2013 年和 2014 年成立的太平洋天使基金（Angeles del Pacífico）和 Xcala 基金等网络，其目标定位于增进拉美地区各国之间在这一行业的相互了解（OECD，2016d）。

企业文化和商业网络

商业网络是改善小企业与全球生产网络联系的又一优先事项，对于青年创业者而言更加重要。拉美地区一直致力于为创业者提供巩固专业网络和提高经营业绩方面的意见。这些联合行动包括购买耗材来降低成本或改善与供应商的关系；雇用咨询企业获取自身无法提供的知识；联合销售产品共同实现规模经济及进入大批量市场；共享使用昂贵的、生产率高的设施和装备，这样中小型企业可以联合购买，最重要的是能够有效利用它们。该地区的一些案例包括：在墨西哥瓜纳华托的制革和陶瓷中小企业网络，在秘鲁加马拉的时尚网络，在危地马拉、洪都拉斯和尼加拉瓜的工艺网络，以及在多米尼加共和国的家具和时尚网络。其他网络案例包括供应商发展项目，大型的私营企业改善了联系供应商网络的项目，以完善生产链的特殊环节。

拉美地区的一些举措在青年企业家的商业网络中是行之有效的。例如，洪都拉斯的Fundación Banhcafé青年创业项目，将青年创业与当地商业网络联系在一起。这个项目包括在提供种子资金前邀请企业家评估商业计划。聚会和讨论有助于青年创业者在一批经验丰富的商业领袖中推广自己的点子。另一个案例是秘鲁于1990年建立的"集体全面发展"项目，指导和帮助青年创业者进入商业网络。作为"王子信托"的一部分，"青年商业国际"也一直在阿根廷、巴西、哥伦比亚和墨西哥运作，为青年创业者提供了一系列类似的机制，如师徒制、业务网络和种子资金，还包括向投资网络推介有成功潜力的项目。在中美洲，伊比利亚美洲创业与创新中心（CiEmprender）也在哥斯达黎加发展创业网络中，特别是在创新行业起到了一定的作用。

法律障碍

法律可能会对青年创业者造成重大障碍。扼杀竞争和行政负担过重的程序和政策可能联合起来阻碍创业者进入产品市场。相反，一个有竞争力的产品市场环境应该允许新企业挑战传统运营商，有效率的企业成长、低效率的企业退出才能促进经济可持续增长和生活水平的提高[1]。

---

[1] 更多的信息可见：www.oecd.org/eco/growth/indicatorsofproductmarketregulationhomepage.htm。

> **专栏 5.3　创业障碍：产品市场法律指标的比较**
>
> OECD 的产品市场法律指标（PMR）是一套综合性的、具有国际可比性的指标，用以测量在许多领域的产品市场中政策促进或抑制竞争的程度。除了国家控制的元素和贸易投资壁垒之外，创业障碍是 OECD 框架中分析产品市场法律的第三大元素（Barbiero et al. , 2015）。
>
> 世界银行和 OECD 共同编制了量化指标，用以衡量新兴市场国家的法律在何种程度上促进或抑制了产品市场的竞争。这一目标通过 PMR 指标得到实现，广泛应用于 OECD 国家，现已推广到许多非 OECD 经济体（De Serres, Egert and Wanner，即将出版）。PMR 指标测量 34 个 OECD 国家和 33 个非 OECD 国家经济范围内的法律和市场环境。除了智利和墨西哥这两个 OECD 中的拉美国家之外，PMR 指标还专为阿根廷、巴西、哥伦比亚、哥斯达黎加、多米尼加共和国、萨尔瓦多、洪都拉斯、牙买加、尼加拉瓜、秘鲁等国做了修改。此外，世界银行、美洲开发银行和 OECD 还为另外六个拉美国家（玻利维亚、厄瓜多尔、危地马拉、巴拿马、巴拉圭、委内瑞拉）开发了一套 PMR 指标，初步得出一份关于这六个国家的报告结果（见图 5-8）。
>
> 资料来源：De Serres, Egert and Wanner（2016），"How competition-friendly is regulation in emerging economies? Insights from the OECD indicator of product market regulation"。

"创业障碍"要素测量法律在多大程度上促进或抑制新企业的进入。该要素抓取的是：a）与许可制度相关的法律以及与这些法律和程序沟通的复杂性；b）开办企业的行政负担（如企业登记所需的程序和需要联系的机构的数量）；c）通过法律的进入壁垒和反垄断豁免对原有企业的法律保护（Barbiero et al. , 2015）。

拉丁美洲经济中创业面临障碍的平均水平要比其他新兴经济体和 OECD 国家平均水平更高（见图 5-8）。不过，拉美各国之间情况不一。智利、哥伦比亚和巴拿马在这个领域的法律对竞争最为友好，得分接近 OECD 经济体的平均水平。相反，玻利维亚、厄瓜多尔、洪都拉斯和委内瑞拉等国企业进入的法律壁垒尤其高。

比起 OECD，拉美经济体的变化主要反映在法律程序的复杂程度低和开办企业的行政负担较小。与其他非 OECD 国家相比，拉美地区与创业相关的法律程序特别严格和复杂。最重要的是，拉丁美洲限制最少与限制最严格的

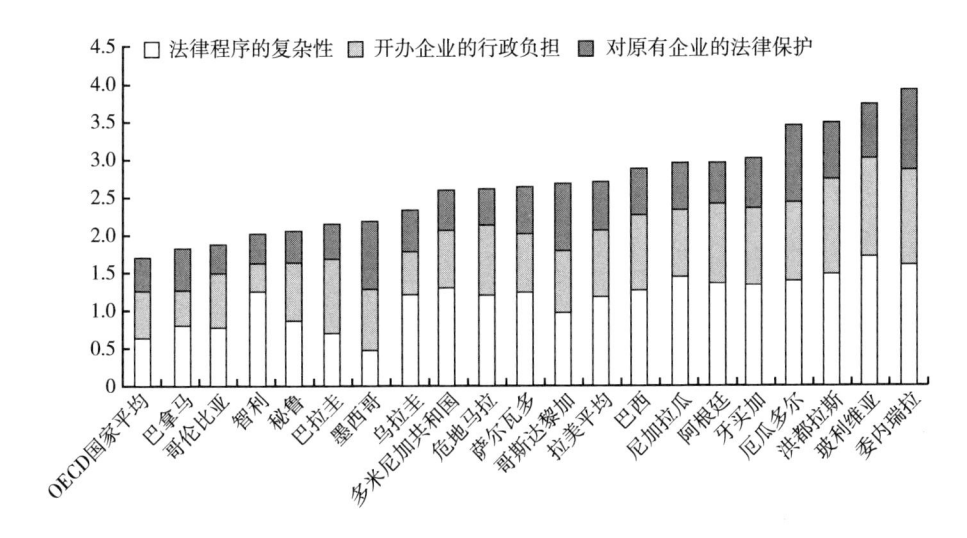

图 5-8 2013 年创业障碍指数

注：刻度 0 到 4.5 反映从最不严格到最严格。对于拉美六国（玻利维亚、厄瓜多尔、危地马拉、巴拿马、巴拉圭和委内瑞拉），PMR 指数已由世界银行、美洲开发银行和 OECD 合作进行了编制。这六个国家为初步报告的结果。乌拉圭的指标是 2014 年的数据，玻利维亚、厄瓜多尔、危地马拉、巴拿马、巴拉圭和委内瑞拉的指标是 2015 年的数据，其他所有国家为 2013 年的数据。

资料来源：OECD-世界银行的除巴西、智利、印度、墨西哥和南非之外的所有国家产品市场法律数据库，OECD 产品市场法律数据库。

国家之间的差异体现在法律程序的复杂性和开办企业的行政负担上。关于许可制度——法律程序复杂性指数的关键项目，该地区几个国家的约束性指标都很高，其中包括阿根廷、巴西、玻利维亚、智利、多米尼加共和国、厄瓜多尔、牙买加和委内瑞拉。

不同的"繁文缛节"案例显示出创业者在企业开办和运营阶段遇到各种问题。在拉美注册和开办一个企业所需要的成本和时间是其发展的主要障碍之一。在这方面拉美要远远落后于其他地区和全球平均水平。这些问题转化为更高的商业成本，其在人均资本收入中占的比例要比 OECD 国家高出近 8 倍。拉美的法律阻碍了企业的开办和清算，导致微小企业非正规化运营（Capelleras and Kantis, 2009）。不过，拉美地区的平均水平掩盖了不同国家出台独特的法律促进创业的事实。这些措施确保中小企业逐步融入国家战略中，对其作用的定位也更加精确。在一些国家，这些新法律使得已有的措施得以巩固和条理化，或者为采取新的行动策略奠定了基础。除了要应付行政成本之外，创业者还失去了一般的社会保障权益，这不利于青年人从事创业活动，他们会更偏好受雇从而得到稳定的工作和社会保障权益。

一些OECD经济体鼓励降低劳动成本和增加鼓励青年创业的政策。例如，欧盟成员国会逐步取消自雇者的社会保障缴费。30岁以下、首次注册企业的创业者的缴费会从头六个月的80%降低到一年后的30%。从2006年开始，德国的"启动费"（Gründungszuschuss）会为商业计划得到批准的失业者提供失业保险金和一次性社会保险金。新西兰"企业津贴计划"在20世纪90年代推出，也通过创业津贴为处于自雇状态的失业者提供帮助，受益者几乎不会重新失业。

拉美青年创业项目的融资与目标

与OECD一样，拉丁美洲的创业项目支出低于其他劳动力市场项目。由于创业项目在不同的政府、部委、机构之间非常分散，因此要估算这部分公共开支可能比较麻烦。然而，在选定国家中的最新评估显示，创业计划支出占其他劳动力市场计划（如培训）支出的比例非常小（见图5-9）。OECD国家用于与创业活动相关的支出（包括直接就业创造和启动激励）与培训（0.15%）或就业（0.11%）项目[1]相比，平均水平也较低（0.07%）。

除具体方案外，拨款预算显示，拉美地区的创业机构仍在初始发展阶段，所采用的融资机制情况各不相同。例如，哥伦比亚国家培训服务中心（SENA）发起的创业项目就是通过工资专项税进行资助；而秘鲁的创业项

---

[1] OECD统计数据库中有关于劳动力市场项目的直接支出和参与者存量等信息。OECD国家中的新兴企业激励措施指的是推出那些通过鼓励失业人员和目标人群开办自己的企业或者自我雇用来促进创业的项目。

第五章 拉美地区的青年创业

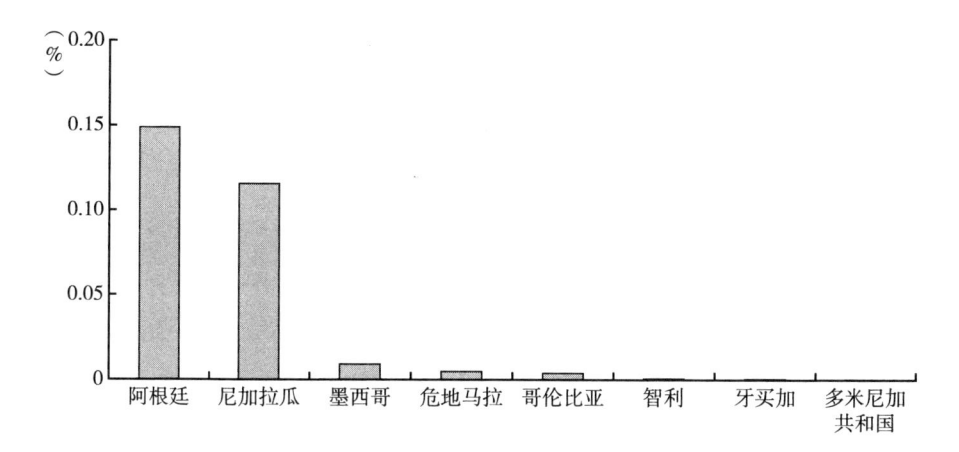

图 5 - 9　2010 ~ 2014 年拉美创业项目的支出估计（占 GDP 的百分比）

注：这些项目都是一揽子方案，如阿根廷的"应用创业激励"（Agregado Start-up incentives）；智利的"社会创业支持项目"（Programa de Apoyo a Emprendimientos Sociales）、"大众创业计划"（Programa Emprende Más）、"城市土著的微型创业项目"（Programa Generación Microemprendimiento Indígena Urbano）、"促进城乡土著经济补贴"（Subsidio al Fomento de la Economía Indígena Urbana y Rural）；哥伦比亚的"创业基金"（Fondo Emprender）；多米尼加共和国的"促进就业安置计划"（Promoción, Orientación y Ubicación Puestos de Trabajo）；危地马拉的"提高保障计划"（Creciendo Seguro）；洪都拉斯的"农村地区女性就业支持"（Fomento Empresas Autogestionarias para Mujeres en zonas Rurales）、"青年创业计划"（Jóvenes emprendedores）；牙买加"青年振兴战略项目"（Youth Empowerment Strategy Programme）、"社会救助复兴补贴"（Rehabilitation Grants Public Assistance）、"经济振兴和残障救助津贴"（Economic Empowerment and Assistive Aids Grant）；墨西哥的"农村地区女性小额信贷信托基金"（Fideicomiso del Fondo de Microfinanciamiento a Mujeres Rurales）、"生产项目扶持基金"（Fondo para el Apoyo a Proyectos Productivos）、"本土生产合作方案"（Programa de Coordinación para el Apoyo a la Producción Indígena）、"土著文化发展基金项目"（Programa de Fomento y Desarrollo de las Culturas Indígenas）、"土著妇女生产组织方案"（Programa Organización Productiva para Mujeres Indígenas）；尼加拉瓜的"青年合作计划"（Cooperativas juveniles）、"微型和中小型企业发展"（Desarrollo de las MIPYMES）；"城乡中小型家庭企业发展"（Fomento de la pequeña y mediana empresa familiar urbana y rural）、"食品生产计划"（Programa Productivo Alimentario）、"零利率"（Usura Cero）。所有国家的平均开支为 2010 ~ 2014 年数据。

资料来源：OECD/ECLAC/CAF 根据 Cerutti et al.（2014）和世界银行拉美社会保护数据库，以及 OECD/EU（2015）等计算得出。

目是通过贷款和中央政府支出共同资助。收入来源上的差异导致不同国家的创业预算存在巨大的差异。智利一些机构估计每年支持创业活动的支出（2100 万美元）与哥伦比亚（3800 万美元）大致相当，但是低于墨西哥（7900 万美元）、秘鲁（1.16 亿美元）和阿根廷（2.73 亿美元）

等国家[①]。然而，一些国家已经向高成长型创业者增加了资源分配。比如在智利，在这一环节上的支出已从 2012 年的 10.5% 增加到 2014 年的 13%（OECD，2016d）。

尽管拉美地区大多数青年创业计划的目标定位是收入弱势行业，但鲜有证据表明已经落实到目标人群。有关创业项目和工具的分配信息在该地区相对稀缺。许多项目都明确要求授予那些在社会经济背景、教育、居住地、民族起源等方面处于弱势地位的群体。本章所分析的项目中（见表 5 – A2.1）有将近 70% 主要是针对低收入者；这类干预措施的近一半集中在学历低和辍学率高的个人身上。与目标人群（即社会经济背景较少和教育水平低的城市青年人）相关的项目还具有一些共同的特点。绝大多数的项目针对城市，只有两个关注农村地区（哥伦比亚和巴拉圭的学校财政自给自足项目），七个项目覆盖城市和农村地区，还有七个项目专门关注城市。只有两个项目考虑性别因素：阿根廷的 PREJAL 项目和多米尼加共和国的"青年与就业项目"（Programa Juventud and Empleo）。没有一个项目关注残疾人和种族问题。

与此相反，一些 OECD 国家已经推出了许多具有包容性的创业项目。2008 年金融危机以后，少数民族和弱势群体的创业在 OECD 国家已成为优先的政策。2014 年，欧盟有 3000 万自雇者，其中 2400 万是女性、青年（15～24 岁）和老年人（50～64 岁）（OECD/EC，2015）。来自弱势群体和少数民族的创业者的企业在收入、营业额或者企业生存状态等方面，水平往往都不高。包容性创业政策旨在通过支持企业开办和成长来解决这些问题，同时构建创业网络；提供培训和指导包括敏感的弱势群体在内的创业者；加大评估创业影响的力度。

[①] 全国开支的信息对应的是括号内的机构最近年份的可用数据：阿根廷（FONCyT, FONTAR, FONSOFT, FONARSEC 和 D – TEC），哥伦比亚（SENA Entrepreneurship programmes 和 Innpulsa Colombia），智利（CORFO, Start-up Chile, Desarrollo Emprendedor, SSAF），墨西哥（INADEM 可用于创业的补贴）和秘鲁（Innovate Peru, 包括 FINCYT 和 FOMITEC 基金）。

针对高成长创业和新兴企业的政策

尽管拉美地区在过去的两年里经济低迷，但该地区新兴企业的境况却要优于2012年（OECD，2016d）。新兴企业在开办、发展和扩张方面肯定面临着不同于其他传统公司的特殊挑战，这是由于它们涉及高风险且面临不确定性，特别是在其早期运营阶段。然而，许多国家在制度框架、主权治理以及科学生产网络方面对新兴企业提供支持（OECD，2013b；Primi，2013）。制度治理一般包括负责创新和生产发展政策的机构，还包括专注于创新创业的公共和私人机构，如天使投资人、孵化器和加速器等形成的网络。

有关新兴企业的公共政策一般包括五个方面：融资、服务和能力建设、市场开发、创业文化扩散和法律框架（见图5-10）。新兴企业的创建和发展需要这些领域的支持工具，以适用于不同的发展阶段。公共政策的一个新挑战是利用开放式创新的新趋势，产生激励机制，增进公共和私营部门的合作，扩大公共政策对新兴企业的创建和发展的影响（OECD，2016d）。

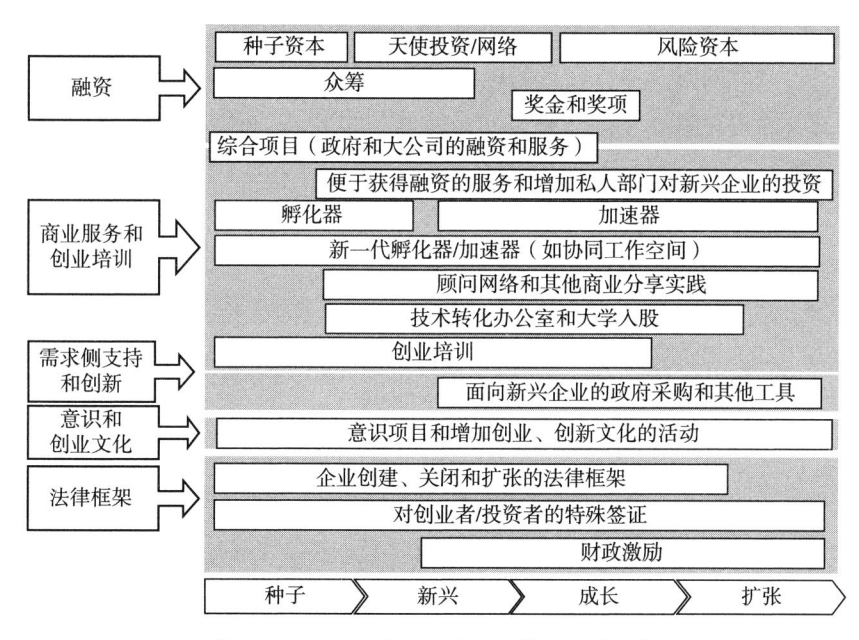

图5-10 2016年新兴企业支持工具的分类

资料来源：OECD（2016d）：Start-up America Latina 2016：Construyendo un futuro innovador，OECD Publishing，Paris。

新的参与者已经加入到支持新兴企业的行动中来。与中央政府、大学和研究中心一起，地方政府和城市在扩大创业生态系统上的作用令人瞩目。哥伦比亚的麦德林和波哥大的案例最近引起世界范围内的关注。与此同时，私营部门的作用也在增强，不仅体现在融资和投资的前景方面，而且还通过支持新兴的和创新创业活动的种子，成为新的参与者。例如墨西哥的基金会，如 PepsiCo 和 Haciendas del Mundo Maya，加大了对小型供应商和地方社区的支持（OECD/AMEXCID/GIZ/Cemefi, 2016）。大公司的创新战略也在新兴企业的创建和发展中起到了关键作用。其中一个案例就是创建于 2011 年的新兴企业加速器 Wayra，作为 Telefonica 创新战略的一部分，支持了阿根廷、巴西、智利、哥伦比亚、墨西哥、秘鲁和委内瑞拉等国的新兴数字基地企业。私营部门正在开发一种优秀实践活动的协作和交流的新形式，在对新兴企业的支持中发挥了重要的作用。巴西卡皮纳斯新兴企业协会是一个创建于 2010 年的非营利机构，已经有 10 家直接服务于创新创业的知识交流和事务的科技型新兴企业，帮助私营企业和金融市场之间开展对话（OECD, 2013a）。与此同时，尽管社区和群体的众筹活动还处在初级阶段，但已经支持了具有高成长潜质、创新前景和解决具体事务能力的创新创业活动的开展，从而推动拉美新兴企业在包括金融技术、农业企业和生命科技等在内的新行业中获得了突出的地位。

拉丁美洲对新兴企业的支持正在从实验转向巩固。2010 年以来，一些国家已经出台政策支持新兴企业，这些国家包括智利、哥伦比亚、墨西哥和秘鲁（OECD, 2013a），还有乌拉圭和巴拿马（OECD, 2015a）。与传统干预相比，这些政策发展迅速，在短短的三年里，在创新和竞争的重点和结构方面已经产生了显著的转变。拉丁美洲正在积累管理和支持新兴企业的学习经验，从而可以用来扩展这些活动。

拉美支持新兴企业的直接工具矩阵正在走向现代化，工具的范围在 2012 年到 2015 年间大幅扩展，正在适应日益复杂的创业生态系统的需求。除了在种子资本、天使和资本投资中的传统工具外，智利、哥伦比亚、墨西哥和秘鲁正在构建更有效的机制，使用来自"协同经济"中的其他工具（见专栏

5.4)。大公司的商业分享实践和开放式创新在拉美地区也日益普及。

融资支持在创业初期继续快速发展,但天使投资和风险投资还处于萌芽发展状态(ILO,2015;OECD,2016c)。简化新兴企业开办的程序变得越来越重要。智利和墨西哥已经通过一部新法律《一天注册公司法》(*Ley de Empresas en un Día*),在开办企业时认可电子签名,朝简化程序方向努力。智利还进行了其他便于债权人与债务人谈判的改革。阿根廷、哥伦比亚和秘鲁已经推出了一些简化开办企业程序方面的改革,但程序仍然烦琐,尤其是对于初创企业来说。

专栏5.4 面向新兴企业的特殊融资工具:哥伦比亚 iNNpulsa 的案例

大约四年前,哥伦比亚 iNNpulsa 确定了为创新和创业开发新的融资渠道及由国家来风险投资行业的需求。为此,iNNpulsa 在三项基本的融资渠道中开展工作:补贴、信贷和私人投资。通过种子资本(对还没有开发出最低产量的可行产品以及没有经过市场验证的企业提供融资补贴)和早期资本(对已开发出最低产量的可行产品、通过市场验证的企业提供融资补贴)等补贴奖励形式,近120家公司从总投资额为1300万美元的补贴项目中获益。

在改善获得信贷的策略中,Bancoldex 银行开发了三条标准线,由一线银行实施,366家公司从中得到了 iNNpulsa 500万美元的投资。同样,一个针对银行机构的意识战略,旨在推动有突出潜力的高成长型企业发展,并与银行合作开发出新的信贷产品。

国家天使投资人网络(Red Nacional de Ángeles Inversionistas)的成立是为了解决哥伦比亚风险投资行业的发展需求问题。该网络是由 Bavaria 基金会和几家投资于早期阶段的公司的私营风险投资基金(Velum Ventures, Mountain Nazca, Atom Ventures 和 Promotora II)牵头组织。30家处于早期发展阶段的企业获得了来自"投资大挑战"(Gran Desafío de la Inversión)等项目的补助资金。这些项目工具得到了 iNNpulsa 超过400万美元的投资,惠及68家公司。而再贴现和风险资本网络的支持使得早期阶段的公司获得了更高的杠杆(iNNpulsa 每投资1哥伦比亚比索,私营行业的杠杆能达到13~27比索),种子资本通过补贴进行资助的杠杆水平更低(每投资1比索,私营行业的杠杆达到0.35~1,见图5-11)①。

---

① 再贴现指的是债务或者货币市场工具进行第二次贴现的行为。中央(或公共)银行可以通过这种方式借钱给商业银行——商业银行购买短期贴现票据,向中央银行进行再贴现(即中央银行向商业银行购买票据)来扩大它的储备金。

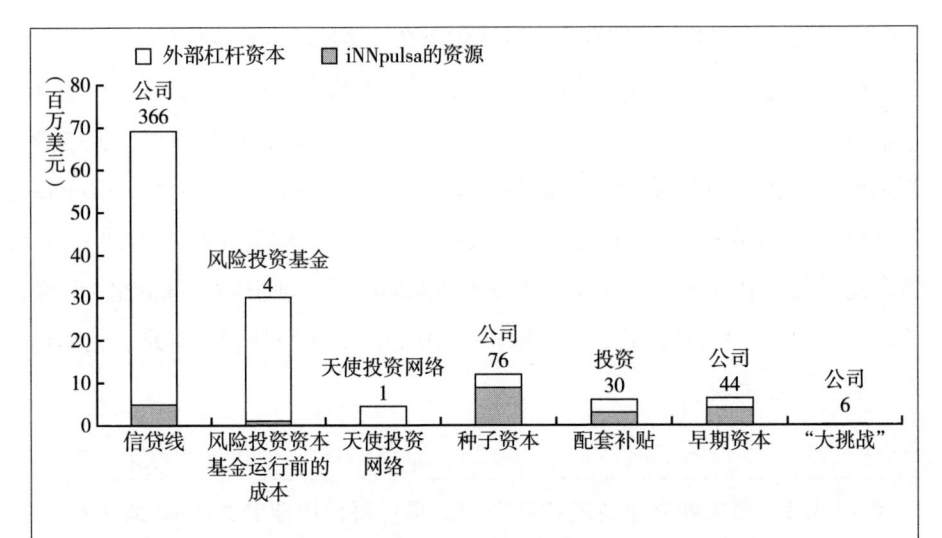

```
(百万美元)
80 ┤  □ 外部杠杆资本    ■ iNNpulsa的资源
   │   公司
70 ┤   366
60 ┤
50 ┤
40 ┤
30 ┤       风险投资基金
   │          4
20 ┤
                                公司
10 ┤            天使投资网络       76           投资    公司
                    1                        30     44    公司
 0 ┤                                                        6
     信贷线  风险投资资本  天使投资  种子资本  配套补贴  早期资本  "大挑战"
           基金运行前的   网络
              成本
```

图 5-11　iNNpulsa 的融资工具和外部杠杆资本（2011~2015 年）

来源：作者根据 iNNpulsa 年度报告制作。

在过去的四年里，哥伦比亚 iNNpulsa 在开发创新融资渠道和创建风险投资产业方面积累了一些见解：i) 对新公司的补贴项目必须辅以监测和支持，不仅要保证资源的合理利用，还要保证公司的成长。必须在资源数量和基金使用方面引导明确，以免扭曲公司的资本需求。ii) 再贴现标准线尽管资助了一些创新企业，但并不是确保新企业能获得资助的工具。从这方面来看，新的信贷产品需要针对具有高增长潜力的公司。对这些公司的评估，不应该基于其历史，而应该着眼于企业的人力资本、增长和市场前景。iii) 在风险投资行业中，不仅要促进私募基金的成立（目前较为严格的监管限制使得它们的盈利比该地区其他国家的要低），也要培养新的投资经理，创造其他投资工具，确保投资基金更好地为正在蓬勃发展的高潜力公司所用。iv) 有必要开发一个考虑投资、信贷和补贴等其他资源在内的融资项目。

刺激需求已成为拉丁美洲支持新兴企业活动的一个工具。最近开发的一些工具，旨在为新兴企业开拓市场，利用其灵活性。例如 INADEM 项目的"公开挑战"（Retos Publicos）就是设想吸收新兴企业为联邦公共管理和私营企业提供电子的可能性。帮助新兴企业参与招标和公共采购活动的有关机制正在完善，且有进一步发展的空间。这一领域的国际案例，例如巴塞罗那的"开放挑战"项目，其动机就是吸引新兴企业参与到城市交通或文化管理领域中来。

第五章 拉美地区的青年创业

> **专栏5.5 青年创业者的高潜力：Endeavor 的案例**
>
> 作为过去二十年拉美地区最大的最有影响力的创业组织之一，Endeavor 的目标是构建一个企业和导师网络，以支持高成长创业者。该公司最开始成立于阿根廷和智利，后来扩展到巴西、乌拉圭、墨西哥和哥伦比亚。今天，它在世界 25 个国家设有地区办事处。Endeavor 基金会根据成长潜力与可持续性来选择企业，还考虑该公司的商业模式是否可复制的，有无创新性以及可否扩大，要求参与企业的商业交易额在 1 万 ~ 25 万美元。
>
> 在参与的国家中，Endeavor 考虑的是具有高增长潜力的创业者，充满活力的私营部门和对网络感兴趣的领导。这一模式分为五个阶段：启动、选择、支持、扩张和再投资。其中选择是通过一个国际小组进行的个人面试而做出的，而支持则集中在网络提供的不同服务上，包括访问全球导师、私营部门和学术界的顾问以及网络。
>
> 扩张阶段在于提升创业项目知名度，主要专注于五个领域：进入资本市场、领导力项目、教育建设、能力建设，以及提供适当的制度设置。最后，再投资阶段分为不同的导师和企业社会责任项目。成功的 Endeavor 倡议包括哥伦比亚的 Bodytech，它是一个健身中心连锁项目；巴西的 MercadoLibre，它是拉美地区一个大型的在线销售公司；巴西的 Beleza natural 项目，它是一家个人护理公司。同拉美地区其他的倡议一样，Endeavor 的方法对增强拉美的创业生态系统做出了贡献，同时也为该地区积累了有益的经验。

拉丁美洲正在为改善支持新兴企业的政策而积累知识，以更好地服务于这个行业中的青年人。所吸取的教训也突出了以更广泛的生产转型战略来支持新兴企业的重要性，并且认识到新兴企业的运营生态系统非常复杂和苛刻这一事实。这一行业中已有的公共政策当前面临的挑战是：a）需要保持该地区作为全球创新集群的形象（见专栏 5.5）；b）需要跨越天使投资者和风险资本市场的发展差距；c）需要在考虑新兴企业的规模的基础上提高设计有关支持框架的能力；d）需要确定新形式的区域合作，以巩固新兴创业企业和新创业人才的活动（专栏 5.6）。

拉美地区的创业生态系统的发展令人欢欣鼓舞，表明这些工具可以面向人口更广泛的行业。虽然参与一些初创项目的要求本质上具有包容性，但是有证据显示创业类型会有一个自我选择的效应。比如智利的 Startup 和哥伦比亚的iNNpulsa，近一半的工具能够得到补助资本（Eesley and Leatherbee, 2014；CAF，2015；专栏5.4）。在这两种情况下，一般接受者大多来自社会经济条件更好的城市地区。面向高成长型企业的项目也应考虑面向更为弱势的部门，从而更具包容性。

专栏5.6　Ruta N：麦德林的商业和创新中心

为了创造一个城市创新生态系统，麦德林地方当局发展了Ruta N，这个商业和创新中心旨在提升科技和知识部门中的创业。Ruta N主要关注推动创新的四个元素：创业人才、强大的生态系统内外网络、可用的创新资本，以及新兴企业和创新企业在城市创新区中拥有充足而丰富的基础设施。

通过发展青年人的能力来寻找创业人才，已经成为Ruta N项目应对麦德林市的最大挑战的驱动力之一。例如创建于2014年的Horizontes倡议，已经吸收了超过7000名的弱势学生（11~17岁）参加技术行业的培训项目，包括机器人、纳米技术和工程行业。另一个例子是网络训练营，这个快速培训方案旨在培养规划和软件开发能力，以及ICT行业中急需但在城市中紧缺的技能。近150名学生从该项目中获益。实现大学知识和商业的对接也是当务之急。Ruta N启动了一个"创新挑战"倡议，旨在对接本科学生和企业，共同解决行业的挑战。

Ruta N的另一个重点是促进该城市青年创业者解决创新资本的问题。新兴项目需要适当考虑其内在风险的金融工具，目前金融行业在这方面的供给有限。为了弥补这一缺口，Ruta N创设了Ruta N资本，这一机制融资灵活，提供专业的指导服务，以支持有潜力的项目。Ruta N资本在选择项目时会运用"创新评分"评价工具来评估项目的风险、"新颖"程度和社会影响，从而确定融资的规模和条件。这一机制能够整合私人和公共资源，同时还可以将利率低、期限长的灵活融资和专家的专业指导服务结合起来。

Ruta N还推出了与城市相关的地区发展战略。该中心已与50多个盟友组成了一个市场进入网络（MAN），提供知识和专业服务，以促进创新企业进入新市场和增加出口。此外，还建立了其他网络，如智能资本网络，联合了14家风险投资基金，对接创业企业、协同工作空间网络和企业加速器网络。最后，这些倡议还积极鼓励公民参与。2015年，麦德林创建了全球城市生活平台，对接其他创业生态系统。最近几年里，来自21个国家的超过135家公司落地该市，创造了2000个以上优秀的新工作岗位，开发了172公顷的创新园区。

麦德林改造自身的努力表明，青年的创新、创业和参与可以成为促进当地发展的宝贵工具。

拉美青年创业项目的评估

尽管拉丁美洲的创业项目是提高劳动力市场产出和增加企业实践的流行工具，但是其有效性方面却缺乏证据，这部分要归咎于方法论上的挑战。影响评估显示，那些直接针对创新、创业人才和资助方面市场失灵的项目具有最高的效率和生产力上的潜力（CAF，2013）。对拉美地区重点放在脆弱青年的行业的项目进行早期评估后，结果显示，技能培训和工作经验也可能会扩大自我雇用（Attanasio，Kugler and Meghir，2011）[①]。对社会心理幸福感方面的积极影响在其他地区也存在，不过劳动力市场产出方面的证据却极其微妙（Cho and Honorati，2014）。由于项目越来越复杂，覆盖创业的多个领域（融资、引导、监督、商业网络），因此，特定政策的净效应也越来越难以评估。此外，相同项目在不同的人群中的效应可能也不一样（Cho and Honorati，2014）。

评估青年创业计划对于在受益人群中设置合理的激励也很重要。尽管拉美地区有广泛的创业项目，但总是没有达到预期效果。此外，某些政策工具（免税、信贷补贴、劳工政策）可能会破坏正规/高生产率企业的成长，同时无法增加勉强维持型企业在经济中的附加值（CAF，2013）。政策本身不会导致不同创业者在增长和绩效上的差异；勉强维持型创业者往往因为缺乏融资、人力资源和创业素质而无法成长。OECD经济体的创业项目评估清晰地区分了国家和地方的政策、直接和间接的创业政策。经常采用不同形式的评价：在运行过程中使用形成性评价，在评估影响时使用总结性评价。而出于评估的需要，同行评审也常见于OECD国家中，全面展现了创业和中小企业政策范围（OECD，2008）。

[①] 特定国别研究见 Alzúa and Brassiolo（2006）关于阿根廷的研究；Castañeda，González and Rojas（2010），Rubiano（2003）关于哥伦比亚的研究；Card et al.（2011）关于多米尼加共和国的研究；Jaramillo 和 Parodi（2003）关于秘鲁的研究。地区项目的额外信息可见于 Chakroun，Holmes 和 Marope（2015）以及 ILO（2013）。有关对拉美地区创业项目的不同评估的完整汇编，见 YEI（2016）。

确定青年创业项目的产出

评估创业项目的有效性需要确定政策干预的领域和一套更广泛的指标。传统上,拉丁美洲的项目评估主要集中于雇用能力和收入的测量指标。然而,创业所遇到的不同障碍和市场失灵,预示着其他的额外指标也应该予以考虑。企业生存率是在评估中经常被忽视的基本维度,因为大多数评估只关注短期和中期的产出。企业生产力是一个明显的分析维度,尽管对其测量并不是直接的。除了极其个别的研究(Eslava, Maffioli and Meléndez, 2012; OECD, 2014)之外,很少有研究会致力于分析公共政策对于扩大企业生产力的影响。与政策干预后的企业绩效直接相关的量化评估,例如国际化或投资于创新,可能也会作为公共干预取得成功的表征。在新兴企业项目中,申请人之前有创办企业经验的情况很常见,在评估企业开办和发展经验时应考虑失败率这一指标,并且应该作为创业项目的重要产出加以重视。

测量创业项目影响的最新成果已经呈现最有效的干预措施(McKenzie and Woodruff, 2012; Cho and Honorati, 2014; Kluve et al., 2016)。尽管基于对产出的感兴趣程度和目标群体而产生的影响有所区别,但创业项目总体上被认为对青年人及其商业知识和实践产生了积极(且较大)的影响(Cho and Honorati, 2014; Kluve et al., 2016)。不过,当考虑到不同的产出和目标人口时,结果会更微妙。例如,几乎没有证据表明拉美地区的创业项目会影响企业的生存(Lederman et al., 2014)。另外,业务培训对于新兴企业起到积极的短期效应,该地区的绝大多数研究发现了在业务实践上的积极效应。项目的有效性取决于设计和执行。不同干预措施组合在一起,在某些情况下似乎更能发挥作用(见表5-1)。荟萃分析的结果表明,职业和业务培训比金融培训更加有效;业务培训对于提高企业绩效而言非常划算。

项目对产出群组的效应也强调了为特殊需求而量身定制的必要性。

拉美青年创业项目的重点放在了能力建设、创业文化以及在一定范围内资助青年创业者上。青年项目与一些干预措施相结合,提升了就业能力,有助于青年获得高质量的工作。特别是通过能力建设,这些项目已经覆盖了培训

表 5-1 创业项目的政策干预领域（工具）

领域	工具	领域	工具
培训	技术和职业的	咨询	业务指导
	业务和管理培训		社会心理辅导
	财务培训		安排在线建议和咨询
融资	企业信贷或者消费贷款	其他	支持寻找工作
	现金或实物补贴		学校+工作体验
	获得金融产品		帮助自我雇用

资料来源：根据 Cho and Honorati（2014）。

和学徒制科目。考虑到有关创业文化方面的政策，绝大多数项目的重点放在创业培训和咨询建议上（例如指导、企业发展建议和企业正规化）。很少会覆盖交叉服务，例如搜寻辅助、获得劳动力市场信息或者工作咨询。最后，一些项目已经包含了融资，而且在大多数情况下与获得微观金融相关联。例如，在秘鲁，这些项目就包括"微型企业青年创业认证"（Calificacion de jóvenes creadores de microempresas）、"青年创业培训"项目（Formación empresarial de la juventud）和"青年就业培训"项目（Projoven emprendedor）。

拉美地区的大多数项目都面向社会经济能力较弱的青年人，但是大部分都忽视了性别因素。政策干预主要针对低收入、教育程度低且辍学的个人，一部分也会覆盖到存在药物滥用或者暴力问题的青年。相比之下，主要针对妇女的项目凤毛麟角，只有阿根廷的"提升拉美青年人就业"项目（PREJAL）或秘鲁的"促进就业、创业以及青少年劳动移民的管理"项目等极个别的例外。另外还有其他一些少数项目主要面向特定民族群体（如洪都拉斯的"青年就业项目"或者秘鲁的"JUVSOL 艺术和技术中心"项目）。

当采用实证评估时，绝大多数的创业项目对劳动力市场产出、就业、收入以及企业的开办和正规化等都存在积极的影响。不过，除了个别情况外，大多数影响评估都不包括成本效益分析，这突出显示了与执行和指导相关联的指导成本的需求上升（Urzúa and Puentes, 2010）。分析结果显示，政策干预的效益大于成本（例如巴西的"全国职业教育计划"，见专栏 5.7；智利的"终身学习和培训计划";多米尼加共和国的"青年与就业计划")。有关创业计划中性别差异的报告也不完全具有说服力,尽管一些金融项目看上去对女性更有利。

> **专栏5.7 扩大创业行为:巴西的 Empretec 案例**
>
> 由联合国开发的 Empretec 训练营,主要通过工作坊形式聚焦创业质量的发展问题。Empretec 旨在发展几种创业能力:寻找机会、坚持、履行承诺、质量和效率、不断进取的冒险精神,以及目标设置、寻找信息、系统规划、网络、独立以及自信。
>
> 在巴西,Empretec 由 SEBRAE 负责经营管理,已经在 27 个州培训了 230000 以上人次。新的培训材料和产品升级已经完成测试,之后会复制到其他国家。巴西也拥有 Empretec 项目中数量最多的国家认证培训师和国际资深培训师。2015 年,Empretec 的总体满意度为正,平均得分为 9.1 分(满分为 10 分),74% 的参与者表示非常满意。最近的一项评估显示,那些之前没有企业经验的人,参加 Empretec 培训后有一半成功创业,并且有 73% 的创业者注册的企业销售量已经铺开。

确认青年创业项目中的积极要素

在设置项目评估时要考虑到最终产出不同要素有效性方面的差异。表 5-2 的结果说明,这些要素对下列六种产出的项目评估有积极的影响:自我雇用、正规化、盈利、公司创建、社会心理幸福感与治理不平等。该表还提供有关机制和项目特色的信息。下面所研究的项目在阿根廷、巴西、智利、哥伦比亚、哥斯达黎加、多米尼加共和国、墨西哥、秘鲁等国执行(详情见表 5 – A2.3)。

项目要素对自我雇用的有效性突出显示了工作搜寻的支持性作用。包含工作搜寻要素的项目中,约有 3/4 对自我雇用有积极的效应。项目的培训要素产生了一半成功的自我雇用,而补贴或者其他形式的财务补偿往往对此产出没有产生影响。在正规化情况下,职业和培训要素在分析的四个案例中似乎有三个效率更高。将正规化视为一大产出的项目(如阿根廷的 PREJAL,巴西的 Primero emprego,巴拉圭的 Escuelas auto-suficientes)也具有强大的业

表5-2 青年创业项目中的要素和最终产出

		主要产出			次要产出		
		自我雇用	正规化	盈利	公司创建	社会心理幸福感	治理不平等
要素	创业培训						
	技术和职业	●	●	●	◐		●
	业务和管理培训	●	◐	●	●	●	◐
	财务培训				●		
	融资						
	企业信贷或消费贷款			●	●	◐	◐
	现金和实物补贴				●		
	获得金融产品				●	◐	
	咨询						
	业务指导	●	◐	●	●	◐	◐
	社会心理支持	●	◐	◐	◐		●
	安排在线建议/咨询		◐	◐	◐		
	其他						
	支持工作搜寻	●			●	◐	◐
	学校+工作体验	●	◐		●	◐	
	支持自我雇用		◐		●		●
机制	需求驱动	◐	●	◐	◐		
	供给驱动	●	◐	●	●	◐	◐
	公共基金	●	●	◐	◐		
	提供服务						
	公共	●		●	●	●	◐
	私人		◐	●	●		

注：● = 有效；◐ = 中性，结果复杂；○ = 无效。
资料来源：OECD/ECLAC/CAF，根据项目评估的结果统计（见表5-A2.3）。

务和管理培训元素，尽管第一个项目中的影响并没有得到体现。对盈利影响最大的项目元素往往与业务和管理培训以及指导和建议活动密切相关（这两种情况下有2/3的成功率）。正如前面所分析，这些结果意味着咨询和指导活动往往对盈利产生显著的影响（Cho and Honorati，2014；Kluve et al.，2016）。

除了考虑基本的产出之外，一些青年创业项目被指出会影响创业的三个次要产出：公司创建、社会心理幸福感和治理不平等。在公司创建中，业务和管理培训，与业务指导一起，在评估考察中往往对企业创造的影响最大（在几乎所有案例中都很突出）。有趣的是，像企业信贷或者现金和实物补贴等形式的财务支持和财务激励往往对企业开办的影响相对较低；这意味着财务约束并不一定是企业开办时的最重要的障碍。社会心理幸福感与获得金融产品和指导、支持工作搜寻和建议的关系比其他因素更为紧密。这些结果意味着支持更积极的项目中的元素往往对接受者的幸福感具有积极的影响。

这个对项目元素和产出的描述性分析与一些荟萃分析相一致（Cho and Honorati, 2014；Kluve et al., 2016），意味着职业和企业培训及咨询比财务培训更加有效。特别是业务培训，对于提升企业绩效（即盈利）似乎是划算的。

结论和政策建议

创业是许多拉美青年的机遇之一，反映出当前他们的脆弱性、融入劳动力市场面临障碍以及勉强维持型创业者和高成长型创业者之间的分割等方面存在许多问题。拉美青年创业者往往都是个体户，受教育程度比OECD国家的同行要低，社会经济背景方面更是处于弱势。他们拥有的资源、技能和经验比成年创业者（25~49岁）更少，因而更加脆弱，在诸如融资、能力建设、商业网络、国际化和法律要求方面面临更大的障碍。此外，拉美的文化、社会和经济因素仍然不利于创业。这些差距迫切需要在促进青年创业方面的公共干预的存在。相关的建议如下。

指标和目标

建立国家层面有效的数据服务收集和信息系统，使得创业活动的数据具有可比性。尽管拉美国家已经建立了数据收集系统，包括劳动力市场决策（即劳动力调查）和创业认知，但是该地区可以根据绩效（增长、就业）和人口（出生率、生存率）建立更为系统的企业信息平台。电子平台对于跟踪企业的活动十分有用，尤其是对于新兴企业。对创业项目公共投资的效用进行评估时需要更加详细的信息。拉美地区可以与OECD国家进行经验交流和开展技术辅导，以便建立更加有效的信息系统。

投资战略应更加针对那些最大限度地利用好政策支持的青年创业者。一方面，应该建立能够指引选择特定企业的优异指标，帮助目标青年创业者最大限度地利用好政策支持。在创业项目中评估企业潜力和就业增长时越来越倚重企业年限，但是其他维度也应该予以考虑。在如巴西这样年轻企业贡献了国民经济中超过一半以上的就业岗位的国家中，制定针对年轻企业的公共政策也是当务之急。另一方面，目标企业要结合关键的生产转型目标，开发一套更好地针对合适的接受者的指标，这对于最大限度提升青年创业项目的有效性非常重要。

超越市场失灵

按需确立的融资工具，在信用历史、担保和风险方面的要求更加灵活，适应青年创业者的需求。同 OECD 情况一样，金融可获得性仍然是青年创业者发展企业的关键约束。尽管信贷、种子/早期资本依旧是相关的融资来源，但是拉美地区企业需求和类型的多元化需要范围更广的工具，包括用资产筹资（例如保理业务）、替代性债务（如众筹）、混合融资工具和股权融资。对于拉美新兴企业，融资支持在创业的早期阶段应迅速到位，如智利的"技术合作服务"（Servicio de Cooperación Técnica，SERCOTEC）或者乌拉圭的"创业网络"（Red Emprender）。然而，天使投资和风险投资资本还处于萌芽状态，而且集中度很高。巴西和墨西哥分别吸收了拉美地区风险投资资本总量的 57% 和 15%，其他国家（哥伦比亚，3.5%）的风险投资仍然处于摸索中。吸引投资者的公共政策在一些国家已经执行，但还需要加强。除了金融工具之外，带有财务教育要素的青年创业项目已经取得了成功。发展青年人的财务技能，提高对可用融资来源的认识以及支持青年人创新的项目，应该得到鼓励。

通过支持指导性的项目，增强青年创业者与商业网络之间的联系。拉美地区的项目评估突出显示了进入商业网络和企业绩效之间存在强关联性。除了减少行业的信息不对称和提供进入新市场的隐性能力之外，商业网络通过个人支持和更有经验的同行的指导来与青年创业者对接。咨询和指导项目，例如卡皮纳斯（巴西）新兴企业联合会或者麦德林（哥伦比亚）创业园（Parques de Emprendimiento）所开发的项目，应该予以鼓励。为了提升其有效性，这些措施应该促进地区商业协会的参与，为教练和导师提供培训，以解决青年人面临的敏感问题。对于成长型青年创业者，顾问与企业之间在考虑年龄、性别和企业部门的既定标准的前提下进行良好的匹配，能够在长期内获得显著的效果。

减少青年创业者的法律障碍，能够在企业开办和进入创业项目方面产生显著的影响。拉美地区的创业障碍高于其他经济体和OECD国家。这些障碍可以通过测量法律程序的复杂性、开办企业的行政负担（例如注册一家公司需要接触的程序和机构的数量）以及法律对原有企业的保护等得出。智利和墨西哥等国已经在这个方向上取得了显著的进步。例如，正如上述所示，《一天注册公司法》（*Ley de Empresas en un día*）简化了新兴企业开办的程序。哥伦比亚的CONPES第3834号法令为创新企业投资科技而得到税收豁免建立了快速通道系统。同样，为青年创业者获得有用工具提供便利在大多数国家还有一定的发展空间。提供这些工具的内部障碍（如在新兴企业中因为不良贷款比例过高而限制种子资本和补贴）也应该加以克服。

迈向包容性创业

执行包容性创业政策，提升青年创业者的企业质量。青年创业者是创业大军中的少数群体，其中由社会弱势群体创办的企业往往在收入、所得和生存等方面的质量较差，急需针对在教育背景、财务和网络等方面存在较大障碍的青年创业者给予更多积极的支持政策。

创业政策面向包括青年在内的弱势行业，不但可以产生积极的公平溢出效应，而且也是提高生产率的关键（OECD，2016a）。创业措施的碎片化，既有勉强维持型的创业者，又有高成长型的创业者，意味着必须对每个群体采取差异化的方法。一方面，勉强维持型企业为了应对劳动力市场外部的脆弱性，需要一个更广泛的、多维的支持，不光是小额信贷。由于非正规工人在这类企业中的比例很高，因此推动这类企业正规化的激励措施应该加以鼓励。另一方面，无论其社会经济背景如何，高成长型创业者都应该得到全面的支持，以应对在融资、创业技能和商业网络方面不同的限制。可以通过改进筛选机制来扩大青年创业工具的分布，发挥青年的潜力，从这个角度来看，扩大政策，通过创业活动促进代际公平对拉美地区很重要。

扩大评估

系统化地利用青年创业项目的评价，确定最有效的要素。对拉美地区青年创业项目已有的评价指出，这些项目对自我雇用、盈利和正规化等产出有着积极的影响。扩大对于增加产出更为有效的元素十分重要。本章分析的案例显示，业务和管理培训、业务指导和咨询等元素对于增强绝大多数财务支持机制受到更多限制的创业产出都最为有效。其他如支持工作搜寻等元素，也有着积极的影响。总体而言，包括培训－融资－指导在内的支持创业的综合方法，能产生更有效的结果。增强这些元素，并在执行过程中给予它们足够的灵活性，可以极大地改善方案的有效性，带来长期的效果。证据表明，该地区的公共资助项目是有效的，项目的产出独立于公共或私人提供的服务。

执行青年创业项目时，应考虑扩大产出的范围。虽然大多数青年创业项目都集中在典型的劳动市场产出上（就业、收入），在评估项目的有效性时仍应考虑到其他维度。次要产出包括评估企业的绩效，即企业开办、生存和国际化，还有创业项目的社会效益，例如社会心理幸福感或者治理不平等。在产出的系统评估中引入分组，特别是性别和民族，也非常重要。评估不但要检验项目的有效性和成本－收益，也要考虑重负效应（即所支持的创业者即使没有得到支持也会有相同的行动）和替代效应（即支持一个创业者会使另一个破产）。

参考文献

Aboal, D. and F. Veneri (2016), "Entrepreneurs in Latin America", *Small Business Economics*, Vol. 46/3, SpringerLink, pp. 503-525.

Alzúa, M.L. and P. Brassiolo (2006), "The impact of training policies in Argentina: An evaluation of Proyecto Joven", *Working Paper*, No. OVE/WP-15/06, Inter-American Development Bank, Washington, DC.

Attanasio, O., A. Kugler and C. Meghir, (2011), "Subsidizing vocational training for disadvantaged youth in developing countries: Evidence from a randomized trial", *American Economic Journal, Applied Economics* 3, pp. 188-220.

Ayyagari, M., A. Demirguc-Kunt and V. Maksimovic (2011), "Small vs. young firms across the world: Contribution to job creation, employment and growth", *Policy Research Working Paper*, No. 5631, World Bank, Washington, DC.

Bandeira, O. et al. (2013), "Can basic entrepreneurship transform the economic lives of the poor?" *Iza Discussion Paper*, No. 7386, Institute for the Study of Labor, Bonn.

Barbiero, O. et al. (2015), "The 2013 update of the OECD's database on product market regulation: Policy insights for OECD and non-OECD countries", *OECD Economics Department Working Papers*, No. 1200, OECD Publishing, Paris, http://dx.doi.org/10.1787/5js3f5d3n2vl-en.

Blanchflower, D. and A.J. Oswald (1998), *Entrepreneurship and the Youth Labour Market Problem: A Report for the OECD*, www.dartmouth.edu/~blnchflr/papers/OECD.pdf

CAF (2015), "El caso de iNNpulsa Colombia. La evolución de una política pública para el crecimiento empresarial extraordinario" [The Case of iNNpulsa Colombia: the Evolution of a Public Policy for a True Entrepreneurial Growth.], Development Bank of Latin America, Caracas, www.innpulsacolombia.com/sites/default/files/caf_n19_4.pdf

CAF (2013), "Emprendimientos en América Latina. Desde la subsistencia hacia la transformación productiva" ["Entrepreneurship in Latin America. From subsistence towards productive transformation"], Development Bank of Latin America, Caracas.

Calvino, F., C. Criscuolo and C. Menon (2015), "Cross-country evidence on start-up dynamics", *OECD Science, Technology and Industry Working Papers*, Vol. 2015/06, OECD Publishing, Paris, http://dx.doi.org/10.1787/5jrxtkb9mxtb-en.

Capelleras, J. and H. Kantis, (2009), "Nuevas empresas en América Latina: factores que favorecen su rápido crecimiento" [New Firms in Latin America: High-growth Enhancing Factors], Departament d'Economia de l'Empresa Universitat Autònoma de Barcelona, Barcelona.

Card, D. et al. (2011), "The labour market impacts of youth training in the Dominican Republic", *Journal of Labour Economics*, Vol. 29/2, Elsevier, Amsterdam, pp. 267-300.

Castañeda, C., J.L. González and N. Rojas (2010), "Evaluación de impacto: Programa Jóvenes Rurales Emprendedores del SENA" ["Impact evaluation: Rural Youth Programme], *Fedesarrollo Working Paper*, No. 53-2010-2, Centro de Investigación Económica y Social, Bogotá.

Cerutti, P. et al. (2014), Social Assistance and Labor Market Programs in Latin America Methodology and Key Findings from the Social Protection Database, *World Bank Discussion Paper* No. 1401. Washington, D.C.

Chakroun, B., K.P. Holmes and P.T.M. Marope (2015), *Unleashing the Potential: Transforming Technical and Vocational Education and Training*, UNESCO Publishing, Paris.

Cho, Y. and M. Honorati (2014), "Entrepreneurship programs in developing countries: A meta-regression analysis", *Labour Economics*, Vol. 28, Elsevier, Amsterdam, pp. 110-130.

Criscuolo C., P.N. Gal and C. Menon (2014), "The dynamics of employment growth: New evidence from 18 countries", *OECD Science, Technology and Industry Policy Papers*, No. 14, OECD Publishing, Paris, http://dx.doi.org/10.1787/5jz417hj6hg6-en.

De Serres A., B. Egert and I. Wanner (forthcoming), "How competition-friendly is regulation in emerging economies? Insights from the OECD indicator of product market regulation", *OECD Notes*, Paris.

Eesley, C. and M. Leatherbee (2014), "Boulevard of broken behaviors: Cognitive and behavioral effects of Start-Up Chile", *Working Paper*, Stanford University, Stanford, US.

Eslava, M., A. Maffioli and M. Meléndez (2012), "Second-tier government banks and firm performance: Micro-evidence from Colombia", *Working Papers Series*, No. IDB WP 294, Inter-American Development Bank, Washington, DC.

Fazio M. V. (2011), "Programa Juventud y Empleo en República Dominicana: Análisis de la percepción de los empleadores acerca de las pasantías y de las perspectivas de inserción laboral de los jóvenes" ["Youth and Employment Programme in Dominican Republic: Analysis of employers' perception on internships and youth employability"], *Notas Técnicas*, IDB-TN-240, Inter-American Development Bank,, Washington, DC.

Galiani, S., M. Meléndez and C. Navajas (2015), "On the effect of the costs of operating formally: New experimental evidence", ["Sobre los Efectos de los Costos de Ser Formal: Nueva evidencia Experimental"] *NBER Working Paper*, No. 21292, National Bureau of Economic Research, Cambridge, US.

Gallup (2016), *Gallup* (database), www.gallup.com (accessed June 2016).

Gasparini, L., P. Gluzmann and D. Jaume (2012), "Decisiones laborales en América Latina: El caso de los emprendedores" [Labour Market Decisions in Latin America: The Case of Entrepreneurs], *Documento de trabajo*, No. 2012/06, Development Bank of Latin America, Caracas.

GEM (2016), *Global Entrepreneurship Monitor* (database for 2015), Global Entrepreneurship Research Association, London, UK, www.gemconsortium.org/data (accessed August 2016).

Green, F. (2013), *Youth Entrepreneurship: A Background Paper for the OECD Centre for Entrepreneurship, SMEs and Local Development*, OECD Publishing, Paris.

Hebert, R. and A. Link (1989), "In search of the meaning of entrepreneurship," *Small Business Economics*, Vol. 1/1, Springer, pp. 39-49.

Herrington, M., D. Kelley and S. Singer (2016) *Global Entrepreneurship Monitor 2015/2016 Global Report*. www.gemconsortium.org/report/49480.

IDB-WB (2014), *Entrepreneurship in Latin America: A Step Up the Social Ladder?* Lora E. and F. Castellani (eds.), Inter-American Development Bank and World Bank, Washington, DC.

ILO (2015), *Promoción de la iniciativa empresarial y el empleo independiente de los jóvenes en América Latina y El Caribe: experiencias innovadoras*, Oficina Regional para América Latina y el Caribe, Lima.

ILO (2013), "Buenas practicas para el empleo juvenil" ["Good Practices for Youth Employment"], International Labour Organization, Geneva.

Jaramillo, M. and S. Parodi (2003), "Jóvenes emprendedores" ["Young entrepreneurs"], Instituto Apoyo, Lima.

Kelley, D. et al. (2014), *Special Report: Women's Entrepreneurship*, Global Entrepreneurship Monitor, Global Entrepreneurship Research Association, London.

Kluve J. et al. (2016), "Interventions to improve the labour market outcomes of youth: A systematic review of training, entrepreneurship promotion, employment services, and subsidized employment interventions", *Campbell Systematic Reviews*, International Labour Organization, Geneva.

Lederman, D. et al. (2014), "Latin American entrepreneurs: Many firms but little innovation", *World Bank Latin American and Caribbean Studies*, World Bank, Washington, DC, https://openknowledge.worldbank.org/handle/10986/16457.

McKenzie, D., C. Woodruff, (2012), "What are we learning from business training and entrepreneurship evaluations around the developing world?", *World Bank Policy Research Working Paper* No. 6202, World Bank, Washington, DC.

OECD/AMEXCID/GIZ/Cemefi, (2016), Engagement between foundations and governments: Mexico's experience. OECD Development Centre, Paris.

OECD (2016a), "The productivity-inclusiveness nexus", Meeting at the OECD Council at Ministerial level, 1-2 June 2016, OECD Publishing, Paris, www.oecd.org/global-forum-productivity/library/The-Productivity-Inclusiveness-Nexus-Preliminary.pdf.

OECD (2016b), *OECD Employment Outlook 2016*, OECD Publishing, Paris, http://dx.doi.org/10.1787/empl_outlook-2016-en.

OECD (2016c), *Gender Equality in the Pacific Alliance: Promoting Women's Economic Empowerment*, OECD Publishing, Paris, http://dx.doi.org/10.1787/9789264262959-en

OECD (2016d), *Start-up Latin America 2016: Building an Innovative Future*, OECD Publishing, Paris (forthcoming).

OECD (2016e), "No country for young firms? Policy failures and regulations are a greater obstacle for start-ups than for incumbents", *STI Policy Note*, OECD Publishing, Paris, June, www.oecd.org/sti/ind/Policy-Note-No-Country-For-Young-Firms.pdf

OECD (2015a), *New Approaches to SME and Entrepreneurship Financing: Broadening the Range of Instruments*, OECD Publishing, Paris, http://dx.doi.org/10.1787/9789264240957-en.

OECD (2015b), *Entrepreneurship at a Glance 2015*, OECD Publishing, Paris, http://dx.doi.org/10.1787/entrepreneur_aag-2015-en.

OECD (2014), *Perspectives in Global Development: Boosting Productivity to Meet the Middle-Income Trap*, OECD Publishing, Paris, http://dx.doi.org/10.1787/persp_glob_dev-2014-en.

OECD (2013a), "Startup América Latina: Promoviendo la innovación en la region" ["Promoting innovation in the region"], OECD Development Centre Studies, OECD Publishing, Paris, http://dx.doi.org/10.1787/9789264202306-en.

OECD (2013b), *Perspectives in Global Development 2013: Industrial Policies in a Changing World*, OECD Publishing, Paris, http://dx.doi.org/10.1787/persp_glob_dev-2013-en.

OECD (2008), *OECD Framework for the Evaluation of SME and Entrepreneurship Policies and Programmes*, OECD Publishing, Paris, http://dx.doi.org/10.1787/9789264040090-en.

OECD/ECLAC (2012), *Latin American Economic Outlook 2013: SME Policies for Structural Change*, OECD Publishing, Paris, http://dx.doi.org/10.1787/leo-2013-en.

OECD/EU (2015), *The Missing Entrepreneurs: Policies for Self-employment and Entrepreneurship*, OECD and European Union, OECD Publishing, Paris, http://dx.doi.org/10.1787/9789264226418-en.

OECD/EU (2012), *Policy Brief on Youth Entrepreneurship: Entrepreneurial Activities in Europe*, OECD Publishing, Paris, www.oecd.org/cfe/leed/Youth%20entrepreneurship%20policy%20brief%20EN_FINAL.pdf.

Primi, A. (2013), "The evolving geography of innovation: A territorial perspective", in *The Global Innovation Index 2013: The Local Dynamics of Innovation*, Cornell University, INSEAD, World Intellectual Property Organization, Geneva, Ithaca and Fontainebleau.

Rubiano, N. (2003), "Evaluacion de impacto del proyecto servicios integrados Para Jóvenes" ["Impact evaluation of youth's integral services project"], Consolidado Nacional Universidad Externado De Colombia - Centro De Investigaciones Sobre Dinamica Social, Bogotá.

Schoar, A. (2010), "The divide between subsistence and transformational entrepreneurship" in Lerner, J. and S. Stern (eds.), *Innovation Policy and the Economy*, Vol. 10, pp. 57-81.

Urzúa S. and E. Puentes (2010), "La evidencia del impacto de los programas de capacitación en el desempeño en el mercado laboral" ["Evidence on the Impact of Training Programmes on Labour Market Performance"], *Notas Técnicas IDB-TN-268*, Banco Interamericano de Desarrollo, Unidad de Mercados Laborales y Seguridad Social,

Van Praag, M. (2009), "Who values the status of the entrepreneur?" *Iza Discussion Paper*, No. 4245, Institute for the Study of Labor, Bonn.

Van Praag, M. and A. Stel (2011), "The more business owners the merrier? The role of tertiary education", *Scales Research Reports*, No. H201010, EIM Business and Policy Research, Zoetermeer, The Netherlands, http://ondernemerschap.panteia.nl/pdf-ez/h201010.pdf.

Van Praag, M. and P. Versloot (2007), "What is the value of entrepreneurship? A review of recent research", *Iza Discussion Paper*, No. 3014, Institute for the Study of Labor, Bonn.

YEI (2016), *Youth Employment Inventory* (database), www.youth-employment-inventory.org/ (accessed June 2016).

第五章 拉美地区的青年创业

附录 5-A1 拉美青年与成年创办的企业所有权和岗位创造

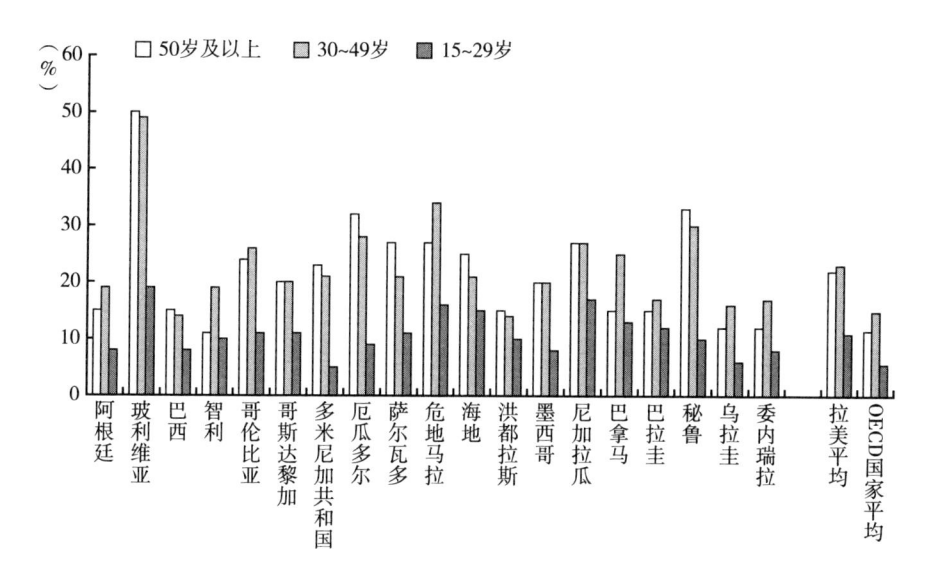

图 5-A1.1 当前拥有一家企业的人员（按照年龄段划分）占比（拉美和OECD）

资料来源：OECD/ECLAC/CAF 根据 Gallup（2016）绘制。

261

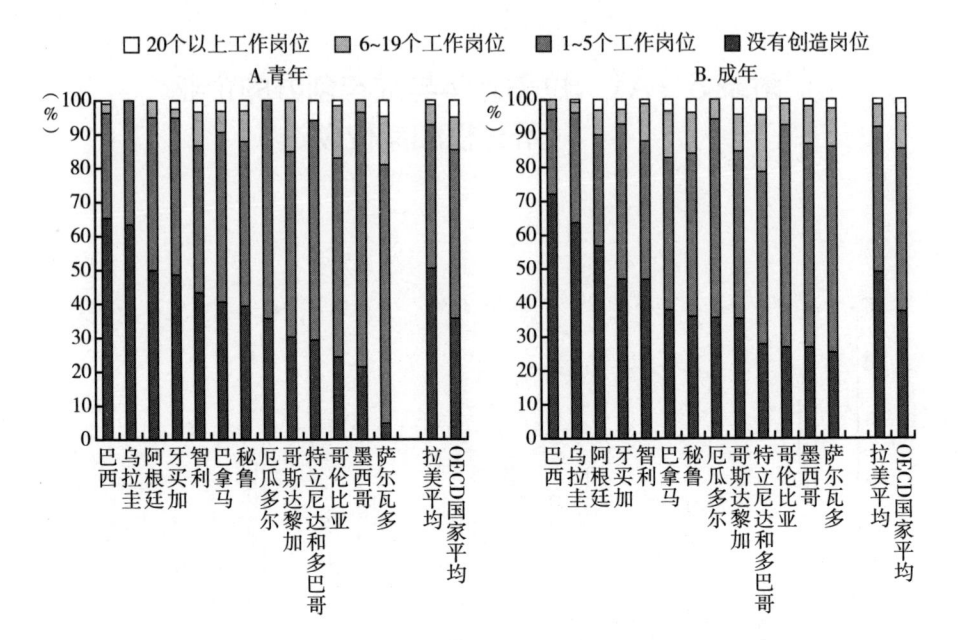

图 5 – A1.2　拉美与 OECD 的青年和成年创业者创造的工作岗位

注：数据对应当前青年（18~29岁）和成年（30~64岁）的总体创业活动（Total Entrepreneurial Activity，TEA）中的岗位的数量。

资料来源：OECD/ECLAC/CAF 根据全球创业观察 2012 年和 2015 年的个人数据统计。

附录 5 – A2　全球创业观察数据库

全球创业观察（GEM）数据库是理解个人创业行为和态度，从而进一步了解影响创业决策的国家背景的先进工具之一。全球创业观察根据自身的理论框架和方法论，通过个人访谈来收集大量的、主要的创业数据。调查收集受访的成年人在创业态度、开办前全球创业的行动以及企业所在的不同阶段等方面存在的问题。从 1997 年发起，这个项目已经深入到近 100 个经济体，由联合国、世界银行、世界经济论坛和 OECD 等组织执行。支撑全球创业观察研究的数据收集引擎有两大互补的工具：成人人口调查（APS），跟踪个人的创业态度、行为和愿景；国家专家调查（NES），监测由国内专家提出的且被认为会对创业有重大影响的因子。作为创新信息的主要来源，全球创业观察基于个人调查，而非企业层面的数据。因此，与其他来源相比结果更重要。全球创业观察数据库追踪非正规创业活动，这是官方统计数据经常获取不了的。

表5–A2.1 青年创业项目及其评估

单位：年

项目	国家	状态	开始	结束
"青年有更多更好的工作"（Jóvenes con Más y Mejor Trabajo）	阿根廷	进行中	2008	
"促进拉美青年的就业"（Promoción del Empleo Juvenil in Latin America）	阿根廷	完成	2005	2009
"南里奥格兰德州首次就业项目"（Programa Primeiro Emprego In Rio Grande DoSul）	巴西	完成	1999	2007
"21岁以上和Cepro伙伴"（Entra 21 and Cepro Partnership）	巴西	完成	2003	2005
"智利青年"（I和II）（Chile Joven）（I and II）	智利	完成	1991	2002
"SENA农村青年就业项目"（Programa Jóvenes Rurales Emprend-edores del SENA）	哥伦比亚	进行中	2003	
"青年综合服务项目"Proyecto de Servicios Integrados para Jóvenes	哥伦比亚	完成	2000	2003
"青年、就业和移民项目"（Programa Juventud, Empleo y Migración）	哥斯达黎加	完成	2009	2012
"青年就业项目"（Programa Juventud y Empleo）	多米尼加共和国	完成	2008	2012
"青年自主创业"（Autoempleo Juvenil）	墨西哥	进行中	2012	
Emprezando论坛（墨西哥）（Foro Emprezando）（Mexico）	墨西哥	进行中	2007	
"学校自给自足项目"（Programa de Escuelas Autosuficientes）	巴拉圭	进行中	2003	
"青年创业者的微型评级"（Calificación de Jóvenes Creadores De Microempresas）	秘鲁	完成	1999	2001
"青年创业培训"（Formación Empresarial De La Juventud）	秘鲁	完成	1999	2001
"青年进取"（Projoven Emprendedor）	秘鲁	完成	2010	2011
"相信创业"（Creer para Crear）	秘鲁	完成	2000	2005

资料来源：YEI（2016）和国家项目评估。

表5-A2.2 青年创业项目和产出

国家	项目	就业	自雇	正规化	企业生存	企业开办	盈利	生产力	国际化	创新	社会心理幸福感	性别	治理不平等
阿根廷	"青年有更多更好的工作" (Jóvenes con Más y Mejor Trabajo)	■	■										
	"促进拉美青年的就业" (Promoción del Empleo Juvenil in Latin America)	▨										■	
巴西	"南里奥格兰德州首次就业项目" (Programa Primeiro Emprego In Rio Grande DoSul)	▨					▨						■
	"21岁以上和Cepro伙伴" (Entra 21 and Cepro Partnership)	▨											
智利	"智利青年" (I 和 II) (Chile Joven) (I and II)	■	■										
哥伦比亚	"SENA 农村青年就业项目" (Programa Jóvenes Rurales Emprendedores del SENA)					■					■		
	"青年综合服务项目" (Proyecto de Servicios Integrados para Jóvenes)	■											
哥斯达黎加	"青年、就业和移民项目" (Programa Juventud, Empleo y Migración)	■				■							

264

第五章　拉美地区的青年创业

续表

国家	项目	就业	自雇	正规化	企业生存	企业开办	盈利	生产力	国际化	创新	社会心理幸福感	性别	治理不平等
多米尼加共和国	"青年就业项目"（Programa Juventud y Empleo）	混合					有效						有效
墨西哥	"青年自主创业"（Autoempleo Juvenil）							有效					
	Emprezando 论坛（Foro Emprezando）（Mexico）					有效					有效		
巴拉圭	"学校自给自足项目"（Programa de Escuelas Auto-suficientes）			有效									
	"青年创业者的微型评级"（Calificación de Jóvenes Creadores De Microempresas）	有效				有效					有效		
秘鲁	"青年创业培训"（Formación Empresarial De La Juventud）					有效							
	"青年进取"（Projoven Emprendedor）					有效	有效						
	"相信创业"（Creer para Crear）												

注：无效 = □　混合 = ▨　有效 = ■；本表是对表5-A2.1中所描述的研究的产出和结果的总结。
资料来源：作者根据国家项目评估和 YIE（2016）绘制。

265

表 5 - A2.3 未评估的青年创业项目

单位：年

国家	项目	开始时间	位置
阿根廷	"Platenses 之手"（Manos Platenses）	1999	城市
哥伦比亚	"哥伦比亚全国雇主协会的未来"（Future of ANDI）（Asociación Nacional de Empresarios de Colombia）	2005	农村
哥伦比亚	"农村创业项目"（Rural Entrepreneurship Programme）	2003	农村
多米尼加共和国	"进入就业"（Into Employment）	2009	城市及农村
多米尼加共和国	"青年就业项目"（2008~2012）（Programa Juventud y Empleo（2008-2012））	2008	城市及农村
萨尔瓦多	"社会劳动管理项目"（Socio-laboral Management Programme）	2009	城市
危地马拉	"青年企业"（Youth Enterprises）（Empresas Juveniles）	2010	农村
洪都拉斯	"全国工作教育中心"（National Work Education Center, CENET）	2008	城市及农村
洪都拉斯	"洪都拉斯青年创业系统"（YES Honduras）	2005	城市及农村
墨西哥	"智慧-学习和发展创造力"（El Ingenio-Center for Learning and Developing Creativity）	2006	城市及农村
墨西哥	"Emprezando 论坛"（Foro Emprezando）	2007	城市及农村
墨西哥	"青年的自我雇用——青年创业者的公共计划"（Self-Employment for Youth-Public Plan for Young Entrepreneurs）	2012	城市及农村
尼加拉瓜	"尼加拉瓜青年创业系统"（YES Nicaragua）	2005	城市
巴拉圭	"学校自给自足终极计划"（Financially Self-Sufficient School Programme）	2003	农村
秘鲁	"促进就业和创业以及青少年劳动力移民的管理"（Promotion of Employment and Entrepreneurship and the Management of Juvenile Labour Migration）	2008	城市及农村
秘鲁	"在职青年"（Youth at Work）	2011	城市及农村

资料来源：作者制作。

第六章
工作、政治与城市的未来

工作、政治和城市正在发生着强势的转型——主要由技术变革所驱动。技术应用于工作中，正在替代某些任务，同时也创造新的工作岗位，从而刺激对技能的需求。社会需求正在出现新的表达方式，在拉美青年对于政治体制的不满和背离中发挥着催化剂的作用。该地区的城市化进程正在继续，城市人口在不久的将来会比今天更加密集、多元化、互联，经济上更加充满活力，也更复杂。所有这些转型将会带来挑战和机遇，描绘出一个与我们今天认识的世界极其不一样的场景。政策应该帮助青年人准备好迎接变革、面对新挑战、尽可能地把握新机遇。

引 言

今天的青年正在见证技术如何与其他力量结合在一起，为社会、政治和经济参与的所有领域中的"破坏性创造"时代铺平道路。新一代人将利用明天的这些变革，其生活和工作的世界将与我们今天所认识的世界有天壤之别。这会引发许多关键的问题：青年人期待的未来将会是什么类型的，会对他们的生产活动、决策过程、政治参与以及生活的城市等不同领域产生怎样的影响。

拉丁美洲拥有有史以来最庞大的青年人口，因而面临着机遇和挑战，青年正准备成为未来及其自身愿景的践行者。本章将检验三种可能会改变青年人生活并且影响其经济、政治和社会参与的趋势。第一，未来由技术、人口结构和全球化塑造的工作，可能在很大程度上转变工作的形态，改变青年人成功参与劳动力市场的技能需求。潜在的工作创造与破坏，加上人类社会施加的任务变革，将会成为转型压力，对拉丁美洲产生巨大的社会经济影响。尤其是与技能和创业相关联的政策，理应立足于当前，为未来做好准备。第二，未来的政治可能会有所不同。科技已经开启了公民参与和政治参与的新渠道，将有助于重塑民主互动和参与；今天的青年处于并且将继续处于这些变革的最前沿。第三，城市的未来增加了公共政策的治理维度，将会增加青年人的机会。到2050年，大约90%的拉丁美洲人将生活在城市。这将引发与融资、公共服务、交通和基础设施有关的众多挑战，其中包括部署宽带，以加快信息和通信技术（ICT）的发展。其他问题将围绕可持续发展、气候变化、健康与福祉等方面。同时，新的城市境况将会为创业者的创新方式创造机遇。

当前政策的升级。需要应对这些挑战，并且为青年人提供正确的技能和创业的机会。因此，政策的初衷应当帮助更为年轻的一代提高他们在未来世界的经济、政治和社会参与度，并支持他们成为拉美地区今后社会经济进步的关键驱动力。

未来的工作：对技能、岗位和工作形态的影响

三个主要的结构性趋势正在塑造工作的世界：老龄化、全球化和技术变革。老龄化造成各国之间人口不同的失衡状态，最终将导致劳动力进一步流动，以及带来与移民和工资有关的挑战。全球化的新阶段将继续割裂生产阶段，这不仅改变工人从事的工作类型，而且还会改变所从事任务的范围。最后，技术进步正在引发未来所期望的工作类型以及谁来从事这些工作的问题（Scarpetta，2016）。

技术变革正在进入一个新时代，这个新时代被冠以"第四次工业革命"的标签。新一轮的创新可能会转变我们对工作领域的理解，这将比过去许多次的科技潮流更富创造性且更具破坏性（*Financial Times*，2016）。信息和通

信技术、人工智能、大数据越发具有渗透力，计算机和物流网的力量正在扩张，正是这一最新趋势的显著例证。

技术对工作的影响目前还不清晰，但任务需求会增加，教育和技能政策应当做好适应的准备

技术变革对工作的影响还远远没有确定。根据一些作者的说法，在美国，几乎一半的工作短期内都面临着自动化的风险（Frey and Osborne，2013）。根据不同的争论能得出一个更为积极的观点。首先，对工作的破坏程度可能会低很多，因为技术只会替代某些工作，而不是全部的工作或职业（Levy and Murnane，2013；Brynjolfsson and McAfee，2014；Arntz, Gregory and Zierahn，2016）。从这个意义上来看，OECD 成员国中只有大约9%的工作变成自动化（Arntz, Gregory and Zierahn，2016）。其次，技术可以创造大量的新工作，复杂的任务仍然需要真正的人类技能。人类将继续从事许多现有的和新兴的任务，他们在这些任务上比起机器有"比较优势"（*The Economist*，2014）。最后，生产率的潜在增长可能把人类从某些任务中解放出来，使他们能够从事更多的生产任务或减轻工作负担，这可以解放资源，但可能导致对其他活动和进一步的工作创造上的投资增加。

技术对工作的未来影响将在很大程度上取决于国家和地区的具体特征，以及他们适应教育和技能政策的能力。因此，国家/地区的经济结构、可用的技能池、制度框架，以及执行政策以适应即将到来的变化的能力，将决定对工作的最终影响。

拉丁美洲可能会见证显著的就业转移，这一转移主要是从制造业和建筑业到与贸易有关的服务业（WEF，2016a）。到2030年，约340万个净工作岗位可能会消失（见图6-1），而这仅占拉美地区总就业的1%~2%。尽管绝对数量仍然相对较低，但是，从某些行业转向其他行业的就业更换可能具有极大的破坏性。

尽管全部职业所受到的破坏性影响可能低于最初的担忧，但是核心技能组合将会发生主要的转变，需求会变得更高。人类与机器之间的任务分配已

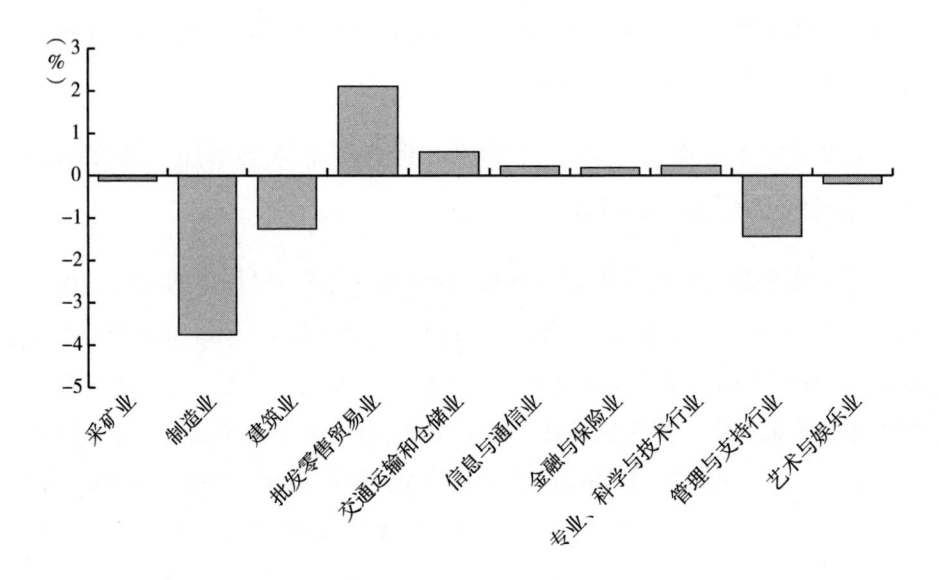

图6-1 到2030年拉美各行业预计的岗位创造和岗位破坏

注：岗位净破坏达338万个岗位。
资料来源：OECD/ECLAC/CAF 根据 WEF（2016a）和 ILO KILM 数据库制作。

经改变了今天的工作，预示着工作所需要的技能将会发生更大的变革。一个流行的段子宣称今天进入教育系统的孩子们中有65%将来要从事今天还没出现的工作。此外，到2020年，"绝大多数职业所需的核心技能组合中超过1/3将会由今天认为并不重要的技能所组成"（WEF，2016a）。那些对人类更特别的、专用的以及满足与机器有效互动的技能方面的需求日益增加。这一趋势在过去几十年里出现在美国，可能会进一步深化：常规任务、非常规手工任务以及常规认知任务的相对重要性正在下降，而处理新信息和解决非结构性问题的技能的相关性正在增强（Levy and Murnane，2013）。认知能力、系统化技能和解决复杂问题的技能等方面的需求增长最快。对技术性能力的需求也很稳定，对身体技能需求较大的新工作的比例不会超过1/3。

"共享经济"（sharing economy 或 gig economy）的趋势对未来就业会产生强烈的影响，并在劳动力市场机制中发挥作用。在这一趋势下，许多工人将会通过在其他岗位上获得额外工作来补充收入，因而创造了新的工作机会和业务，并促进了创新，不过也催生了有关工作场所保护和未来工作的问题。工人可以有更大的灵活度和自治度，但是这些额外的工作很大程度上是基于非标准的工作安排，往往提供较少的社会保护权利。除了培训和职业上升机会较少之外，这些工作人员难以获得信贷，面临着更大的不安全性。此外，有了多种非传统工作和收入来源，自然而然会挑战劳动力市场机制（工作时间、最低工资、事业保险、税收和福利、集体协议）的传统作用。

需要更好的技能和技术来帮助拉美拥抱机遇

相对于OECD成员国而言，拉丁美洲的技术采用率低，但这并没有减少信息和通信技术在该地区的显著影响。知识资本在拉美地区可能较少（OECD/CAF/ECLAC，2014），但快速的技术变革不久会产生更加深远的影响。事实上，由于一些拉美国家机器人的进口持续增加，这意味着自动化水平已经上升（OECD/CAF/ECLAC，2014）。此外，没有完全参与到技术变革中，可能对该地区不利。未能将新兴技术融入到生产中，可能使该地区在竞争力方面落后，不能充分利用变革所带来的许多机会。的确，掌握信息和通信技术对确保当前一代人和新一代人把握社会经济机遇来说变得至关重要。掌握程度较低而且不平衡（"数字鸿沟"），对于拉美地区仍然是一大挑战。联合国（United Nations General Assembly，2015）已经认识到宽带对发展的三大支柱——经济发展、社会包容和环境——有着至关重要的作用（OECD/IDB，2016）。

与技术变革相关的工作分化可能对拉丁美洲特别不利，具有中等技能的工人在这里相对较多。在发达经济体中，技术变革正在破坏更多中等技能的岗位，同时，新创造的岗位越来越多地要求具有初级或者高级技能（Acemoglu and Autor，2011）。在拉丁美洲，最近的教育扩张使得入学率和完成中学教育的比例上升，而高等教育入学率仍然远远低于OECD水平。劳动力的教育结构可能特别容易受到工作分化过程的影响。

通过扩大工资离差，工作分化可能会进一步加剧拉美本已很严重的不平等，尤其会影响到那些在非正规行业工作的人，包括新兴中产阶级。近年来，中产阶级——主要由拥有中级技能的人组成——在拉美地区迅速扩大。

中产阶级（35%）和脆弱群体（38.9%）的规模说明在中级技能范围内的工作已经影响到了相当一部分人（World Bank，2015）。此外，拉美非正规就业水平之高——将近50%（第一章）——可能是另一个必须予以关注的原因；非正规的、生产率低的工作将会在技术变革中首先被取代。

教育和技能水平低，可能也会使拉美地区在适应和接受变革方面存在一定的困难。正如拉美地区在OECD国际学生评估项目（PISA）中表现较差的结果已经证实的，该地区基础技能总体偏低，大学毕业生学习领域集中在理工科（科学、技术、工程和数学，STEM）的较少（只有1/5的学生毕业于理工科）（OECD/CAF/ECLAC，2014），这意味着拉美地区对于可预见的技能需求还没有做好准备，培训和教育系统培养出来的学生技能很快就会过时。成人能力国际评估项目（The Programme for the International Assessment of Adult Competencies，PIAAC）揭示了成年人一直在关键能力指标方面表现不佳，包括在智利良好的科技环境中（OECD，2016a）。

"共享经济"可能在拉美地区面临着特殊的挑战，如互联网普及率仍相对较低（仅有一半以上的人口能够上网）；民众的信任程度低；银行服务水平低，支付系统较弱（IDB，2016a）。良好的治理对改进平衡工作安全的法律体系、支持创新和改善商业环境至关重要。在任何情况下，它的维度都不能被夸大（Cañigueral，2015）。

最后，数字鸿沟可能会让许多人在信息和通信技术带来的机遇面前踟蹰不前。接入宽带平台，确保参与到新技术浪潮中，仍然有提升空间。拉美地区有一半的人口还没有接入互联网，3.1亿人不是网民。即便是巴西、墨西哥和哥伦比亚加在一起的规模和人口，仍然约有1.8亿人——几乎相当于3个法国的人口——没有接入互联网。此外，这一估计尚未区分可接入互联网的类型或质量（OECD/IDB，2016）。

技能政策，尤其是针对青年人的，需要适应需求的变化

如果政策设计得好，能够容纳变革，使人们为不断变化的工作世界尽可能地做好准备，那么以上所有的挑战都可以变成机遇。新技术可能会带来新的

第六章　工作、政治与城市的未来

社会效益和经济效益。首先，技术进步可以缩小拉美地区和发达经济体之间的劳动生产率差距。其次，技术可以促进生产多元化，在拉美地区的经济领域内创造出新行业。以此推论，这些新趋势可能会推动结构性变革。最后，加强信息和通信技术的政策可以促使传统的孤立群体和弱势群体利用技术来获得机会。

某些与青年技能相关的主要政策领域，特别关注利用技术变革，为当前和新生一代的未来工作世界做好准备。当前的技能体系必须适应未来的挑战：已有的政策应该已经帮助青年为快速变化的世界做好准备。一些值得关注的战略性政策领域如下。

课程应该更加聚焦于基础的、一般的技能，这对于帮助人们在生活中学习和适应新任务至关重要，同时也支持劳动力流动，帮助人们适应劳动力市场环境的变化。

需要加强终身学习机制，帮助工人在生命周期内再教育或者再培训，从而适应环境的不断变化。政府应该联合私营部门夯实在职培训，使之成为终身培训的基石。

更加注重通过发布新兴需求和在回报方面更好的、更清晰的信息，恰当地鼓励人们学习理工科及参加技术职业教育和培训项目。这种技能导向型的政策在拉美地区非常稀缺，它是发展该地区更为平衡的技能池，从而受益于已经出现的未来工作需求的关键所在。

教育体制中需要植入更多的机制，以便回应技能需求的变化，预见到需求，促进公共部门、私营部门和教育部门持续对话。利益相关者之间的合作、良好的数据产品以及分享成果来指导政策制定，与支持更好地适应技能需求的变化[①]息息相关。

必须加强和反思劳动力市场机制，因为新工作可能会带来与工作时间、劳动收入来源或者在其他领域的灵活性以及从就业到失业的转变等相关的强势转型。

---

① OECD（2016d）详细报告了发布更多的劳动力市场中关于技能需求信息的有效战略，确保这些信息能够有助于发展 OECD 成员国的正确技能。

如果信息和通信技术能使市民融入到新经济中，那么就必须对接学校和培训中心（OECD/IDB, 2016）。

未来的政策：重新对接新兴社会需求和政治体系

世界快速变化，社会和政治需求也在不断演变，相应的工具和渠道也是如此。在拉丁美洲，年青一代正处于这些变动的中心位置，是塑造该地区新兴政治发展的关键参与者之一。此外，他们将会是未来一代的成年人，其未来生活的世界中，政治体系和社会之间的关系预计也有别于现在。本节探讨拉美地区在对民主机制的信任和信心较低的前提下，社会需求和政治体系之间关系的变化，以及对此做出回应的创新案例。结尾处的主要政策结论可能有助于接纳变革的机遇。

拉美地区对民主机制信任程度较低

拉美地区在民主机制方面的信心相对较少，而且最近不断下跌。2015年，大约60%的拉美人表示他们完全不满意（19%）或者非常不满意（37.5%）民主的运转情况，只有10%的人比较满意（见图6-2，面板A）。与近年来政府绩效变坏的证据寥寥无几形成对比的是，对民主运转和大部分民主机制（国家、政府和政党以及其他方面）的信心正在恶化。在2010年到2015年，对政府几乎没有信心或者毫无信心的人口比例从55.5%跃升至65%（见图6-2，面板B）。总体来说，代际的信任评估似乎差别不大，也就是说青年和成年人的结果比较相似。

在拉美以外的地区，近年来对政府缺乏信任的情况也在增加。例如，在OECD国家中，只有大约40%的市民表示信任政府（OECD, 2015a）。2007年以来，这一指标已经显著恶化，主要与经济危机及政治管理的影响有关。这意味着拉美地区的经济放缓可能是未来几年对政治体制更加不满和背离的潜在原因。

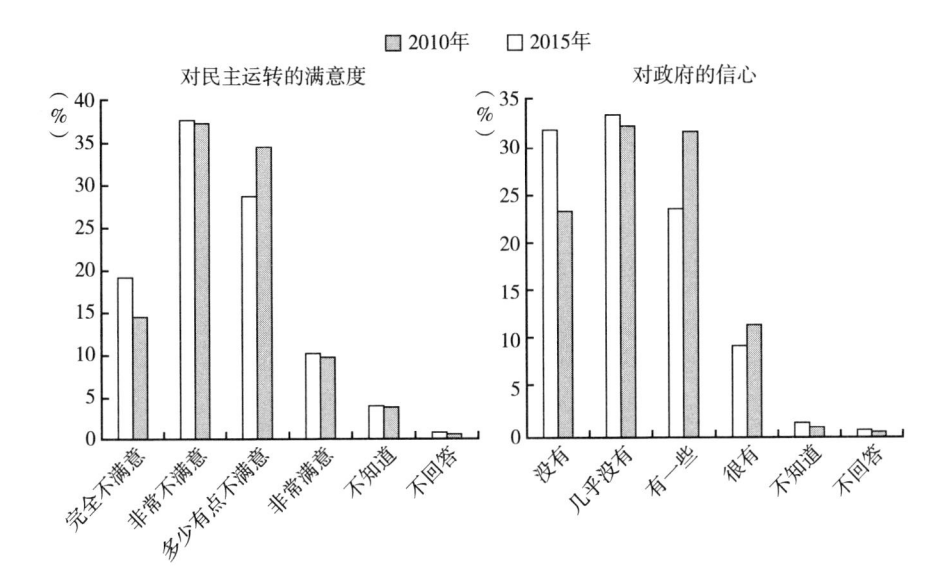

图6-2 拉美青年对民主和政府态度的比例

资料来源：OECD/CAF/ECLAC 根据 Latinobarómetro，2016年绘制。

新的、演变中的社会需求与政治体制强烈失联

拉美地区社会需求和政府回应之间的失联正在加剧。对民主机制信任程度较低，伴随着更高的期望和新兴的需求，已经扩大了拉美地区社会与政府之间的鸿沟。这在其他方面表现为近年来该地区的抗议和社会运动持续增加。投票率低，对政党的失望，这些都表明失联正在扩大（Bianchi，2016）。

社会需求迅速演变，伴随着社会经济进步和中产阶级的扩大。从2003至2013年，中产阶级占人口的比重从20%上升到35%，近40%的人口被认为是脆弱群体（World Bank，2015），中产阶级的扩大是拉美地区近年来最重要的社会经济进步之一。这个阶层通常寻求稳定的、可预见的政策，其政治诉求正在经历着深刻的转变。当中产阶级占总人口的比重达到30%以上时，其成员"可以开始相互认同，并且利用手中的选举权利要求国家将他们的税收用来资助公共服务、安全和提供其他公共物品"（Birdsall，2016）。

年青一代在民主新体制下——主要与技术相关——出生和长大,其表达和组织诉求是拉美地区社会需求转变的另一个关键驱动力。目前拉丁美洲拥有有史以来最多的1.63亿青年人(年龄在15~29岁)。他们代表着在民主的背景下成长起来的一代人,这一背景对他们的期望与要求有一定的影响。在这种情况下,技术进步已经成为这些新需求的催化剂。青年人——尽管不完全是——已经在这些技术中寻找到组织和动员的新方法,将它们作为表达政治不满的工具(Bianchi, 2016)。拉美公民社会的成熟与巩固也会鼓励社会运动。

短期内的社会需求可能会受当前经济放缓的影响,但展望未来,他们将继续围绕着维持和创造社会经济进步与更加公平的机遇等议题。近年来的经济进步提高了预期,导致了普遍的挫折感和社会不满,因为这一切本来就不能让人完全满意。不过,与经济放缓有关的两大因素可能会影响当前的需求。首先,市民的"得而复失",通常比"从未得到"问题更多。这在行为学研究里面被称为"损失厌恶",可能加剧社会运动。其次,社会需求的状态在经济放缓中可能会改变,因为公民将不太愿意支持长期改革,更倾向于接受短期政策——只要承诺保护他们的社会经济地位(Birdsall, 2016)。近年来,除了市民对社会经济进步的要求之外,拉美地区的其他事务全部与对腐败或者正义缺失的反应有关,这将会成为未来几年抗议的焦点。

政治机构在需求转变中的应对仍然无法令人满意,体现为抗议、示威和社会运动的增多。这在拉丁美洲仍然是一个悖论,正是这十年里贫困和不平等减少的社会进步才引发这些需求(Justino and Martorano, 2016)。这个悖论与上面提到的两个现象有很大关系。首先,期望升高导致未完成目标会带来更大的挫折感,对不平等的主观评价比起客观评价,更容易激起社会抗议(Justino and Martorano, 2016)。其次,组织和动员社会运动的新途径已经出现,主要受技术进步以及相关的高度联动性所推动。

近年来抗议和社会运动加剧

组织和宣传社会需求的新途径已经转化成全球和拉美范围内的新一波社

会运动。近年来，主要受到全球经济危机的影响，全球范围内不同的社会运动此起彼伏。"#占领美国"（#Occupy in the United States）、西班牙"五月十五愤怒者运动"（the 15M movement）和"阿拉伯之春"是名气最大、影响力最广的案例。拉美也经历了各种社会运动和抗议，其许多特征在世界范围内通行，其中包括墨西哥的"我累了"（#Yamecansé）或"我是132"（#Yosoy132）运动、阿根廷和秘鲁的"一个都不能少"（#NiUnaMenos）、厄瓜多尔的"亚苏尼"（#Yasunidos）和巴西的"走上街头"（#Vemprarua）（Bianchi, 2016）等运动。这些运动通常出现在城市环境中，主要成员是青年人，代表了以技术为基础的社会和政治创新，而传统政治机构没有发挥足够的作用。其中一些运动已经产生了一定的影响。事实上，技术的运用，以较低的成本动员了少数民族（如土著和非洲裔社群）或者残疾人士（如在萨尔瓦多）；有助于建立地区性网络（如2010年阿根廷的平等婚姻运动引发了每个拉美国家的运动），增强国际团结（例如智利的学生抗议），影响政策（如上大学免费）和政治制度（一些抗议领导人最后获得政治代表的身份），还可以通过事实检查举措帮助政治当局进行实时控制。

拉丁美洲出现的新社会运动，正在取代传统政治。事实上，这些运动似乎正在创造政治参与的一种新范式，而这很大程度上得益于互联网、移动电话和社交网络带来的数字革命（Bianchi, 2016）。这些运动具有一些共同的特征。首先，汇集了不同的利益。因为运动产生于不同人员的互动，这些人可能参加了其他的运动，有其他的原因，也不是唯独参加那些特定的运动。其次，每个运动都可以构建一个网络。正因为如此，世界各个地方不同的人因为有着类似的感受而联结在一起，但是这种非正式的方式可能会更加碎片化。最后，每个运动都是建立在开放式参与、去中心化和协作的基础上，集体行动的伦理已经随着这些运动和网络的发展发生了演变，决定了它们将发挥怎样的功能。

拉丁美洲的这些社会运动与传统的政党与制度之间存在着强烈的反差。它们有更高的参与度，更接地气，更加聚焦于当前和特定的挑战（Bianchi, 2016）。在此背景下，政治制度似乎已经过时，无力应对某些社会需求与适应新兴的政治参与模式。为了恢复社会需求和政治制度之间的联系，一些新兴的趋势必须作为更广泛政治体制的一部分加以制度化。

这些新兴的政治实践面临着强劲的挑战，需要支持其成为更广泛政治体系的一部分。首先，政治参与程度越高，参与渠道越多，民主也会越复杂，这就要求有更多的、受过更好教育的市民，他们也需要通过技术手段更好地联系起来。拉美地区的许多弱势群体的教育水平低，掌握的技术有限。然而，他们正是一个对表达需求的政治渠道有着更高要求的群体；他们面临被抛弃的风险。其次，许多运动似乎并没有对政治层面的决策起到实际的影响作用。因此，需要相关机制把他们更好地整合进正规制度和公共政策中。

为了充分利用这些新兴的运动，并恢复新兴的需求与现有的政治机构之间的联系，社会运动需要转化为更有效的法律和更强大的机制；同时，现有机制必须对社会需求更加开放，特别是要努力维持其合法性。政治制度需要支持旨在提高公民参与度的社会倡议。此外，当前和未来的青年必须准备好积极参与政治和政治生活，充分利用新机遇。为此，应提高政府的透明度和开放度，促进公民参与（OECD, 2014），同时支持提高公民教育水平、扩大公众参与和提升领导能力的举措。要把支持所有人掌握技术的政策当作社会和政策参与的关键机制加以培育。

城市的未来：面向青年人的城市政策维度

在新技能和高成长型创业的基础上，年轻人拥有建造一个更智慧的、更可持续的城市的潜力和技术上的可能性。在许多拉丁美洲城市中，新生一代已经在积极塑造城市的愿景。在此成就的基础上，年青一代需要机会去推动变革，需要正确的技能和有利的环境去创业和创新。

拉丁美洲未来的城市将比今天人口更加密集、更加多样化，互联性更强，更有经济活力，也更复杂。这不仅会加剧当前的挑战，还会带来新的挑战。快速的城市化进程既要适应有序的扩张，又要通过采取更有智慧、更有效率的城市可持续战略来提高生活质量。然而，与治理、包容、公共安全和绿色实践等相关的棘手问题，在今天应当予以解决。

城市化水平上升将同时带来新的机遇和挑战

2015年，拉美地区大约80%的人口居住在城市，成为全世界城市化率最高的地区之一。城市之所以能吸引绝大多数市民，是因为就业前景更广，工作更加多样化且工资池更丰富（高低品质都有），能够获得更多的公共服务。虽然拉丁美洲是一个中等收入地区，但城市化水平接近发达经济体，且几乎是东南亚经济体（47%）的两倍（见图6-3）。城市化得以飙升，得益于1950年到2000年的农村—城市大迁徙。在这一阶段，平均40%人口迁移到城市（United Nations，2014）。

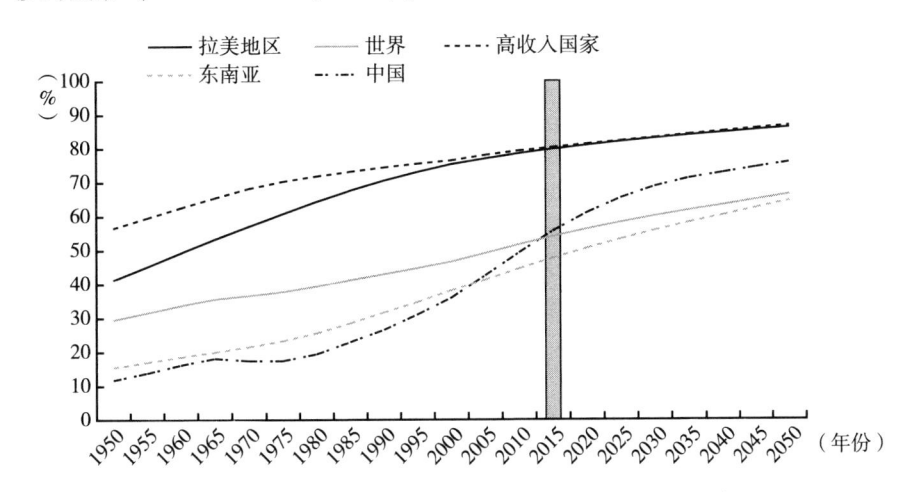

图6-3 拉美和世界其他地区的城市化（占人口的百分比）

资料来源：United Nations（2014）。

到2050年，每十个拉美人中大约有九个将会生活在城市。实际上，大部分的城乡迁移，是在最近50年里发生的。到2050年，只有6.4%的人口预计将会迁移到城市。2015年，拉美超过5亿的人口生活在城市，到2050年，这一数据预计上升到6.73亿以上（增长约34%），也就是说86%的拉美人口将生活在城市。

拉丁美洲经济展望（2017）：青年、技能和创业

拉丁美洲是全世界大都市人口密集水平最高的地区之一，并且会与日俱增。2015年，14%以上的城市人口居住在人口密集的大城市。到2030年，大都市的人口密度将上升到17%，中小城市将会进一步受到压缩。2015年，拉美地区人口密度显然要高于高收入经济体（城市人口占11.7%）和东南亚地区（城市人口占7.7%）（见图6-4）。与高收入国家的这种差距有望进一步扩大，与东南亚地区的差距将会缩小。城市和居民的不同规模都将面临城市化的挑战；然而，这些问题在大城市和小城市之间会有所不同。人口稠密的大都市（即超过1000万人）可能更多地面临着满足基本服务需求的能力不足以及无力适应和容纳城市扩张和人口进一步增长等问题。对于小城市来说，挑战可能来自专注于互联互通（城市以外）和竞争力方面。小城市和大城市的一个共同挑战将会是处理由人口高度集中带来的不平等和社会排斥等问题。

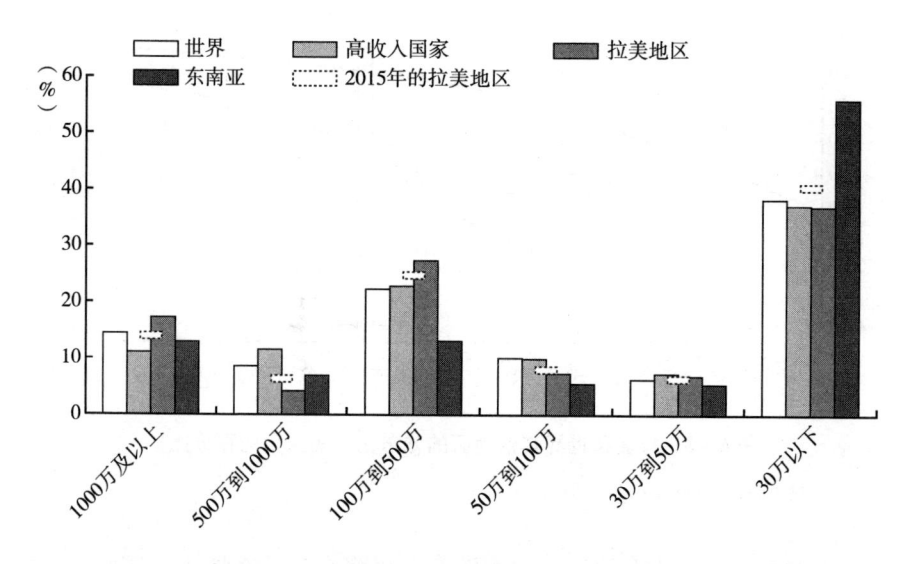

图6-4　到2030年以规模来划分的城市人口分布（城市人口的比重）

资料来源：United Nations (2014)。

城市化水平的提高和人口增长可能会加剧城市当前所面临的挑战，甚至出现新的挑战。一方面，城市必须应对现有的规模扩张、污染、贫困、失业

和非正规就业。城市中心可持续的关键在于利用新技术、清洁能源原料、创新，以及更广泛的城市发展战略，包括改进交通基础设施、用地和住房。这一途径将减少环境影响，提高生产率和宜居性（WEF，2016b，2016c）。另一方面，未来的气候变化和更高的城市化水平可能会使一些城市提供公共服务（如水、垃圾管理、交通运输、医疗卫生、能源）的能力复杂化。例如，用水需求的增加，可能会推高价格，加速农业用水或生态系统的枯竭。同样，由于能源生产或者交通造成空气污染，健康问题可能会增加。城市越大，产生固体和液体垃圾的程度也越高，如果不能妥善处理，那可能会转化成健康和环境问题。这就要求各级政府部门之间更多地加强协作，特别是地方政府之间，这是确保可持续发展的更为有效的途径。同时，要应对这些挑战，只能加大新技术和创新上的投资，使拉美地区的城市能够实现赶超，提高生产力和推动经济增长。同样，进一步投资人力资本，可以开发必要的技能，凸显城市作为创造和创新中心的特点，以减轻气候变化的冲击，并且确保可持续发展观下的长期规划的实施（UN-HABITAT，2011）。

青年可以成为拉美城市更加智慧、更具可持续性的关键驱动力。未来，拉美青年将生活在一个更加城市化的地区，在应对相关的挑战中扮演关键角色，包括提供公共服务。拉美青年参与城市可持续发展的方式，也可能是促进包容性经济增长、提高生产率和整体生活水平的独特机遇（见专栏6.1）。为了达到这些效果，针对技能和创业的政策需要认识到青年在城市变得更加智慧、更具可持续性中的变革作用。政策制定者也必须理解城市可持续发展面临的主要挑战，包括与气候变化、空间和有限资源的利用以及服务供给等相关的挑战。

专栏6.1 OECD的包容性城市倡议

城市和大都市对促进包容性增长至关重要，这在发达国家和发展中国家都一样。OECD的城市包容性增长倡议认识到这一事实。在福特基金会的支持下，2012年OECD发起了"包容性增长"倡议，旨在帮助政府分析日益增加的不平等，监测物质生活标准和更广泛的福利，设计促进公平和增长的政策。OECD的"包容性增长"是一个超越收入概念的多维方式，考察人们生活的其他领域的进展，如工作和健康。

> 包容性增长"市长锦标"（Champion Mayors）是一个致力于推动城市经济增长更具包容性的地方领导人的全球联盟（OECD，2016b）。这一倡议于2016年3月启动，阐述实现包容性经济发展的政策，包括住房、交通和城市环境的可持续发展，以及为城市包容性增长进行融资的新渠道。麦德林（哥伦比亚）、库里达巴特（哥斯达黎加）、基约塔和圣地亚哥（智利）、金士顿（牙买加）、梅里达和蒂华纳（墨西哥）、库斯科和利马（秘鲁）等拉美城市都参与其中。

为了可持续发展，城市必须做好面对气候变化的准备

地区和全球的气候变化影响，是拉美地区面对的主要的挑战之一。在全球层面，工业生产排放的温室气体中的40%~60%，消费排放的温室气体中的60%~70%，均产生在城市——全球气候变暖的罪魁祸首（Kohli，2016）。这些排放极大地造成了全球变暖，包括全球气温和海平面的升高，以及海洋更加酸性化。在地方层面，城市规划不佳，造成空气质量下降、水源枯竭、水质污染、交通拥堵以及其他外部性，已经降低了生活质量，带来严重的健康问题。

气候变化对拉丁美洲的城市产生不同的影响，这取决于其特点、位置（沿海或内陆）和适应能力。气候变化可能更容易对沿海城市造成负面影响，如海平面升高，或者更多的自然灾害所带来的更大的风险。同样，暴露在干旱之中的城市，用水可能会更加艰难。另外，降水量增多会造成强洪水或者寨卡、登革热等疾病增加，城市可能会变得更加脆弱。一些城市面临多重风险。例如，2010年，巴西的朗多尼亚（Rondônia）就遭遇了亚马逊地区有史以来最干旱事件，4年以后，它又遭遇了106年以来最强的洪水。这两大事件对经济、环境和社会造成了致命的影响（OECD，2015b）。

要减少城市环境方面的影响，降低卫生风险，利用清洁和智能的交通系统来提高福利，需要更加合理的城市规划，以及更合理和更多的投资。例如，缺乏城市规划（基于其他因素）导致城市扩张效率低、人口增长，以及私家车拥有量增加。拉美当前的交通网络主要由私人拥有的，以化石为燃

料的汽车构成，从而造成持续的交通堵塞，排放更多温室气体。事实上，继发电之后，交通是温室气体排放的第二大来源（IEA，2015）。

发展城市内的公共交通，并使公共和私人车辆使用更加高效和清洁的汽车技术，是创造一个环境优越的、健康的拉美的关键（ITF，2015）。为进一步探讨该地区内部流动性政策不同的前景，ITF（2015）对发达和落后的基础设施前景下公共交通导向型和私人交通导向型的城市化方案做了比较。在拉美的基准方案下，城市中心 50 万居民的汽车保有量将增长 5 倍，而双轮车的保有量将增长 21 倍。这意味着汽车和两轮车的年平均增长率分别达到 4% 和 8%。因此，在提升私人交通领域流动性的情境下，城市化会带来高强度的二氧化碳排放。相反，专注于公共交通的政策方案会比基准方案减少 17% 的二氧化碳排放，产生更低的流动性边际成本。

清洁能源的开发和利用对于减少温室气体排放、确保拉美城市的可持续发展至关重要。交通、工业和家庭（电力、供暖和制冷）依赖化石燃料，产生了大量的温室气体排放、空气污染和健康问题。为了减少对化石燃料的依赖和温室气体排放，采用地区性的其他补充性能源（如太阳能）和智能电网管理，以最大限度地提高能源效率，可能会使拉丁美洲经济体受益更多。投资清洁能源能产生经济、环境和卫生效益。太阳能或风力能源对化石能源具有经济上的竞争力，也是一个可行的替代。在这方面，巴西已在投资低碳能源组合方面取得了成功。2012 年，可再生能源的使用已经稳步增长到占基础能源总量的 41%（是 OECD 国家平均水平的 4 倍以上）。可再生能源占发电量的 83%，比 OECD 国家平均水平高出 21%（IEA，2015）。同样，哥斯达黎加超过 99% 的电力需求都通过使用清洁能源来满足。

投资更好的用水管理和治理对于解决日益增长的城市化需求、气候变化和水资源短缺也是必要的。基础设施缺失或者老化，尤其是用水方面在拉美国家很常见，导致效率低下（OECD，2016c，2015c）。此外，人口更加密集，可能会导致额外的水污染和其他的水资源和基础设施压力，而气候变化可能会威胁水在不同方面的可用性。更好的治理将提高服务供给的水平和确立用水安全，使未来的城乡急需用水平衡（OECD，2012）。应对目前和未来的用水挑战，只能通过连贯的政策、利益相关者的参与、精心设计的监管框架、充分和可访问的信息，以及足够的能力、诚信和透明度（OECD，2016c，2015b）。

国家应该通过正确的激励，促使城市走上环境友好型的交通、能源使用和水处理的绿色之路。在可用的政策工具中，能源使用税起到很重要的作用。这种税收会促使家庭选择替代性消费，减少温室气体排放，支持环境友好型的交通和能源利用。拉美国家通常对能源利用所征收的税率要低于OECD成员经济体。例如，在阿根廷、巴西、智利和墨西哥，对能源利用产生二氧化碳的有效税率平均为12%[①]，相比之下，OECD国家是52%[②]（OECD，2015d）。提高税收收入有助于拉美地区经济体资助必需的公共投资，使城市进一步实现可持续发展。

智慧城市：构建可持续的城市需要更加智慧地利用空间和有限资源，使服务更有效率

信息和通信技术、人工智能的出现和扩展，物联网的发展和大数据革命从根本上改变了个人尤其是青年人彼此之间参与全球化经济的方式。数据从根本上改变了企业接触客户的方式；技术已经改变了我们沟通和参与社会的方式，物联网正在改造家庭和工作利用资源的方式。城市对这些无法置若罔闻；信息和通信技术、物联网、大数据与城市的融合正在创造"智慧城市"。

通过更好地利用技术和信息，世界各地的城市正在变得更加智慧，在一个动态和快速变化的环境中资源更有效率，提供的服务质量更好、更具可持续性。全球几个城市正在以创新性的方式利用技术和数据，构建更智慧的基础设施（智能建筑），改善能源供应（智能电网），并致力于可持续的、环境友好型的实践（智能交通系统）。成功的智慧城市在欧洲、日本和韩国无处不在。例如，斯德哥尔摩通过对垃圾的燃烧和管理满足了80%的供暖需求。汉堡在400座公共建筑里安装了20万个低能耗灯泡，每年可节约340万欧元。首尔在建筑上建造

[①] 阿根廷、巴西、墨西哥和智利四个国家的非加权平均。
[②] OECD 34个成员国的非加权平均。

光伏系统，以减少温室气体排放和对核能的严重依赖（Ecointelegencia，2012）。

拉丁美洲城市在可持续性、效率和城市发展方面排名均较靠后。尽管有关智慧城市的数据指标仍然处于起步阶段且非常稀缺，但是借助三大系统仍可"管中窥豹"。城市繁荣指数（见专栏6.2）是分析城市几个方面的综合性指标，也是城市层面可持续发展指标（SDGs）的监测框架（UN-Habitat，2015）。爱立信网络社会指数（Ericsson Networked Society Index）（Ericsson，2014）根据全球范围内40个城市的经济、社会和环境表现，来评估信息和通信技术的成熟度。城市运动指数（IESE，2016）使用多维方法建立一个综合测量系统，捕捉全球135个城市10个不同维度的50个指标。在所有这些系统中，拉美地区城市的排名在静态维度中垫底，但在一些动态环境的排名中遥遥领先（见图6-5）。IESE（2016）的研究表明，拉美地区的一些智慧城市得分从2011年以来进步神速，但仍然脆弱，这种快速的变化强调了不远的将来需要更进一步的发展。

拉美城市尽管需要培育，但依然是智慧创新的枢纽，为青年提供创业机遇。像里约热内卢这样的城市，开创了通过信息收集更加有效地利用城市资源的模式（Ericsson，2014）；运营中心编制了30种来自若干地区各个渠道的不同类型的数据。邻近城市正在复制里约模式，城市之间的协作形式成为拉美地区的最佳实践。同样，圣地亚哥也正在试点一个项目，其中的企业园区生产的电动汽车用于公共交通。波哥大的快速公交系统（Bus Rapid Transit）也是一个开创性的交通解决方案。小城市也不断创新（IDB，2016b），但需要来自中央或联邦政府部门更多的支持。

拉美经济体智慧城市的进一步发展受到基础设施赤字，以及城市中心计划外的、临时性的扩张等限制。2012年到2020年，每年的基础设施缺口达到地区GDP的6%以上（ECLAC，2014）。拉美城市的非正规居民数量激增，他们缺乏包括医疗卫生在内的许多基本服务。为了应对城市中心人口密集和污染严重的问题，公共管理必须更加高效和有效。其重点领域涵盖更具包容性的参与、更好的治理、可持续与环境友好型的公用事业、流动和交通、有效的公共安全和灾难管理。

> **专栏6.2　城市繁荣倡议：测量城市可持续发展的工具**
>
> 　　2012年，联合国人居署创立了一个测量城市的可持续性的工具，被称为城市繁荣指数，加上一个概念矩阵，构成"城市繁荣之轮"。2013年，联合国人居署收到许多中央政府和地方政府测量其繁荣指数的请求。领导人和其他决策者都想将其城市与其他城市进行比较。尤其是想知道该如何提高城市繁荣指数，以及应该采取怎样的措施使城市走上繁荣之路，其中包括项目、政策工作以及可能的影响方面的核心观点。作为回应，联合国人居署将城市繁荣指数转化为城市繁荣倡议（CPI），以便发达国家和发展中国家的城市都可以创设指标、基准目标以及能够支持雄心勃勃的、可衡量的长期计划目标。
>
> 　　城市繁荣倡议是可持续发展数据革命的组成部分。除了整合新的数据来源，提高其有用性之外，城市繁荣倡议也使得城市当局及地方和国家的利益相关者能够确定机遇和潜在的干预领域，使城市变得更加繁荣。

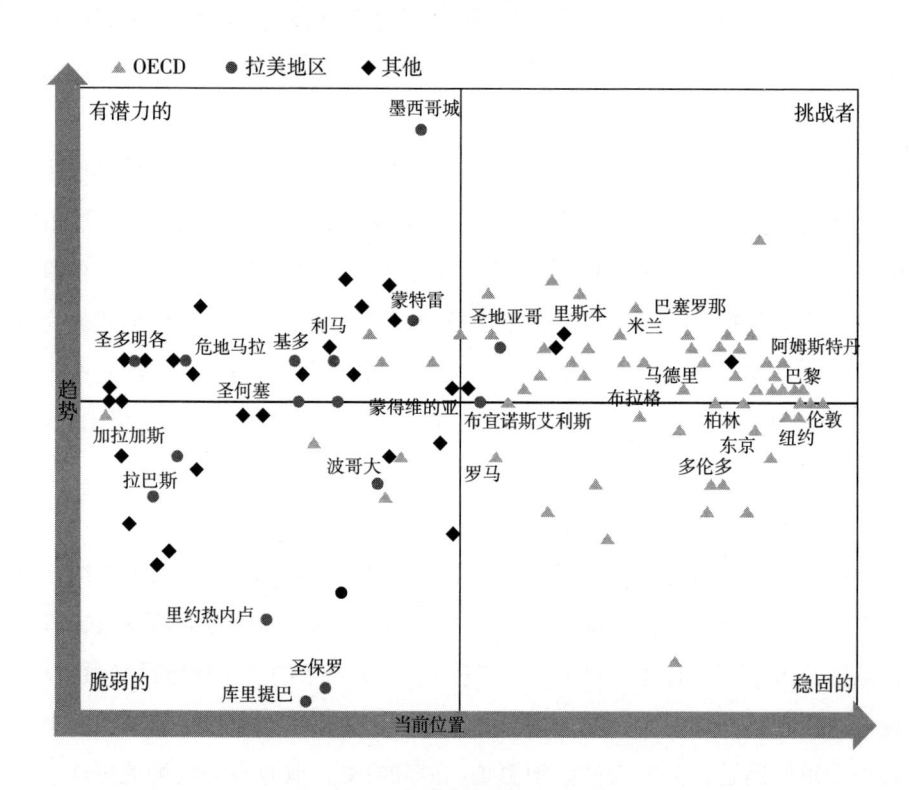

图6-5　城市运动指数（2015）

资料来源：IESE（2016），Cities in Motion Index。

目前，政策制定者在一定程度上能够赋予和鼓励青年的创造力和创业精神，年青一代将引领城市向更加智慧、更加互联、更加可持续的方向转型。拉美青年的潜力还远远没有开发。比起其他年代的人，青年人群联系更加紧密，掌握科技的水平更高；加之获得了正向的技能和激励，他们可以为今天和明天的困难问题找到出路。

未来的城市需要全盘考虑可持续发展目标。人口城市化程度越来越高，城市实现可持续发展目标，将极大地有助于在更广泛的国家层面实现这些目标。因此，可持续发展目标应该被视为许多相互关联和相互依存的目标形成的一个网络，需要一个多维的途径引导各级政府和社会积极参与。

结　论

在工作、政治和城市等领域正在发生的深刻变化将塑造明天的世界，在设计当前政策（尤其是关于技能和创业）时必须予以考虑。技术变革是这些趋势的主要驱动力之一。工作领域预计将会出现任务需求的转换，这要归因于工作的自动化，在OECD国家这种转换率可能达到全部工作的9%（Arntz et al. 2016）。预计会出现新的工作机会，复杂的任务需要人类具备新的技能，如新信息技术的工作技能、解决非结构化的问题，或者某些认知和社会情感技能。在拉丁美洲，1%到2%的就业机会（340万个职位）可能在2030年之前遭到破坏，取而代之的是主要从制造业和建筑业转向批发零售业和信息与通信业等各部门之间的工作再分配。拉丁美洲必须为这一变化做好准备：在该地区，中级技能（更容易被自动化取代）相对丰富，且存在高度的不平衡，因而工作破坏造成的影响可能很大，进而可能会扩大不平等。政策需要为青年提供更强的基础和通用技能，从而支持劳动者适应这种流动性。应对变革和最大限度地利用好工作领域出现的机遇的关键，在于对工人进行贯穿整个生命周期的再培训，同时辅以满足技能需求的机制。

社会和政治需求正在迅速发展之中，与之相适应的工具和渠道也在经历着重大转变。拉丁美洲青年在塑造新兴的政治发展进程中发挥着相应的作用。最近的进步提高了人们对于福利的期望值。但是青年人并没有从这些进展中获得特别的好处。对于出生和成长在民主体制下的这一代人而言，现实与期望之间的差距正在扩大。2015年，大约60%的拉美人表示对民主的运作完全不满意（19%）或不十分满意（37.5%），有65%的人表示对政府几乎没有或者完全没有信心（Latinobarómetro, 2016）。技术进步起到了催化剂的作用，年青一代已经找到组织和动员的新途径，将之作为其表达政治不满的工具。最近，拉美经历了各种社会运动和抗议，其中包括包括墨西哥的"我累了"（#Yamecansé）或"我是132"（#Yosoy132）运动，阿根廷和秘鲁的"一个都不能少"（#NiUnaMenos），厄瓜多尔的"亚苏尼"（#Yasunidos）和巴西的"走上街头"运动（#Vemprarua）。这些社会和政治创新的涌现正在取代传统的政治，创造了一种在政治制度已经落后、无法回应普通社会需求的背景下的政治参与新范式。为了修复社会需求和政治体制之间的联系，必须将一些新兴的趋势作为广义政治制度的一部分加以制度化。动员需要转化为更有效的法律和更强大的机制；同时，现有的机制必须对社会需求更加开放，为恢复合法性做出具体的努力。

到2050年，90%的拉美人将居住在城市，这就是拉美青年将会生活的地区。作为使拉美地区城市更加智慧、更可持续发展的关键动力之一，青年人具有潜力和技术上的可能性。他们可以在城市转型中发挥关键作用，使城市走上生活环境更加可持续、卫生和更具包容性的绿色发展道路。克服这些挑战的途径在于通过更好地利用现有的技术和城市规划，来投资更加智慧的城市。同样，为了实现可持续发展，必须进行投资，以解决当前基础设施的缺口，增加对清洁能源的使用，改善水处理，提供更多、更好的公共交通。青年代表着特殊的机遇，因为与其他任何一代人相比，他们联系都更加紧密，更加具有技术优势。施以正确的技能和激励，他们可以发光发热，克服目前和未来的挑战，构建一个充满机遇和包容性的城市。因此，进一步发展拉丁美洲青年的技能和技术技能，培养他们的创新和创业能力，对于构建更加高效、更具有智慧的城市至关重要。

参考文献

Acemoglu, D. and D.H. Autor (2011), "Skills, tasks and technologies: Implications for employment and earnings", in O. Ashenfelter and D.E. Card (eds.) *Handbook of Labor Economics*, Vol. 4B, pp. 1043-1171, Elsevier, Amsterdam.

Arntz, M., T. Gregory and U. Zierahn (2016), "The risk of automation for jobs in OECD countries: A comparative analysis", *OECD Social, Employment and Migration Working Papers*, No. 189, OECD Publishing, Paris.

Bianchi, M. (2016), "Youth and the new political paradigm in Latin America", *OECD Development Centre Working Papers*, OECD Publishing, Paris.

Birdsall, N. (2016), "Middle-class heroes: The best guarantee of good governance", Centre for Global Development, www.cgdev.org/publication/ft/middle-class-heroes-best-guarantee-good-governance (accessed 16 February 2016).

Brynjolfsson E. and M. McAfee (2014), *The Second Machine Age: Work Progress and Prosperity in a Time of Brilliant Technologies*, W.W. Norton & Company, New York.

Cañigueral, A. (2015), "Can digital sharing economy platforms pull Latin America's informal sector into the mainstream? Yes", *Americas Quarterly*, Summer, Americas Society and Council of the Americas, New York.

ECLAC (2014), "The economic infrastructure gap and investment in Latin America", *FAL Bulletin*, Vol. 332/4, Economic Commission for Latin America and the Caribbean, Santiago.

Ecointeligencia (2012), *Ciudades Ecointeligentes* (1), www.ecointeligencia.com/documents/ciudades-ecointeligentes-1.pdf.

Ericsson (2014), *Networked Society City Index 2014*, Ericsson, Stockholm, www.ericsson.com/res/docs/2014/networked-society-city-index-2014.pdf.

Financial Times (2016), "Bring on the robots but reboot our societies too", 6 May 2016, *FT View*, Financial Times, London.

Frey, C. and M. Osborne (2013), "The future of employment: How susceptible are jobs to computerisation?", *Working Paper*, Oxford Martin Programme on Technology and Employment, University of Oxford.

IDB (2016a), "Economía Colaborativa en América Latina" ["The Collaborative Economy in Latin America"], Instituto de Empresa, Fondo Multilateral de Inversiones, Inter-American Development Bank and Government of Spain, Madrid, http://idbdocs.iadb.org/wsdocs/getDocument.aspx?DOCNUM=40259423.

IDB (2016b), *Emerging and Sustainable Cities Initiative* website, Inter-American Development Bank, Washington, DC, www.iadb.org/en/topics/emerging-and-sustainable-cities/sustainable-cities-publications,18715.html (accessed 15 June 2016).

IEA (2015), *Energy Statistics of OECD Countries 2015*, International Energy Agency, OECD Publishing, Paris, http://dx.doi.org/10.1787/energy_stats_oecd-2015-en.

IESE (2016), *Cities in Motion – Index 2016*, IESE Business School-University of Navarra and Center for Globalisation and Strategy, Navarra, Spain, www.iese.edu/research/pdfs/ST-0396-E.pdf.

ILO (2016), *Key Indicators of the Labour Market (KILM)*, Ninth Edition, International Labour Organization, Geneva.

ITF (2015), *ITF Transport Outlook 2015*, International Transport Forum, OECD Publishing, Paris, http://dx.doi.org/10.1787/9789282107782-en.

Justino, P. and B. Martorano (2016), "Inequality, distributive beliefs and protests: A recent story from Latin America", *IDS Working Paper*, No. 467, Institute of Development Studies, University of Sussex.

Kohli, H. (2016), "El mundo en el año 2050. En busca de una sociedad más próspera, justa y armoniosa" ["The world in the year 2050. Seeking a more prosperous, fair and harmonious society"], Emerging Markets Forum, Washington, DC.

Latinobarómetro (2016), *Latinobarómetro Análisis de Datos* (database), www.latinobarometro.org/latOnline.jsp (accessed 10 June 2016).

Levy, F. and R.J. Murnane (2013), "Dancing with robots: Human skills for computerized work", 17 July, Third Way, Washington, DC, www.thirdway.org/report/dancing-with-robots-human-skills-for-computerized-work.

OECD (2016a), "Skills matter: Further results from the Survey of Adult Skills", *OECD Skills Studies*, OECD Publishing, Paris, http://dx.doi.org/10.1787/9789264258051-en.

OECD (2016b), "Proceedings from the Launch of the Inclusive Growth in Cities Campaign" OECD and Ford Foundation, OECD Publishing, Paris, www.oecd.org/inclusive-growth/events/IGIC%20Launch%20Proceedings_FINAL.pdf.

OECD (2016c), "Water Governance in Cities", *OECD Studies on Water*, OECD Publishing, Paris, http://dx.doi.org/10.1787/9789264251090-en.

OECD (2016d), *Getting Skills Right: Assessing and Anticipating Changing Skill Needs*, OECD Publishing, Paris, http://dx.doi.org/10.1787/9789264252073-en.

OECD (2015a), *Government at a Glance 2015*, OECD Publishing, Paris, http://dx.doi.org/10.1787/gov_glance-2015-en.

OECD (2015b) "Water resources governance in Brazil", *OECD Studies on Water*, OECD Publishing, Paris, http://dx.doi.org/10.1787/9789264238121-en.

OECD (2015c), *OECD Principles on Water Governance*, OECD Publishing, Paris, www.oecd.org/gov/regional-policy/OECD-Principles-on-Water-Governance-brochure.pdf.

OECD (2015d), *Taxing Energy Use 2015: OECD and Selected Partner Economies*, OECD Publishing, Paris, http://dx.doi.org/10.1787/9789264232334-en.

OECD (2014), *Open Government in Latin America*, OECD Publishing, Paris, http://dx.doi.org/10.1787/9789264223639-en.

OECD (2012), "Water governance in Latin America and the Caribbean: A multi-level approach", *OECD Studies on Water*, OECD Publishing, Paris, http://dx.doi.org/10.1787/9789264174542-en.

OECD/CAF/ECLAC (2015), *Latin American Economic Outlook 2016: Towards a New Partnership with China*, OECD Publishing, Paris, http://dx.doi.org/10.1787/9789264246218-en.

OECD/CAF/ECLAC (2014), *Latin American Economic Outlook 2015: Education, Skills and Innovation for Development*, OECD Publishing, Paris, http://dx.doi.org/10.1787/leo-2015-en.

OECD/IDB (2016), *Broadband Policies for Latin America and the Caribbean: A Digital Economy Toolkit*, OECD and Inter-American Development Bank, OECD Publishing, Paris, http://dx.doi.org/10.1787/9789264251823-en.

Scarpetta, S. (2016), "What future for work?", *OECD Observer*, No. 305/1, OECD Publishing, Paris, http://dx.doi.org/10.1787/e0e110b2-en.

The Economist (2014), "The third great wave", *Special Report, The World Economy*, 4 October.

UN-HABITAT (2015), *The City Prosperity Initiative: 2015 Global City Report*, UN-Habitat and International City Leaders, UN-Habitat, Nairobi.

UN-HABITAT (2011), *Cities and Climate Change: Global Report on Human Settlements 2011*, UN-Habitat, Nairobi.

United Nations (2014), *World Urbanization Prospects, 2014 Revision*, Department of Economic and Social Affairs, Population Division, New York.

United Nations General Assembly (2015), "Transforming our world: The 2030 Agenda for Sustainable Development", Resolution Adopted by the General Assembly on 25 September 2015, United Nations, New York, https://sustainabledevelopment.un.org/post2015/transformingourworld.

WEF (2016a), "The future of jobs: Employment, skills and workforce strategy for the fourth industrial revolution", *Global Challenge Insight Report*, World Economic Forum, Geneva, http://www3.weforum.org/docs/WEF_Future_of_Jobs.pdf.

WEF (2016b) *Inspiring Future Cities and Urban Services: Shaping the Future of Urban Development & Services Initiative*, World Economic Forum, Geneva, www3.weforum.org/docs/WEF_Urban-Services.pdf.

WEF (2016c), *Shaping the Future of Urban Development & Services*, website, www.weforum.org/global-challenges/projects/future-of-urban-development-services/ (accessed 31 May 2016).

World Bank (2015), *Equity Lab, LAC Equity Lab Tabulations of SEDLAC* (database), CEDLAS and the World Bank, Washington, DC, www.worldbank.org/en/topic/poverty/lac-equity-lab1/overview (accessed 15 May 2016).

国别信息

阿根廷

最新趋势

阿根廷的劳动力市场环境继续改善，但仍然低于拉美地区平均水平。不同工作群体从2001年危机中恢复的情况各不相同。成年人（30~64岁）失业率从2004年以来一直下降，到2014年下降至4.5%，不过仍然高于拉美平均水平（3.4%），低于OECD国家平均水平（5.8%）。从2004年到2014年，成年非正规就业率下降了15个百分点——从41.6%跌至26.6%。以上指标来自基于阿根廷的全国家庭调查的拉丁美洲和加勒比社会经济数据库（SEDLAC）。

尽管成就显著，但是拉美地区青年融入到劳动力市场和社会的困难依然"顽固"，尤其是在阿根廷。青年失业率呈现缓慢下降的趋势，在2004~2014年，约从21%下降到14%，但仍然要高于拉美（10.3%）和OECD（12.5%）的平均水平。青年的非正规就业率（2014年是49.1%）正在上升，几乎是成年非正规就业率的两倍。

阿根廷青年人中1/3以上还在学习（37%），拉美地区这一比例为25.3%。拉美地区40%以上在工作或者半工半读。"三无青年"（NEETs）面临着被劳动力市场长期拒之门外的风险。这种风险会因为贫困和脆弱的"三无青年"的比例相对较大而显得尤其严峻。在阿根廷，15~29岁的青年人中有20.5%是"三无青年"，相比之下，OECD这一比例总体上为15.1%。"三无青年"中的3/4处于贫困和脆弱状态。"三无青年"中，男女的占比相差15个百分点。

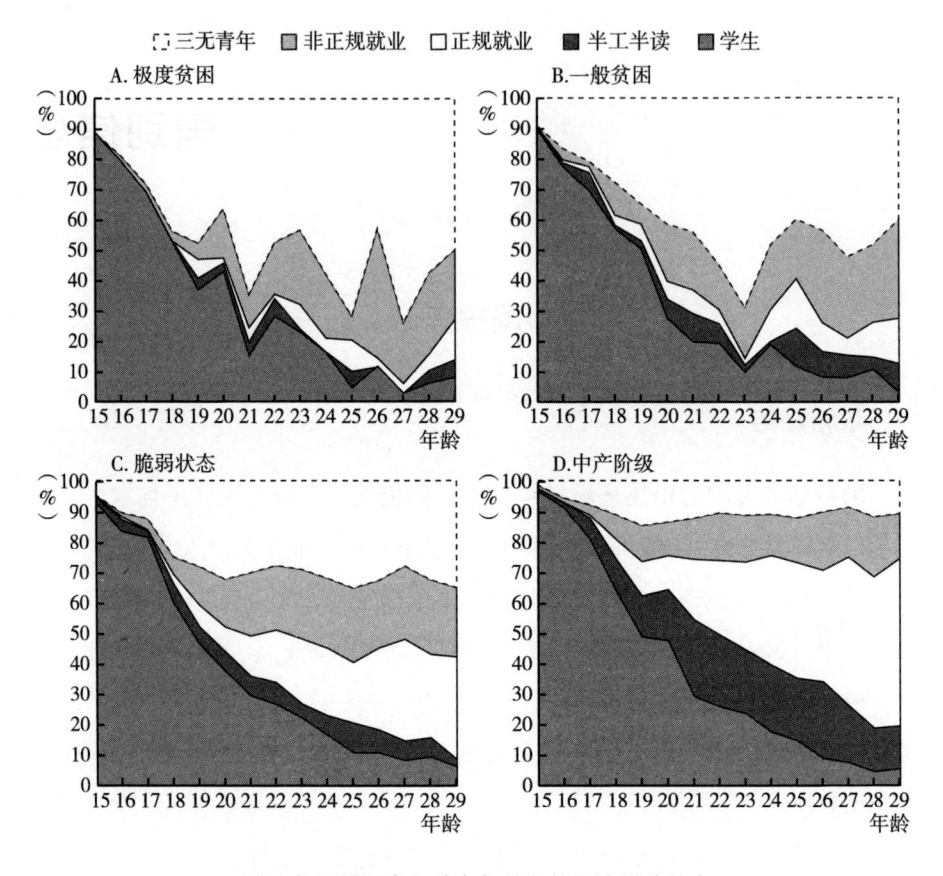

2014 年阿根廷青年单个年龄段的经济活动状态

资料来源：OECD 和世界银行的 SEDLAC 表（CEDLAS and World Bank）。

青年人对于选举结果透明度的信心（35.3%）低于成年人（39.2%）。不过，根据盖洛普世界观察调查的结果，阿根廷青年对于所居住区域的安全感（42.5%）略高于成年人（41.9%）。

阿根廷的教育普及程度高于拉美地区的平均水平。2014 年，在 25~29 岁年龄段的青年中，约有 67% 完成了中学教育（拉美相应的平均水平约为 55%），17% 完成了高等教育（拉美相应的平均水平约为 15%）。然而，与该地区其他国家一样，阿根廷面临着辍学率高、毕业率低的情况：25% 的青年人（15~29 岁）没有读完中学就辍学，12.2% 的中学生进入到技术与职业的教育和培训项目中，阿根廷用于技术与职业的教育与培训项目的支出占GDP的0.05%，低于拉美地区和OECD的平均水平。

就拉美创业而言，自我雇用的主要形式是个体户（12%），而非雇主（占青年工人的1%）。此外，来自全球创业观察（GEM）的数据显示，阿根廷青年的必要性创业（比起所有早期创业）所占的比重（大约36%）高于拉美地区（约26%）和OECD国家的平均水平（16%）。

阿根廷的创业障碍几乎是OECD国家平均水平的两倍。青年创业面临最重要的障碍似乎来自法律程序的复杂和开办的行政负担。

阿根廷青年政策的最新发展

阿根廷的终身学习和培训项目的历史很长。"青年有更多更好的工作"项目（Jóvenes con Más y Mejor Trabajo）提升了18至24岁之间未完成中学教育的青年的正规就业率，尤其是那些家境贫困的青年。该项目的课程帮助青年参与了解工作，学习一项工作，完成小学或者中学教育，开办一个企业或者成为学徒。

自2014年以来，"支持阿根廷学生"项目（Programa de Respaldo a Estudiantes de Argentina）大约为70.3万学生提供了现金支持，其中73%为女性，78%的人年龄在18~22岁。该项目向18~24岁的失业、非正规就业或者工资低于最低工资水平的青年提供现金转移支付。受益者必须按规定参与公共教育（中学、高等教育或者大学教育）或者劳动培训项目，且接受每年的医疗体检。

面向青年的政策关注教育，旨在避免辍学，鼓励青年重返学校。前者包括"国家学生津贴项目"（Programa Nacional de Becas Estudiantiles）、"技术教育激励项目"（the Becas para el Estímulo de la Educación Técnica）及"怀孕和已生育的学生支持项目"（Programa de Apoyo para Estudiantes Embarazadas y Estudiantes con Hijos）。重返校园的项目也很受重视，"完成小学和初中学习"（Finalización de Estudios Primarios y Secundarios-FinEs）和"思考学校"（Pensá en la Secundaria）这两大项目起到了特殊的作用。高等教育项目包括"全国大学津贴项目"（Programa Nacional de Becas Universitarias PNUB）和"国家200

周年纪念津贴项目"（Programa Nacional de Becas Bicentenario-PNBB）。

2016 年，阿根廷政府向国会提交了"首次就业法"（Primer Empleo）草案以及一揽子旨在提高就业率的法律草案，其中包括"创业法"（Ley de Emprendedores）。"首次就业法"已经经过国会讨论，目标在于通过给予税收豁免、补贴待遇，以及激励雇主雇用年龄在 18 到 24 岁且社会保障缴费少于 36 个月的青年人，来提升青年人的就业率。"创业法"旨在通过允许企业在一个工作日内就完成注册来去除繁文缛节。

阿根廷的关键指标

劳动力市场发展(%)	阿根廷		拉美		OECD	
	2004 年	2014 年	2004 年	2014 年	2004 年	2014 年
失业率：成年人(30~64 岁)	8.6	4.5	4.8	3.4	4.6	5.8
失业率：青年人(15~29 岁)	20.9	14.0	12.4	10.3	8.0	12.5
非正规就业率：成年人(30~64 岁)	41.6	26.6	47.0	38.3		
非正规就业率：青年人(15~29 岁)	59.8	49.1	62.3	52.3		

青年和社会经济状态(%)	阿根廷				拉美(17 国)			
	极度贫困	一般贫困	脆弱状态	中产阶级	极度贫困	一般贫困	脆弱状态	中产阶级
青年(15~29 岁)	5.7	8.2	41.9	44.3	15.1	12.4	39.4	33.1

青年人(15~29 岁)[i]的活动率(%)	阿根廷		拉美		OECD
	2004 年	2014 年	2004 年	2014 年	2014 年
学生	34.2	37.4	23.0	25.3	13.2
半工半读	10.5	10.1	11.3	11.2	35.5
工作	33.5	31.9	43.6	43.1	36.2
三无青年	21.8	20.5	22.2	20.3	15.1

续表

以社会经济状态划分的青年人(15~29岁)[i]的活动率(%)	阿根廷				拉美(17国)			
	极度贫困	一般贫困	脆弱状态	中产阶级	极度贫困	一般贫困	脆弱状态	中产阶级
学生	41.3	40.7	40.3	34.1	27.0	29.7	30.0	30.7
半工半读	2.2	4.5	5.4	16.5	7.8	7.5	8.9	15.0
工作:正规	3.2	5.4	13.8	26.2	4.8	9.6	18.4	28.8
工作:非正规	11.7	13.8	15.1	12.6	25.2	22.0	19.1	13.3
三无青年	41.6	35.6	25.5	10.6	35.1	31.2	23.7	12.2

青年受雇情况[i]的分布(%)	阿根廷	拉美	OECD
雇员	86.1	70.0	88.0
雇主	1.1	2.2	3.9
个体户	11.6	16.3	5.7
无报酬的家庭工作	1.2	11.2	24.0

	阿根廷		拉美		OECD	
选举信任[ii](%)	青年(16~29岁)	成年(30~64岁)	青年(16~29岁)	成年(30~64岁)	青年(15~29岁)	成年(30~64岁)
对选举结果的透明度表示信任的人口比重	35.3	39.2	36.3	39.3	62.1	63.2

安全感[ii](%)						
对生活的城市或者地区感到安全的人口比重	42.5	41.9	47.0	46.0	70.9	71.3

	阿根廷		拉美		OECD
技能[iii](%)	青年(25~29岁)	成年(30~64岁)	青年(25~29岁)	成年(30~64岁)	青年(25~64岁)
完成中学教育的人口	67.3	57.2	55.4	38.6	76.0
完成高等教育[a]的人口	17.0	21.8	14.6	13.4	34.0

	阿根廷(2013年)	拉美(18)	OECD(33)
进入到职业项目[b]中的中学生	12.2	14.5	26.1

	阿根廷(2014年)	拉美	OECD(2014年)
培训项目的公共支出(占GDP的比重)[c]	0.05	0.12	0.15

续表

创业[iv]（%）	阿根廷	拉美	OECD
出于必要性动机的创业（占全部早期创业的18~29岁青年的比重）	36.1	26.2	16.0

创业障碍指数[v]	阿根廷	拉美	OECD
法律程序的复杂性	1.4	1.2	0.6
开办的行政负担	1.1	0.9	0.6
对原有企业的法律保护	0.5	0.6	0.4
总计	3	2.7	1.6

注：i）拉美根据17个国家的加权平均计算，这些国家为：阿根廷、玻利维亚、巴西、智利、哥伦比亚、哥斯达黎加、多米尼加共和国、厄瓜多尔、萨尔瓦多、危地马拉、洪都拉斯、墨西哥、尼加拉瓜、巴拿马、秘鲁、巴拉圭、乌拉圭。OECD根据34个成员的加权平均计算。ii）拉美根据16个国家非加权平均计算，这些国家为：阿根廷、巴西、智利、哥伦比亚、哥斯达黎加、多米尼加共和国、厄瓜多尔、萨尔瓦多、危地马拉、洪都拉斯、墨西哥、尼加拉瓜、巴拿马、巴拉圭、秘鲁、乌拉圭。OECD根据35个成员的简单平均计算。iii）拉美根据17个国家的非加权平均计算，这些国家为：阿根廷、玻利维亚、巴西、智利、哥斯达黎加、多米尼加共和国、厄瓜多尔、萨尔瓦多、危地马拉、洪都拉斯、墨西哥、尼加拉瓜、巴拿马、秘鲁、巴拉圭、乌拉圭。OECD根据34个成员的简单平均计算。iv）人口的比例主要考察必要型创业（没有其他工作选择）人员而不是机遇型创业人员的比例。拉美主要来源于10个国家的非加权平均，这些国家为：阿根廷、巴西、智利、哥伦比亚、厄瓜多尔、危地马拉、巴拿马、墨西哥、秘鲁和乌拉圭。OECD主要是以下26个国家的非加权平均：澳大利亚、比利时、智利、爱沙尼亚、芬兰、德国、希腊、匈牙利、爱尔兰、以色列、意大利、拉脱维亚、卢森堡、墨西哥、荷兰、挪威、波兰、葡萄牙、斯洛伐克、斯洛文尼亚、韩国、西班牙、瑞典、瑞士、英国和美国。v）创业障碍指数由以下三个二级指数构成：1）法律程序的复杂性：测量许可证和批准制度，例如法律和程序的沟通和简化程度。2）开办的行政负担：测量企业和独资公司面临的负担，以及服务行业中的障碍。3）对原有企业的法律保护：测量进入的法律障碍、反垄断豁免和互联网行业的壁垒。这三个指数都是基于"2013年产品市场法规问答调查"，见http：//www.oecd.org/eco/reform/PMR - Questionnaire - 2013.pdf。该指数反映了如下国家的法律现状：肯尼亚、菲律宾、卢旺达和乌拉圭（2014年），玻利维亚、厄瓜多尔、危地马拉、巴拿马、巴拉圭和委内瑞拉（2015年），以及其他国家（2013年）。0到6代表从最不严格到最严格。更多细节可参见"方法论栏目"。

资料来源：i）有关拉美国家的SEDLAC量表（CEDLAS和世界银行）和OECD（2014）的OECD-LFS数据。ii）OECD根据Gallup Organization（2014）计算，Gallup World Monitor（数据库）；iii）（a）有关拉美国家的SEDLAC量表（2014）；OECD（2014），Education at a Glance 2014：OECD指标；（b）UNESCO（2016）和DiNIECE，Ministerio de Educación（2013）有关拉美国家的数据以及OECD（2014），Education at a Glance 2014：OECD指标；（c）World Bank LAC Social Protection Database（2015）和OECD/EC劳动力市场项目数据库。iv）Global Entrepreneurship Monitor（2015）的个人数据。v）OECD-WBG产品市场法律数据库中除了以下国家之外的所有国家：巴西、智利、印度、墨西哥和南非；OECD产品市场法律数据库（2014）。

国别信息

巴 西

最新趋势

根据拉丁美洲和加勒比社会经济数据库（SEDLAC）基于巴西全国家庭调查（Pesquisa Nacional por Amostra de Domicílio）的数据，巴西2014年的失业率（4%）低于OECD国家平均水平，但仍然略高于拉美平均水平（3.4%）。成年人的非正规就业率在2004年到2014年间下降了大约10个百分点，即从28%下降到19%，低于拉美平均水平。

一方面，与总体失业率相比，巴西的青年失业率仍相对较高（2014年为13.5%）。巴西青年失业率接近OECD国家平均水平（12%），但仍然高于拉美平均水平（10%）。另一方面，青年的非正规就业率要低于拉美平均水平（52.3%），而成年的非正规就业率要远远高于拉美平均水平。

拉丁美洲和加勒比社会经济数据库基于巴西全国家庭调查的数据展示了巴西青年的劳动环境。2014年，五分之一以上的巴西青年（22.5%）仍是学生，这一比例在拉美地区是25.3%；一半以上的青年处于工作或者半工半读状态。三无青年（NEETs）面临着被劳动力市场长期拒之门外的风险。这一风险因为贫困或者脆弱的三无青年所占的比例相对较大而显得特别严峻。同一年，巴西15~29岁青年中大约有20%是"三无青年"，与拉美平均水平一致，但是高于OECD（15.1%）。贫困和脆弱"三无青年"占80%左右。此外，男女青年占比相差20个百分点左右。

根据盖洛普世界观察调查的结果，青年人对于选举结果透明度的信心（21.4%）低于成年人（24.2%），和地区平均水平。不过，认为居住社区安全的巴西青年的比例与成年相当（41%），低于拉美地区平均水平（47%）。

巴西中学以上的教育普及程度略低于拉美地区的平均水平。2014年，

63.6%的青年（25～29岁）完成了中学教育（拉美相应的平均水平为55.4%），只有13.3%完成了高等教育（拉美相应的平均水平为14.6%）。然而，比起该地区的其他国家，巴西面临着辍学率高、毕业率低的情况：28%的青年人（15～29岁）没有读完中学就辍学。同时，中学生进入到技术与职业的教育和培训项目的人员比例非常低。另一方面，巴西用于培训项目的支出占到GDP总量的0.1%，与拉美地区和OECD国家平均水平大致相等。

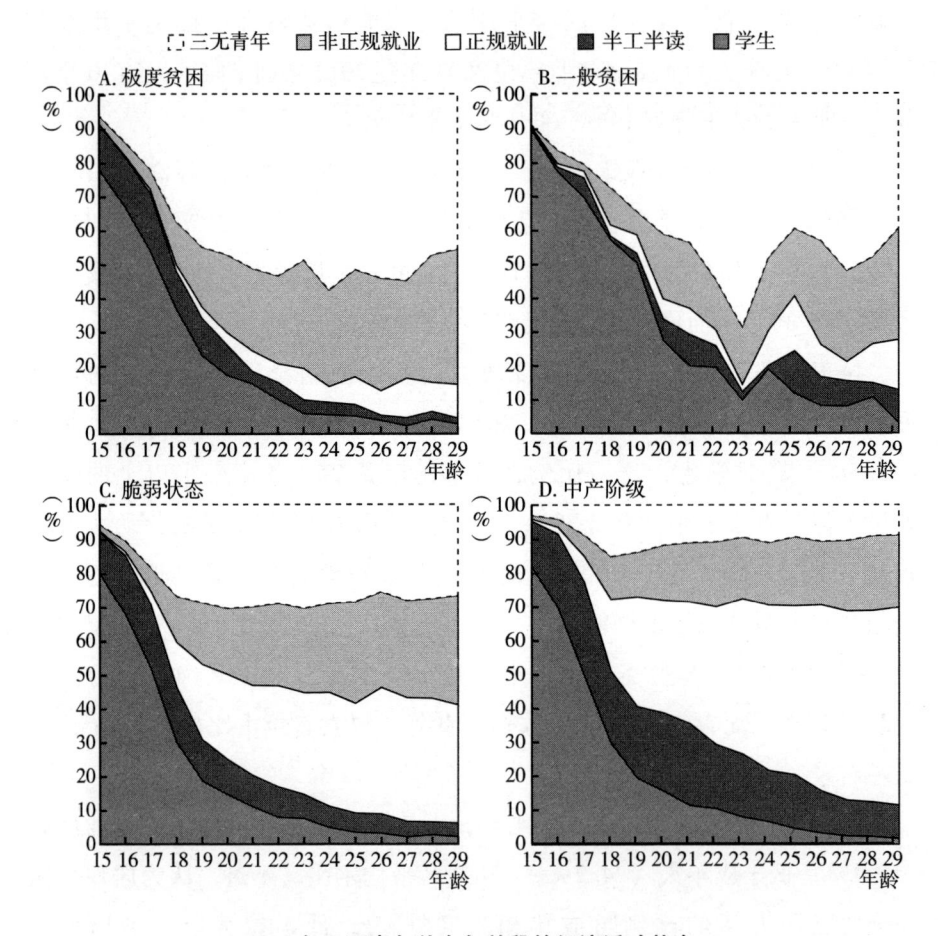

2014年巴西青年单个年龄段的经济活动状态

资料来源：OECD和世界银行的SEDLAC表（CEDLAS and World Bank）。

就巴西的创业而言，自我雇用的主要形式是个体户，而非雇主（11.2%的青年工作者是个体户，而只有1.2%是雇主）。此外，来自全球创业观察（GEM）的数据显示，巴西青年的必要性创业（相比所有早期创业）所占的比重（2015年是42%）要高于拉美地区（26.2%）和OECD国家平均水平（16%）。

巴西的创业障碍高于拉美地区和OECD国家平均水平。青年创业面临的最重要的障碍似乎来自法律程序的复杂性和开办的行政负担。

青年就业政策的最新趋势

巴西青年工人的高失业率令人尤其不安。根据2015年的全国家庭调查，15~24岁的人口失业率达到16.8%，而所有年龄的平均失业率为9.0%。于是，政府发展了大量的项目——从传统学徒项目（由公共培训机构推动）到专注于青年关键环节的项目（如那些针对贫困家庭和辍学的项目），对这一结构性问题起到了或多或少的影响。

学徒法（Lei do Aprendiz）在2000年出台，由劳工部执行，为青年工人提供培训-学院和实践经验的两段式机会。申请人必须在14到24岁之间，上过小学或者高中。大中型企业使用学徒数（青年工人）至少占用工总数的15%，则可以获得就业保险基金（Fundo de Garantia por Tempo de Serviço，FGTS，失业基金的一种）缴费的优惠。企业只需要向这个基金缴纳基本工资的2%，取代之前的8%或者8.5%。主要目的在于使参加者得到正规工作，帮助他们将来留在劳动力市场中的正规部门。

此外，全国青年融入项目（Programa Nacional de Inclusão de Jovens-ProJovem）根据2005年的一项法案建立，在2008年进行了调整，由联邦政府、州、自治市和第三方部门合作执行。全国青年融入项目为特定目标提供正规的就业课程，包括青少年（针对15~17岁的需重返教育体系的青年）、城市（针对18~29岁没有读完小学的青年）、农村（针对被排除在正规教育体系之外的年轻农民）和工人（针对青年为劳动力市场做好准备，以及替代性的创收职业和为达到最低参与的财政补贴）。

培训项目的最新趋势

全国技术教育和就业获得项目（Nacional de Acesso ao Ensino Técnico e Emprego-Pronatec）创建于 2011 年，为青年、工人和国家收入转移支付的受益者扩大了获得职业和技术教育的机会。在 2011 年到 2014 年，4300 个自治市中的 810 万人注册了全国技术教育和就业获得项目，而 2015 年只有 130 万人注册该项目。2016 年，这一数量预计会增加到 160 万。

全国技术教育和就业获得项目有五个动机。第一，联邦职业教育、科学和技术网络（Rede Federal de Educação Profissional, Científica e Tecnológica）在 2003 年到 2014 年扩展到 422 个联邦教育机构，总共开办了 562 个校区。第二，巴西职业项目（Programa Brasil Profissionalizado）旨在扩大提供和增强职业教育与高中的整合，联邦政府向职业教育网络拨付基金。大约 20 亿雷亚尔将用于州立学校的建筑、改造和扩建，装备技术课程实验室和培训教师。第三，巴西 e－科技网络（Rede e-Tec Brasil）提供远程学习的免费技术课程和职业培训。第四，全国学习服务的费用协议（Acordo de Gratuidade com os Serviços Nacionais de Aprendizagem）旨在分配资源，使得低收入者、特别是学生和工人，能够参与技术课程，拿到职业认证。第五，全国技术教育和就业获得项目中的培训补贴，为高中学生提供初级技术课程，为高中毕业生和成年人提供继续培训课程或者职业认证。之间

参考文献

Instituto Brasileiro De Geografia E Estatística (IBGE) (2015), *Pesquisa Nacional por Amostra de Domicílios (PNAD)* (National Household Survey), http://www.ibge.gov.br/home/estatistica/pesquisas/pesquisa_resultados.php?id_pesquisa=40 [accessed on 16 August 2016].

巴西的关键指标

劳动力市场发展(%)	巴西		拉美		OECD	
	2004年	2014年	2004年	2014年	2004年	2014年
失业率:成年人(30~64岁)	5.4	4.0	4.8	3.4	4.6	5.8
失业率:青年人(15~29岁)	15.3	13.5	12.4	10.3	8.0	12.5
非正规就业率:成年人(30~64岁)	28.0	19.0	47.0	38.3		
非正规就业率:青年人(15~29岁)	42.7	28.5	62.3	52.3		

青年和社会经济状态(%)	巴西				拉美(17国)			
	极度贫困	一般贫困	脆弱状态	中产阶级	极度贫困	一般贫困	脆弱状态	中产阶级
青年(15~29岁)	8.2	10.2	38.2	43.4	15.1	12.4	39.4	33.1

青年人(15~29岁)[i]的活动率(%)	巴西		拉美		OECD
	2004年	2014年	2004年	2014年	2014年
学生	21.6	22.5	23.0	25.3	13.2
半工半读	15.6	13.1	11.3	11.2	35.5
工作	43.1	44.5	43.6	43.1	36.2
三无青年	19.7	20.0	22.2	20.3	15.1

以社会经济状态划分的青年人(15~29岁)[i]活动率(%)	巴西				拉美(17国)			
	极度贫困	一般贫困	脆弱状态	中产阶级	极度贫困	一般贫困	脆弱状态	中产阶级
学生	28.6	27.1	24.0	18.7	27.0	29.7	30.0	30.7
半工半读	8.1	7.7	10.2	17.4	7.8	7.5	8.9	15.0
工作:正规	4.6	9.6	22.3	38.0	4.8	9.6	18.4	28.8
工作:非正规	20.2	20.4	19.2	15.8	25.2	22.0	19.1	13.3
三无青年	38.4	35.1	24.4	10.1	35.1	31.2	23.7	12.2

青年受雇情况[i]的分布(%)	巴西	拉美	OECD
雇员	81.2	70.0	88.0
雇主	1.2	2.2	3.9
个体户	11.2	16.3	5.7
无报酬的家庭工作	6.4	11.2	24.0

续表

	巴西		拉美		OECD	
选举信任ii(%)	青年 (16~29岁)	成年 (30~64岁)	青年 (16~29岁)	成年 (30~64岁)	青年 (15~29岁)	成年 (30~64岁)
对选举结果的透明度表示信任的人口比重	21.4	24.2	36.3	39.3	62.1	63.2
安全感ii(%)						
对生活的城市或者地区感到安全的人口比重	40.9	41.0	47.0	46.0	70.9	71.3

	巴西		拉美		OECD	
技能iii(%)	青年 (25~29岁)	成年 (30~64岁)	青年 (25~29岁)	成年 (30~64岁)	青年(25~64岁)	
完成中学教育的人口	63.6	44.5	55.4	38.6	76.0	
完成高等教育a的人口	13.3	12.9	14.6	13.4	34.0	
	巴西(2013年)		拉美(18国)		OECD(33国)	
进入到职业项目b中的中学生	3.5		14.5		26.1	
	巴西(2014年)		拉美		OECD(2014年)	
培训项目的公共支出(占GDP的比重)c	0.10		0.12		0.15	
创业iv(%)	巴西(2014年)		拉美		OECD(2014年)	
出于必要性动机的创业(占全部早期创业的18~29岁青年的比重)	41.7		26.2		16.0	
创业障碍指数v	巴西		拉美		OECD	
法律程序的复杂性	1.3		1.2		0.6	
开办的行政负担	1.0		0.9		0.6	
对原有企业的法律保护	0.6		0.6		0.4	
总计	2.9		2.7		1.6	

注：i) 拉美根据17个国家的加权平均计算，这些国家为：阿根廷、玻利维亚、巴西、智利、哥伦比亚、哥斯达黎加、多米尼加共和国、厄瓜多尔、萨尔瓦多、危地马拉、洪都拉斯、墨西哥、尼加拉瓜、巴拿马、秘鲁、巴拉圭、乌拉圭。OECD根据34个成员的加权平均计算。ii) 拉美根据16个国家非加权平均计算，这些国家为：阿根廷、巴西、智利、哥伦比亚、哥斯达黎加、多米尼加共和国、厄瓜多尔、萨尔瓦多、危地马拉、洪都拉斯、墨西哥、尼加拉瓜、巴拿马、巴拉圭、秘鲁、乌拉圭。OECD根据35个成员的简单平均计算。iii) 拉美根据17个国家的非加权平均计算，这些国

家为：阿根廷、玻利维亚、巴西、智利、哥伦比亚、哥斯达黎加、多米尼加共和国、厄瓜多尔、萨尔瓦多、危地马拉、洪都拉斯、墨西哥、尼加拉瓜、巴拿马、秘鲁、巴拉圭、乌拉圭。OECD根据34个成员的简单平均计算。iv）人口的比例主要考察必要型创业（没有其他工作选择）人员而不是机遇型创业人员的比例。拉美主要来源于10个国家的非加权平均，这些国家为：阿根廷、巴西、智利、哥伦比亚、厄瓜多尔、危地马拉、巴拿马、墨西哥、秘鲁和乌拉圭。OECD主要是以下26个国家的非加权平均：澳大利亚、比利时、智利、爱沙尼亚、芬兰、德国、希腊、匈牙利、爱尔兰、以色列、意大利、拉脱维亚、卢森堡、墨西哥、荷兰、挪威、波兰、葡萄牙、斯洛伐克、斯洛文尼亚、韩国、西班牙、瑞典、瑞士、英国和美国。v）创业障碍指数由以下三个二级指数构成：1）法律程序的复杂性：测量许可证和批准制度，例如法律和程序的沟通和简化程度。2）开办的行政负担：测量企业和独资公司面临的负担，以及服务行业中的障碍。3）对原有企业的法律保护：测量进入的法律障碍、反垄断豁免和互联网行业的壁垒。这三个指数都是基于"2013年产品市场法规问答调查"，见http：//www.oecd.org/eco/reform/PMR – Questionnaire – 2013.pdf。该指数反映了如下国家的法律现状：肯尼亚、菲律宾、卢旺达和乌拉圭（2014年），玻利维亚、厄瓜多尔、危地马拉、巴拿马、巴拉圭和委内瑞拉（2015年），以及其他国家（2013年）。0到6代表从最不严格到最严格。更多细节可参见"方法论栏目"。

资料来源：i）有关拉美国家的SEDLAC量表（CEDLAS和世界银行）和OECD（2014）的OECD-LFS数据。ii）OECD根据Gallup Organization（2014）计算，Gallup World Monitor（数据库）；iii）（a）有关拉美国家的SEDLAC量表（2014）；OECD（2014），Education at a Glance 2014：OECD指标；（b）UNESCO（2016）和DiNIECE，Ministerio de Educación（2013）有关拉美国家的数据以及OECD（2014），Education at a Glance 2014：OECD指标；（c）World Bank LAC Social Protection Database（2015）和OECD/EC劳动力市场项目数据库。iv）Global Entrepreneurship Monitor（2015）的个人数据。v）OECD-WBG产品市场法律数据库中除了以下国家之外的所有国家：巴西、智利、印度、墨西哥和南非；OECD产品市场法律数据库（2014）。

智 利

最新趋势

随着近期经济放缓，智利从 2014 年以来失业率逐渐上升，预计将超过 OECD 国家平均水平，在 2016 年第四季度达到 7.1% 的峰值（OECD，2016）。成年人的非正规就业（意味着所有受雇人员不缴纳社会保障）近十年间出现下降，2014 年达到 13.3%，低于拉美平均水平。

尽管进步显著，但是青年融入劳动力市场和社会之间的差距在整个拉美地区和智利仍然存在。智利青年的劳动力状况特别具有挑战性。拉丁美洲和加勒比社会经济数据库（SEDLAC）基于智利全国社会经济调查（Caracterizacion Socioeconomica Nacional，CASEN）的数据显示，青年失业率在 2014 年仍保持在 15% 左右的高位，略高于 OECD 国家平均水平（约 13%）和拉美地区平均水平（约 10%）。另外，青年的非正规就业率在 2014 年约达到 19%，为拉美地区第二低水平，比拉美地区的平均水平（约 52%）的一半还要少。

2014 年，智利青年中约有 44% 仍是学生，这一比例在拉美地区是 25.3%；35% 以上的青年处于工作或者半工半读状态。三无青年（NEETs）面临着被劳动力市场长期拒之门外的风险。这一风险因为贫困或者脆弱的"三无青年"所占的比例相对较大而显得特别严峻。智利"三无青年"的比重（2014 年约为 20%）与拉美平均水平一致，但在 OECD 中是最高的。与该地区许多其他国家相反的是，一半以上的"三无青年"来自脆弱家庭（52%），大约 30% 来自中产阶级家庭，而只有 18% 左右来自极度贫困和一般贫困的家庭。智利的青年女性和男性的占比相差 12%，低于拉美地区平均水平。智利青年的非正规就业率低于拉美地区：18.6% 对 52.3%。

智利青年对于选举结果透明度的信心（约 39%）低于成年人，但高于拉美地区平均水平（约 36%）（盖洛普世界观察的调查结果）。认为居住社区安全的智利青年的比重（约 48%）高于成年人和拉美地区平均水平（47%）。

国别信息

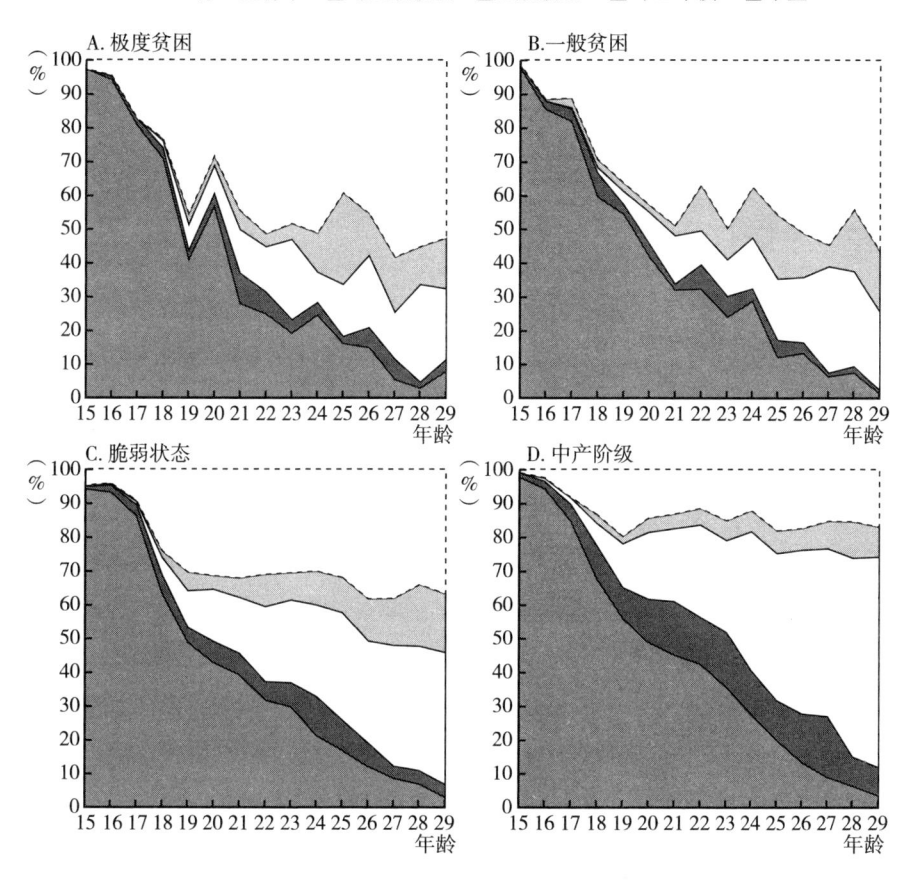

图例：三无青年　非正规就业　正规就业　半工半读　学生

A. 极度贫困　　　B. 一般贫困

C. 脆弱状态　　　D. 中产阶级

2014 年智利青年单个年龄段的经济活动状态

资料来源：OECD 和世界银行的 SEDLAC 表（CEDLAS and World Bank）。

智利的教育普及程度远高于拉美地区的平均水平。2014 年，82.6% 的智利青年（25~29 岁）完成了中学教育（拉美相应的平均水平为 55.4%）。在 2014 年，大约 25% 的青年（25~29 岁）和 20% 的成年完成了高等教育（拉美相应的平均水平大约为 15% 和 13%）。然而，与该地区的其他国家相似，智利面临着辍学率高、毕业率低的情况：25% 的青年（15~29 岁）没有读完中学就辍学。同时，中学生进入到技术与职业的教育和培训项目中的比重只有 20.7%（拉美地区是 14.5%，OECD 是 26.1%）。2011 年，智利

305

用于培训项目的支出占到 GDP 总量的 0.11%，与拉美地区和 OECD 的平均水平大致相等。

智利的青年创业普及程度低于拉美平均水平。在智利，大约10%的工作青年是个体户，不到1%是雇主，相比之下，拉美地区对应的平均水平分别为16.3%和2.2%。此外，来自全球创业观察（GEM）的数据显示，智利青年（18~29岁）的必要性创业（相比所有早期创业）所占的比重（2015年是20%），低于拉美地区平均水平（约26%），接近 OECD 国家平均水平（16%）。

智利的创业障碍略高于 OECD 国家平均水平，但低于拉美地区平均水平。法律程序的复杂性是青年创业面临的最重要障碍之一。

智利培训和劳动力市场介入政策的最新趋势

在智利，技术教育和职业培训系统有多重培训水平和路径。在正规教育系统，高中有两大分支：人文和科技（四年学制）。高等教育层次上有三条可能的途径：技术培训中心（centros de formación técnica, CFT）承担高职技术教育（2~3年），职业机构（institutos profesionales, IP）提供高等技术教育（4年）以及大学教育（5年或以上）。

智利的全国培训机构"国家培训和就业服务中心"（Servicio Nacional de Capacitación y Empleo, SENCE）为成年和青年进入劳动力市场提供短期到中期的基本职业培训项目。例如，"+Capaz"项目旨在帮助非活跃和脆弱的人们，包括使青年进入和留在劳动力市场。它为目标人群提供技术认证、可转换的技能和安置服务以提高就业能力。最脆弱人口中60%的18~29岁的男子和18~64岁的妇女可以参与这个项目（SENCE, 2016）。

2011年，"国家培训和就业服务中心"推出了"在职培训项目"（Programa Formación en Puesto de Trabajo），其目的在于帮助年轻人获得进入劳动力市场的能力，增加青年工作者的总体比重。这个项目瞄准那些失业、首次寻找工作以及没有得到职业或者技术培训的15~25岁青年。该项目通过鼓励企业雇用青年特别是脆弱青年来帮助劳动力供需双方对接。对青年的培训也专注于他们正在受雇的工作（PROPYME, 2013）。

国别信息

智利创业政策的最新发展

当前，智利创业政策的目标之一在于推进人口中的创业项目的民主化。智利经济发展总局（Chilean Economic Development Agency）领导这个领域的政策，它推出的"新创业政策 2014～2018"（Nueva Política de Emprendimiento 2014-18）旨在改善智利的商业生态环境以发展动态的风险投资。

自 2014 以来，智利一直试图通过孵化器（全国风险投资）和"智利创业"（吸引外国人才）为创业提供整体化的支持。因此，在 2014 年，智利将用于创业的基金扩大了一倍，创建了一个"全国政策平台"，在国家和地方两个层面上资助遍布全国范围的众创空间，扩展导师网络和创业竞赛。智利在从众筹到天使投资的整个创业链上建立基金，从而能够扩大补贴范围，创建技术类的早期反转基金。通过在投资时注重包容性和考虑性别因素，建立地区风险投资和社会创业机制，对政策工具进行完善和推动现代化。

国家的创业政策面向所有年龄的创业者，其中大量的受益者是青年人。每年超过 20000 个项目中的 40000 名青年受益，其中 850 人获得直接支持。

在智利经济发展总局的努力下，"全国青年学院"（Instituto Nacional de la Juventud，INJUV）支持青年的社会创业，着眼于青年的发展。学院与微软、伊比利亚美洲青年国际组织（Organismo Internacional de Juventud para Iberoamérica，OIJ）一起，启动了一个叫"我能开始"（#YoPuedoEmpren-der）的网络平台，便于访问青年创业者的信息。

参考文献

OECD (2016), *OECD Employment Outlook 2016*, OECD Publishing, Paris, http://dx.doi.org/10.1787/empl_outlook-2016-en.

PROPYME (2013), El *"Programa Formación en el Puesto de Trabajo"* es una las nuevas apuestas del SENCE, http://www.propymechile.com/noticias/4863-pymes-innovacion-emprendimiento-programa-formacion-puesto-de-trabajo-nueva-apuesta-sence.html (accessed 24 August 2016).

SENCE (2016), *Programa +Capaz* [+ Able Programme], Servicio Nacional de Capacitación y Empleo, http://www.sence.cl/portal/Perfil/Personas/Jovenes;Oportunidades/Capacitacion/+Capaz/ (accessed 24 August 2016).

智利的关键指标

劳动力市场发展(%)	智利 2004年	智利 2014年	拉美 2004年	拉美 2014年	OECD 2004年	OECD 2014年
失业率:成年人(30~64岁)	7.2	4.6	4.8	3.4	4.6	5.8
失业率:青年人(15~29岁)	16.9	14.6	12.4	10.3	8.0	12.5
非正规就业率:成年人(35~64岁)	19.4	13.3	47.0	38.3		
非正规就业率:青年人(15~29岁)	28.9	18.6	62.3	52.3		

青年和社会经济状态(%)	智利 极度贫困	智利 一般贫困	智利 脆弱状态	智利 中产阶级	拉美(17国) 极度贫困	拉美(17国) 一般贫困	拉美(17国) 脆弱状态	拉美(17国) 中产阶级
青年(15~29岁)	3.9	6.7	42.6	46.8	15.1	12.4	39.4	33.1

青年人(15~29岁)[i]的活动率(%)	智利 2004年	智利 2014年	拉美 2004年	拉美 2014年	OECD 2014年
学生	39.3	43.9	23.0	25.3	13.2
半工半读	5.1	8.1	11.3	11.2	35.5
工作	32.3	27.8	43.6	43.1	36.2
三无青年	23.3	20.2	22.2	20.3	15.1

以社会经济状态划分的青年人(15~29岁)[i]活动率(%)	智利 极度贫困	智利 一般贫困	智利 脆弱状态	智利 中产阶级	拉美(17国) 极度贫困	拉美(17国) 一般贫困	拉美(17国) 脆弱状态	拉美(17国) 中产阶级
学生	42.4	44.8	46.4	42.4	27.0	29.7	30.0	30.7
半工半读	3.6	3.5	5.1	11.2	7.8	7.5	8.9	15.0
工作:正规	10.9	10.4	16.6	28.2	4.8	9.6	18.4	28.8
工作:非正规	6.9	7.0	6.5	4.9	25.2	22.0	19.1	13.3
三无青年	36.2	34.3	25.3	13.3	35.1	31.2	23.7	12.2

青年受雇情况[i]的分布(%)	智利	拉美	OECD
雇员	89.3	70.0	88.0
雇主	0.7	2.2	3.9
个体户	9.6	16.3	5.7
无报酬的家庭工作	0.5	11.2	24.0

续表

	智利		拉美		OECD	
选举信任ⁱⁱ(%)	青年 (16~29岁)	成年 (30~64岁)	青年 (16~29岁)	成年 (30~64岁)	青年 (15~29岁)	成年 (30~64岁)
对选举结果的透明度表示信任的人口比重	39.7	46.5	36.3	39.3	62.1	63.2
安全感ⁱⁱ(%)						
对生活的城市或者地区感到安全的人口比重	48.5	46.2	47.0	46.0	70.9	71.3

	智利		拉美		OECD	
技能ⁱⁱⁱ(%)	青年 (25~29岁)	成年 (30~64岁)	青年 (25~29岁)	成年 (30~64岁)	成年(25~64岁)	
完成中学教育的人口	82.6	57.8	55.4	38.6	76.0	
完成高等教育ᵃ的人口	25.8	20.3	14.6	13.4	34.0	
	智利(2014年)		拉美(18国)		OECD(33国)	
进入到职业项目ᵇ中的中学生	20.7		14.5		26.1	
	智利(2011年)		拉美		OECD(2014年)	
培训项目的公共支出(占GDP的比重)ᶜ	0.11		0.12		0.15	
创业ⁱᵛ(%)	智利		拉美		OECD	
出于必要性动机的创业(占全部早期创业的18~29岁青年的比重)	23.1		26.2		16.0	
创业障碍指数ᵛ	智利		拉美		OECD	
法律程序的复杂性	1.2		1.2		0.6	
开办的行政负担	0.4		0.9		0.6	
对原有企业的法律保护	0.4		0.6		0.4	
总计	2.0		2.7		1.6	

注：i) 拉美根据17个国家的加权平均计算，这些国家为：阿根廷、玻利维亚、巴西、智利、哥伦比亚、哥斯达黎加、多米尼加共和国、厄瓜多尔、萨尔瓦多、危地马拉、洪都拉斯、墨西哥、尼加拉瓜、巴拿马、秘鲁、巴拉圭、乌拉圭。OECD根据34个成员的加权平均计算。ii) 拉美根据16个国家非加权平均计算，这些国家为：阿根廷、巴西、智利、哥伦比亚、哥斯达黎加、多米尼加共和国、厄瓜多尔、萨尔瓦多、危地马拉、洪都拉斯、墨西哥、尼加拉瓜、巴拿马、巴拉圭、秘鲁、乌拉圭。OECD根据35个成员的简单平均计算。iii) 拉美根据17个国家的非加权平均计算，这些国家为：阿根廷、玻利维亚、巴西、智利、哥伦比亚、哥斯达黎加、多米尼加共和国、厄瓜多尔、萨

尔瓦多、危地马拉、洪都拉斯、墨西哥、尼加拉瓜、巴拿马、秘鲁、巴拉圭、乌拉圭。OECD 根据 34 个成员的简单平均计算。iv）人口的比例主要考察必要型创业（没有其他工作选择）人员而不是机遇型创业人员的比例。拉美主要来源于 10 个国家的非加权平均，这些国家为：阿根廷、巴西、智利、哥伦比亚、厄瓜多尔、危地马拉、巴拿马、墨西哥、秘鲁和乌拉圭。OECD 主要是以下 26 个国家的非加权平均：澳大利亚、比利时、智利、爱沙尼亚、芬兰、德国、希腊、匈牙利、爱尔兰、以色列、意大利、拉脱维亚、卢森堡、墨西哥、荷兰、挪威、波兰、葡萄牙、斯洛伐克、斯洛文尼亚、韩国、西班牙、瑞典、瑞士、英国和美国。v）创业障碍指数由以下三个二级指数构成：1）法律程序的复杂性：测量许可证和批准制度，例如法律和程序的沟通和简化程度。2）开办的行政负担：测量企业和独资公司面临的负担，以及服务行业中的障碍。3）对原有企业的法律保护：测量进入的法律障碍、反垄断豁免和互联网行业的壁垒。这三个指数都是基于"2013 年产品市场法规问答调查"，见 http://www.oecd.org/eco/reform/PMR – Questionnaire – 2013.pdf。该指数反映了如下国家的法律现状：肯尼亚、菲律宾、卢旺达和乌拉圭（2014 年）、玻利维亚、厄瓜多尔、危地马拉、巴拿马、巴拉圭和委内瑞拉（2015 年），以及其他国家（2013 年）。0 到 6 代表从最不严格到最严格。更多细节可参见"方法论栏目"。

资料来源：i）有关拉美国家的 SEDLAC 量表（CEDLAS 和世界银行）和 OECD（2014）的 OECD-LFS 数据。ii）OECD 根据 Gallup Organization（2014）计算，Gallup World Monitor（数据库）；iii）(a) 有关拉美国家的 SEDLAC 量表（2014）；OECD（2014），Education at a Glance 2014：OECD 指标；(b) UNESCO（2016）和 DiNIECE，Ministerio de Educación（2013）有关拉美国家的数据以及 OECD（2014），Education at a Glance 2014：OECD 指标；(c) World Bank LAC Social Protection Database（2015）和 OECD/EC 劳动力市场项目数据库。iv）Global Entrepreneurship Monitor（2015）的个人数据。v）OECD-WBG 产品市场法律数据库中除了以下国家之外的所有国家：巴西、智利、印度、墨西哥和南非；OECD 产品市场法律数据库（2014）。

国别信息

哥伦比亚

最新趋势

最近15年里，除2008年和2009年短暂的经济放缓之外，哥伦比亚经历了强劲且持续性的经济增长；劳动力市场成果显著提高。最近几年的失业率也显著下降。然而，基于哥伦比亚官方家庭调查（ECH），拉丁美洲和加勒比社会经济数据库报告哥伦比亚2014年的成年失业率约为6%。这高于拉美平均水平（约3%），与OECD国家平均水平一致。

尽管进步显著，但是青年融入劳动力市场和社会的困难在整个拉美地区仍然存在，在哥伦比亚尤其明显。尽管青年受益于积极的劳动力市场局势，但其失业率在2014年为15%，是哥伦比亚整体失业率的2倍以上，高于拉美地区平均水平（约10%）和OECD国家平均水平（约12%）。

在哥伦比亚，大约1/4的青年仍是学生，超过一半的青年处于工作或者半工半读状态。"三无青年"（NEETs）面临着被劳动力市场长期拒之门外的风险。这一风险因为贫困或者脆弱的"三无青年"所占的比例相对较大而显得特别严重。2014年，根据拉丁美洲和加勒比社会经济数据库的数据，哥伦比亚15~29岁的青年中20%以上为"三无青年"，稍高于拉美平均水平，但高于OECD约15%的平均水平。将近90%的"三无青年"来自贫困和脆弱家庭，女性中"三无青年"的比例更高。2014年，"三无青年"中男女性别差距将近20个百分点。

抛开最近的进展，哥伦比亚青年非正规就业（即所有受雇人员不缴纳社会保障）发生率仍然较高。2014年，将近48%的青年工作者属于非正规就业，这导致来自极度贫困家庭的青年有95%、来自一般贫困家庭的青年有83%处于非正规就业状态（与之相比，来自脆弱家庭的青年约有57%，来自中产阶级家庭的青年约有30%）。

哥伦比亚青年对于选举结果透明度的信心（21.3%）略高于拉美地区

平均水平（36.3%）。认为居住社区安全的哥伦比亚青年的比重（约46%）接近拉美地区平均水平（47%）。

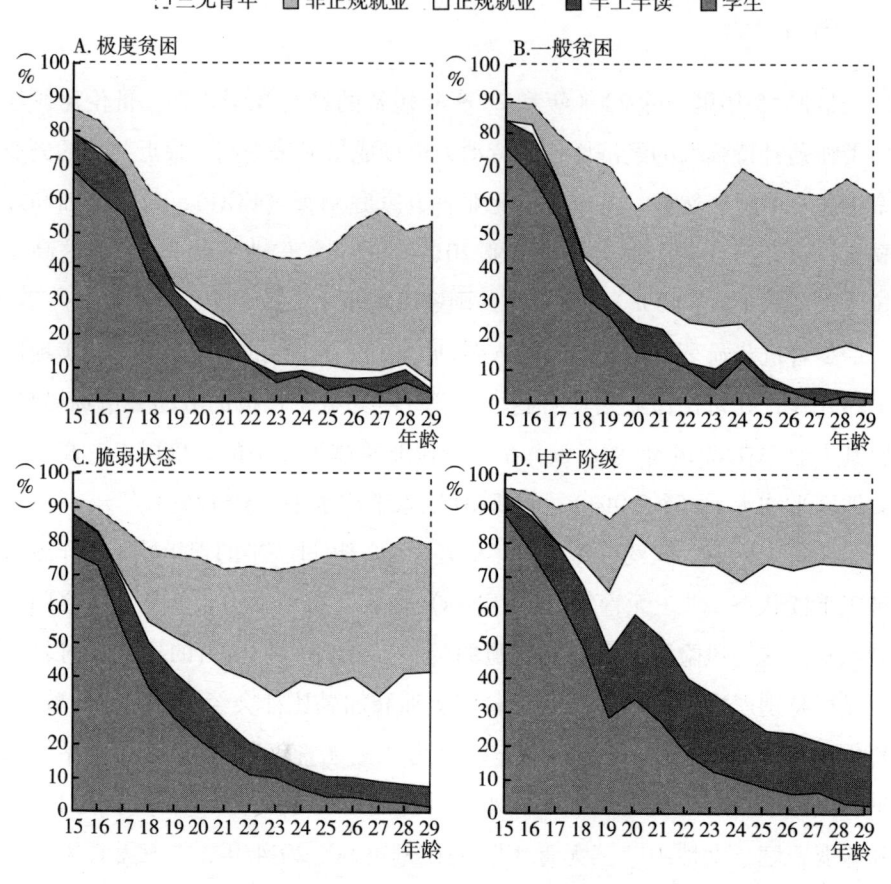

图例：三无青年　非正规就业　正规就业　半工半读　学生

A. 极度贫困
B. 一般贫困
C. 脆弱状态
D. 中产阶级

2014年哥伦比亚青年单个年龄段的经济活动状态

资料来源：OECD和世界银行的SEDLAC表（CEDLAS and World Bank）。

哥伦比亚的教育普及程度高于拉美地区的平均水平。2014年，近70%的哥伦比亚青年（25~29岁）完成了中学教育（拉美相应的平均水平约为55%），约17%的青年（25~29岁）完成了高等教育（拉美相应的平均水平约为15%）。然而，与该地区的其他国家相似，哥伦比亚面临着辍学率高、毕业率低的情况：26%的青年（15~29岁）没有读完中学就辍学。

哥伦比亚用于培训项目的支出（占GDP的0.34%）为该地区最高，甚至高于OECD国家平均水平（0.15%），这部分要归因于国家培训中心（Servicio Nacional de Aprendizaje-SENA）的积极作用，它为学生提供全方位的技术和职业教育与培训（TVET）项目。尽管国家培训中心是技术和职业教育与培训项目中中学以上和替代性教育的重要提供者，但是技术和职业教育与培训项目在中学教育方面并不发达，很少有中学生进入到技术和职业教育与培训项目中（这一比例在哥伦比亚为7.2%，对应的拉美地区平均水平为14.5%，OECD为26.1%）。

就哥伦比亚的创业而言，自我雇用的主要形式是个体户，而不是雇主：31%的青年工作者是个体户，只有1%自认为是雇主。

哥伦比亚的创业障碍低于拉美地区平均水平。青年创业面临的最重要障碍是法律程序的复杂性和开办的行政负担。

哥伦比亚青年政策的最新发展

促进正规化就业，包括减少青年失业，是哥伦比亚政府的优先选项。2010年，哥伦比亚国会批准了"创造就业和正规化法"（法律1429/10）[1]。该法律针对提高青年就业率，雇用来自若干群体的新员工可以获得税收减免待遇，其中包括28岁以下的年轻人。

此外，政府在2015年4月推出了"40000个第一份工作"（40 000 First Jobs）项目[2]。在850个伙伴企业的参与下，该项目促进了对中学毕业生及没有经验的青年专门人才或者技工人才的雇用。政府将投资1亿美元，以支付这些工人的薪酬和社会缴费，以及6个月交通补贴。企业同意用工中保留至少60%的青年员工，通过补贴项目为他们发放至少6个月的工资[3]。

---

[1] http：//www.mintrabajo.gov.co/empleo/abece-ley-de-primer-empleo.html.
[2] http：//es.presidencia.gov.co/logros/Paginas/logros-2015.aspx.
[3] http：//www.ilo.org/americas/publicaciones/observatorio-de-la-crisis/WCMS_LIMD3_2_EN/lang--en/index.htm.

最后，在2016年5月，国会通过了"支持青年法"（法律1780/16）[①]。这项法律为青年企业者和青年就业者创设了一项新福利。第一，免除35岁以下的创业者在商会注册新企业时缴纳的费用。第二，企业在聘用28.5岁以下的青年时，可以免除向家庭补偿基金（Family Compensation Fund）缴费[②]。第三，政府将提高在公共机构和国有企业中的青年就业人数，优先考虑哥伦比亚革命武装力量（FARC）游击队的前战斗人员。第四，该法律为在公共部门实习创建了指导框架。第五，该法律撤销了把服兵役作为参与劳动力市场要求的强制规定，从而消除了劳动力市场的障碍。

哥伦比亚的关键指标

劳动力市场发展(%)	哥伦比亚		拉美		OECD	
	2004年	2014年	2004年	2014年	2004年	2014年
失业率:成年人(30~64岁)	7.8	5.8	4.8	3.4	4.6	5.8
失业率:青年人(15~29岁)	20.5	15.0	12.4	10.3	8.0	12.5
非正规就业率:成年人(35~64岁)		31.5	47.0	38.3		
非正规就业率:青年人(15~29岁)		47.5	62.3	52.3		

青年和社会经济状态(%)	哥伦比亚				拉美(17国)			
	极度贫困	一般贫困	脆弱状态	中产阶级	极度贫困	一般贫困	脆弱状态	中产阶级
青年(15~29岁)	13.0	14.4	42.1	30.5	15.1	12.4	39.4	33.1

青年人(15~29岁)[i]的活动率(%)	哥伦比亚		拉美		OECD
	2004年	2014年	2004年	2014年	2014年
学生		25.6	23.0	25.3	13.2
半工半读		11.5	11.3	11.2	35.5
工作		42.1	43.6	43.1	36.2
三无青年		20.7	22.2	20.3	15.1

[①] http://es.presidencia.gov.co/normativa/normativa/LEY%201780%20DEL%2002%20DE%20MAYO%20DE%202016.pdf.
[②] 这项强制性的工资性缴费，用于资助经济实体为雇员提供各种健康、教育、住房及康乐方面的服务。

国别信息

续表

以社会经济状态划分的青年人(15~29岁)ⁱ活动率(%)	哥伦比亚				拉美(17国)			
	极度贫困	一般贫困	脆弱状态	中产阶级	极度贫困	一般贫困	脆弱状态	中产阶级
学生	29.6	26.9	24.7	25.1	27.0	29.7	30.0	30.7
半工半读	7.4	6.4	9.4	18.0	7.8	7.5	8.9	15.0
工作:正规	1.6	6.5	16.1	32.1	4.8	9.6	18.4	28.8
工作:非正规	23.1	30.3	27.7	16.2	25.2	22.0	19.1	13.3
三无青年	38.3	29.9	22.0	8.6	35.1	31.2	23.7	12.2

青年受雇情况ⁱ的分布(%)	哥伦比亚	拉美	OECD
雇员	60.3	70.0	88.0
雇主	1.3	2.2	3.9
个体户	31.2	16.3	5.7
无报酬的家庭工作	7.2	11.2	24.0

	哥伦比亚		拉美		OECD	
选举信任ⁱⁱ(%)	青年(16~29岁)	成年(30~64岁)	青年(16~29岁)	成年(30~64岁)	青年(15~29岁)	成年(30~64岁)
对选举结果的透明度表示信任的人口比重	21.3	25.6	36.3	39.3	62.1	63.2
安全感ⁱⁱ(%)						
对生活的城市或者地区感到安全的人口比重	45.9	48.4	47.0	46.0	70.9	71.3

	哥伦比亚		拉美		OECD	
技能ⁱⁱⁱ(%)	青年(25~29岁)	成年(30~64岁)	青年(25~29岁)	成年(30~64岁)	成年(25~64岁)	
完成中学教育的人口	69.0	46.1	55.4	38.6	76.0	
完成高等教育[a]的人口	16.9	13.9	14.6	13.4	34.0	
	哥伦比亚(2014年)		拉美(18国)		OECD(33国)	
进入到职业项目[b]中的中学生	7.2		14.5		26.1	
	哥伦比亚(2010年)		拉美		OECD(2014年)	
培训项目的公共支出(占GDP的比重)[c]	0.34		0.12		0.15	

315

续表

创业[iv]（%）	哥伦比亚	拉美	OECD
出于必要性动机的创业（占全部早期创业的18~29岁青年的比重）	26.8	26.2	16.0
创业障碍指数[v]	哥伦比亚	拉美	OECD
法律程序的复杂性	0.8	1.2	0.6
开办的行政负担	0.7	0.9	0.6
对原有企业的法律保护	0.4	0.6	0.4
总计	1.9	2.7	1.6

注：i）拉美根据17个国家的加权平均计算，这些国家为：阿根廷、玻利维亚、巴西、智利、哥伦比亚、哥斯达黎加、多米尼加共和国、厄瓜多尔、萨尔瓦多、危地马拉、洪都拉斯、墨西哥、尼加拉瓜、巴拿马、秘鲁、巴拉圭、乌拉圭。OECD根据34个成员的加权平均计算。ii）拉美根据16个国家非加权平均计算，这些国家为：阿根廷、巴西、智利、哥伦比亚、哥斯达黎加、多米尼加共和国、厄瓜多尔、萨尔瓦多、危地马拉、洪都拉斯、墨西哥、尼加拉瓜、巴拿马、巴拉圭、秘鲁、乌拉圭。OECD根据35个成员的简单平均计算。iii）拉美根据17个国家的非加权平均计算，这些国家为：阿根廷、玻利维亚、巴西、智利、哥伦比亚、哥斯达黎加、多米尼加共和国、厄瓜多尔、萨尔瓦多、危地马拉、洪都拉斯、墨西哥、尼加拉瓜、巴拿马、秘鲁、巴拉圭、乌拉圭。OECD根据34个成员的简单平均计算。iv）人口的比例主要考察必要型创业（没有其他工作选择）人员而不是机遇型创业人员的比例。拉美主要来源于10个国家的非加权平均，这些国家为：阿根廷、巴西、智利、哥伦比亚、厄瓜多尔、危地马拉、巴拿马、墨西哥、秘鲁和乌拉圭。OECD主要是以下26个国家的非加权平均：澳大利亚、比利时、智利、爱沙尼亚、芬兰、德国、希腊、匈牙利、爱尔兰、以色列、意大利、拉脱维亚、卢森堡、墨西哥、荷兰、挪威、波兰、葡萄牙、斯洛伐克、斯洛文尼亚、韩国、西班牙、瑞典、瑞士、英国和美国。v）创业障碍指数由以下三个二级指数构成：1）法律程序的复杂性：测量许可证和批准制度，例如法律和程序的沟通和简化程度。2）开办的行政负担：测量企业和独资公司面临的负担，以及服务行业中的障碍。3）对原有企业的法律保护：测量进入的法律障碍、反垄断豁免和互联网行业的壁垒。这三个指数都是基于"2013年产品市场法规问答调查"，见 http：//www.oecd.org/eco/reform/PMR–Questionnaire–2013.pdf。该指数反映了如下国家的法律现状：肯尼亚、菲律宾、卢旺达和乌拉圭（2014年），玻利维亚、厄瓜多尔、危地马拉、巴拿马、巴拉圭和委内瑞拉（2015年），以及其他国家（2013年）。0到6代表从最不严格到最严格。更多细节可参见"方法论栏目"。

资料来源：i）有关拉美国家的 SEDLAC 量表（CEDLAS 和世界银行）和 OECD（2014）的 OECD-LFS 数据。ii）OECD 根据 Gallup Organization（2014）计算，Gallup World Monitor（数据库）；iii）(a) 有关拉美国家的 SEDLAC 量表（2014）；OECD（2014），Education at a Glance 2014：OECD 指标；(b) UNESCO（2016）和 DiNIECE，Ministerio de Educación（2013）有关拉美国家的数据以及 OECD（2014），Education at a Glance 2014：OECD 指标；(c) World Bank LAC Social Protection Database（2015）和 OECD/EC 劳动力市场项目数据库。iv）Global Entrepreneurship Monitor（2015）的个人数据。v）OECD-WBG 产品市场法律数据库中除了以下国家之外的所有国家：巴西、智利、印度、墨西哥和南非；OECD 产品市场法律数据库（2014）。

国别信息

哥斯达黎加

最新趋势

最近，哥斯达黎加的劳动力市场环境正在恶化。即便哥斯达黎加的劳动力市场表现好于拉美地区其他国家，但是非正规化的趋势正在加剧。2014年，成年人失业率（约5%）与OECD国家平均水平一致，略高于拉美平均水平（约3%）。尽管过去十年成年人非正规就业（所有受雇人员不缴纳社会保障）的比重（约26%）有所上升，但还是低于拉美平均水平（约38%）。

根据拉丁美洲和加勒比社会经济数据库基于哥斯达黎加国家家庭调查（ENAHO）的数据，相比整体失业率，哥斯达黎加的青年（15~29岁）失业率依然相对较高，2014年达到近16%，高于OECD国家平均水平，为拉美地区最高（地区平均水平约为10%）。相比之下，2014年的青年非正规就业率约为30%（拉美地区平均水平约为52%），近十年一直处于下降状态。然而，来自极度贫困家庭的青年有89%、一般贫困家庭的青年中有71%处于非正规就业状态（相比之下，来自脆弱家庭的青年中有42%，而来自中产阶级家庭的青年中有21%）。

根据拉丁美洲和加勒比社会经济数据库基于哥斯达黎加国家家庭调查（ENAHO）的数据，哥斯达黎加青年中约有37%为学生（拉美地区为约25%），大约有45%处于工作或者半工半读状态。"三无青年"（NEETs）面临着被劳动力市场长期拒之门外的风险。这一风险因为贫困或者脆弱的"三无青年"所占的比例相对较大而显得特别严重。在哥斯达黎加，15~29岁的青年中18.7%为"三无青年"，OECD的平均水平约为15%，略低于拉美地区平均水平。与该地区其他国家相似，哥斯达黎加"三无青年"中男女性别占比相差非常大（将近17个百分点）。

哥斯达黎加青年对于选举结果透明度的信心（48.4%）低于成年人，但高于拉美地区平均水平（36.3%）。认为居住社区安全的哥斯达黎加青年的比重（50.4%）高于拉美地区平均水平（47%）。

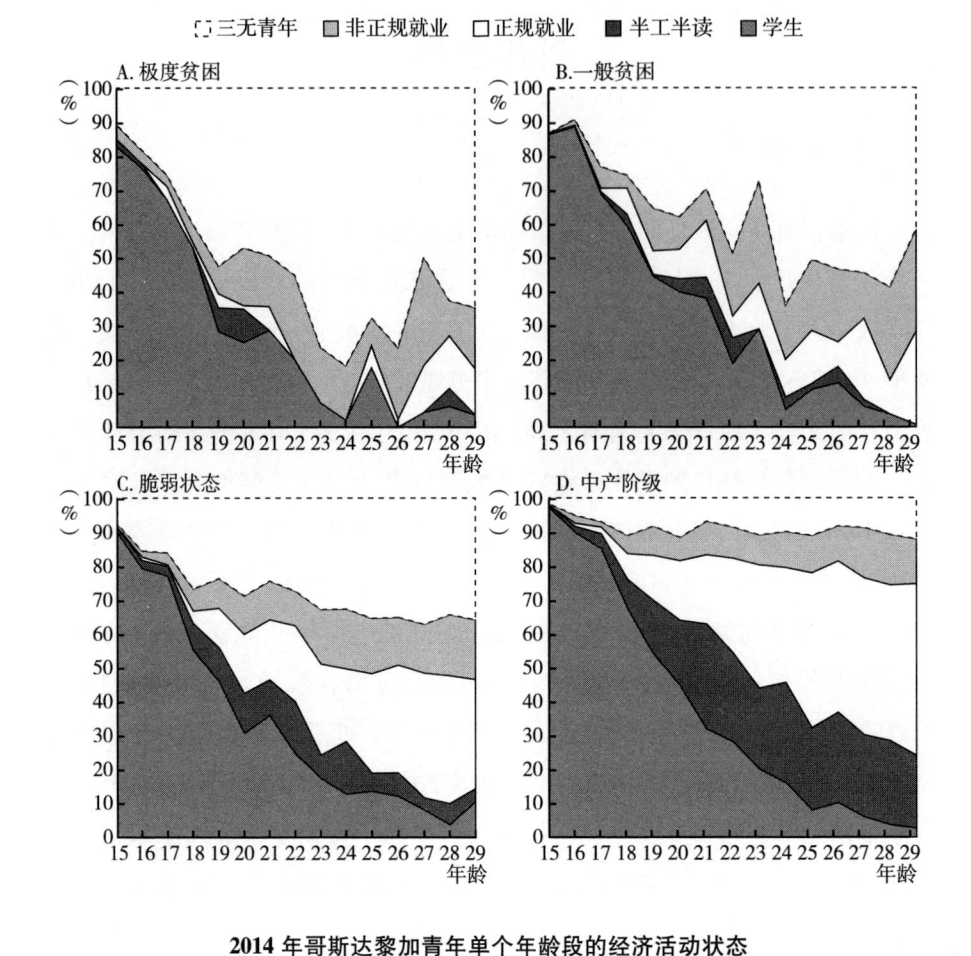

拉丁美洲经济展望（2017）：青年、技能和创业

2014年哥斯达黎加青年单个年龄段的经济活动状态

资料来源：OECD和世界银行的SEDLAC表（CEDLAS and World Bank）。

哥斯达黎加的教育普及程度略低于拉美地区平均水平。2014年，54.8%的哥斯达黎加青年（25~29岁）完成了中学教育（拉美相应的平均水平为55.4%），11.8%的青年（25~29岁）完成了高等教育（拉美相应的平均水平约为15%）。然而，与该地区的其他国家相似，哥斯达黎加面临着辍学率高、毕业率低的情况：2014年，30%的青年（15~29岁）没有读完中学就辍学。哥斯达黎加的技术和职业教育与培训状况良好，是该国政策议程的优先项（Álvarez-Galván，2015）。中学生参与职业培训的比例达到22.1%也就不会令人惊奇，拉美地区水平为14.5%。此外，2013年哥斯达黎加用于培训项目的支出占GDP的0.32%，高于拉美地区和OECD的平均水平。

哥斯达黎加青年创业活动的普及程度不如拉美平均水平：7.2%的青年工作者是个体户，1%是雇主，这一比例在拉美平均分别为16.3%和2.2%。此外，全球创业观察（GEM）的数据显示，2012年，哥斯达黎加青年创业者（18~29岁）的必要性创业动机比例（占全部早期创业活动的比例）约为15%，接近OECD国家平均水平（16%），低于拉美地区平均水平（约26%）。哥斯达黎加46%的创业者为35岁及以下，但平均年龄为36岁（GEM，2014）。开办新企业的男女比例相等，但男性的比例有小幅上升。

根据OECD产品市场法律相关数据，哥伦比亚的创业障碍与拉美地区平均水平一致。即便如此，政府正在通过推行75项政策，包括"国家机构间简化程序计划"（Inter-Institutional National Plan on Procedure Simplification），来改善法律环境。青年创业活动面临的最重要障碍之一是法律程序的复杂性。此外，2008年4月3日出台的第8634号法律（Law No. 8634）建立的发展银行体系（sistema banca de desarrollo），以及相关的改革等措施，已经放宽了要求，增加了创业人员获得银行系统信贷的机会。此外，国家学习学院（National Learning Institute，INA）最近批准了150个以上的教学岗位，为创业设立了更多的项目。

哥斯达黎加青年融入政策的最新趋势

哥斯达黎加政府正在通过三个主要项目做出重大努力，以促进青年人口融入教育体系和工作岗位。首先，2006年建立的"让我们前进"（Avancemos）项目，为那些有年龄在12岁到25岁之间且需要经济激励继续留在中学系统而不是进入劳动力市场的子女的贫困和脆弱家庭提供有条件的现金转移。这个项目在2006年作为脆弱城市社区的试点计划，为8000名学生提供奖学金。2015 年，主管该项目的社会援助综合学院（Mixed Institute of Social Assistance，IMAS）观察到 7 年级的辍学率非常高，故而调整了项目的结构，当年惠及 169030 名学生。"自我雇用"（Empleate）项目为那些既不在上学也不在工作，生活条件贫困，且在接受职业技术培训、提高自身能力的青年人（年龄在 17~24 岁，残障人士可以放宽到上限 35 岁）提供有条件的现金补贴或者转移支付。"我的首份工作"（Mi Primer Empleo）为激励企业在劳动力市场上雇用女性、青年（18~35 岁）和残障人士而提供优惠。

哥斯达黎加职业培训的最新趋势

哥斯达黎加的技术教育和职业培训有两大途径：教育部在高中教育阶段（第三阶段）提供技术教育；国家培训学院（Instituto Nacional de Aprendizaje，INA）提供非正式的职业培训。公司和其他机构也会提供小范围的培训（Álvarez-Galván，2015）。国家系统提供的技术培训服务由哥斯达黎加技术学院（Instituto Tecnologico de Costa Rica）的技术教育学校和国立技术大学（Universidad Técnica Nacional，UNT）来加以补充。哥斯达黎加技术学院主要负责培训教师，国立技术大学的建立是为了便于为技术中学毕业生提供更高层次的培训。在 2011 年到 2012 年，新建了 60 所机构以增加技术教育的覆盖面，其中，24 所为新学院，36 所为夜校。最后，哥斯达黎加目前正在探讨执行技术教育和职业培训双系统的建议。

哥斯达黎加创业政策的最新发展

哥斯达黎加政府已经出台了"哥斯达黎加创业促进政策 2014~2018"（Política de Fomento al Emprendimiento de Costa Rica 2014–2018），旨在运用创新和包容的政策工具增强机构供给和服务链，激发该国的创业活动和创业文化。政策在其目标中将青年和女性视为重要的支柱，鼓励社会融合和重视环境责任，以及着眼于增进公私部门之间的协同和伙伴关系。

经济、工业和商业部（MEIC），科学、技术和通信部（MICITT），以及公共教育部（MEP）合作开发了"青年创业项目"（Programa de Emprendedores Jóvenes）、"创业和创新之旅"（Tour de Emprendimiento e Innovación）来支持青年创业，在青年人中发展创业文化。此外，文化和青年部（MCJ）也加入进来，协同提出了"青年创业的个人境遇博览"（Feria Encuentro de Personas Jóvenes Emprendedoras）倡议。

2014年，科学、技术和通信部与Telefónica Movistar公司启动了"开通机遇"（Open Future）平台，旨在通过创设一个供创业者工作、相互认识和交流的开放空间，以及一个将创业者、投资者和其他部门的相关利益方聚在一起的平台，来支持该国的创业活动。

参考文献

Álvarez-Galván, J. (2015), "A skills beyond school review of Costa Rica", *OECD Reviews of Vocational Education and Training*, OECD Publishing, Paris, http://dx.doi.org/10.1787/9789264233256-en.

哥斯达黎加的关键指标

劳动力市场发展(%)	哥斯达黎加		拉美		OECD	
	2004年	2014年	2004年	2014年	2004年	2014年
失业率：成年人（30~64岁）	3.8	5.4	4.8	3.4	4.6	5.8
失业率：青年人（15~29岁）	11.3	15.8	12.4	10.3	8.0	12.5
非正规就业率：成年人（35~64岁）	23.8	25.8	47.0	38.3		
非正规就业率：青年人（15~29岁）	35.9	29.9	62.3	52.3		

青年和社会经济状态（%）	哥斯达黎加				拉美（17国）			
	极度贫困	一般贫困	脆弱状态	中产阶级	极度贫困	一般贫困	脆弱状态	中产阶级
青年（15~29岁）	4.4	7.3	38.2	50.1	15.1	12.4	39.4	33.1

续表

	哥斯达黎加		拉美		OECD
青年人(15~29岁)[i]的活动率(%)	2004	2014	2004	2014	2014
学生	29.9	36.7	23.0	25.3	13.2
半工半读	12.8	13.3	11.3	11.2	35.5
工作	35.7	31.2	43.6	43.1	36.2
三无青年	21.5	18.7	22.2	20.3	15.1

	哥斯达黎加				拉美(17国)			
以社会经济状态划分的青年人(15~29岁)[i]活动率(%)	极度贫困	一般贫困	脆弱状态	中产阶级	极度贫困	一般贫困	脆弱状态	中产阶级
学生	34.2	42.0	38.9	34.1	27.0	29.7	30.0	30.7
半工半读	1.7	2.1	7.4	19.8	7.8	7.5	8.9	15.0
工作:正规	4.8	8.9	17.1	28.0	4.8	9.6	18.4	28.8
工作:非正规	12.3	12.5	10.3	8.9	25.2	22.0	19.1	13.3
三无青年	47.1	34.4	26.3	9.2	35.1	31.2	23.7	12.2

青年受雇情况[i]的分布(%)	哥斯达黎加	拉美	OECD
雇员	90.0	70.0	88.0
雇主	1.0	2.2	3.9
个体户	7.2	16.3	5.7
无报酬的家庭工作	1.8	11.2	24.0

	哥斯达黎加		拉美		OECD	
选举信任[ii](%)	青年(16~29岁)	成年(30~64岁)	青年(16~29岁)	成年(30~64岁)	青年(15~29岁)	成年(30~64岁)
对选举结果的透明度表示信任的人口比重	48.4	56.3	36.3	39.3	62.1	63.2
安全感[ii](%)						
对生活的城市或者地区感到安全的人口比重	50.4	45.0	47.0	46.0	70.9	71.3

	哥斯达黎加		拉美		OECD
技能[iii](%)	青年(25~29岁)	成年(30~64岁)	青年(25~29岁)	成年(30~64岁)	成年(25~64岁)
完成中学教育的人口	54.8	38.0	55.4	38.6	76.0
完成高等教育[a]的人口	11.8	12.7	14.6	13.4	34.0

国别信息

续表

	哥斯达黎加(2014年)	拉美(18国)	OECD(33国)
进入到职业项目[b]中的中学生	22.1	14.5	26.1
	哥斯达黎加(2013年)	拉美	OECD(2014年)
培训项目的公共支出（占GDP的比重）[c]	0.32	0.12	0.15
创业[iv]（%）	哥斯达黎加	拉美	OECD
出于必要性动机的创业（占全部早期创业的18~29岁青年的比重）	14.8	26.2	16.0
创业障碍指数[v]	哥斯达黎加	拉美	OECD
法律程序的复杂性	1.0	1.2	0.6
开办的行政负担	0.8	0.9	0.6
对原有企业的法律保护	0.9	0.6	0.4
总计	2.7	2.7	1.6

注：i）拉美根据17个国家的加权平均计算，这些国家为：阿根廷、玻利维亚、巴西、智利、哥伦比亚、哥斯达黎加、多米尼加共和国、厄瓜多尔、萨尔瓦多、危地马拉、洪都拉斯、墨西哥、尼加拉瓜、巴拿马、秘鲁、巴拉圭、乌拉圭。OECD根据34个成员的加权平均计算。ii）拉美根据16个国家非加权平均计算，这些国家为：阿根廷、巴西、智利、哥伦比亚、哥斯达黎加、多米尼加共和国、厄瓜多尔、萨尔瓦多、危地马拉、洪都拉斯、墨西哥、尼加拉瓜、巴拿马、巴拉圭、秘鲁、乌拉圭。OECD根据35个成员的简单平均计算。iii）拉美根据17个国家的非加权平均计算，这些国家为：阿根廷、玻利维亚、巴西、智利、哥伦比亚、哥斯达黎加、多米尼加共和国、厄瓜多尔、萨尔瓦多、危地马拉、洪都拉斯、墨西哥、尼加拉瓜、巴拿马、秘鲁、巴拉圭、乌拉圭。OECD根据34个成员的简单平均计算。iv）人口的比例主要考察必要型创业（没有其他工作选择）人员而不是机遇型创业人员的比例。拉美主要来源于10个国家的非加权平均，这些国家为：阿根廷、巴西、智利、哥伦比亚、厄瓜多尔、危地马拉、巴拿马、墨西哥、秘鲁和乌拉圭。OECD主要是以下26个国家的非加权平均：澳大利亚、比利时、智利、爱沙尼亚、芬兰、德国、希腊、匈牙利、爱尔兰、以色列、意大利、拉脱维亚、卢森堡、墨西哥、荷兰、挪威、波兰、葡萄牙、斯洛伐克、斯洛文尼亚、韩国、西班牙、瑞典、瑞士、英国和美国。v）创业障碍指数由以下三个二级指数构成：1）法律程序的复杂性：测量许可证和批准制度，例如法律和程序的沟通和简化程度。2）开办的行政负担：测量企业和独资公司面临的负担，以及服务行业中的障碍。3）对原有企业的法律保护：测量进入的法律障碍、反垄断豁免和互联网行业的壁垒。这三个指数都是基于"2013年产品市场法规问答调查"，见http：//www.oecd.org/eco/reform/PMR-Questionnaire-2013.pdf。该指数反映了如下国家的法律现状：肯尼亚、菲律宾、卢旺达和乌拉圭（2014年），玻利维亚、厄瓜多尔、危地马拉、巴拿马、巴拉圭和委内瑞拉（2015年），以及其他国家（2013年）。0到6代表从最不严格到最严格。更多细节可参见"方法论栏目"。

资料来源：i）有关拉美国家的 SEDLAC 量表（CEDLAS 和世界银行）和 OECD（2014）的 OECD-LFS 数据。ii）OECD 根据 Gallup Organization（2014）计算，Gallup World Monitor（数据库）；iii）(a) 有关拉美国家的 SEDLAC 量表（2014）；OECD（2014），Education at a Glance 2014：OECD 指标；(b) UNESCO（2016）和 DiNIECE，Ministerio de Educación（2013）有关拉美国家的数据以及 OECD（2014），Education at a Glance 2014：OECD 指标；(c) World Bank LAC Social Protection Database（2015）和 OECD/EC 劳动力市场项目数据库。iv）Global Entrepreneurship Monitor（2015）的个人数据。v) OECD-WBG 产品市场法律数据库中除了以下国家之外的所有国家：巴西、智利、印度、墨西哥和南非；OECD 产品市场法律数据库（2014）。

国别信息

多米尼加共和国

最新趋势

最近 20 多年里，多米尼加共和国经历了强劲且持续的经济增长，劳动力市场产出得以改善，失业率较低。根据拉丁美洲和加勒比社会经济数据库的统计，2014 年成年人失业率为 2.7%（如果利用全国劳动力调查数据计算的话，则为 4.4%）。成年人失业率与拉美地区平均水平（3.4%）保持一致，低于 OECD 国家平均水平。在拉美国家中，多米尼加共和国的非正规就业率（以所有不缴纳社会保障的受雇人员来定义）是最低的。在 30~60 岁劳动人口中非正规就业率为 22.5%，大大低于拉美平均水平（38.3%）。

尽管进步显著，但是青年融入劳动力市场和社会的困难在整个拉美地区仍然存在，在多米尼加共和国尤其明显。虽然青年受益于积极的劳动力市场局势，但根据拉丁美洲和加勒比社会经济数据库的统计，其失业率在 2014 年为 9.5%（如果利用全国劳动力调查数据计算的话，则为 11.4%），略低于拉美地区平均水平（10.3%）和 OECD 国家平均水平（12.5%），是多米尼加共和国总体失业率的 3 倍以上。

在多米尼加共和国，超过 1/3 的青年仍是学生，超过 42% 的青年处于工作或者半工半读状态。"三无青年"（NEETs）面临着被劳动力市场长期拒之门外的风险。这一风险因为贫困或者脆弱的"三无青年"所占的比例相对较大而显得特别严重。在 2004 年到 2014 年，多米尼加共和国"三无青年"占 15~29 岁青年人的比例约从 24% 下降到 22%，而 OECD 整体水平为 15%。"三无"人员中 90% 为青年。

在多米尼加共和国，非正规就业发生率很高：大约 41% 的青年工作者从事非正规工作，这导致来自极度贫困家庭的青年有 66%，来自一般贫困家庭的青年有 52% 处于非正规就业状态（相比之下，来自脆弱家庭的青年中有 45%，来自中产阶级的青年中有 31%）。

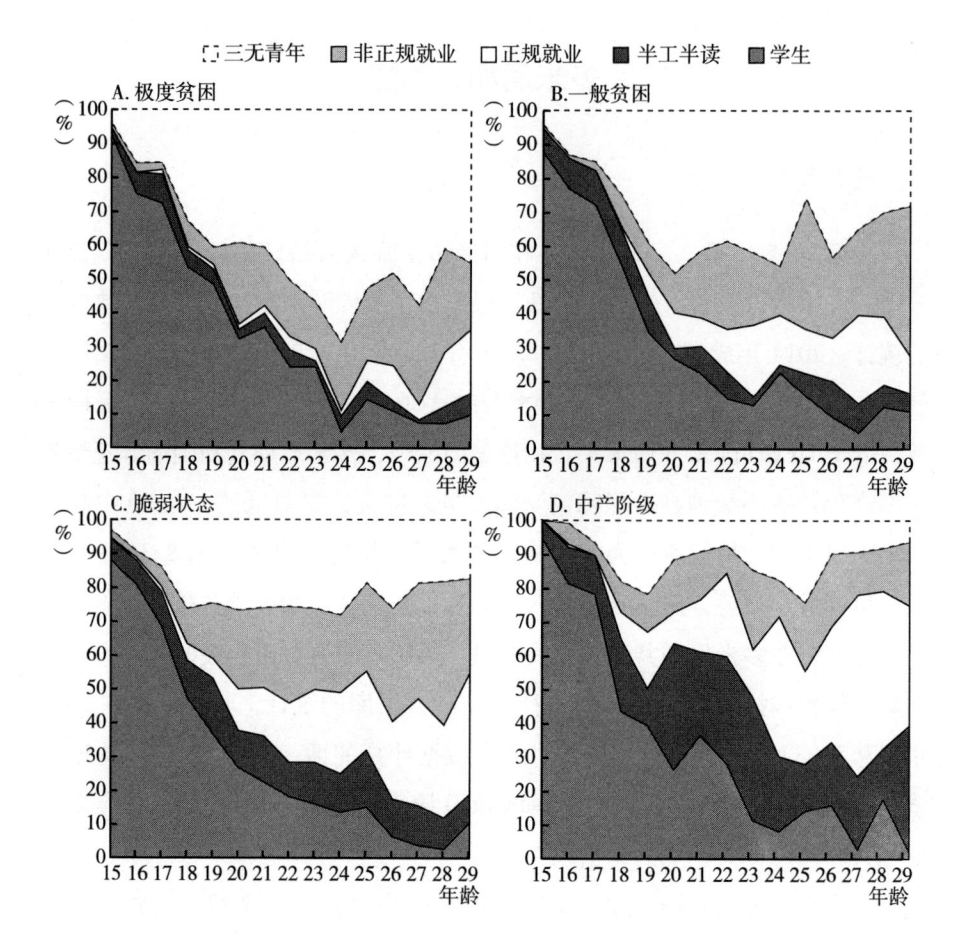

2014年多米尼加共和国青年单个年龄段的经济活动状态

资料来源：OECD 和世界银行的 SEDLAC 表（CEDLAS and World Bank）。

根据盖洛普世界观察，多米尼加共和国青年对于选举结果透明度的信心（约33%）低于成年人和拉美地区平均水平（约36%）。认为居住社区安全的多米尼加共和国青年的比重（约41%）略高于成年，但低于拉美地区平均水平（47%）。

多米尼加共和国的教育普及程度依然拖了拉美地区平均水平的后腿：2014年，约54%的多米尼加共和国青年（25~29岁）完成了中学教育（拉美相应的平均水平约为55%),约12%的青年(25~29岁)完成了高等教育(拉美相应的平均水平约为15%)。与该地区的其他国家相似,多米尼加共和国面临着辍学率高、毕业率低的情况:27%的青年(15~29岁)没有读完中学就辍学。与此同时,只有很少的中学生进入到职业培训项目中(多米尼加共和国这一比例约为5%,拉美地区约为14%,OECD约为26%)。

就多米尼加共和国创业而言,自我雇用的主要形式是个体户,而不是雇主:33.3%的青年工作者是个体户,只有1%自认为是雇主。

多米尼加共和国的创业障碍与拉美地区平均水平差不多。青年创业面临的最重要障碍是法律程序的复杂性和开办的行政负担。

多米尼加共和国青年政策的最新发展

在多米尼加共和国,处在劳动年龄的人口占比很高,青年(15~29岁)人口的比重大约为22%。针对这个年龄段的政策因而特别重要。

针对青年的重要公共政策是在社会发展的基础之上,促进人类全面发展,"我的青年社区"(Mi Communidad Joven)项目反映了这一点。该项目专注于减少青年暴力行为,促进青年组织的融合,鼓励青年人融入国家教育进程,以及通过在地理、教育、卫生、就业和住房等优先领域的学习,培养领导技能。

巩固直接面向青年的法制是多米尼加共和国公共政策的另一关键要素。"建立青年委员会的国家计划"旨在增强这一领域在地方层面的公共政策,通过在每个自治市创建和成立青年委员会以及巩固省级青年委员会,来扩大青年部(Ministry of Youth)的融合、运营和行动。

2009年,多米尼加共和国建立了"青年与就业"项目,以提高来自低收入和脆弱家庭的青年人的就业能力。它将教室里的理论和实践的职业培训与实习结合起来。此外,该项目还通过提供可由青年人自己选择的基础和技术方面的技能,来为首次就业做好准备。

通过个人培训,增强进入劳动力市场的潜力,是公共政策的另一要素,其主要关注创业和创新。按照这个思路,"创业技能项目"(包括"大学创业主席"和"发展新思维")和"国家创业项目",是这一领域的主要项目。

旨在培训青年人就业能力的公共政策已经得到贯彻,以提高青年的职业资质,以及提高进入劳动力市场的能力。"国家和国际奖学金"提供获得本科、研究生等文凭教育以及技术和职业教育的机会。这个项目和"国家识字计划"一起,帮助减少低水平教育,提高人才专业化水平,以及提升个人的生活质量。

最后,通过更新对多米尼加共和国青年的社会、经济和政治状况的判断,青年部制定了"战略规划(2015~2019年)",为执行上述政策要素及其所包含的各类项目确立了行动纲领。

多米尼加共和国的关键指标

劳动力市场发展(%)	多米尼加共和国		拉美		OECD	
	2004年	2014年	2004年	2014年	2004年	2014年
失业率:成年人(30~64岁)	2.9	2.7	4.8	3.4	4.6	5.8
失业率:青年人(15~29岁)	7.0	9.5	12.4	10.3	8.0	12.5
非正规就业率:成年人(35~64岁)		22.5	47.0	38.3		
非正规就业率:青年人(15~29岁)		41.0	62.3	52.3		

	多米尼加共和国				拉美(17国)		
青年和社会经济状态(%)	极度贫困	一般贫困	脆弱状态	中产阶级	极度贫困	一般贫困	脆弱状态	中产阶级
青年(15~29岁)	12.8	18.8	46.0	22.4	15.1	12.4	39.4	33.1

	多米尼加共和国		拉美		OECD	
青年人(15~29岁)[i]的活动率(%)	2004年	2014年	2004年	2014年	2014年	
学生	32.3	35.1	23.0	25.3	13.2	
半工半读	14.1	12.0	11.3	11.2	35.5	
工作	29.8	31.0	43.6	43.1	36.2	
三无青年	23.7	21.9	22.2	20.3	15.1	

续表

	多米尼加共和国				拉美(17国)			
以社会经济状态划分的青年人(15~29岁)[i]活动率(%)	极度贫困	一般贫困	脆弱状态	中产阶级	极度贫困	一般贫困	脆弱状态	中产阶级
学生	44.1	37.4	33.9	31.7	27.0	29.7	30.0	30.7
半工半读	4.5	7.4	11.0	21.9	7.8	7.5	8.9	15.0
工作:正规	3.6	9.3	14.6	22.1	4.8	9.6	18.4	28.8
工作:非正规	12.9	16.2	20.0	12.8	25.2	22.0	19.1	13.3
三无青年	34.8	29.7	20.5	11.5	35.1	31.2	23.7	12.2

青年受雇情况[i]的分布(%)	多米尼加共和国	拉美	OECD
雇员	62.8	70.0	88.0
雇主	1.0	2.2	3.9
个体户	33.3	16.3	5.7
无报酬的家庭工作	2.9	11.2	24.0

	多米尼加共和国		拉美		OECD	
选举信任[ii](%)	青年(16~29岁)	成年(30~64岁)	青年(16~29岁)	成年(30~64岁)	青年(15~29岁)	成年(30~64岁)
对选举结果的透明度表示信任的人口比重	33.1	37.1	36.3	39.3	62.1	63.2

安全感[ii](%)

对生活的城市或者地区感到安全的人口比重	40.6	38.8	47.0	46.0	70.9	71.3

	多米尼加共和国		拉美		OECD	
技能[iii](%)	青年(25~29岁)	成年(30~64岁)	青年(25~29岁)	成年(30~64岁)	成年(25~64岁)	
完成中学教育的人口	54.6	33.5	55.4	38.6	76.0	
完成高等教育[a]的人口	11.8	13.5	14.6	13.4	34.0	

	多米尼加共和国(2014年)	拉美(18国)	OECD(33国)
进入到职业项目[b]中的中学生	4.8	14.5	26.1

续表

创业障碍指数iv	多米尼加共和国	拉美	OECD
法律程序的复杂性	1.3	1.2	0.6
开办的行政负担	0.8	0.9	0.6
对原有企业的法律保护	0.5	0.6	0.4
总计	2.6	2.7	1.6

注：i) 拉美根据17个国家的加权平均计算，这些国家为：阿根廷、玻利维亚、巴西、智利、哥伦比亚、哥斯达黎加、多米尼加共和国、厄瓜多尔、萨尔瓦多、危地马拉、洪都拉斯、墨西哥、尼加拉瓜、巴拿马、秘鲁、巴拉圭、乌拉圭。OECD根据34个成员的加权平均计算。ii) 拉美根据16个国家非加权平均计算，这些国家为：阿根廷、巴西、智利、哥伦比亚、哥斯达黎加、多米尼加共和国、厄瓜多尔、萨尔瓦多、危地马拉、洪都拉斯、墨西哥、尼加拉瓜、巴拿马、巴拉圭、秘鲁、乌拉圭，OECD根据35个成员的简单平均计算。iii) 拉美根据17个国家的非加权平均计算，这些国家为：阿根廷、玻利维亚、巴西、智利、哥伦比亚、哥斯达黎加、多米尼加共和国、厄瓜多尔、萨尔瓦多、危地马拉、洪都拉斯、墨西哥、尼加拉瓜、巴拿马、秘鲁、巴拉圭、乌拉圭，OECD根据34个成员的简单平均计算。iv) 创业障碍指数由以下三个二级指数构成：1) 法律程序的复杂性：测量许可证和批准制度，例如法律和程序的沟通和简化程度。2) 开办的行政负担：测量企业和独资公司面临的负担，以及服务行业中的障碍。3) 对原有企业的法律保护：测量进入的法律障碍、反垄断豁免和互联网行业的壁垒。这三个指数都是基于"2013年产品市场法规问答调查"，见http://www.oecd.org/eco/reform/PMR-Questionnaire-2013.pdf。该指数反映了如下国家的法律现状：肯尼亚、菲律宾、卢旺达和乌拉圭（2014年），玻利维亚、厄瓜多尔、危地马拉、巴拿马、巴拉圭和委内瑞拉（2015年），以及其他国家（2013年）。0到6代表从最不严格到最严格。更多细节可参见"方法论栏目"。

资料来源：i) 有关拉美国家的SEDLAC量表（CEDLAS和世界银行）和OECD（2014）的OECD-LFS数据。ii) OECD根据Gallup Organization（2014）计算，Gallup World Monitor（数据库）；iii)（a）有关拉美国家的SEDLAC量表（2014）；OECD（2014），Education at a Glance 2014：OECD指标；（b）UNESCO（2016）和DiNIECE，Ministerio de Educación（2013）有关拉美国家的数据以及OECD（2014），Education at a Glance 2014：OECD指标。iv) OECD-WBG产品市场法律数据库中除了以下国家之外的所有国家：巴西、智利、印度、墨西哥和南非；OECD产品市场法律数据库（2014）。

国别信息

墨西哥

最新趋势

2009年底以来，墨西哥的成年人失业率不断下降。尽管低于OECD国家平均水平，但根据拉丁美洲和加勒比社会经济数据库（SEDLAC）的统计，墨西哥成年人失业率与拉美地区平均水平（2014年为3.4%）保持一致。与此同时，最近10年的成年人非正规就业（所有受雇人员不缴纳社会保障）维持在较高水平，仍然高于拉美地区平均水平（约38%）。不过，自2013年以来，非正规就业率不断下降，这归因于2012年的劳动力市场改革。这些改革旨在通过增加能够获得社会福利的新型合同来激励正规就业。

尽管成就显著，青年融入到劳动力市场和社会的困难在拉美地区依然顽固，墨西哥亦然。青年失业率——根据拉丁美洲和加勒比社会经济数据库的数据，2014年为7.7%——从2004年以来微弱上升，但仍然低于拉美地区（约10%）和OECD（约12%）的平均水平。2014年，青年的非正规就业率（约70%）继续上升，仍然高于成年失业率（约57%）

墨西哥青年中超过1/4还在学习（26.3%），相比拉美地区这一比例为25%。一半以上的青年处于工作或者半工半读状态。"三无"青年（NEETs）面临着被劳动力市场长期拒之门外的风险。这种风险会因为贫困和脆弱的三无青年比例相对较大而显得尤其严重。尽管近10年来，墨西哥"三无"人员的总数有所下降，但是"三无青年"的比例在OECD国家中仍然最高。"三无青年"占15~29岁人口的比例约为22%，远高于约15%的OECD国家平均水平。在所有"三无青年"中，来自贫困（包括极度贫困和一般贫困）和脆弱家庭的占87%以上。"三无青年"的性别差距很大，女性是男性的三倍。不过，"三无"女青年的比重在2012年到2014年从39%下降到35%。这些女青年主要从事家庭工作，意味着性别差距与文化规范有很大的相关性。

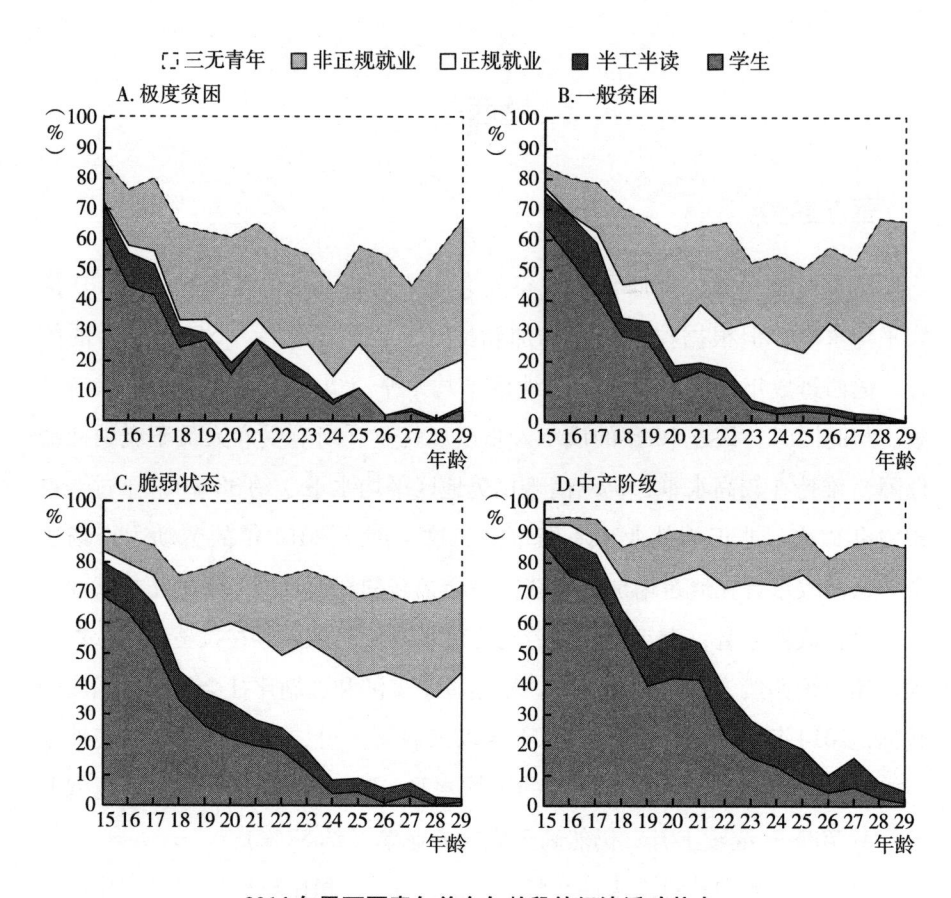

2014 年墨西哥青年单个年龄段的经济活动状态

资料来源：OECD 和世界银行的 SEDLAC 表（CEDLAS and World Bank）。

根据盖洛普世界观察调查的结果，墨西哥青年对于选举结果透明度的信心（约29%）低于成年和拉美地区平均水平（约36%）。不过，青年安全感的比例（50%）高于成年人和拉美地区平均水平（47%）。

墨西哥的中学教育普及程度低于拉美地区平均水平，但高等教育普及水平要高于地区平均水平。2014 年，约45%的青年（25～29 岁年龄段）完成了中学教育（拉美相应的平均水平约为55%），约18%完成了高等教育（拉美相应的平均水平约为15%）。与该地区其他国家一样，阿根廷面临着辍学率高、毕业率低的情况：41%的青年人（15～29 岁）没有读完中学就辍学了。技术和职业的教育与培训项目为确保面临着辍学或者地域偏远的风险时获得学习机会起到十分重要的社会作用（Kis，Hoeckel and Santiago，2012）。约17%的中学生进入到职业培训项目中（相比拉美地区平均水平约为15%，OECD约为26%）。2012年，墨西哥用于培训项目的支出占到GDP的0.04%，落后于拉美地区和OECD的平均水平，也是OECD国家中在积极劳动力市场政策上支出最少的国家。

墨西哥的创业普及程度低于拉美地区平均水平。在墨西哥，5.5%的青年工作者是个体户，2.4%是雇主，相比之下，拉美地区分别为16.3%和2.2%。此外，来自全球创业观察（GEM）的数据显示，墨西哥青年（18~29岁）的必要性创业比例（占所有早期创业活动的比例）在2015年为17.3%，低于拉美地区平均水平（26.2%），接近OECD国家平均水平（16%）。

墨西哥的创业障碍略高于OECD国家平均水平，但低于拉美地区平均水平。法律程序的复杂性和开办的行政负担是青年创业面临的最重要障碍。为了减轻这些负担，墨西哥政府在2016年出台了新的法律条文：简化股份公司创办程序，允许创业者在24小时之内创立和注册一家小型公司（甚至是独资公司），并且不用承担创业成本。

技术和职业培训项目的最新趋势

在墨西哥，中高层次的技术教育主要由四种类型的学校承担：农业学校、工业学校、海洋捕捞学校以及职业技术教育学院。职业培训有两种方案：1）学校培训由工业培训中心（centros de capacitación para el trabajo Industrial：CECATI）和职业培训学院（Institutos de capacitación para el trabajo：ICAT）提供。它们根据参加者的职业能力和教育基础能力提供几种不同类型的课程。这些都是短期课程，旨在扩展和/或提升技术技能和增加新技术培训。2）对失业人员的校外培训，由劳动和社会保障部主管。例如Bécate项目，就是为求职者提供短期培训课程以使其获得就业机会或者发展其自我雇用能力的活动。这个项目并非只面向青年人，但是其中大约44%的受益者年龄在16~25岁。

创业政策的最新趋势

2013年，墨西哥政府建立了国家创业学院（INADEM），将权力下放到这个实体机构，由其负责培育国家层面上的微、小、中型企业的创新和竞争力。此外，为了发展墨西哥的创业文化，该学院还支持国内企业登陆或者进入国际市场。为此，国家创业学院建立了"创业支持网络"（Red de Apoyo al Emprendedor）以支持创业者，帮助他们找到相关的项目、产品，并提供相应的服务。

为了配合这些动议，2015年，墨西哥政府建立了"青年信贷"项目。在国家的支持下，该项目旨在为青年人创业提供信贷。这个动议由国家创业学院（通过它的创业网络）和国家金融公司（墨西哥的一家发展银行）进行合作。

国家科学技术委员会（CONACYT）通过技术创新基金（Fondo de Innovación Tecnológica）来支持新老企业的技术创新。技术创新基金是一家培育中小企业和创业中的创新思想的基金。"创新激励项目"是国家科学技术委员会提供的另一个强化墨西哥企业技术基础的工具。

墨西哥青年学院（IMJUVE）设立了"国家青年项目"，目标在于将创业打造成青年进入劳动力市场的重要支柱。

最近，墨西哥标杆性的减贫项目"Oportunidades"被改造成"PROSPERA"。该项目的新目标在于推动贫困家庭与各类政府措施所提供的生产性资产、就业机会和金融产品对接。作为新方案的一部分，国家创业学院设立了"助力青年创业"（Jóvenes Emprendedores Prosperando）项目，在"PROSPERA"项目的青年受益者中培育创业潜力。另一个正在开发中的项目是通过与劳动和社会保障部合作，为"PROSPERA"项目中的高中毕业生创造就业机会。

2013年5月，政府建立了国家生产委员会（CNP），涵盖联邦政府部委、国家科学技术委员会以及私营企业、工会和教育机构的代表。国家生产委员会致力于管理生产项目，包括政府鼓励包容性生产的战略。最近，国家生产委员会确认了在事关促进生产力发展的关键联合行动中横向关注的政策领域（例如在特定行业的劳动力培训和创新）。

降低非正规就业率的最新进展

除了 2012 年的劳动力市场改革之外，墨西哥政府还出台了其他降低非正规就业率的措施。"走向正规就业"（Go Formal）旨在通过为非正规企业进入到正规经济提供便利而鼓励正规就业，其中包括减免强制性社会福利。同时，2013 年财政改革中的税收措施也通过新的"法人制度"（Incorporation Regime）最多减免十年的税收，来帮助工厂提高正规化水平。墨西哥针对小型企业的财政新体制（RIF）于 2014 年 1 月开始实行，取代了原有的小型纳税人体制（REPECOS），它包括在运营的起步阶段持续减免个人所得税、社会保障税、增值税和营业税等义务，引导非正规企业志向正规化，并缴纳税收。

参考文献

Kis, V., K. Hoeckel and P. Santiago (2012), *OECD Reviews of Vocational Education and Training: A Learning for Jobs Review of Mexico 2009*, OECD Publishing, Paris, http://dx.doi.org/10.1787/9789264168688-en.

墨西哥的关键指标

劳动力市场发展(%)	墨西哥		拉美		OECD	
	2004 年	2014 年	2004 年	2014 年	2004 年	2014 年
失业率:成年人(30~64 岁)	1.9	3.3	4.8	3.4	4.6	5.8
失业率:青年人(15~29 岁)	7.2	7.7	12.4	10.3	8.0	12.5
非正规就业率:成年人(35~64 岁)	54.7	56.7	47.0	38.3		
非正规就业率:青年人(15~29 岁)	66.1	69.5	62.3	52.3		

续表

青年和社会经济状态(%)	墨西哥 极度贫困	墨西哥 一般贫困	墨西哥 脆弱状态	墨西哥 中产阶级	拉美(17国) 极度贫困	拉美(17国) 一般贫困	拉美(17国) 脆弱状态	拉美(17国) 中产阶级
青年(15~29岁)	10.3	15.5	48.8	25.4	15.1	12.4	39.4	33.1

青年人(15~29岁)[i]的活动率(%)	墨西哥 2004	墨西哥 2014	拉美 2004	拉美 2014	OECD 2014
学生	22.5	26.3	23.0	25.3	13.2
半工半读	6.4	8.1	11.3	11.2	35.5
工作	45.6	43.0	43.6	43.1	36.2
三无青年	25.5	22.6	22.2	20.3	15.1

以社会经济状态划分的青年人(15~29岁)[i]活动率(%)	墨西哥 极度贫困	墨西哥 一般贫困	墨西哥 脆弱状态	墨西哥 中产阶级	拉美(17国) 极度贫困	拉美(17国) 一般贫困	拉美(17国) 脆弱状态	拉美(17国) 中产阶级
学生	22.8	22.4	25.3	31.1	27.0	29.7	30.0	30.7
半工半读	4.7	6.2	8.1	10.1	7.8	7.5	8.9	15.0
工作:正规	7.0	14.8	24.1	34.7	4.8	9.6	18.4	28.8
工作:非正规	29.5	23.4	19.9	12.4	25.2	22.0	19.1	13.3
三无青年	36.0	33.2	22.5	11.7	35.1	31.2	23.7	12.2

青年受雇情况[i]的分布(%)	墨西哥	拉美	OECD
雇员	83.1	70.0	88.0
雇主	2.4	2.2	3.9
个体户	5.5	16.3	5.7
无报酬的家庭工作	9.1	11.2	24.0

选举信任[ii](%)	墨西哥 青年(16~29岁)	墨西哥 成年(30~64岁)	拉美 青年(16~29岁)	拉美 成年(30~64岁)	OECD 青年(15~29岁)	OECD 成年(30~64岁)
对选举结果的透明度表示信任的人口比重	29.1	29.2	36.3	39.3	62.1	63.2
安全感[ii](%)						
对生活的城市或者地区感到安全的人口比重	50.0	49.4	47.0	46.0	70.9	71.3

续表

国别信息

技能[iii]（%）	墨西哥 青年(25~29岁)	墨西哥 成年(30~64岁)	拉美 青年(25~29岁)	拉美 成年(30~64岁)	OECD 成年(25~64岁)
完成中学教育的人口	45.8	31.9	55.4	38.6	76.0
完成高等教育[a]的人口	18.5	14.0	14.6	13.4	34.0
	墨西哥（2012年）		拉美（18国）		OECD（33国）
进入到职业项目[b]中的中学生	16.6		14.5		26.1
	墨西哥（2012年）		拉美		OECD（2014年）
培训项目的公共支出（占GDP的比重）[c]	0.04		0.12		0.15
创业[iv]（%）	墨西哥		拉美		OECD
出于必要性动机的创业（占全部早期创业的18~29岁青年的比重）	17.3		26.2		16.0
创业障碍指数[v]	墨西哥		拉美		OECD
法律程序的复杂性	0.5		1.2		0.6
开办的行政负担	0.8		0.9		0.6
对原有企业的法律保护	0.9		0.6		0.4
总计	2.2		2.7		1.6

注：i）拉美根据17个国家的加权平均计算，这些国家为：阿根廷、玻利维亚、巴西、智利、哥伦比亚、哥斯达黎加、多米尼加共和国、厄瓜多尔、萨尔瓦多、危地马拉、洪都拉斯、墨西哥、尼加拉瓜、巴拿马、秘鲁、巴拉圭、乌拉圭。OECD根据34个成员的加权平均计算。ii）拉美根据16个国家非加权平均计算，这些国家为：阿根廷、巴西、智利、哥伦比亚、哥斯达黎加、多米尼加共和国、厄瓜多尔、萨尔瓦多、危地马拉、洪都拉斯、墨西哥、尼加拉瓜、巴拿马、巴拉圭、秘鲁、乌拉圭，OECD根据35个成员的简单平均计算。iii）拉美根据17个国家的非加权平均计算，这些国家为：阿根廷、玻利维亚、巴西、智利、哥伦比亚、哥斯达黎加、多米尼加共和国、厄瓜多尔、萨尔瓦多、危地马拉、洪都拉斯、墨西哥、尼加拉瓜、巴拿马、秘鲁、巴拉圭、乌拉圭，OECD根据34个成员的简单平均计算。iv）人口的比例主要考察必要型创业（没有其他工作选择）人员而不是机遇型创业人员的比例。拉美主要来源于10个国家的非加权平均，这些国家为：阿根廷、巴西、智利、哥伦比亚、厄瓜多尔、危地马拉、巴拿马、墨西哥、秘鲁和乌拉圭。OECD主要是以下26个国家的非加权平均：澳大利亚、比利时、智利、爱沙尼亚、芬兰、德国、希腊、匈牙利、爱尔兰、以色列、意大利、拉脱维亚、卢森堡、墨西哥、荷兰、挪威、波兰、葡萄牙、斯洛伐克、斯洛文尼亚、韩国、西班牙、瑞典、瑞士、英国和美国。v）创业障碍指数由以下三个二级指数构成：1）法律程序的复杂性：测量许可证和批准制度，例如法律和程序的沟通和简化程度。2）开办的行政负担：测量企业和独资公司面临的负担，以及服务行业中的障碍。3）对原有企业的法律保护：测量进入的法律障碍、反垄断豁免和互联网行业的壁垒。这三个指数都是基于"2013年产品市场法规问答调查"，

见 http://www.oecd.org/eco/reform/PMR-Questionnaire-2013.pdf。该指数反映了如下国家的法律现状：肯尼亚、菲律宾、卢旺达和乌拉圭（2014年），玻利维亚、厄瓜多尔、危地马拉、巴拿马、巴拉圭和委内瑞拉（2015年），以及其他国家（2013年）。0到6代表从最不严格到最严格。更多细节可参见"方法论栏目"。

资料来源：i) 有关拉美国家的SEDLAC量表（CEDLAS和世界银行）和OECD（2014）的OECD-LFS数据。ii) OECD根据Gallup Organization（2014）计算，Gallup World Monitor（数据库）；iii) (a) 有关拉美国家的SEDLAC量表（2014）；OECD（2014），Education at a Glance 2014：OECD指标；(b) UNESCO（2016）和DiNIECE，Ministerio de Educación（2013）有关拉美国家的数据以及OECD（2014），Education at a Glance 2014：OECD指标；(c) World Bank LAC Social Protection Database（2015）和OECD/EC劳动力市场项目数据库。iv) Global Entrepreneurship Monitor（2015）的个人数据。v) OECD-WBG产品市场法律数据库中除了以下国家之外的所有国家：巴西、智利、印度、墨西哥和南非；OECD产品市场法律数据库（2014）。

国别信息

巴拿马

最新趋势

过去十年里，巴拿马的经济取得包容性增长，导致贫困显著减少，共享繁荣扩大。巴拿马最近几年减贫效果显著（2004~2014年，贫困和极度贫困下降了10个百分点之多），贫困人口下降（2014年为29%）。如今，巴拿马是拉美地区中产阶级人口规模最大的国家之一。这一时期强劲增长的积极影响也反映在劳动力市场中。

根据拉丁美洲和加勒比社会经济数据库的数据，2004年以来巴拿马的成年人失业率减少了一半以上，2014年达到2.5%，低于拉美地区（3.4%）和OECD（5.8%）的平均水平。

尽管成就显著，青年融入到劳动力市场和社会的困难在拉美地区依然顽固，巴拿马亦然。青年受益于积极的劳动力市场环境，但是失业率为9.4%，仍然是全国总体失业率的3倍以上，不过还是要低于拉美地区（约10%）和OECD（约12%）的平均水平。

巴拿马青年中大约有31%还在学习（拉美平均约为26%），超过49%的青年处于工作或者半工半读状态。"三无青年"（NEETs）面临着被劳动力市场长期拒之门外的风险。巴拿马的"三无青年"占15~29岁人口的比例为20%左右，与拉美地区平均水平一致，远高于15.1%的OECD国家平均水平。这种风险会因为贫困和脆弱的三无青年比例相对较大而显得尤其之严重（在所有"三无青年"中，来自极度贫困、一般贫困和脆弱家庭的比例分别为32%、33%和27%）。此外，和该地区其他国家一样，"三无青年"中的男女性别占比差距非常大（大约21个百分点）。

根据盖洛普世界观察调查的结果，巴拿马青年对于选举结果透明度的信心（约48%）低于成年人，但高于拉美地区平均水平（约36%）。不过，青年安全感的比例（约51%）高于成年人和拉美地区平均水平（47%）。

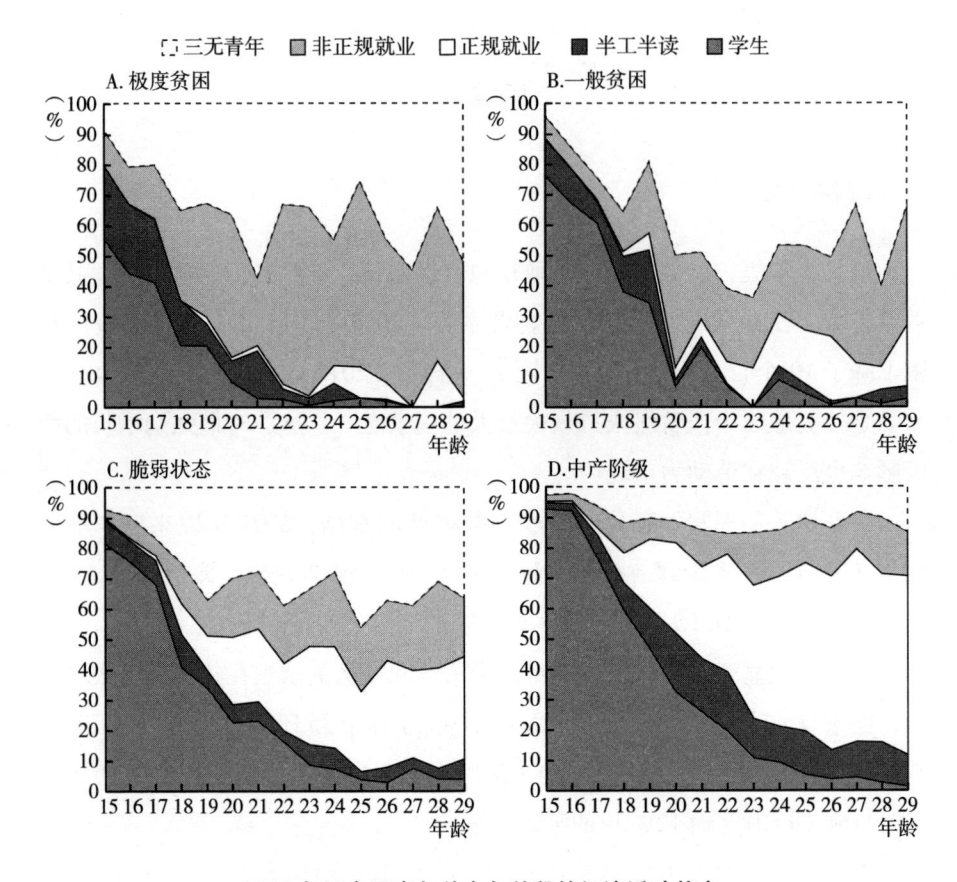

拉丁美洲经济展望（2017）：青年、技能和创业

图例：三无青年　非正规就业　正规就业　半工半读　学生

A. 极度贫困　B. 一般贫困　C. 脆弱状态　D. 中产阶级

2014 年巴拿马青年单个年龄段的经济活动状态

资料来源：OECD 和世界银行的 SEDLAC 表（CEDLAS and World Bank）。

过去十年，巴拿马取得的显著进步惠及了中学和高等教育。2014 年，近 60% 的青年（25~29 岁年龄段）完成了中学教育（拉美相应的平均水平为 55.4%），约 14% 完成了高等教育，低于拉美地区平均水平（约 15%）。技术和职业的教育与培训项目在该国十分重要：14% 的中学生进入到职业培训项目，与拉美地区平均水平（14.5%）大致相等，仍然低于 OECD 国家平均水平（26.1%）。与此同时，该国通过国家培训机构——国家职业培训和人类能力发展学院（Instituto Nacional de Formación Profesional y Capacitación para el Desarrollo Humano）提供各种形式的培训。巴拿马用于培训项目的支出高于拉美地区和OECD的平均水平（2014年占到GDP的0.17%，拉美地区和OECD分别为0.12%和0.15%）。

就创业而言，巴拿马青年自我雇用的主要形式是个体户而非雇主：近16%的青年工作者是个体户，而自认为是创业者的不到1%。此外，来自全球创业观察（GEM）的数据显示，巴拿马青年（18~29岁）创业者的必要性创业比例（占所有早期创业活动的比例）在2015年约为32%，高于拉美地区（26.2%）和OECD国家平均水平（16%）。

巴拿马的创业障碍低于拉美地区平均水平。青年创业面临最重要的障碍是法律程序的复杂性和对原有企业的法律保护。

青年政策的最新发展

巴拿马劳动力政策的主要目标之一是减少青年失业。针对这类人口的项目主要有两个："青年支持项目"和"就业新机遇项目"。

"青年支持项目"由劳动部于2015年设立，旨在为青年提供在企业的实习机会，提高其就业能力。受益者是最近一年内参加了技术和职业项目的青年人。参与该项目的企业必须开发一个培训计划，由劳动部进行评估和批准。企业将得到政府的实习雇用补贴，在青年实习合同结束之后企业必须至少雇用其中的50%。该项目可望在2015~2016年开始运行第一期，将覆盖1000个受益者。在接下来的年份中，该项目可能会扩展到所有每年接受技术/职业培训的青年人（目前有11000名）。此外，国家职业培训和人类能力发展学院这一主管技术和职业培训的实体机构，正在开发一个综合性的培训项目，开发生产部门需求的技能，以便增加这个项目潜在参与者的规模[1]。

"就业新机遇项目"来自多边投资基金（MIF）的一个倡议。它的主要目的是为来自巴拿马城、大卫、佩诺诺梅和科隆[2]等地的16~29岁低收入者提供工作培训和安置服务。该项目创立于2012年，2015年中期开始进入

---

[1] https://www.thebusinessyear.com/panama-2015/the-necessary-talent/vip-interview.

[2] http://www.iadb.org/en/news/news-releases/2015-04-09/job-training-program-benefits-1-million-youths,11125.html.

执行阶段,由政府、多边投资基金、国际青年基金会(IYF)和私营部门[①]提供资助。在2016年底,会有75家企业提供实习和工作,10000名青年人将会获得咨询和培训服务[②]。

巴拿马的关键指标

劳动力市场发展(%)	巴拿马		拉美		OECD	
	2004年	2014年	2004年	2014年	2004年	2014年
失业率:成年人(30~64岁)	5.4	2.5	4.8	3.4	4.6	5.8
失业率:青年人(15~29岁)	15.7	9.5	12.4	10.3	8.0	12.5
非正规就业率:成年人(35~64岁)			47.0	38.3		
非正规就业率:青年人(15~29岁)			62.3	52.3		

青年和社会经济状态(%)	巴拿马				拉美(17国)		
	极度贫困	一般贫困	脆弱状态	中产阶级	极度贫困	一般贫困	脆弱状态	中产阶级
青年(15~29岁)	9.8	8.2	36.5	45.5	15.1	12.4	39.4	33.1

青年人(15~29岁)[i]的活动率(%)	巴拿马		拉美		OECD
	2004	2014	2004	2014	2014
学生	29.6	30.6	23.0	25.3	13.2
半工半读	8.4	9.7	11.3	11.2	35.5
工作	37.9	39.6	43.6	43.1	36.2
三无青年	24.1	20.1	22.2	20.3	15.1

以社会经济状态划分的青年人(15~29岁)[i]活动率(%)	巴拿马				拉美(17国)			
	极度贫困	一般贫困	脆弱状态	中产阶级	极度贫困	一般贫困	脆弱状态	中产阶级
学生	19.7	33.4	32.1	31.9	27.0	29.7	30.0	30.7
半工半读	11.3	7.1	6.3	11.8	7.8	7.5	8.9	15.0
工作:正规	2.4	6.4	18.5	34.4	4.8	9.6	18.4	28.8
工作:非正规	34.5	19.6	15.5	11.1	25.2	22.0	19.1	13.3
三无青年	32.0	33.5	27.5	10.8	35.1	31.2	23.7	12.2

---

① 主要有 Arcos Dorados, Caterpillar, CEMEX, Microsoft, Walmart 等公司。
② http://idbdocs.iadb.org/wsdocs/getdocument.aspx?docnum=40249929。

国别信息

续表

青年受雇情况[i]的分布(%)	巴拿马	拉美	OECD
雇员	74.2	70.0	88.0
雇主	0.6	2.2	3.9
个体户	15.6	16.3	5.7
无报酬的家庭工作	9.6	11.2	24.0

	巴拿马		拉美		OECD	
选举信任[ii](%)	青年(16~29岁)	成年(30~64岁)	青年(16~29岁)	成年(30~64岁)	青年(15~29岁)	成年(30~64岁)
对选举结果的透明度表示信任的人口比重	48.3	51.2	36.3	39.3	62.1	63.2
安全感[ii](%)						
对生活的城市或者地区感到安全的人口比重	51.6	50.3	47.0	46.0	70.9	71.3

	巴拿马		拉美		OECD	
技能[iii](%)	青年(25~29岁)	成年(30~64岁)	青年(25~29岁)	成年(30~64岁)	成年(25~64岁)	
完成中学教育的人口	59.9	50.1	55.4	38.6	76.0	
完成高等教育[a]的人口	13.6	15.9	14.6	13.4	34.0	

	巴拿马(2012年)	拉美(18国)	OECD(33国)
进入到职业项目[b]中的中学生	14.0	14.5	26.1

	巴拿马(2014年)	拉美	OECD(2014年)
培训项目的公共支出(占GDP的比重)[c]	0.17	0.12	0.15

创业[iv](%)	巴拿马	拉美	OECD
出于必要性动机的创业(占全部早期创业的18~29岁青年的比重)	31.5	26.2	16.0
创业障碍指数[v]	巴拿马	拉美	OECD
法律程序的复杂性	0.8	1.2	0.6
开办的行政负担	0.5	0.9	0.6

续表

对原有企业的法律保护	0.6	0.6	0.4
总计	1.9	2.7	1.6

注：i) 拉美根据17个国家的加权平均计算，这些国家为：阿根廷、玻利维亚、巴西、智利、哥伦比亚、哥斯达黎加、多米尼加共和国、厄瓜多尔、萨尔瓦多、危地马拉、洪都拉斯、墨西哥、尼加拉瓜、巴拿马、秘鲁、巴拉圭、乌拉圭。OECD根据34个成员的加权平均计算。ii) 拉美根据16个国家非加权平均计算，这些国家为：阿根廷、巴西、智利、哥伦比亚、哥斯达黎加、多米尼加共和国、厄瓜多尔、萨尔瓦多、危地马拉、洪都拉斯、墨西哥、尼加拉瓜、巴拿马、巴拉圭、秘鲁、乌拉圭，OECD根据35个成员的简单平均计算。iii) 拉美根据17个国家的非加权平均计算，这些国家为：阿根廷、玻利维亚、巴西、智利、哥伦比亚、哥斯达黎加、多米尼加共和国、厄瓜多尔、萨尔瓦多、危地马拉、洪都拉斯、墨西哥、尼加拉瓜、巴拿马、秘鲁、巴拉圭、乌拉圭，OECD根据34个成员的简单平均计算。iv) 创业障碍指数由以下三个二级指数构成：1）法律程序的复杂性：测量许可证和批准制度，例如法律和程序的沟通和简化程度。2）开办的行政负担：测量企业和独资公司面临的负担，以及服务行业中的障碍。3）对原有企业的法律保护：测量进入的法律障碍、反垄断豁免和互联网行业的壁垒。这三个指数都是基于"2013年产品市场法规问答调查"，见http：//www.oecd.org/eco/reform/PMR–Questionnaire–2013.pdf。该指数反映了如下国家的法律现状：肯尼亚、菲律宾、卢旺达和乌拉圭（2014年），玻利维亚、厄瓜多尔、危地马拉、巴拿马、巴拉圭和委内瑞拉（2015年），以及其他国家（2013年）。0到6代表从最不严格到最严格。更多细节可参见"方法论栏目"。

资料来源：i) 有关拉美国家的SEDLAC量表（CEDLAS和世界银行）和OECD（2014）的OECD-LFS数据。ii) OECD根据Gallup Organization（2014）计算，Gallup World Monitor（数据库）；iii)（a）有关拉美国家的SEDLAC量表（2014）；OECD（2014），Education at a Glance 2014：OECD指标；（b）UNESCO（2016）和DiNIECE，Ministerio de Educación（2013）有关拉美国家的数据以及OECD（2014），Education at a Glance 2014：OECD指标。iv) Global Entrepreneurship Monitor（2015）的个人数据。v) OECD-WBG产品市场法律数据库中除了以下国家之外的所有国家：巴西、智利、印度、墨西哥和南非；OECD产品市场法律数据库（2014）。

国别信息

巴拉圭

最新趋势

过去十年里，巴拉圭的劳动力市场状况显著改善。根据拉丁美洲和加勒比社会经济数据库的数据，巴拉圭近年来的失业率显著下降，2014年成年人的失业率略微高于3%，与拉美地区平均水平一致，远低于OECD国家平均水平。2004年以来，成年人的非正规就业（所有受雇人员未缴纳社会保障）一直下降，2014年达到近53%，但仍然远高于拉美地区平均水平（约38%）。

巴拉圭青年受益于积极的劳动力市场环境，但是失业率将近11%，仍然是全国总体失业率的3倍以上，不过与拉美地区平均水平（10.3%）大致相等。2014年，巴拉圭青年中大约有1/4还在学习（25.5%），超过56%的青年处于工作或者半工半读状态。巴拉圭仍然是拉美地区"三无青年"（NEETs）比例最低的国家之一。在巴拉圭15~29岁人口中，"三无青年"所占的比例为17%左右，相比之下，拉美地区平均约为20%，OECD总体平均水平约为15%。

"三无青年"面临着被劳动力市场长期拒之门外的风险。这种风险会因为贫困和脆弱的"三无青年"比例相对较大（占所有"三无青年"的近80%）而显得尤其严重。来自极度贫困、一般贫困家庭的比例分别为33%、29%。和该地区其他国家一样，"三无青年"中的男女占比相差非常大（大约17%）。

巴拉圭也是拉美地区青年非正规就业发生率最高的国家之一。青年工作者中约72%为非正规就业，比拉美地区平均水平（约52%）高出20个百分点。此外，来自极度贫困、一般贫困家庭的青年从事非正规工作的比例分别为99%和94%（相比之下，来自脆弱和中产阶级家庭的青年从事非正规工作的比例分别为82%和61%）。

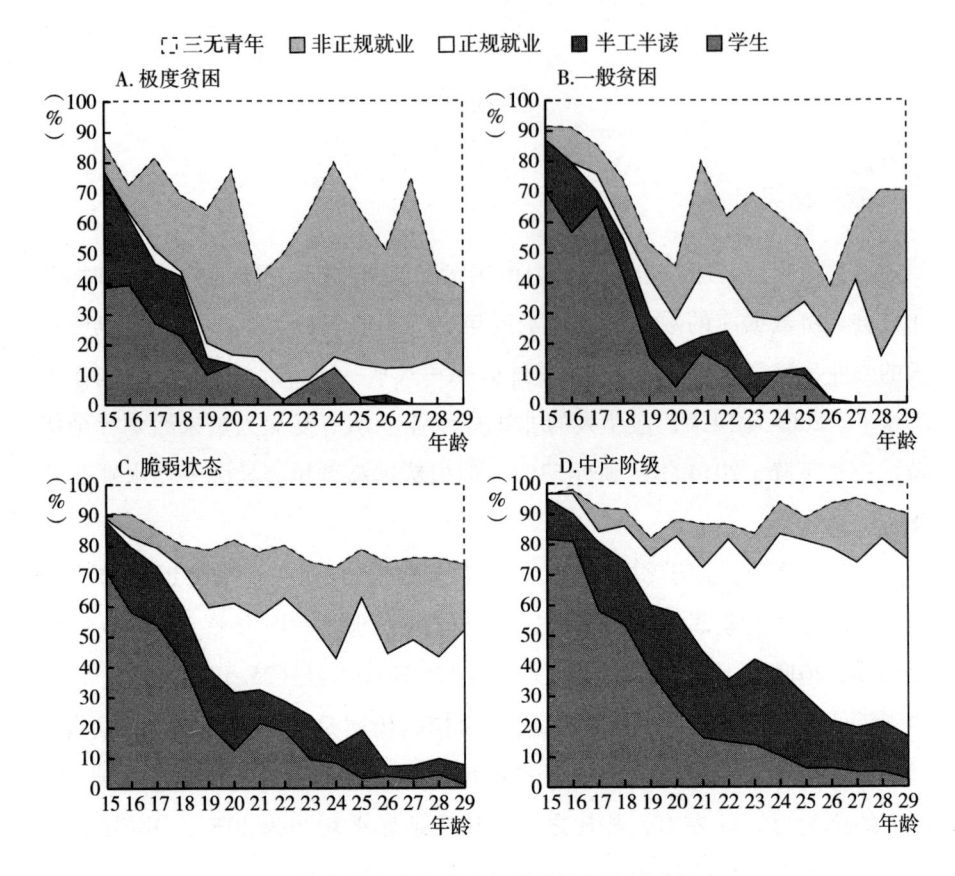

2014年巴拉圭青年单个年龄段的经济活动状态

资料来源：OECD 和世界银行的 SEDLAC 表（CEDLAS and World Bank）。

巴拉圭青年对于选举结果透明度的信心（约27%）低于成年人和拉美地区平均水平（约36%）。青年安全感的比例（约41%）略高于成年人，但低于拉美地区平均水平（47%）（盖洛普世界观察数据）。

巴拉圭的教育普及状况正在稳步改善：2014年，60%的青年（25～29岁年龄段）完成了中学教育，高于拉美平均水平（约55%）。完成高等教育的青年比例（约17%）高于于拉美地区平均水平（约15%）。此外，有15.6%的中学生进入职业培训项目，高于拉美地区平均水平（14.5%），但低于OECD国家的平均水平（26.1%）。

就创业而言，巴拉圭青年自我雇用的主要形式是个体户而非雇主：近15%的青年工作者是个体户，而自认为是创业者的只有2%左右。

巴拉圭的创业障碍低于拉美地区平均水平。青年创业面临的最重要障碍是法律程序的复杂性和开办的行政负担。

巴拉圭技术和职业培训的最新发展

巴拉圭有四种技术和职业培训：1）农业职业启蒙培训（Iniciación Profesional Agropecuaria），为高中学生提供基础教育；2）技术学校和职业培训计划，针对中专学生；3）在高等教育层次提供技术教育；4）作为终身学习一部分的非正规（职业）培训。其中最后一类是国家职业提升系统（Sistema Nacional de Promoción Profesional, SNPP）的组成部分，由劳动、就业和社会保障部负责，旨在增加工人的培训和技能。课程涵盖农业、工业、服务业等领域。而且，国家技能成长和职业培训系统（Sistema Nacional de Formación y Capacitación Laboral, SINAFOCAL）也提供多种类型的培训和技能学习机会。其他公私合作的项目还有"青年人就业新机遇"（Nuevas Oportunidades de Empleo para Jóvenes, NEO）及"技能、就业和青年创业"项目（SAPE'A Skills, Employment and Youth Entrepreneurship），为青年人提供职业培训、技能学习机会以及实习和创业发展的便利。

2013年，一项为年轻人进入劳动力市场提供便利的法律获得通过，并在2015年正式执行。通过对雇主雇用青年提供法律激励，例如对18~29岁的工人提供补贴，降低企业雇用年轻工人的成本。这项法律对青年特别有帮助，因为他们在加入企业之前需要工作经验。该法律同时也为工作培训、工人补贴、学徒合同和首份工作合同提供了法律依据（SNPP，2015）。

巴拉圭青年创业政策的最新发展

巴拉圭的青年创业政策（The Política de Empleo Juvenil）旨在发展和执

行一些措施，保证青年能够获得体面的工作经历。它还致力于开发一些项目，鼓励发展该国的创业文化，通过创业创造更多、更好的工作。

从 2013 年起，巴拉圭全国青年秘书处与"和平军团"（Peace Corps）、青年企业家协会等其他组织一道，创立了"巴拉圭创业"（Paraguay Emprende），旨在为年轻人开办自己的企业提供工具。在起步阶段，它举办了地区和全国性的工作坊，为 18～30 岁的创业者提供指导和咨询。继而，它举办竞赛，在竞赛中获得优胜的企业将会获得资助。

通过这个项目，科学、技术和创新政策纲领旨在发展巴拉圭的创业文化，关注社会创新和创业，以及科技型企业和公私伙伴关系。

参考文献

SNPP (Servicio Nacional de Promoción Profesional) (2015), *Gobierno reglamenta ley para inserter jóvenes al mercado laboral*, Ministerio de Trabajo, Empleo y Seguridad Social, http://www.snpp.edu.py/noticias-snpp/569-gobierno-reglamenta-ley-para-insertar-j%C3%B3venes-al-mercado-laboral.html (accessed 24 August 2016).

巴拉圭的关键指标

劳动力市场发展(%)	巴拉圭		拉美		OECD	
	2004 年	2014 年	2004 年	2014 年	2004 年	2014 年
失业率:成年人（30～64 岁）	4.6	3.4	4.8	3.4	4.6	5.8
失业率:青年人（15～29 岁）	11.7	10.6	12.4	10.3	8.0	12.5
非正规就业率:成年人（35～64 岁）	67.8	52.6	47.0	38.3		
非正规就业率:青年人（15～29 岁）	84.7	72.2	62.3	52.3		

青年和社会经济状态(%)	巴拉圭				拉美（17 国）			
	极度贫困	一般贫困	脆弱状态	中产阶级	极度贫困	一般贫困	脆弱状态	中产阶级
青年（15～29 岁）	8.0	9.3	41.8	41.0	15.1	12.4	39.4	33.1

国别信息

续表

青年人(15~29岁)[i]的活动率(%)	巴拉圭		拉美		OECD
	2004年	2014年	2004年	2014年	2014年
学生	19.5	25.5	23.0	25.3	13.2
半工半读	14.0	16.8	11.3	11.2	35.5
工作	45.4	40.5	43.6	43.1	36.2
三无青年	21.1	17.2	22.2	20.3	15.1

以社会经济状态划分的青年人(15~29岁)[i]活动率(%)	巴拉圭				拉美(17国)			
	极度贫困	一般贫困	脆弱状态	中产阶级	极度贫困	一般贫困	脆弱状态	中产阶级
学生	17.6	30.9	26.5	25.4	27.0	29.7	30.0	30.7
半工半读	12.4	10.1	13.8	21.2	7.8	7.5	8.9	15.0
工作:正规	4.6	11.3	23.1	34.3	4.8	9.6	18.4	28.8
工作:非正规	33.2	19.8	16.9	9.3	25.2	22.0	19.1	13.3
三无青年	32.2	27.9	19.7	9.9	35.1	31.2	23.7	12.2

青年受雇情况[i]的分布(%)	巴拉圭	拉美	OECD
雇员	72.2	70.0	88.0
雇主	2.1	2.2	3.9
个体户	14.9	16.3	5.7
无报酬的家庭工作	10.8	11.2	24.0

选举信任[ii](%)	巴拉圭		拉美		OECD	
	青年(16~29岁)	成年(30~64岁)	青年(16~29岁)	成年(30~64岁)	青年(15~29岁)	成年(30~64岁)
对选举结果的透明度表示信任的人口比重	27.4	29.4	36.3	39.3	62.1	63.2

安全感[ii](%)	巴拉圭		拉美		OECD	
对生活的城市或者地区感到安全的人口比重	40.7	39.7	47.0	46.0	70.9	71.3

技能[iii](%)	巴拉圭		拉美		OECD	
	青年(25~29岁)	成年(30~64岁)	青年(25~29岁)	成年(30~64岁)	成年(25~64岁)	
完成中学教育的人口	60.0	36.6	55.4	38.6	76.0	
完成高等教育[a]的人口	17.3	12.5	14.6	13.4	34.0	

续表

	巴拉圭(2012年)	拉美(18国)	OECD(33国)
进入到职业项目[b]中的中学生	15.6	14.5	26.1
创业障碍指数[iv]	巴拉圭	拉美	OECD
法律程序的复杂性	0.7	1.2	0.6
开办的行政负担	1.0	0.9	0.6
对原有企业的法律保护	0.5	0.6	0.4
总计	2.2	2.7	1.6

注：i）拉美根据17个国家的加权平均计算，这些国家为：阿根廷、玻利维亚、巴西、智利、哥伦比亚、哥斯达黎加、多米尼加共和国、厄瓜多尔、萨尔瓦多、危地马拉、洪都拉斯、墨西哥、尼加拉瓜、巴拿马、秘鲁、巴拉圭、乌拉圭。OECD根据34个成员的加权平均计算。ii）拉美根据16个国家非加权平均计算，这些国家为：阿根廷、巴西、智利、哥伦比亚、哥斯达黎加、多米尼加共和国、厄瓜多尔、萨尔瓦多、危地马拉、洪都拉斯、墨西哥、尼加拉瓜、巴拿马、巴拉圭、秘鲁、乌拉圭，OECD根据35个成员的简单平均计算。iii）拉美根据17个国家的非加权平均计算，这些国家为：阿根廷、玻利维亚、巴西、智利、哥伦比亚、哥斯达黎加、多米尼加共和国、厄瓜多尔、萨尔瓦多、危地马拉、洪都拉斯、墨西哥、尼加拉瓜、巴拿马、秘鲁、巴拉圭、乌拉圭，OECD根据34个成员的简单平均计算。iv）创业障碍指数由以下三个二级指数构成：1）法律程序的复杂性：测量许可证和批准制度，例如法律和程序的沟通和简化程度。2）开办的行政负担：测量企业和独资公司面临的负担，以及服务行业中的障碍。3）对原有企业的法律保护：测量进入的法律障碍、反垄断豁免和互联网行业的壁垒。这三个指数都是基于"2013年产品市场法规问答调查"，见http://www.oecd.org/eco/reform/PMR-Questionnaire-2013.pdf。该指数反映了如下国家的法律现状：肯尼亚、菲律宾、卢旺达和乌拉圭（2014年），玻利维亚、厄瓜多尔、危地马拉、巴拿马、巴拉圭和委内瑞拉（2015年），以及其他国家（2013年）。0到6代表从最不严格到最严格。更多细节可参见"方法论栏目"。

资料来源：i）有关拉美国家的SEDLAC量表（CEDLAS和世界银行）和OECD（2014）的OECD-LFS数据。ii）OECD根据Gallup Organization（2014）计算，Gallup World Monitor（数据库）；iii）（a）有关拉美国家的SEDLAC量表（2014）；OECD（2014），Education at a Glance 2014；OECD指标；（b）UNESCO（2016）和DiNIECE, Ministerio de Educación（2013）有关拉美国家的数据以及OECD（2014），Education at a Glance 2014；OECD指标。iv）Global Entrepreneurship Monitor（2015）的个人数据。OECD-WBG产品市场法律数据库中除了以下国家之外的所有国家：巴西、智利、印度、墨西哥和南非；OECD产品市场法律数据库（2014）。

秘 鲁

最新趋势

除 2014 年短暂的放缓之外，秘鲁经济在过去 15 年里经历了强劲和持续的增长，劳动力市场状况显著改善。近年来失业率显著下降，根据拉丁美洲和加勒比社会经济数据库的数据，2014 年，成年人失业率达到 1.4%，为拉美国家最低（拉美地区平均水平为 3.4%），远远低于 OECD 国家平均水平（5.8%）。非正规就业（所有受雇人员不缴纳社会保障）——从 2004 年以来一直下降。尽管发展十分有利，但是秘鲁非正规就业的发生率仍然很高，在 2014 年达到 43%，略高于拉美地区平均水平（约 38%）。

秘鲁的青年人受益于积极的劳动力市场环境，但是失业率仍达到 6.3%，是成年人失业率的 4 倍左右，尽管这要低于拉美地区和 OECD 的平均水平（分别为 10.3% 和 12.5%）。

秘鲁青年中大约有 19% 还在学习（拉美平均约为 26%），超过 67% 的青年处于工作或者半工半读状态。秘鲁仍然是拉美地区"三无青年"（NEETs）比例最低的国家之一。在 15~29 岁人口中，"三无青年"所占的比例为 12% 左右，相比之下，拉美地区平均约为 20%，OECD 总体平均水平约为 15%。"三无青年"（NEETs）面临着被劳动力市场长期拒之门外的风险。这种风险会因为贫困和脆弱的"三无青年"比例相对较大而显得尤其严重（占所有"三无青年"的比例大约为 70%）。比起该地区其他国家，秘鲁"三无青年"中的男女性别占比差距最小（8%）。

尽管过去 10 年取得不小的进步，但是秘鲁非正规就业青年占到全部青年工人 65% 以上，远远高于 52.3% 的拉美地区平均水平。其中来自极度贫困和一般贫困家庭的青年从事非正规工作的比例分别为 99% 和 93%（相比之下，来自脆弱和中产阶级家庭的比例分别为 77% 和 51%）。

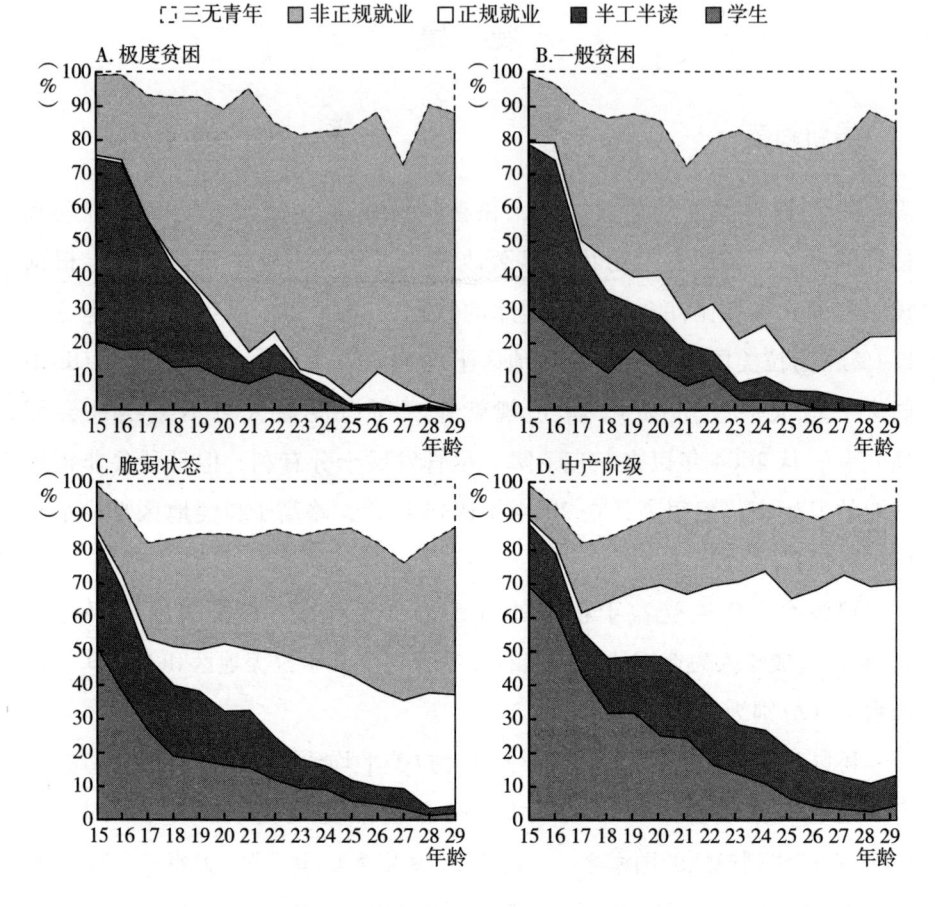

图例：三无青年　非正规就业　正规就业　半工半读　学生

A. 极度贫困　　　B. 一般贫困
C. 脆弱状态　　　D. 中产阶级

2014 年秘鲁青年单个年龄段的经济活动状态

资料来源：OECD 和世界银行的 SEDLAC 表（CEDLAS and World Bank）。

根据盖洛普世界观察调查的结果，秘鲁青年对于选举结果透明度的信心（近29%）低于成年人和拉美地区平均水平（约36%）。不过，青年安全感的比例（42%）也低于成年人和拉美地区平均水平（47%）。

秘鲁在教育方面取得显著改善，是拉美地区表现最好的国家之一。2014年，秘鲁教育普及程度高于拉美地区平均水平，超过76%的青年（25~29岁年龄段）完成了中学教育（拉美相应的平均水平为55.4%），约28%完成了高等教育（拉美地区平均水平为14.6%）。秘鲁的技术和职业的教育与培训项目（TVET）由多方提供，项目丰富（OECD，2016）。但是中学生进入职业培训项目的非常少（1.4%，拉美地区平均水平为14.5%，OECD国家平均水平为26.1%）。此外，该国用于培训项目的支出非常少（2014年仅占GDP的0.01%，相比之下，拉美地区和OECD的平均水平分别为0.12%和0.15%）。

就秘鲁创业而言，自我雇用的主要形式是个体户而非雇主：近16%的青年工作者是个体户，而自认为是创业者的不到1%。

秘鲁的创业障碍低于拉美地区平均水平。青年创业面临的最重要障碍是法律程序的复杂性和开办的行政负担。

青年技能发展与创业项目和政策

许多项目设立的初衷就是在国家层面上提高青年在技能发展方面和进入职场的能力，其中包括"工作在秘鲁"（Trabaja Peru），30%的受益者年龄在18到29岁之间；还有许多平台帮助秘鲁人尤其是青年寻找工作。"规划未来"项目（Proyecta tu Futuro）和全国各地的复式工作中心就是其中两个范例。这些都在国家层面切实推动了秘鲁的失业者和经济非活跃人口进入正规部门工作。此外，秘鲁以发展技能和职业培训为目标的主要项目是"青年生产力"（Jovenes Productivos），有一系列主要以合同形式激励雇用秘鲁青年的政策与之相配套。这个项目主要关注弱势青年，其中包括大多数未念完高中就已在贫困、边缘化或者犯罪面前非常脆弱的青年；该项目已经惠及了近90000人，职场介入率达到40%，在全国的影响范围逐渐扩大，主要是在城市地区。

"青年生产力"项目主要关注发展生产部门所需的技术技能。它开始越来越多地关注广义范围的软技能，帮助受益者获得更大范围的工作机会。该系统与私营部门合作设计课程，因地制宜开设课程，并且对所有感兴趣的人开放课程，其目的是提供一个范围相对广泛的选择，激发更多的人参与。课程大约持续3个月，预计对受益者的工作前景会产生强烈的影响。在今后几年，劳动部正在寻求扩大项目的范围，加入更多的认知成分和软技能。

秘鲁现在还缺乏全国性的创业项目，但是有一些地方层面的措施，其中阿亚库乔和圣马丁等地的措施比较突出。还有一些雇用青年人的激励措施，以及通过提供支付报酬的实习来引导私营企业的措施。

参考文献

OECD (2016c), *A Skills Beyond School Review of Peru*, OECD Reviews of Vocational Education and Training, OECD Publishing, Paris, http://dx.doi.org/10.1787/9789264265400-en.

秘鲁的关键指标

劳动力市场发展(%)	秘鲁		拉美		OECD	
	2004年	2014年	2004年	2014年	2004年	2014年
失业率：成年人(30~64岁)	3.1	1.4	4.8	3.4	4.6	5.8
失业率：青年人(15~29岁)	7.9	6.3	12.4	10.3	8.0	12.5
非正规就业率：成年人(35~64岁)	77.4	43.0	47.0	38.3		
非正规就业率：青年人(15~29岁)	92.4	65.2	62.3	52.3		

青年和社会经济状态(%)	秘鲁				拉美(17国)		
	极度贫困	一般贫困	脆弱状态	中产阶级	极度贫困	一般贫困	脆弱状态	中产阶级
青年(15~29岁)	7.3	9.7	42.6	40.4	15.1	12.4	39.4	33.1

青年人(15~29岁)[i]的活动率(%)	秘鲁		拉美		OECD
	2004年	2014年	2004年	2014年	2014年
学生	15.4	18.6	23.0	25.3	13.2
半工半读	13.6	16.9	11.3	11.2	35.5
工作	57.3	52.7	43.6	43.1	36.2
三无青年	13.8	11.8	22.2	20.3	15.1

续表

	秘鲁				拉美（17国）			
以社会经济状态划分的青年人（15~29岁）[i]活动率（%）	极度贫困	一般贫困	脆弱状态	中产阶级	极度贫困	一般贫困	脆弱状态	中产阶级
学生	11.5	12.5	18.1	21.8	27.0	29.7	30.0	30.7
半工半读	25.3	20.8	16.0	15.2	7.8	7.5	8.9	15.0
工作：正规	2.3	9.0	18.2	33.1	4.8	9.6	18.4	28.8
工作：非正规	52.0	44.2	33.3	20.4	25.2	22.0	19.1	13.3
三无青年	8.7	13.4	14.4	9.5	35.1	31.2	23.7	12.2

青年受雇情况[i]的分布（%）	秘鲁	拉美	OECD
雇员	57.0	70.0	88.0
雇主	1.2	2.2	3.9
个体户	15.8	16.3	5.7
无报酬的家庭工作	26.0	11.2	24.0

	秘鲁		拉美		OECD	
选举信任[ii]（%）	青年（16~29岁）	成年（30~64岁）	青年（16~29岁）	成年（30~64岁）	青年（15~29岁）	成年（30~64岁）
对选举结果的透明度表示信任的人口比重	28.9	30.2	36.3	39.3	62.1	63.2

安全感[ii]（%）						
对生活的城市或者地区感到安全的人口比重	42.0	45.2	47.0	46.0	70.9	71.3

	秘鲁		拉美		OECD	
技能[iii]（%）	青年（25~29岁）	成年（30~64岁）	青年（25~29岁）	成年（30~64岁）	成年（25~64岁）	
完成中学教育的人口	76.1	54.9	55.4	38.6	76.0	
完成高等教育[a]的人口	27.9	21.1	14.6	13.4	34.0	

	秘鲁（2014年）	拉美（18国）	OECD（33国）
进入到职业项目[b]中的中学生	1.4	14.5	26.1

	秘鲁（2013年）	拉美	OECD（2014年）
培训项目的公共支出（占GDP的比重）[c]	0.01	0.12	0.15

355

续表

创业[iv]（%）	秘鲁	拉美	OECD
出于必要性动机的创业（占全部早期创业的18~29岁青年的比重）	23.1	26.2	16.0

创业障碍指数[v]	秘鲁	拉美	OECD
法律程序的复杂性	0.9	1.2	0.6
开办的行政负担	0.8	0.9	0.6
对原有企业的法律保护	0.4	0.6	0.4
总计	2.1	2.7	1.6

注：i) 拉美根据17个国家的加权平均计算，这些国家为：阿根廷、玻利维亚、巴西、智利、哥伦比亚、哥斯达黎加、多米尼加共和国、厄瓜多尔、萨尔瓦多、危地马拉、洪都拉斯、墨西哥、尼加拉瓜、巴拿马、秘鲁、巴拉圭、乌拉圭。OECD根据34个成员的加权平均计算。ii) 拉美根据16个国家非加权平均计算，这些国家为：阿根廷、巴西、智利、哥伦比亚、哥斯达黎加、多米尼加共和国、厄瓜多尔、萨尔瓦多、危地马拉、洪都拉斯、墨西哥、尼加拉瓜、巴拿马、巴拉圭、秘鲁、乌拉圭，OECD根据35个成员的简单平均计算。iii) 拉美根据17个国家的非加权平均计算，这些国家为：阿根廷、玻利维亚、巴西、智利、哥伦比亚、哥斯达黎加、多米尼加共和国、厄瓜多尔、萨尔瓦多、危地马拉、洪都拉斯、墨西哥、尼加拉瓜、巴拿马、秘鲁、巴拉圭、乌拉圭，OECD根据34个成员的简单平均计算。iv) 人口的比例主要考察必要型创业（没有其他工作选择）人员而不是机遇型创业人员的比例。拉美主要来源于10个国家的非加权平均，这些国家为：阿根廷、巴西、智利、哥伦比亚、厄瓜多尔、危地马拉、巴拿马、墨西哥、秘鲁和乌拉圭。OECD主要是以下26个国家的非加权平均：澳大利亚、比利时、智利、爱沙尼亚、芬兰、德国、希腊、匈牙利、爱尔兰、以色列、意大利、拉脱维亚、卢森堡、墨西哥、荷兰、挪威、波兰、葡萄牙、斯洛伐克、斯洛文尼亚、韩国、西班牙、瑞典、瑞士、英国和美国。v) 创业障碍指数由以下三个二级指数构成：1) 法律程序的复杂性：测量许可证和批准制度，例如法律和程序的沟通和简化程度。2) 开办的行政负担：测量企业和独资公司面临的负担，以及服务行业中的障碍。3) 对原有企业的法律保护：测量进入的法律障碍、反垄断豁免和互联网行业的壁垒。这三个指数都是基于"2013年产品市场法规问答调查"，见 http://www.oecd.org/eco/reform/PMR-Questionnaire-2013.pdf。该指数反映了如下国家的法律现状：肯尼亚、菲律宾、卢旺达和乌拉圭（2014年）、玻利维亚、厄瓜多尔、危地马拉、巴拿马、巴拉圭和委内瑞拉（2015年），以及其他国家（2013年）。0到6代表从最不严格到最严格。更多细节可参见"方法论栏目"。

资料来源：i) 有关拉美国家的 SEDLAC 量表（CEDLAS 和世界银行）和 OECD（2014）的 OECD-LFS 数据。ii) OECD 根据 Gallup Organization（2014）计算，Gallup World Monitor（数据库）；iii)（a）有关拉美国家的 SEDLAC 量表（2014）；OECD（2014），Education at a Glance 2014：OECD 指标；（b）UNESCO（2016）和 DiNIECE，Ministerio de Educación（2013）有关拉美国家的数据以及 OECD（2014），Education at a Glance 2014；OECD 指标；（c）World Bank LAC Social Protection Database（2015）和 OECD/EC 劳动力市场项目数据库。iv）Global Entrepreneurship Monitor（2015）的个人数据。v) OECD-WBG 产品市场法律数据库中除了以下国家之外的所有国家：巴西、智利、印度、墨西哥和南非；OECD 产品市场法律数据库（2014）。

国别信息

乌拉圭

最新趋势

过去十年里,乌拉圭的经济取得包容性增长,使得贫困显著减少,共享繁荣扩大。从中产阶级占总人口的比例(2014年达到68%)来看,乌拉圭如今是拉美地区中产阶级规模最大的国家。这一时期强劲增长的积极影响也反映在劳动力市场中。

根据拉丁美洲和加勒比社会经济数据库的数据,2004年以来乌拉圭的成年人失业率下降了一半,2014年达到3.7%,与拉美地区平均水平大致相等,但远低于OECD的平均水平。本来就很低的成年非正规就业率——所有受雇人员不缴纳社会保障——在2014年下降到8.9%,为拉美地区最低水平,远低于地区平均水平(约38%)。

青年受益于积极的劳动力市场环境,但是失业率大约为14%,仍然是乌拉圭全国总体失业率的4倍左右,均高于拉美地区(约10%)和OECD(约12%)的平均水平。乌拉圭青年中大约有41%还在学习或者半工半读,超过41%的青年处在工作状态。乌拉圭仍然是拉美地区"三无青年"比例最低的国家之一:"三无青年"占15~29岁人口的比例为17%左右,相比之下拉美地区平均水平约为20%,OECD总体平均水平约为15%。

"三无青年"面临着被劳动力市场长期拒之门外的风险。这种风险会因为贫困和脆弱的"三无青年"比例相对较大而显得尤其严重。有将近70%的"三无青年"来自贫困(极端和一般贫困)和脆弱家庭。在乌拉圭的"三无青年"中,有47%来自极度贫困家庭,40%来自一般贫困家庭。与该地区其他国家一样(不过在量级上较低),"三无青年"中的男女性别占比相差较大(大约10个百分点)。

乌拉圭是拉美地区青年非正规就业发生率最低的国家之一:非正规就业的青年约占18%,相比之下,拉美地区平均水平约为52%。

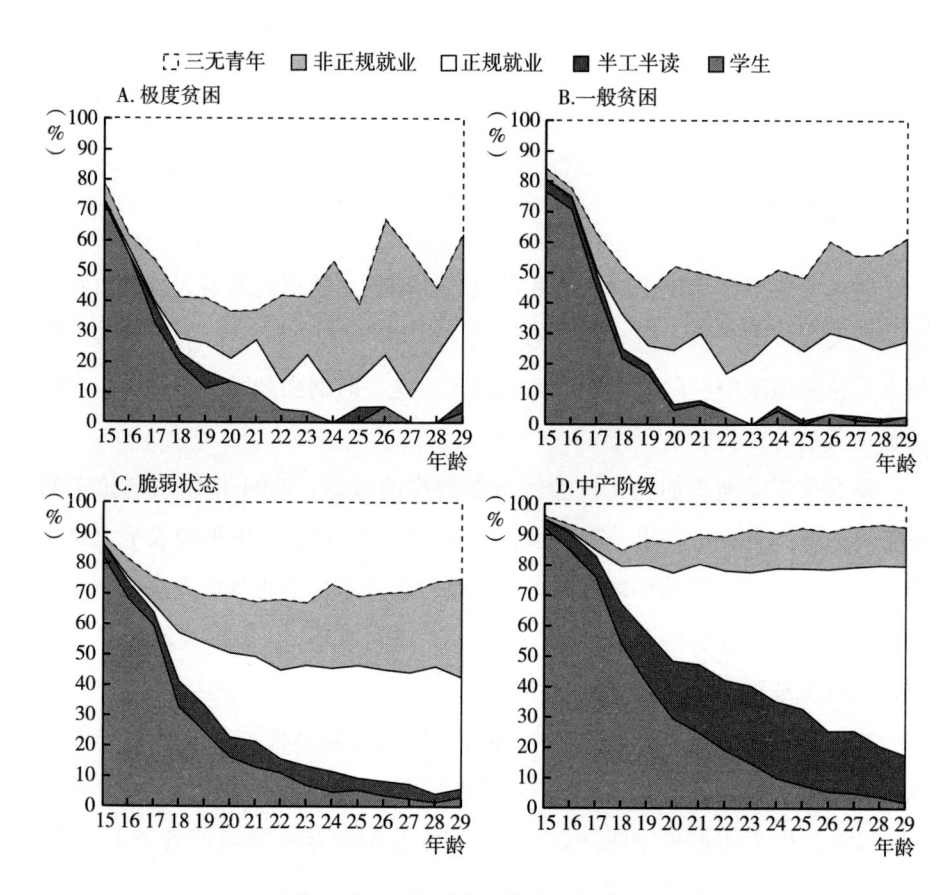

图例：三无青年　非正规就业　正规就业　半工半读　学生

A. 极度贫困　　　　　　　B. 一般贫困

C. 脆弱状态　　　　　　　D. 中产阶级

2014年乌拉圭青年单个年龄段的经济活动状态

资料来源：OECD和世界银行的SEDLAC表（CEDLAS and World Bank）。

根据盖洛普世界观察调查的结果，乌拉圭青年对于选举结果透明度的信心（近72%）低于成年人，但远远高于拉美地区平均水平（约36%）和OECD成员国（约62%）。而且，青年安全感的比例（约51%）高于成年人和拉美地区平均水平（47%）。

尽管过去十年乌拉圭教育普及取得显著进步，但普及水平仍然低于地区平均水平：2014年，完成中学教育的青年（25~29岁年龄段）的比例（近40%）低于拉美地区平均水平（约55%），完成高等教育的比例（11.5%）也低于拉美地区平均水平（14.6%）。辍学率高、毕业率低是乌拉圭教育面临的核心挑战：46%的青年（15~29岁）没完成中学教育就辍学了。最近的改革使得技术和职业的教育与培训项目更加贴近国家的技能需求，对学生也更有吸引力了。结果，23.4%的中学生进入职业培训项目，高于拉美地区平均水平（约14%），接近OECD国家平均水平（约26%）。

就创业而言，乌拉圭青年自我雇用的主要形式是个体户而非雇主：近12%的青年工作者是个体户，而自认为是创业者的仅有1%。此外，来自全球创业观察（GEM）的数据显示，乌拉圭青年（18~29岁）的必要性创业者所占的比重（占所有早期创业活动的比例）在2015年为17.2%，接近OECD国家平均水平（16%），低于拉美地区平均水平（26.2%）。

乌拉圭的创业障碍低于拉美地区平均水平。青年创业面临的最重要障碍是法律程序的复杂性和开办的行政负担。

乌拉圭教育和培训政策的最新发展

乌拉圭的中学教育分为初中和高中两部分。初中（Ciclo Básico Tecnológico）覆盖全部小学毕业生，提供基本的职业培训。高中覆盖分科教育和技术职业教育。在职业教育的公共机构中，乌拉圭劳动大学扮演了主要的角色。

高等技术学院（Instituto Tecnológico Superior：ITS）成立于2005年，目标在于组织高等教育活动，协调教学、研究和对外交流，培训某些产品和服务领域的工人。职业培训委员会（Consejo de Capacitación Profesional：COCAP）负责执行面向工业部门的关于技能和培训的政策，不过也面向农业和服务领域。

国家就业和正规化就业培训学院（Instituto Nacional de Empleo y Formación Profesional：INEFOP）创建于2008年，是一个执行职业培训政策的公私合作机构，主要为脆弱群体提供体面工作的机会。一个案例就是"为了青年"项目，旨在帮助存在困难的青年，根据生产部门的需要和机会为他们提供培训。

2012年，劳动和社会保障部国家就业司（Dirección Nacional de Empleo［DINAE］del Ministerio de Trabajo y Seguridad Social［MTSS］）启动了"我学

习，我工作"项目（Yo Estudio y Trabajo），旨在加强教育和工作领域的联系。该项目为年龄在16到20岁之间、没有正规工作经验的青年提供工作经验，发展其能力。这份正规工作每周花费20~30小时，持续9~12个月（MTSS，2015）。

乌拉圭青年创业政策的最新发展

新成立的国家经济发展总局（ANDE）将会有助于执行乌拉圭的创业政策，它接管了之前由国家研究和创新总局（ANII）通过"支持未来创业项目"（Programa de Apoyo a Futuros Empresarios，PAFE）主管的各类机构和项目。

在这些措施中，"支持未来创业项目"建立了一个"未来创业支持网"，这是一个支持创业的网络，贯穿于创建和巩固新企业的全过程。该网络旨在发展创业文化，培训商业新思维。最后，"支持未来创业项目"资助各种项目，提高认识，举办各种发展创业技能的工作坊。

"软着陆乌拉圭"（Softlandings Uruguay）是国家研究和创新总局（ANII）资助的"支持未来创业项目"旗下的一个项目，旨在从全球范围内吸引有高度影响力的创业计划。该项目为发展新企业提供办公空间、融资和各种必要程序上的支持。

2014年，"青年工作法"获得通过，将青年创业作为重要的支柱。与此同时，国家青年学院起草了"青年行动计划2015~2025"（Plan de Acción de Juventudes 2015–25），力图落实该项法律的落实。该学院举办了几期支持青年创业和发展创业文化的工作坊。

参考文献

MTSS (Ministerio de Trabajo y Seguridad Social) (2015), *Programa "Yo studio y trabajo" Bases y Condiciones Cuarta Edición* (2015), Unidad de Empleo Juvenil, Dirección Nacional de Empleo, http://www.mtss.gub.uy/c/document_library/get_file?uuid=4b721b02-0d48-45f2-98a8-1f69940f72cc&groupId=11515, (accessed 24 August 2016)

乌拉圭的关键指标

劳动力市场发展(%)	乌拉圭 2004年	乌拉圭 2014年	拉美 2004年	拉美 2014年	OECD 2004年	OECD 2014年
失业率：成年人(30~64岁)	8.0	3.7	4.8	3.4	4.6	5.8
失业率：青年人(15~29岁)	25.5	14.4	12.4	10.3	8.0	12.5
非正规就业率：成年人(35~64岁)	21.0	8.9	47.0	38.3		
非正规就业率：青年人(15~29岁)	41.5	18.1	62.3	52.3		

青年和社会经济状态(%)	乌拉圭 极度贫困	乌拉圭 一般贫困	乌拉圭 脆弱状态	乌拉圭 中产阶级	拉美(17国) 极度贫困	拉美(17国) 一般贫困	拉美(17国) 脆弱状态	拉美(17国) 中产阶级
青年(15~29岁)	2.2	5.6	33.0	59.3	15.1	12.4	39.4	33.1

青年人(15~29岁)[i]的活动率(%)	乌拉圭 2004年	乌拉圭 2014年	拉美 2004年	拉美 2014年	OECD 2014年
学生	33.1	28.1	23.0	25.3	13.2
半工半读	10.6	13.0	11.3	11.2	35.5
工作	35.8	41.7	43.6	43.1	36.2
三无青年	20.5	17.2	22.2	20.3	15.1

以社会经济状态划分的青年人(15~29岁)[i]活动率(%)	乌拉圭 极度贫困	乌拉圭 一般贫困	乌拉圭 脆弱状态	乌拉圭 中产阶级	拉美(17国) 极度贫困	拉美(17国) 一般贫困	拉美(17国) 脆弱状态	拉美(17国) 中产阶级
学生	23.4	25.6	28.0	28.3	27.0	29.7	30.0	30.7
半工半读	2.1	2.3	5.6	17.9	7.8	7.5	8.9	15.0
工作：正规	8.2	12.9	22.3	34.5	4.8	9.6	18.4	28.8
工作：非正规	18.8	18.7	17.6	10.1	25.2	22.0	19.1	13.3
三无青年	47.5	40.5	26.5	9.3	35.1	31.2	23.7	12.2

青年受雇情况[i]的分布(%)	乌拉圭	拉美	OECD
雇员	86.0	70.0	88.0
雇主	1.0	2.2	3.9
个体户	11.7	16.3	5.7
无报酬的家庭工作	1.3	11.2	24.0

续表

	乌拉圭		拉美		OECD	
选举信任[ii]（%）	青年(16~29岁)	成年(30~64岁)	青年(16~29岁)	成年(30~64岁)	青年(15~29岁)	成年(30~64岁)
对选举结果的透明度表示信任的人口比重	71.9	82.4	36.3	39.3	62.1	63.2
安全感[ii]（%）						
对生活的城市或者地区感到安全的人口比重	51.1	50.3	47.0	46.0	70.9	71.3

	乌拉圭		拉美		OECD	
技能[iii]（%）	青年(25~29岁)	成年(30~64岁)	青年(25~29岁)	成年(30~64岁)	成年(25~64岁)	
完成中学教育的人口	39.9	32.3	55.4	38.6	76.0	
完成高等教育[a]的人口	11.5	13.4	14.6	13.4	34.0	
	乌拉圭（2013）		拉美（18国）		OECD（33国）	
进入到职业项目[b]的中学生	23.4		14.5		26.1	
创业[iv]（%）	乌拉圭		拉美		OECD	
出于必要性动机的创业（占全部早期创业的18~29岁青年的比重）	17.2		26.2		16.0	
创业障碍指数[v]	乌拉圭		拉美		OECD	
法律程序的复杂性	1.2		1.2		0.6	
开办的行政负担	0.6		0.9		0.6	
对原有企业的法律保护	0.6		0.6		0.4	
总计	2.4		2.7		1.6	

注：i）拉美根据17个国家的加权平均计算，这些国家为：阿根廷、玻利维亚、巴西、智利、哥伦比亚、哥斯达黎加、多米尼加共和国、厄瓜多尔、萨尔瓦多、危地马拉、洪都拉斯、墨西哥、尼加拉瓜、巴拿马、秘鲁、巴拉圭、乌拉圭。OECD根据34个成员的加权平均计算。ii）拉美根据16个国家非加权平均计算，这些国家为：阿根廷、巴西、智利、哥伦比亚、哥斯达黎加、多米尼加共和国、厄瓜多尔、萨尔瓦多、危地马拉、洪都拉斯、墨西哥、尼加拉瓜、巴拿马、巴拉圭、秘鲁、乌拉圭，OECD根据35个成员的简单平均计算。iii）拉美根据17个国家的非加权平均计算，这些国家为：阿根廷、玻利维亚、巴西、智利、哥伦比亚、哥斯达黎加、多米尼加共和国、厄瓜多尔、萨尔瓦多、危地马拉、洪都拉斯、墨西哥、尼加拉瓜、巴拿马、秘鲁、巴拉圭、乌拉圭，OECD根据34个成员的简单平均计算。iv）人口的比例主要考察必要型创业（没有其他工作选择）人员而不是机遇型创业人员的比例。拉美主要来源于10个国家的非加权平均，这些国家为：阿根廷、巴西、智

利、哥伦比亚、厄瓜多尔、危地马拉、巴拿马、墨西哥、秘鲁和乌拉圭。OECD 主要是以下 26 个国家的非加权平均：澳大利亚、比利时、智利、爱沙尼亚、芬兰、德国、希腊、匈牙利、爱尔兰、以色列、意大利、拉脱维亚、卢森堡、墨西哥、荷兰、挪威、波兰、葡萄牙、斯洛伐克、斯洛文尼亚、韩国、西班牙、瑞典、瑞士、英国和美国。v）创业障碍指数由以下三个二级指数构成：1）法律程序的复杂性：测量许可证和批准制度，例如法律和程序的沟通和简化程度。2）开办的行政负担：测量企业和独资公司面临的负担，以及服务行业中的障碍。3）对原有企业的法律保护：测量进入的法律障碍、反垄断豁免和互联网行业的壁垒。这三个指数都是基于"2013 年产品市场法规问答调查"，见 http：//www.oecd.org/eco/reform/PMR – Questionnaire – 2013.pdf。该指数反映了如下国家的法律现状：肯尼亚、菲律宾、卢旺达和乌拉圭（2014 年），玻利维亚、厄瓜多尔、危地马拉、巴拿马、巴拉圭和委内瑞拉（2015 年），以及其他国家（2013 年）。0 到 6 代表从最不严格到最严格。更多细节可参见"方法论栏目"。

  资料来源：i）有关拉美国家的 SEDLAC 量表（CEDLAS 和世界银行）和 OECD（2014）的 OECD-LFS 数据。ii）OECD 根据 Gallup Organization（2014）计算，Gallup World Monitor（数据库）；iii）(a) 有关拉美国家的 SEDLAC 量表（2014）；OECD（2014），Education at a Glance 2014：OECD 指标；(b) UNESCO（2016）和 DiNIECE, Ministerio de Educación（2013）有关拉美国家的数据以及 OECD（2014），Education at a Glance 2014：OECD 指标。iv）Global Entrepreneurship Monitor（2015）的个人数据。v）OECD-WBG 产品市场法律数据库中除了以下国家之外的所有国家：巴西、智利、印度、墨西哥和南非；OECD 产品市场法律数据库（2014）。

方法论栏目

指标和变量的定义

"三无青年"(NEETs):无就业、无教育、无培训的青年(15~29岁)(失业或者非活动状态)。

社会经济阶层:本报告利用世界银行的标准来定义。极度贫困=青年属于每天人均收入低于2.5美元的家庭;一般贫困=青年属于每天人均收入在2.5~4.0美元的家庭;脆弱=青年属于每天人均收入在4.0~10.00美元的家庭中产阶级=青年属于每天人均收入超过10.00美元的家庭。贫困线和收入根据每天的2005年购买力平价美元来计算。

教育层次的分类:本报告根据联合国教科文组织的教育国际标准分类,更新于2011年。这项用于编制统计资料的工具,将教育分为从学前教育到高等教育六个层次,中学和高等教育的分类依照下面中的标准:

水平	命名
中学教育	
高中教育	ISCED 3
比初中更专业,教师素质更高,学生已经完成包括初中在内的9年前期学习。	
高等教育	
A类高等教育	ISCED5
广泛学习基础理论,培养专业竞争力,已经进入高级研究计划且具有较高竞争力要求的专业,学制3年或4年。	

创业障碍指数:由以下三个二级指数构成。1)法律程序的复杂性:测量许可证和批准制度,例如法律和程序的沟通和简化程度。2)开办的行政负担:测量企业和独资公司面临的负担,以及服务行业中的障碍。3)对原有企业的法律保护:测量进入的法律障碍、反垄断豁免和互联网行业的壁

垒。这三个指数都是基于"2013 年产品市场法规问答调查",见于：http：//www.oecd.org/eco/reform/PMR – Questionnaire – 2013.pdf. 该指数反映了如下国家的法律现状：肯尼亚、菲律宾、卢旺达和乌拉圭（2014 年），玻利维亚、厄瓜多尔、危地马拉、巴拿马、巴拉圭和委内瑞拉（2015 年），以及其他国家（2013 年）。0 到 6 表示从最不严格到最严格。

译后记

《拉丁美洲经济展望（2017）：青年、技能和创业》的主题是青年、技能和创业，与时下我国正在如火如荼施行的"大众创业、万众创新"国家战略有诸多契合之处。因而，本书中文版的出版，对我国的青年创业领域的研究有着重要的借鉴意义。

与去年一样，在社会科学文献出版社的帮助下，我们顺利获得了OECD发展中心翻译出版中文版的授权。OECD迫切希望本书早点与中国读者见面，因此，本报告的翻译又成为一项时间紧、任务重的工作。翻译工作由我主持，具体分工如下：除第四章由我所秘鲁研究中心主任郑淑菲根据报告西语版翻译，第三章由我校国际商学院教师、西澳大学哲学博士白文静和我合作翻译之外，其余部分由我翻译，并最后根据本书英文版进行校对和统稿。

感谢OECD发展中心对我所团队的信任。还要一如既往地感谢社会科学文献出版社当代世界出版分社祝得彬社长对本书翻译的全力支持和无私帮助。感谢浙江外国语学院资助本书的出版，感谢洪岗校长对本项工作的支持。同时，也要感谢出版社编辑同志对本书的出品付出的辛勤工作。

由于时间紧迫，水平有限，本书难免会出现许多疏漏，敬请读者批评指正。

唐　俊

浙江外国语学院拉丁美洲研究所（创始）副所长

中国拉丁美洲学会副秘书长

2017年3月26日于西班牙小城塔拉戈纳

图书在版编目(CIP)数据

拉丁美洲经济展望.2017：青年、技能和创业／经济合作与发展组织发展中心，联合国拉丁美洲和加勒比经济委员会，CAF-拉丁美洲开发银行主编；唐俊等译.--北京：社会科学文献出版社，2017.5

书名原文：Latin American Economic Outlook 2017：Youth，Skills and Entrepreneurship

ISBN 978-7-5201-0847-8

Ⅰ.①拉… Ⅱ.①经… ②联… ③C… ④唐… Ⅲ.①经济展望-拉丁美洲-2017 Ⅳ.①F173.04

中国版本图书馆CIP数据核字（2017）第103185号

拉丁美洲经济展望（2017）：青年、技能和创业

主　　编／经济合作与发展组织发展中心
　　　　　联合国拉丁美洲和加勒比经济委员会
　　　　　CAF-拉丁美洲开发银行
译　　者／唐　俊　等

出 版 人／谢寿光
项目统筹／祝得彬
责任编辑／仇　扬　王小艳　刘晓飞

出　　版／社会科学文献出版社·当代世界出版分社（010）59367004
　　　　　地址：北京市北三环中路甲29号院华龙大厦　邮编：100029
　　　　　网址：www.ssap.com.cn
发　　行／市场营销中心（010）59367081　59367018
印　　装／北京季蜂印刷有限公司

规　　格／开　本：787mm×1092mm　1/16
　　　　　印　张：25　字　数：377千字
版　　次／2017年5月第1版　2017年5月第1次印刷
书　　号／ISBN 978-7-5201-0847-8
定　　价／68.00元

本书如有印装质量问题，请与读者服务中心（010-59367028）联系

▲ 版权所有 翻印必究